U0643805

中国货币政策框架的现代化转型：由数量调控到价格调控

李宏瑾◎著

中国金融出版社

责任编辑：李　融　李林子
责任校对：李俊英
责任印制：丁淮宾

图书在版编目（CIP）数据

中国货币政策框架的现代化转型：由数量调控到价格调控/李宏瑾著. —北京：中国金融出版社，2023. 8
ISBN 978 -7 -5220 -2113 -3

Ⅰ. ①中…　Ⅱ. ①李…　Ⅲ. ①货币政策—研究—中国　Ⅳ. ①F822. 0

中国国家版本馆 CIP 数据核字（2023）第 132704 号

中国货币政策框架的现代化转型：由数量调控到价格调控
ZHONGGUO HUOBI ZHENGCE KUANGJIA DE XIANDAIHUA ZHUANXING：YOU SHULIANG TIAOKONG DAO JIAGE TIAOKONG

出版发行　中国金融出版社
社址　北京市丰台区益泽路 2 号
市场开发部　(010)66024766，63805472，63439533（传真）
网 上 书 店　www. cfph. cn
(010)66024766，63372837（传真）
读者服务部　(010)66070833，62568380
邮编　100071
经销　新华书店
印刷　河北松源印刷有限公司
尺寸　169 毫米 ×239 毫米
印张　29. 75
字数　422 千
版次　2023 年 8 月第 1 版
印次　2023 年 8 月第 1 次印刷
定价　115. 00 元
ISBN 978 -7 -5220 -2113 -3
如出现印装错误本社负责调换　联系电话（010）63263947

价格机制是市场机制的核心，市场决定价格是市场在资源配置中起决定性作用的机制。从这个意义上说，运用价格杠杆引导资源配置是更好发挥政府作用的内在要求。因此，在货币政策操作中突出利率为主的价格调控模式，是中国货币政策框架现代化转型的应有之义，更是建设现代中央银行制度、推进金融治理体系和治理能力现代化的重要内容。宏瑾博士的这部新著，对此进行了深入的研究。该书理论基础扎实，方法严谨，政策建议切实可行，是一本值得一读的佳作。

国家金融与发展实验室理事长、中国社会科学院学部委员

很高兴能够看到中国人民银行研究局李宏瑾同志的这部专著。可以说，该项研究为中国货币政策价格调控模式转型进行了非常充分的技术准备，这不仅是央行研究人为建设现代中央银行事业提供的智力支持，更体现了一代代央行研究人的传承与担当。这本书对理论界和政策层都有着非常重要的价值，作为央行研究战线曾经的一名老兵，我非常乐于推荐！

谢平

清华大学五道口金融学院教授、

中国投资有限责任公司原副总经理

货币政策操作框架直接关系到金融机构行为，对货币政策调控和金融资源配置效率有着重要影响。随着经济转向高质量发展阶段，中国货币政策也要由以数量为主转向价格调控模式，这对健全现代货币政策框架、建设现代中央银行具有非常重要的意义。宏瑾博士的研究以问题为导向，深入剖析了当前我国货币政策调控模式转型存在的问题，并为相关改革提出了具体方案，特别是对贷款定价中的市场基准进行了讨论，具有很强的现实针对性。这本书集理论探讨、实证研究、国际经验、中国实践于一体，对更好地理解中国货币政策框架变迁和发展方向，裨益良多。

中国建设银行副行长、研究员

货币政策框架转型是现代中央银行制度建设的核心内容之一。本书作者长期在人民银行从事政策研究，近距离观察、参与关于货币政策的讨论。本书提供了一份理解我国货币政策框架从数量调控到价格调控转型的专业说明书，特别推荐给市场参与者、学术界专家以及所有对货币政策感兴趣的读者。

黄益平

北京大学国家发展研究院副院长、金光讲席教授

序　言

党的十九届四中全会明确指出，建设现代中央银行制度是优化政府职责体系、推进金融治理体系和治理能力现代化的重要内容。党的十九届五中全会和二十大进一步将建设现代中央银行制度，作为构建高水平社会主义市场经济体制、推动高质量发展、更好服务中国式现代化的重要举措。货币政策框架的现代化转型既是构建我国宏观治理体系的核心内容，更是建设现代中央银行制度的应有之义。

从历史演进和全球视野来看，主要经济体货币政策框架都经历了复杂且漫长的演进过程。虽然20世纪80年代中期以来各国形成的“单一目标、单一工具”框架取得了巨大成功，为长达二十多年的“大缓和”时代奠定了良好的货币基础，但国际金融危机的爆发仍使货币经济学家和中央银行家的信心受到严重挫败，利率传导机制的受限迫使各国央行不得不诉诸量化宽松等非常规政策手段，新冠疫情则进一步加剧了各国对非常规政策的依赖。应当说，目前这种状况与20世纪80年代之前的多目标、更加重视数量调控的货币政策框架存在许多类似的特征。

大的历史事件往往是激发人们反思历史、创新思想的契机。遗憾的是，迄今为止，各方对宏观政策的诸多反思仍未见明确的结论。危机后非常规政策效果不及预期也在很大程度上表明，不少危机应对的创新性政策理论基础或许并不牢靠。特别是，随着经济强劲复苏和通胀压力骤升，各国不得不开启货币政策正常化之路，货币政策框架能否再次回归危机前的“常态”，抑或是向其他方向演进，再次成为各方关注的重点。

作为全球最大的新兴转轨经济体，中国的货币政策在以物价稳定为主的同时兼顾多目标，且主要采用数量调控方式，这与发达经济体存在明显的差异。当然，我国货币政策决策者很早就意识到，货币的数量调控和价格调控是一个相互作用的过程，因而在以数量为主的货币调控中，始终兼顾货币“量”与“价”的平衡，同时高度重视利率在金融资源配置和货币调控中的作用。不过，随着金融创新和金融脱媒的迅猛发展，货币数量调控的有效性明显下降，货币政策亟须向价格调控模式转型。问题在于，一方面，近年来由于内外环境日益严峻，货币传导效率趋于下降，我国货币政策更加依赖数量调控；另一方面，目前发达经济体央行使用的诸多非常规政策工具与中国传统的数量手段相当接近，而经济的“长期性停滞”又使非常规货币政策很可能走向常态化。鉴于此，中国货币政策框架的转型方向成为值得认真思考的问题。

应当看到，虽然数量调控有着立竿见影的效果，但由于未考虑微观主体激励问题，很容易引发行政干预，带来“一刀切”“急刹车”等副作用，而灵活的价格调控效果则往往超出常规想象，这也是“卢卡斯批判”所揭示的情形。其实，宽松货币政策本质上仍是通过价格机制发挥作用，其政策着力点既可以放在价格上，通过调整短端政策利率来影响市场短期利率和中长期利率水平（也就是危机前的常规模式），也可以放在数量上，通过量化宽松、负利率、前瞻性指引等非常规手段去压低期限溢价、信用溢价和市场中长期利率。由此可见，包括中国在内，各国的货币政策框架演进更可能是螺旋式上升而非线性的，这更需要研究者的深入思考。

李宏瑾博士的新著《中国货币政策框架的现代化转型：由数量调控到价格调控》，正是对上述问题深入思考的成果。当前，对中国货币政策框架转型的研究可谓汗牛充栋，而这部新著却有着不同寻常的鲜明特点。

一是追本溯源，寻根究底。虽然现有研究对中国由数量为主到价格为主的货币调控框架转型的必要性、迫切性、可行性进行了大量讨论，但对于究竟什么是货币数量调控和价格调控、如何划分货币调控模式等基本问题，很多研究仍然认识模糊。当然，对这一问题的认识需要一个过程，学术界在很长一段时期内对此存在着概念混淆和认知误区，而这又与货币操作和货币决策的“两分”、理论界更加重视决策而忽视操作层面的研究有关。其实，“单一目标、单一工具”框架恰恰分别对应于货币决策和货币操作两个层面。货币操作主要为中央银行和金融市场实务人员所关注，这方面的理论研究并不充分。有关货币调控模式恰恰属于货币操作的范畴，其划分标准主要取决于操作目标，而非货币政策工具。当前，主要发达经济体央行已普遍放弃了中间目标的政策模式，利率为主的价格调控一直是现代中央银行最主要的货币调控模式，货币数量调控及货币数量目标制只是央行政策实践中一段重要的历史插曲。正是基于对货币政策框架基本概念及货币调控模式划分标准的清晰界定，宏瑾博士的新著首次明确了中国货币政策框架现代化转型的具体含义，也就是由信贷计划控制到以数量为主的间接货币调控，再由数量调控到价格调控，最终转向以规则为主的货币决策方式，并紧紧围绕中国货币政策框架现代化转型的第二阶段进行了深入研究。毋庸置疑，这对建设现代中央银行制度、推进金融治理体系和治理能力现代化，具有非常重要的意义。

二是扎根理论，严谨规范。坚实的理论分析和严谨的实证研究是这部新著又一个鲜明的特征。只有建立在严格扎实的理论基础上的分析，才能够经得起各个方面的检验。新著的第三章分别基于交易方程式和货币效用理论，论证了货币数量规则与价格规则的理论等价关系，经过修正的泰勒原理能够说明，利率低于均衡时“货币超发”并不一定引发恶性通胀，而实证检验则支持了相关理论推论和货币价格调控的合理性，这不仅很好地说明了转型阶段我国兼顾“量”“价”平衡的混合型货币调控，也表明了理论的重要性。货币价格调控模式下政策操作目标的期限选择是一个非常关键的问题，近年来我国逐渐强化了以DR007作为操作目标的政策意图。不过，根据利率期限结构预期理论，中央银行以隔夜利率作为操作目标能够更有效地引导市场中长期利率水平，而盯住更长期限利率则会导致货币市场最具代表性的隔夜利率波动加大，损害货币传导效率。新著第八章对中国货币市场利率的检验支持了这一点，充分说明了以隔夜期限利率作为政策操作目标利率的合理性。新著还通过时变期限溢价检验及对收益率曲线控制理论基础等问题的深入分析，对中国当前的中期政策利率引导及基准政策利率、操作目标利率选择等问题，进行了严谨规范的讨论。可以说，这些研究为未来中国货币价格调控改革做了扎实充分的技术性准备。

三是国际视野，历史视角。发达国家货币调控框架的变迁演进过程，是中国货币调控模式转型十分重要的借鉴。为此，新著对各国货币调控框架的主要特征进行了全面总结，第五章有关各国准备金安排的附表、第七章各国货币市场基准利率改革的附表，以及第八章各国利率框架安排的表格，都是非常重要的资料，足以表明宏瑾博士的研究下了很大功夫。尽管存在即合理，但也不能完全照搬各国经验。更何况，各国货币框架的演进并非一帆风顺，不能只是为了借鉴而借鉴，而应当从历史的角度去理解当前的货币框架安排，只有这样才能够更好地为我所用。为此，新著对存款准备金制度的起源和功能演进，美国、日本、澳大利亚等国调控收益率曲线的政策，印度贷款利率并轨等政策经验进行了全面梳理，很好地体现了国际经验借鉴的比较历史观。特别是国际金融危机后，美国、欧元区、英国、日本等主要发达经济体央行的利率调控框架均由利率走廊转向地板体系，但作为地板体系先行者的挪威、新西兰却因其对货币市场的扭曲等副作用而放弃了这一安排，瑞典也一直坚持稀缺准备金条件的利率走廊模式。随着各国货币政策正常化加快推进，主要发达经济体央行究竟是回归利率走廊模式，还是坚持地板体系，抑或是向其他方向演进，现在来看仍难确定。这对中国货币调控框架转型或许更具启示性意义。

四是立足现实，直面问题。宏瑾博士在中国人民银行长期从事宏观货币领域研究，尽管未曾身处货币政策操作一线部门，但对中国货币调控和金融市场运行有着更为客观的认识，这成为其理论研究的一个重要优势，使之更能直面中国货币调控模式转型中存在的问题。新著对于当前的隐性利率双轨制、LPR 形成机制改革和存贷款利率并轨、政策利率体系和 Shibor 货币市场基准利率、存款准备金安排等存在的缺陷和不足，进行了客观深入的分析，并提出了有针对性的政策建议。新著还借鉴了我国放开存贷款利率管制“三步走”整体改革方案的成功经验，为中国货币价格调控模式转型提出了明确的近期、近中期和中长期改革路线图，这与国内很多研究仅仅是泛泛而谈、大而化之的政策建议完全不同，具有很强的可操作性和政策指导意义。

笔者的求学和整个职业生涯始终与中央银行、货币政策有着紧密的联系，且有幸参与了中国货币政策由信贷计划控制到以数量为主间接调控的转型，也曾为放开利率管制实现由数量调控到价格调控的再转型做过不懈努力，如今虽已远离中国货币政策的实际工作，但关注货币领域改革进展的初心未改。中国的市场化改革选择了渐进方式，经济金融领域的每项进步都需要决策者具有足够的智慧和勇气。宏瑾博士的这部新著，可以说是体现了央行货币金融改革的薪火相承，尽管很多内容或许算不上足够全面和系统，但至少为今后的改革者提供了可以借鉴的参照，也为未来的深入研究者抛砖引玉，铺路架桥。故此，乐于推荐，是以为序！

张晓慧

2023 年 3 月

目　　录

第一章　引言：由以数量为主向以价格为主的货币调控模式转型

一、深化利率市场化改革新阶段：建立健全市场化利率形成和调控机制

价格机制是市场经济的核心，只有价格充分发挥作用才能实现资源的有效配置。利率作为金融要素的价格，直接影响经济主体的消费、投资行为，是宏观经济中的核心变量，利率市场化改革也是我国经济金融领域最重要的改革之一。以 1996 年放开银行间同业市场拆借利率为开端，我国逐步放开金融市场利率和贷款利率浮动限制，在 2000 年前后基本完成金融市场利率市场化，2004 年 10 月实现了存款利率上限和贷款利率下限的利差管理模式，通过具有帕累托改进特征的渐进双轨制方式稳步推进利率市场化改革（易纲，2009）。

然而，尽管我国通过发行中央银行票据有效促进了货币市场发展和期限完整的无风险收益率曲线的完善，为推进利率市场化和利率调控创造了良好条件①，2007 年正式引入 Shibor 货币市场基准利率体系，2008 年 10 月还扩大了按揭贷款利率下浮空间，但在应对流动性过剩和国际金融危机冲

① 张晓慧：《国际收支顺差条件下货币政策工具的选择、使用和创新》，www. pbc. gov. cn，2011 年 3 月 24 日。

击繁重调控压力下，2004 年以来的利率市场化改革进程相对缓慢[①]。随着流动性过剩格局的根本改观和经济进入以中高速增长为特征的高质量发展阶段，党的十八届三中全会一改以往“稳步推进”的政策基调，明确提出“加快推进利率市场化”的改革要求。2012 年6 月，我国首次允许存款利率上浮并扩大了贷款利率下浮空间，2013 年 7 月基本取消贷款利率管制，之后逐步扩大存款利率上浮幅度，最终于2015 年10 月放开了存款利率浮动限制，这标志着历经近二十年的利率市场化改革基本完成，在我国利率市场化和整个金融改革历史上都具有重要的里程碑意义。

虽然利率完全开放后市场利率的决定权将由政府转向金融机构，但利率水平由市场供求决定并不意味着金融机构可以随意开展产品定价，中央银行也不会放任不管。利率作为货币资金的价格，在以中央银行为核心的现代信用货币体系下，作为市场的最大参与者，理论上中央银行可以直接决定利率水平；实践中无论是利率管制国家还是利率市场化国家，中央银行对利率形成机制和利率水平都具有重要甚至是决定性的作用。从这个意义上而言，利率市场化更完整的表述，应该是利率由中央银行和金融市场主体共同决定（He，et al.，2015）。利率市场化改革至少应包含两个维度：一是利率形成方式的市场化，即利率的品种、期限以及水平不再由货币当局直接决定，而是由金融市场参与者根据资金供求自行决定；二是利率调控方式的市场化，即中央银行不再通过行政手段对利率体系进行调控，而是以市场化的流动性管理调整自身的资产负债表，通过短期政策利率调控整个市场利率水平。也就是说，取消对利率浮动的行政限制并不意味着中央银行不再对利率进行管理，而是将更加倚重市场化手段和传导机制，促进形成合理的市场利率体系和市场化的利率调控模式。可见，利率市场化既是逐步放开对利率的直接管制、由市场主体和资金供求决定价格的过程，同时也是央行逐步强化价格型调控和传导机制的过程。除了逐步放开并最

① 易纲：《易纲副行长就放开存款利率上限与专家座谈》，www. pbc. gov. cn，2015 年 10 月 27 日。

终取消存贷款利率管制外，利率市场化还包括培育基准利率体系、形成市场化利率调控和传导机制等内容（周小川，2013），这也对应于《金融业发展和改革“十二五”规划》提出的利率市场化“放得开，形得成，调得了”的改革原则。在存贷款利率管制基本取消的当下，我国利率市场化正进入以建立健全与市场相适应的利率形成和调控机制为核心的深化改革新阶段①。

二、中国的货币调控模式：由计划控制到以数量为主的间接货币调控

（一）（基础）货币的数量与价格：对货币调控模式的初步讨论

根据《新帕尔格雷夫经济学大辞典》的定义，货币政策一词，指的是中央银行采取的，影响货币和其他金融条件的，由以寻求实现持久的真实产出增长、高就业和物价稳定等广泛目标的行动②。尽管带有某种时代的痕迹，但这一定义准确地概括了货币政策的实质，也就是中央银行通过政策手段和一定的传导机制，实现一系列政策目标的过程，货币的数量和价格则是理解货币调控模式的关键所在。理论上，货币的数量和价格是一个硬币的两面，价格的调整将引导数量的变化，数量的变化也会带来价格的反应。不过，只有在均衡条件下货币的数量和价格才能够同时实现均衡。由于经济金融中的均衡变量（自然率）不可观测，央行在实际的货币调控中往往只能有所侧重，通过一个变量的均衡（数量/价格）实现另一个变量的自动均衡（价格/数量）。

---

① 《利率市场化改革迈出关键一步》，《中国货币政策执行报告》（2015 年第 3 期）。

② Lindsey, D., 1987, “Monetary Policy”, in *The New Palgrave: A Dictionary of Economics* (*K - P*), Eatwell, J., M. Milgate, and P. Newman (ed.), 508 - 515. London and New York: Macmillan and Stockton.

由此，货币调控按照是以数量为主，还是以利率为主，可大致分为数量型和价格型两种模式。理论上，中央银行可以针对不同层次的货币数量和价格进行调控，货币数量目标制就是针对广义货币数量进行政策调控。在利率管制条件下，金融市场资金利率和存贷款利率都被人为设定，货币政策主要是以数量的模式进行调控。在利率放开的完全市场化条件下，货币政策是以基础货币还是广义货币数量进行调控，在对货币调控模式的划分标准方面仍存在一定的区别。由于中央银行对基础货币数量和价格有着更强的控制能力，而且当前各国央行主要是针对基础货币价格（市场短端的隔夜利率）进行价格型调控，因此货币调控模式的划分主要是针对基础货币。第二章将对货币政策框架和货币调控模式的划分标准进行更为严格的分析。

（二）利率管制时期的信贷规模管理与基础货币投放

中国的货币政策脱胎于计划经济体制。在中央计划经济模式下，经济主要是根据数量指标以指令性计划方式运行。即使是在改革开放后的很长一段时间里，我国也并未建立现代意义上的宏观调控框架，主要依赖计划手段人为干预方式管理经济（周小川，2013）。在计划经济时代，我国并不存在现代意义上的金融业，中国人民银行甚至一度成全国唯一的银行，作为财政部的附属而仅保留一块“牌子”，发挥社会资金出纳的功能。改革开放后计划经济为主时期，金融资源配置主要通过计划方式进行，1978 年以来重新组建的专业银行信贷投放也都按照“大一统”模式进行管理。即使是 1984 年专门行使中央银行职责后，中国人民银行也主要是通过现金发行计划和信贷规模管理的直接贷款、再贷款（再贴现）等方式，调节现金发行规模和信贷在不同地区、不同行业分配。但是，随着全国性资金市场的逐步形成和金融市场的深化发展，由于地区间资金收益率分化加大和微观监管不足，内地资金大量流向沿海发达地区和高收益高风险行业（如房地产行业），贷款需求较大的经济发达地区有动力突破信贷规模，存款较多的经济落后地区在套利机制作用下也有动力寻求更多再贷款资金支持。因此，人民银行一直面临较大的再贷款倒逼压力，信贷规模控制效果越来越差

（谢平，1996）。在利率管制时期，人民银行主要是通过现金发行计划和信贷规模管理进行指令性的数量控制，20 世纪 90 年代中期之前央行再贷款和再贴现是基础货币投放的主要渠道。

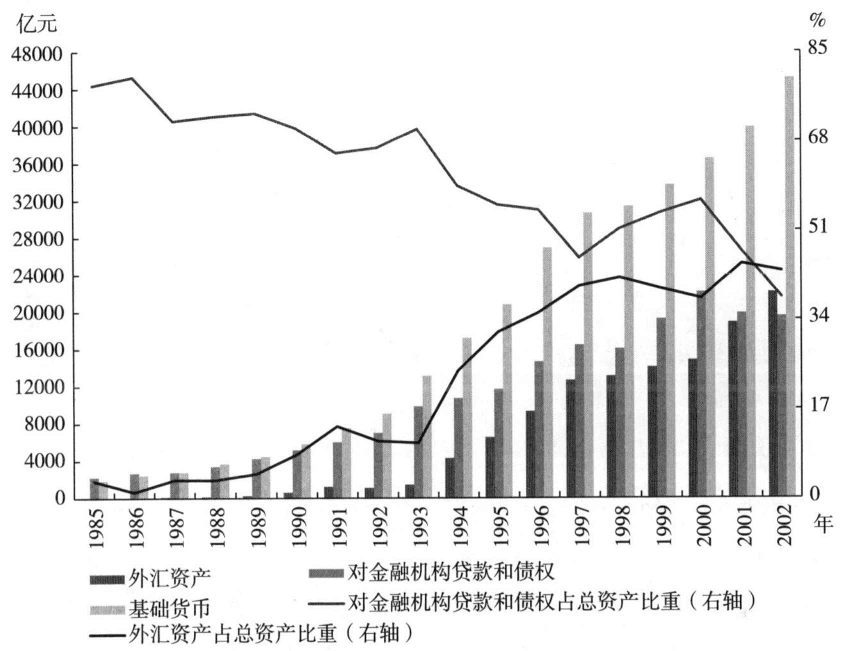

图 1.1　1985—2002 年中国人民银行外汇资产、对金融机构的贷款和债权、基础货币

（数据来源：1992 年之前数据来自《中国金融年鉴》（各期）；1993 年之后数据来自 Wind 数据库，在不做特殊说明情况下，本项研究数据皆来自 Wind 数据库）

（三）20 世纪 90 年代以来以数量为主的间接货币调控与基础货币投放

1. 由信贷规模直接控制到以数量为主的间接货币调控模式：迈向现代化的货币政策框架

中国人民银行早在 1996 年就曾尝试在交易所债券市场进行公开市场操作。但受 1995 年 2 月爆发的“327 国债期货事件”的影响，交易所债券市场发展在 20 世纪 90 年代中期几乎完全停滞。由于债券品种和数量有限，

1996 年的公开市场操作仅进行了几笔共计 20 多亿元，1997 年则完全停止了公开市场操作。借鉴国际债券市场发展经验，1997 年中国人民银行建立了场外交易模式的银行间债券市场，该市场取得了迅速发展并很快取代场内交易所市场，成为我国债券融资的主渠道。银行间债券市场的发展为公开市场操作提供了必要的操作平台和坚实的市场基础（戴根有，2003）。1998 年 5 月，依托银行间债券市场，我国重新恢复了人民币公开市场操作，同时还将交易品种扩大至政策性金融债、铁道部建设债等政府支持债券，在促进债券市场深化发展的同时，实现了债券市场发行和交易利率的市场化。

随着社会主义市场经济体制的确立和经济金融体系的发展，20 世纪 90 年代初期中国人民银行开始尝试由直接调控向间接调控模式转变。1993 年，我国针对经济过热进行宏观调控，清查金融机构的“乱集资、乱设金融机构、乱办金融业务”，当年还将各地分支机构的再贷款发放权集中至中国人民银行总行，1994 年停止对财政透支和专项贷款发放，这都大大减轻了中央银行再贷款倒逼压力。随着宏观调控各项措施效力的逐渐显现，特别是 1997 年亚洲金融危机爆发后，宏观经济形势发生根本性的变化，社会对贷款需求下降，商业银行再贷款需求得到有效抑制。更为重要的是，我国的金融信贷体制发生了根本的改变。1993 年底，党的十四届三中全会正式提出要建立政策性银行，将专业银行办成真正的商业银行并实行资产负债比例管理，现代意义的金融监管逐渐形成并不断加强。1995 年通过的《中华人民共和国中国人民银行法》和《中华人民共和国商业银行法》，以法律形式明确中央银行不得为财政透支，商业银行实行比例管理。1996 年，中国正式成为国际清算银行（BIS）成员，向国际承诺遵守《巴塞尔协议 I》，再加上亚洲金融危机的影响，金融监管和风险防范意识得到了极大提升。1997 年底首次召开的全国金融工作会议，正式确立了金融分业经营、分业监管的现代金融监管体系，从根本上化解了再贷款冲动，为间接货币调控转型提供了制度保障。

正是在上述背景下，20 世纪 90 年代中期开始，中国人民银行逐渐缩小信贷规模管理的范围，现金发行不再作为货币信贷计划的控制指标，仅作为监测货币信贷形势的一个辅助性指标，从1994年第四季度开始对外发布货币供应量，并于1996年正式将其作为货币政策中间目标①。最终，我国于1998年完全取消了信贷规模管理并重启人民币公开市场业务，这是我国货币政策的重要转折点，标志着我国货币政策由直接控制向以数量为主的间接模式转变（戴根有，2003），也是我国迈向现代化货币政策框架的起点，中国符合现代意义的货币政策实践仅有二十余年的时间（张晓慧，2015）。

2. 通货紧缩时期的公开市场操作和基础货币投放

随着再贷款（再贴现）作为基础货币投放主要渠道的退出，1998年取消信贷规模控制后，公开市场操作成为我国最主要的常态化货币调控手段。不过，有别于发达国家公开市场操作以引导货币市场利率为目标，中国公开市场操作仍然是以数量目标为主，根据经济金融运行态势调节市场流动性和基础货币数量。由于国有银行不良资产负担沉重，资本充足度严重不足，银行惜贷异常严重，金融信用媒介功能几乎完全丧失，再加上亚洲金融危机冲击下外部经济环境恶化，1998年开始我国进入长达4年多的通货紧缩时期。为此，1998年和1999年，我国主要是以逆回购的方式增加基础货币数量，分别投放基础货币702亿元和1907亿元，有效扩大了货币供应量和信贷规模。2000年，我国成立资产管理公司，从银行剥离了1400亿元不良贷款，除了划转原有再贷款之外，人民银行还对资产管理公司发放了相当数量的再贷款，在处置中小问题金融机构过程中也给予了一定的再贷款支持，再加上外汇占款增加较快，这些因素共同导致了基础货币增长过快。为此，2000年我国主要是通过正回购业务吸收市场流动性。2001年上半年，为对冲外汇占款过快上升导致的基础货币增加，公开市场操作主要是通过正回购吸收市场流动性；下半年，针对信贷投放不足和通缩新形势，在进行逆回购的同时开展了大量现券买断业务，增加基础货币投放。2002

① 《货币供应量和货币流动性的比例》，《中国货币政策执行报告》（2002年第3期）。

年上半年，由于当时物价仍呈现负增长，银行信贷增长乏力，因而公开市场操作仍进行了少量逆回购，但外汇占款仍增长较快，基础货币同比增速一度超过20%。2002年下半年，我国外汇占款增长较快，货币信贷增速明显好转。为此，我国增加了正回购操作频率，适度减少基础货币数量，有效稳定了银行超额储备规模和基础货币增速（戴根有，2003）。

3. 流动性过剩时期的基础货币投放

随着2001年我国加入世界贸易组织（WTO）全面融入国际市场体系，至少从2002年下半年开始，我国逐步走出亚洲金融危机和通货紧缩阴影，进入新一轮经济扩张期。除了2008年国际金融危机的短暂冲击外，我国经历了长达近10年的国际收支持续双顺差和流动性过剩。作为调节基础货币的最主要手段，现券卖断和正回购受央行持有债券资产的限制，传统的公开市场操作已无法满足回收市场流动性的要求。为此，2002年6月底开始，我国就尝试将正回购转化为中央银行票据，并于2003年4月正式发行中央银行票据。在中央银行资产规模不变情况下，发行中央银行票据可以通过调整央行负债结构来对冲因外汇占款增加的基础货币和市场流动性，从而间接调控银行信贷规模和货币增速。中央银行票据成为公开市场操作回收市场流动性的最主要手段。同时，针对流动性过剩失衡的加剧，中国人民银行还前所未有地充分发挥存款准备金工具深度冻结流动性的作用，建立差别准备金制度并引入动态调整机制，通过再贷款（再贴现）、加强“窗口指导”和信贷政策引导，在市场化进程中通过存贷款基准利率调整和人民币稳步渐进升值发挥价格机制的作用，有效应对了持续双顺差和流动性过剩带来的挑战，较好实现了物价产出等货币政策最终目标。

4. 流动性新格局下的创新性货币政策工具和基础货币投放

在成功应对国际金融危机冲击后不久，随着要素禀赋和国际经济环境的变化，中国经济逐渐由高增长阶段转向以中高速增长为特征的高质量发展阶段。同时，为应对主要发达经济体量化宽松的外溢效应，我国加大了资本账户开放、人民币国际化和利率汇率市场化改革的步伐。由此，我国国际收支

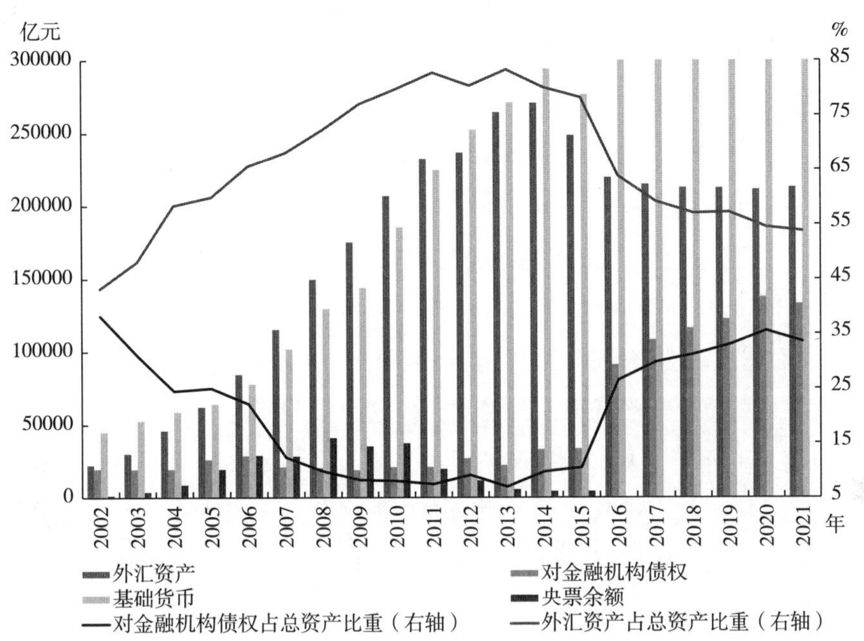

图 1.2 2002—2021 年中国人民银行外汇资产、对金融机构债权、基础货币和央票余额

日趋均衡，经常账户顺差占 GDP 比重自 2011 年开始回落并始终处于国际认可的 4% 以下的合理区间，2012 年资本和金融账户（不含储备资产）在 2012 年首次出现自 1999 年以来的小幅逆差，外汇储备规模在 2014 年 6 月达到近 4 万亿美元的阶段性高点后逐步回落。我国在 2011 年大幅削减了中央银行票据的发行规模，2012 年全年停止发行中央银行票据，并在 2013 年上半年为应对外汇储备大幅上升而仅发行 5000 多亿元央票进行对冲后，完全停止了境内央票发行。至此，长期困扰我国的流动性过剩格局出现了根本性变化，这对探索基础货币投放新渠道和货币调控模式改革提出了新的要求。

2012 年，我国开始允许存款利率上浮加速利率市场化之后，金融市场利率与存贷款利率的联系更加紧密，金融创新的迅猛发展也使市场短端利率波动明显加大。为此，我国在 2012 年重新恢复公开市场操作逆回购业务，主动向市场注入流动性。2013 年初，中国人民银行立足现有货币政策操作框架并借鉴发达经济体相关经验，创设了公开市场短期流动性调节工具（SLO）和常备借贷便利（SLF）等新型短期流动性管理工具。SLO 作为公开市场常规操作的补充，主要是在每周两次的公开市场操作日（周二、周四）之外进行操作，从而使央行每天可以开展公开市场业务，满足金融机构临时的流动性需求。2016 年 2 月，我国将公开市场操作由每周两次扩展为每日操作，SLO 已在事实上中止使用。SLF 主要是为金融机构提供短期流动性（期限为 1 个月以内，主要是隔夜和 7 天）并探索发挥 SLF 利率作为市场利率走廊上限的功能。SLF 设计之初的对象主要是政策性银行和全国性商业银行（不包括大型银行），而非流动性比较匮乏的中小金融机构，很大程度上是出于中小金融机构往往缺乏高质量合格抵押品的考虑，但这也限制了这一工具功能的有效发挥。为此，2014 年 1 月，我国调整了再贷款分类体系，将流动性再贷款与信贷支持和结构调整再贷款进行了明确的功能区分，在当年 4 月开展信贷资产质押再贷款和央行内部评级试点，将经央行内部评级的金融机构优质信贷资产纳入央行合格抵押品范围，完善央行抵押品管理框架。同时，2014 年 1 月我国在北京等十个省市开展了 SLF 操作试点，并在 2015 年 2 月将 SLF 推广至全国。2015 年 10 月我国放开存款利率浮动上限的同时，进一步强化了 SLF 作为市场利率走廊上限的政策意图。流动性再贷款和 SLO、SLF 等流动性创新工具，与常规公开市场操作和准备金等传统货币政策工具相结合，有效实现了市场流动性调节和货币市场利率平稳。

随着外汇储备规模逐步下降，新增基础货币缺口越来越大。为此，2014 年 9 月，我国创设了中期借贷便利（MLF），主要是通过向符合宏观审慎政策要求的金融机构发放中期（1 年及以下）流动性，投放基础货币。同时，与调整再贷款分类体系并开展信贷资产质押再贷款等工作同步，2014 年 4 月我国创设了抵押补充贷款（PSL）为开发性金融支持棚改提供长期稳定、成本适当的资金来源，期限一般为 3 ~ 5 年。2016 年 PLS 的机构范围扩展至中国进出口银行和中国农业发展银行，支持重大水利工程贷款、人民币“走出去”项目贷款。除了上述创新性政策工具外，2017 年 1 月，由于春节季节性流动性紧张加剧，我国还创设了临时流动性便利（TLF）工具，为之前未纳入 SLF 操作范围的大型银行提供流动性支持。2018 年 12 月，我国进一步创设定向中期借贷便利（TMLF），以优惠利率为金融机构支持民营和小微企业提供长期流动性。不过，TLF 和 TMLF 都是根据当时市场流动性和经济金融形势的需要而创设的，工具实施时间不长，对基础货币的影响相对有限。

与 SLF 等流动性创新工具相比，MLF 和 PSL 的期限较长，在基础货币投放中的作用越来越重要，两者余额之和占人民银行对金融机构债权的比重最高一度达到 76.18%（2018 年 10 月），2021 年末仍高达 55.37%。特别是，随着棚改等政策的逐步退出，PSL 投放规模逐渐下降（2020 年 3 月以来未进行操作），MLF 在基础货币投放中的地位更加突出。2014 年第一季度末，人民银行对金融机构债权占总资产比重降至有数据以来最低的 6.49%之后逐步上升，2020 年末达到阶段性最高的 35.55%，2021 年末仍高达 33.55%，外汇占款占总资产的比重则由 2014 年第一季度末的 83.32%逐步降至 2021 年末的 53.79%。由于 SLF、逆回购期限较短余额有限，MLF、PSL 和再贷款成为人民银行对金融机构债权的主要部分，也是近年来我国基础货币投放的最主要渠道。

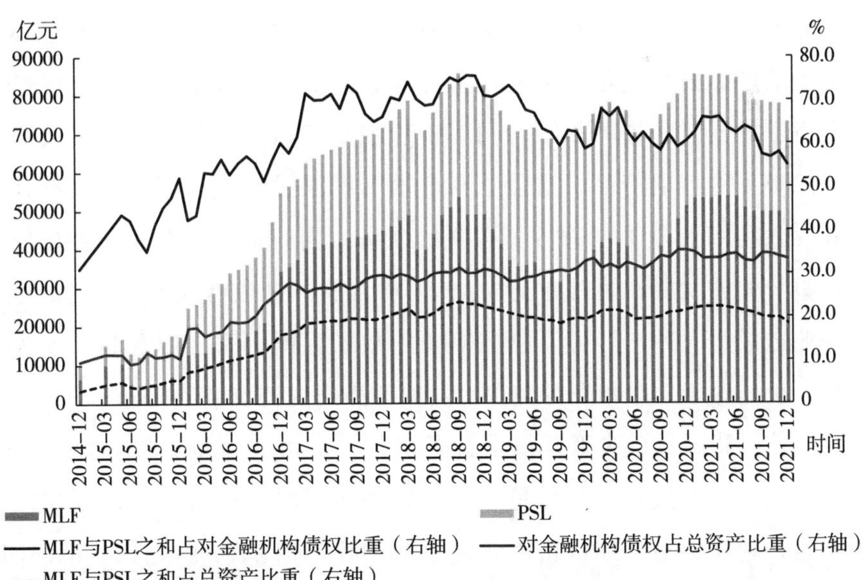

图 1.3 2014 年 12 月至 2021 年 12 月 MLF、PSL 余额及其占中国人民银行总资产的比重

三、转向价格为主的货币调控模式：当前中国货币政策框架现代化转型的主要方向

在流动性新格局下，中国人民银行重新获得了主动供给和调节市场流动性及基础货币的能力，以传统的“量”还是以“价”为目标进行货币调控，成为中央银行必须面对的课题。从各国经验来看，随着金融创新和金融脱媒的迅猛发展，金融市场结构和产品日益复杂，利率管制效果越来越差，货币数量的可控性、可测性及与最终目标的相关性日益下降，各国在逐步放开利率管制的同时，都重新转向了以利率为主的货币价格调控模式。与各国经验类似，我国自 2004 年放开存款利率下限以来，由于市场份额和竞争的压力，几乎没有银行下调存款利率进行主动负债管理。相反，由于利率水平被认为压抑在较低水平，以及保险、基金等行业的发展，银行体系面临非常大的资金压力。正是在这一背景下，2005 年我国银行正式开展的理财业务事实上突破了利率上限管制，取得了快速发展。银行通过不同风险类型的产品设计满足了不同风险偏好客户的投资收益需求，在促进资金来源竞争的同时，提高了银行利率管理水平和风险定价能力，居民通过不同风险类型的理财产品，增强了利率敏感度和投资风险意识，这都为全面放开存款利率上限管制进行了必要的准备。同时，银信合作、委托贷款等影子银行快速发展，第三方支付、P2P 等互联网金融迅猛崛起，这都对传统金融业造成较大冲击。可以说，2012 年放松存款利率上限管制加速利率市场化，正是鉴于金融市场日益深化发展顺势而为的政策选择。

事实上，我国货币决策者很早就意识到，货币的数量调控和价格调控是一个相互作用的过程，当数量未处于合理区间时，价格传导机制往往会出现问题；同样，不考虑价格因素，数量调控的效果也会大打折扣，在以数量为主的货币调控实践中，应始终兼顾货币“量”与“价”的平衡（周小川，2006，2013；张晓慧，2015）。货币数量调控很大程度上仍延续了计

划经济数量控制的惯性思维。在金融创新迅猛发展的条件下，数量目标的局限性愈加明显，一味强调数量目标不可避免会引发对微观经济主体行为的干预，导致“一刀切”“急刹车”等副作用，并不适合市场导向的货币调控需要。为了弥补 M_2 数量调控的不足，我国于2011 年开始创新性地公布社会融资规模统计指标作为货币决策的重要参考，并从 2015 年公布存量社会融资规模，在 2016 年明确将其作为事实上与 M_2 同等重要的政策中间目标①。不过，虽然社会融资规模统计范围更广，能够为决策提供更多参考信息，但非银行金融中介融资更容易受经济波动和预期影响，央行无法有效控制直接融资行为，社融统计很可能滞后于金融创新而影响其准确性，作为金融机构资产方的社融存量在理论上也应与负债方的 M_2 大体一致，因此社会融资规模难以完全替代 M_2 成为更有效的数量型中间目标。与数量调控相比，价格调控考虑了激励相容问题，主要通过微观主体自主的行为调整发挥作用。因此，近年来中国人民银行多次指出，由于影响货币供给因素更加复杂，以数量为主的货币调控已难以适应当前的需要，不应过度关注 M_2 的变化，而是要更多关注利率等价格型指标，逐步推动从数量型向价格型的货币调控模式转型②，这也是当前中国货币政策框架现代化转型的主要方向。

利率管制的基本放开，为我国货币调控模式转型创造了条件。早在2004 年取消存款利率下限和贷款利率上限管制并实行利差管理时，中国人民银行就提出要引导利率进一步发挥优化金融资源配置和调控宏观经济运行的作用，更加注重价格调控的作用，发挥价格杠杆在资源配置中的功能，减少对数量调控的依赖③。2015 年放开存贷款利率浮动限制基本实现利率市场化之后，我国仅保留了存贷款基准利率，利率市场化改革的重点已从

① 盛松成：《社会融资规模指标的诞生和发展》，《中国金融》2019 年第 19 期。

② 易纲：《货币政策回顾与展望》，《中国金融》2018 年第 2 期；2017 年以来各期《中国货币政策执行报告》。

③ 《数量调控与价格调控》，《稳步推进利率市场化》，《中国货币政策执行报告》（增刊），2005 年 1 月；周小川：《中国货币政策的特点和挑战》，《财经》2006 年第 26 期。

"放得开"转向"形得成"，尤其是"调得了"，核心就是要建立健全与市场相适应的利率形成和调控机制，通过央行利率政策指导体系引导和调控市场利率，各类金融市场以市场基准利率和收益率曲线为基准进行利率定价，在完善央行政策利率体系、培育市场基准利率的基础上，进一步理顺从央行政策利率到各类市场基准利率，从货币市场到债券市场再到信贷市场，进而向其他市场利率乃至实体经济的传导渠道①。随着中国经济转向以中高速增长为特征的高质量发展阶段，金融促进实体经济发展也应由规模扩张逐渐转向质量提升，货币调控也要减少对数量目标和手段的依赖，通过价格引导更好地发挥政府作用。正是在这一背景下，2018 年我国不再公布具体的 M_2和社会融资规模等数量目标，这是向货币政策框架现代化转型迈出的重要一步。

四、当前货币价格调控模式转型存在的主要问题

经过三十多年利率市场化改革的持续深化推进，中国已基本形成了市场化的利率形成和传导机制（易纲，2021）。不过，也应看到，当前存贷款利率的完全放开以及公开市场操作与利率走廊相结合的利率操作框架等方面，也就是利率真正完全的市场化"放得开、形得成、调得了"，仍待进一步健全完善。

在存贷款利率放开方面，2015 年在取消存款利率浮动限制之后，我国仍保留存贷款基准利率，主要是作为完善利率调控框架的过渡，待建立健全市场化利率形成、传导和调控机制之后，不再公布存贷款基准利率将是一个水到渠成的过程②。毕竟存贷款基准利率仍是商业银行利率定价的重要

① 《央行有关负责人就降息降准以及放开存款利率上限答记者问》，www. pbc. gov. cn，2015 年 10 月 23 日。

② 《央行有关负责人就降息降准以及放开存款利率上限进一步答记者问》，www. pbc. gov. cn，2015 年 10 月 26 日。

参考。虽然2019年贷款市场报价利率（LPR）改革初步实现了贷款利率并轨[①]，但存款基准利率一直被认为是我国利率体系的压舱石，政策上仍要长期保留[②]，我国也仅是将过去银行存款利率定价由根据存款基准利率上浮一定比例改为加点确定，直至2022年4月才着手建立存款利率市场化调整机制，存款利率的完全放开和市场化并轨仍存在较大差距。

在市场化利率形成和调控机制方面，我国在放开存款利率上限时就提出，加快培育市场基准利率和收益率曲线，使各种金融产品都有其市场定价基准，在基准利率上加点形成差异化的利率定价，从而理顺从央行政策利率到各类市场基准利率，从货币市场到债券市场再到信贷市场，进而向其他市场利率乃至实体经济的传导渠道，形成一个以市场为主体、央行为主导、各类金融市场为主线、辐射整个金融市场的利率形成、传导和调控机制，从而让市场机制在利率形成和资源配置中真正发挥决定性作用[③]。但是，LPR改革和贷款利率并轨之后，银行贷款利率报价与MLF利率挂钩，这进一步强化了MLF中期政策利率的作用，与国际上的通行做法并不完全相同。而且，MLF利率与市场短端利率关联性较差，贷款利率与金融市场利率并轨和市场化利率形成机制依然有待改进。在中央银行政策利率体系和调控机制方面，虽然近年来我国强调了7天存款机构质押式回购利率（DR007）的基准性作用[④]，指出市场观察货币政策取向只需关注政策利率变化及市场利率在一段时期内的总体运行情况，不宜过度关注流动性数量

---

① 《贷款市场报价利率（LPR）改革取得重要成效》，《中国货币政策执行报告》（2020年第1期）；《实际贷款利率稳中有降》，《中国货币政策执行报告》（2021年第2期）。

② 参见刘国强在“增加地方政府专项债规模和强化对中小微企业普惠性金融支持有关情况发布会”上的发言，www. pbc. gov. cn，2020年4月3日；《人民银行召开加强存款管理工作电视电话会议》，www. pbc. gov. cn，2021年2月4日；《优化存款利率自律上限成效显著》，《中国货币政策执行报告》（2021年第3期）。

③ 《央行有关负责人就降息降准以及放开存款利率上限进一步答记者问》，www. pbc. gov. cn，2015年10月26日。

④ 参见2018年第3期以来各期的《中国货币政策执行报告》。

或公开市场操作数量指标[①]，但 DR007 的市场代表性、定价基准性及期限方面，仍存在一定的问题，市场利率与主要政策利率持续偏离较大不可避免地扰动了市场预期。从利率操作框架安排来看，我国已具备了以 7 天逆回购为政策利率中枢通过公开市场操作与利率走廊相结合的利率调控基本条件，2021 年 9 月还最终实现了 SLF 电子化操作方式改革，但我国公开市场操作仍以数量目标的利率招标方式为主，利率走廊宽度仍待优化，短端 SLF 利率、中期 MLF 利率和长期 PSL 利率仍存在明显的期限倒挂问题，政策利率体系存在一定的扭曲。

在基础货币投放和货币调控模式方面，随着外汇占款作为基础货币投放主要方式的逐步淡出，我国很早就明确要采用与各国常规货币政策操作模式一致的做法，更多通过公开市场购买国债和其他的各种新型工具投放基础货币[②]。MLF 的创设很大程度上是为应对新增基础货币投放缺口的无奈之举，在政策实施之初同时进行 3 个月、6 个月和 1 年期等各期限的操作，并以 3 个月和 6 个月期限的操作为主。但是，2016 年 8 月和 2017 年 6 月以来，我国不再进行 3 个月和 6 个月的 MLF 操作，目前仅进行 1 年期的 MLF 投放。从操作方式来看，MLF 和 PSL 都是中央银行对存款类金融机构的债权，虽然并不属于再贷款工具，但本质上主要发挥着流动性再贷款和信贷政策支持的功能，这与 1998 年之前以中央银行再贷款为主的信贷直接调控方式和基础货币投放主渠道的模式非常接近。2019 年 LPR 贷款利率并轨改革以来，MLF 投放基础货币的作用得到进一步加强，通过管理央行对银行债权工具完善基础货币投放，也成为健全现代货币政策的重要举措之一。2018 年初不再公布 M_2 和社融等数量指标的具体目标值之后，我国并未及时明确新的短端基准政策利率和操作目标利率，但在 2018 年底提出 M_2 增速应与名义 GDP 增速大体相当，并在 2019 年初正式提出 M_2 和社会融资规模增

---

① 《健全现代货币政策框架》，《中国货币政策执行报告》（2021 年第 1 期）；《银行体系流动性影响因素与央行流动性管理》，《中国货币政策执行报告》（2021 年第 4 期）。

② 易纲：《人民币的国际化使用》，在上海发展研究基金会上的演讲，www. sdrf. org. cn，2015 年 5 月 17 日。

速要与名义 GDP 增速基本匹配，将名义 GDP 增速作为数量型中间目标的锚定方式①。上述政策实质上仍延续了货币数量调控的思路，只能作为向以利率为主的货币价格调控模式转型的过渡性安排。

五、研究的主要安排

改革开放四十多年来，中国经济取得成功的重要经验之一，就是通过渐进方式，逐步让市场在经济资源配置中发挥决定性作用。从整个价格改革过程看，大体沿着先实物产品后服务价格、先消费品价格后生产资料、先一般商品后要素价格的顺序展开，各领域价格改革均不同程度采取了双轨并存到最终并转的过程。1992 年党的十四大正式确立建立社会主义市场经济之后，我国基本实现了一般商品和服务的价格市场化，改革的重点也由商品价格的市场化转向要素价格的市场化。

作为金融要素价格，我国很早就注意要发挥利率价格杠杆在资源配置中的作用。1979 年开启的“拨改贷”改革，就是意图加强资金周转观念、利息观念和投入产出观念，改善投资结构和效益。1981 年，国务院批转的《关于调整银行存款、贷款利率的报告》规定，中国人民银行可以在国务院批准的利率幅度内，确定不同的利率档次，由此确立了我国利率管理的原则，并在利率决定中引入了市场因素。1982 年，中国人民银行《关于贯彻〈国务院批转人民银行关于调整银行存款、贷款利率的报告的通知〉的几项具体规定》，允许信托投资公司吸收的资金、贷款和投资利率在 20% 范围内浮动；1983 年，国务院在《批转中国人民银行关于国营企业流动资金改由人民银行统一管理的报告的通知》中，允许人民银行在基准贷款利率基础

① 《中国货币政策执行报告》（2018 年第 3 期），2018 年 11 月 9 日；《如何理解稳健的货币政策》，《中国货币政策执行报告》（2018 年第 4 期），2019 年 2 月 21 日。

上，进行上下各 20% 的利率浮动。自此，银行贷款利率管制开始松动。1986 年开始，中国人民银行允许农村信用社存款利率在一定范围内浮动，1987 年和 1988 年，中国人民银行进一步扩大了贷款利率浮动范围和浮动区间，在物价较高时期还采取保值储蓄的方式上浮存款利率。不过，由于改革初期宏观经济波动和人们认识上的局限，相关改革主要采取渐进试点的方式进行，存贷款利率的放开经常存在反复。直至 1993 年党的十四届三中全会正式提出利率市场化改革设想，并以 1996 年放开银行间市场拆借利率为正式开端，我国才正式稳步开展利率市场化改革，2012 年开始加速推进并最终在 2015 年基本放开存贷款利率管制。

然而，存贷款利率的完全市场化并轨与利率市场化形成和调控体系建设仍待完善。2020 年 3 月，党中央、国务院发布的《关于构建更加完善的要素市场化配置体制机制的意见》将“稳妥推进存贷款基准利率与市场利率并轨”作为加快要素价格市场化改革、完善主要由市场决定要素价格机制的重要任务之一。党的十九届四中全会进一步指出，“推进要素市场制度建设，实现要素价格市场决定”是加快完善社会主义市场经济体制的重要内容，并将“建设现代中央银行制度，完善基础货币投放机制，健全基准利率和市场化利率体系”作为优化政府职责体系、推进金融治理体系和治理能力现代化的重要组成部分。《“十四五”规划和 2035 远景目标纲要》更是明确将“建设现代中央银行制度，完善货币供应调控机制，……健全市场化利率形成和传导机制，完善央行政策利率体系”作为深化金融供给侧结构性改革、建立现代财税金融体制的重要任务。

早在 1993 年，党的十四届三中全会《关于建立社会主义市场经济体制若干问题的决定》和《国务院关于金融体制改革的决定》就明确指出，“中央银行按照资金供求状况及时调整基准利率，并允许商业银行存贷款利率在规定幅度内自由浮动，……进一步理顺存款利率、贷款利率和有价证券利率之间的关系，逐步形成以中央银行利率为基础的市场利率体系”。在存贷款利率浮动限制基本取消之后，当前的利率市场化改革已进入深水区，这往往也是最为艰难的。

正如周小川行长曾经打过的一个比方①，从北京去天涯海角，一开始只要明确大的方向就可以了，车子一直向南开就行，但到了三亚就不能只是看着太阳开车了，反而要反复看地图或GPS，依靠比较复杂的办法或精密的技术手段，设计具体的行车路线，才能顺利达到终点。研究以价格引导的市场化方式完善基础货币投放和货币供应调控机制，探索由以数量为主向以价格为主的货币调控模式转型的具体改革路径，具有非常重要的意义。为此，本研究将以市场化利率形成和调控机制为核心，围绕利率"放得开、形得成、调得了"，对中国货币价格调控模式转型路径进行深入研究，以期为当前中国货币政策框架的现代化转型提供可靠借鉴。具体安排如下：

除引言外，第二章将首先对货币政策框架、货币调控模式的含义和划分标准进行深入分析，梳理作为货币数量调控理论基础的储备头寸说及以其为指导的美联储货币数量调控政策实践，进而指明当前中国货币政策框架现代化转型的具体内容。第三章对中国"量""价"平衡的货币政策调控机理进行了深入分析，通过货币数量交易方程式和货币效用两种方式，从理论上说明货币数量规则与利率价格规则理论上存在着等价关系；实证分析表明，价格变量与最终目标的关系越来越紧密，中国已具备了转向货币价格调控的必要条件。在此之后，各章安排按照利率市场化"放得开""形得成""调得了"的关系展开论述。在利率"放得开"方面，第四章对当前我国的隐性利率双轨制进行了理论和实证分析，讨论了制约存款利率放开的主要因素。正是由于隐性利率双轨制的存在，我国存贷款利率和金融市场利率长期低于均衡水平，货币政策不得不依赖数量调控，法定准备金制度在我国货币数量调控中具有重要的地位。为此，第五章通过对法定存款准备金制度起源和功能演进的全面梳理，深入分析了我国法定准备金制度存在的主要问题。第六章通过考虑金融创新情形的货币乘数理论模型和实证分析，指出随着金融创新和金融脱媒的迅猛发展，我国货币数量的可

① 周小川：《如何理解资本项目可兑换》，《新世纪（周刊）》2013年第3期。

测性和可控性越来越差，货币政策亟须向价格调控模式转型。第七章针对利率“形得成”问题，深入分析了利率市场化条件下的利率形成和传导机制，在全面总结国际货币市场基准利率体系改革和印度贷款利率并轨经验基础上，指出我国贷款市场报价利率（LPR）形成机制改革存在的主要问题，阐明了未来存贷款利率并轨的改革路径。第八章至第十章重点阐述利率“调得了”问题。针对利率调控要“调什么”，第八章深入分析了货币价格调控模式下中央银行新的基准利率和操作目标选择问题。第九章分别从国际经验和理论基础的角度，指出当前 LPR 挂钩 MLF 的中期政策利率调控和收益率曲线控制政策存在的问题。对于利率调控“怎样调”，第十章深入讨论了利率调控的具体模式，对国际金融危机前公开市场操作与利率走廊相结合的利率调控方式，以及危机后充足准备金条件下利率调控的地板体系进行了深入理论分析和国际经验比较，指出目前中国没有必要采用地板系统，仍应完善公开市场操作和利率走廊相结合的利率调控模式。最后，第十一章对各章内容进行了简要总结，并为中国以货币价格调控模式为主的货币政策框架现代化转型，提出具体政策建议。

第二章　货币政策两分法、操作（中间）目标与货币调控模式

尽管加快货币价格调控模式转型已成为各方共识，但中国货币政策在实践上仍更偏重于数量调控。从工具手段来看，货币政策操作更偏好准备金等数量型政策工具，利率价格型工具调整的频率和幅度明显小于准备金调整，即使是2018年初取消 M_2 增速具体目标之后，法定存款准备金率调整的幅度和频率仍明显大于政策利率。从政策操作目标来看，公开市场操作和SLF、MLF等流动性创新工具主要着眼于市场流动性和基础货币供给稳定，公开市场操作政策利率仍采用以数量目标为主的价格招标方式决定，SLF、MLF等主要政策利率变化也都是在资金供求影响下随行就市①。从政策利率传导机制来看，虽然我国已取消存贷款基准利率浮动限制，但利率定价自律组织和宏观审慎政策评估（MPA）仍对商业银行利率定价行为进行较严格的约束，对准备金等数量手段的依赖进一步制约了利率传导效率和利率调控的有效性。

各国之所以采取不同类型的货币调控模式，很大程度上源于货币传导机制的差异及金融体系发育程度等客观条件。一般来说，金融市场体系发育健全、货币政策利率传导机制畅通的发达经济体，货币政策主要以价格调控模式为主，而新兴市场和发展中经济体则主要以数量调控模式为主（Laurens, et al., 2015）。不过，虽然对货币价格调控模式转型已有很多讨

---

① 参见中国人民银行有关负责人数次就公开市场利率变化情况答记者问，www.pbc.gov.cn，2017年3月16日，2017年12月14日，2018年3月22日。

论，但对于货币调控模式的具体含义及其划分标准，仍存在很多认识上的模糊。例如，在政策工具手段方面，虽然在转向以利率为主的货币价格调控之前，很多发达国家也开展过货币数量目标制的政策实践，但美联储在货币数量目标制期间仍主要依靠公开市场操作引导市场利率水平。而且，准备金手段作为中央银行的“三大法宝”之一，在货币数量目标制之前就被各国央行较为频繁地使用（Bindseil，2004）。在政策操作目标方面，货币市场利率稳定也是中国人民银行非常重视的目标，根据发展阶段和宏观调控的需要，开展数量、价格与宏观审慎相结合的货币政策调控（张晓慧，2015）。在货币政策传导机制方面，利率传导渠道是货币政策传导理论分析的基准，信贷渠道是对利率渠道信息完全假设条件的修正，并不是完全独立于传统利率渠道之外的传导机制，而是对其扩大和补充（Bernanke and Gertler，1995）。经过二十多年市场导向的金融发展，我国利率传导机制畅通有效，已具备了货币价格调控转型的必要条件。那么，货币调控模式的具体含义和划分标准如何，是以货币政策手段和工具来划分，还是以货币政策操作目标或中间目标来划分？货币数量目标制是否就是货币数量调控？显然，在利率市场化改革基本完成的当下，我国货币调控模式转型进程相对缓慢，很大程度上与货币调控模式认识上的模糊有关。厘清货币数量调控与价格调控的具体含义，探讨货币调控模式的划分标准，对理解当下中国货币调控模式转型，具有非常重要的意义。

一、货币调控模式理论文献简要综述

在实物货币时代，经济学家们普遍持有货币数量与经济活动无关且不受政策控制的外生货币观点，因而货币数量论和货币主义者认为，金本位制条件下并不存在货币调控的政策空间（Friedman，1982）。尽管黄金输送点制约了各国中央银行的利率政策，但通过私人部门套利来消除黄金市场价格与铸币的黄金平价差别的自动平衡机制表明（Goodfriend，1988），各国中央银行仍然可以通过调整贴现利率（Bank Rate）确保汇率处于黄金输送点之内，调节储备货币发行数量，市场不完全（如各国风险溢价的差异）也使中央银行能够调整利率政策（贴现率）有效影响通胀和失业率水平（Lennard，2018）。而且，出于节省黄金并可获得额外利息收益的考虑，很多国家将积累的可随时兑换成黄金的外汇作为储备资产发行货币（Bordo and Eichengreen，1998），传统金本位制在第一次世界大战前实际上已演变为金汇兑本位制。各国货币的黄金价值稳定要求汇率稳定，在资本自由流动和利率平价机制下，利率政策在维护币值和汇率稳定方面发挥了非常重要的作用。

事实上，通过短期贴现利率政策进行货币调控，影响资本和黄金的跨境流动，不仅是金本位制实物货币体系中央银行通行的政策实践，也得到了 Thornton、Bagehot 和 Wicksell 等很多古典和早期新古典（Neoclassical）经济学家的广泛认可，Cassel 也认为利率政策自然是纸币信用货币体系下的货币调控模式（Bindseil，et al.，2006）。尽管有关货币政策是以数量还是以价格为主进行调控的讨论，一直是货币经济学规范分析最重要的问题，但这方面的讨论是以 Poole（1970）作为现代研究的起点（B. Friedman，1990；Bindseil，2004）。在一个 IS – LM 静态分析框架下，Poole（1970）考虑了货币数量（货币主义调控模式）和利率（传统凯恩斯主义调控模式）对产出波动的具体影响，发现货币调控不仅依赖于 IS 和 LM 曲线的斜率水平，还与财政支出冲击（IS 曲线）与货币需求冲击（LM 曲线）的性质（方差和协方差的结构）有关，当经济不确定性（随机冲击）主要来自商品市场，货币数量调控要优于价格调控，而若不确定性来自金融市场，则利率价格调控优于货币数量调控。

虽然 Poole（1970）根据经济冲击性质得到的结论简单清晰，但毕竟其模型属于标准的静态分析，没有考虑微观经济主体行为的具体影响。为此，Sargent 和 Wallace（1975）通过一个简单的理性预期模型表明，利率调控下的产品和服务价格是不确定的（也即利率规则存在多重不确定价格均衡，这是经济不稳定的根源），而货币政策盯住一个固定的货币数量则能够得到确定性均衡价格，因此货币政策应以货币数量为目标。不过，有关经济均衡确定性条件的讨论也产生了一定的误导（Bindseil and Konig，2013）。Sargent 和 Wallace（1975）是以价格具有完全弹性和货币中性作为假设条件，认为中央银行可以通过基础货币的调整实现利率目标，市场参与者清楚中央银行货币数量规则，现实价格与预期价格的差可以归结为随机误差，这样利率就相当于随机误差。在这种假设下，McCallum（1986）表明，只有中央银行最终目标根本不考虑价格水平时，利率调控才会出现多重不确定性，而如果对中央银行的价格水平目标进行微小的调整，都将得到利率调控确定性的结果。事实上，Sargent 和 Wallace（1975）对利率的讨论忽视了均衡利率的存在性，以及由此可能的确定性价格和实际变量的均衡确定性结果。如果进一步考虑价格黏性情形（也即货币存在短期非中性），微观主体可以很好地预期中央银行货币供给行为及其决定的价格水平，那么多数研究表明，利率政策可以得到确定性均衡结果并且优于货币数量调控（如Bean，1983；Carlstrom and Fuerst，1995，等）。

随着20世纪80年代以来各国重新转向以利率为主的货币价格调控，经济学家们更关注各种利率规则的讨论，有关货币调控模式的规范研究逐渐淡出了人们的视野。不过，考虑市场不完全和价格黏性、更接近现实的新凯恩斯主义模型逐渐成为宏观经济分析的主流（所谓的“新新古典综合”），很多基于新凯恩斯主义框架的研究都表明，利率调控往往优于货币数量调控。而且，在很多情形下政策结论与Poole（1970）相反，利率政策在应对供给冲击方面更具优势，而货币数量则能够更好地应对货币需求和财政需求冲击（Collard and Dellas，2005；Keating and Smith，2019）。以新凯恩斯主义为基础的动态随机一般均衡模型（DSGE）方法的研究也得到了类似的结论。例如，Caballe 和 Hromcova（2011）发现，利率调控更有利于降低通胀波动，而在消费和产出波动方面货币数量调控与利率调控并没有显著的区别。

二、货币政策“两分法”与货币政策框架：一些基本概念

虽然货币调控模式的规范分析能够为货币政策操作提供可靠的理论依据，但从政策实践的角度来看，中央银行能够更容易地对政策工具和目标进行控制和监测才是政策操作的基本出发点（Englander，1990）。从这个意义上讲，货币数量调控相对于利率调控而言并没有任何优势。通常来说，人们更关注当前和未来价格而非货币总量信息，利率价格信息更为透明且容易测量，而货币总量数据通常比较滞后且在度量和可控性方面存在困难（Barro，1986）。在对弗里德曼单一货币规则的讨论中，Tobin（1965）就曾指出货币度量可能存在的问题，并且不幸言中了20世纪70年代以来各国不断修改货币统计口径的困境。有关货币调控模式的规范研究主要是讨论货币数量模式（如货币数量目标制）和利率模式（如泰勒规则）对社会福利的影响，但在具体的政策实践中，正如Mishkin（2009）指出的，可测性、可控性及与最终目标的相关性，才是评判货币调控模式优劣的重要标准。与Mishkin（2009）类似，Atkeson等（2007）将紧密性（Tightness）和透明性（Transpanrency）作为衡量标准的规范分析也表明，利率价格调控明显占优于货币数量调控。显然，有关货币调控的规范分析（对社会福利的影响）和政策实践中的评判标准并不一致，而这与货币政策的“两分法”密切相关。

（一）货币决策与货币操作：货币政策战略与战术的“两分法”

长期以来，在古典两分法和萨伊定律的影响下，以货币价格等名义变量作为分析对象的货币经济分析主要针对“货币中性”这一自休谟（Hume）以来货币理论的核心问题（Lucas，1996），以及与之相关的货币政策最终目标选择、货币传导渠道及货币规则等有关货币决策战略层面的

研究，这几乎是现代货币经济学最主要的部分。经济学家们很少关注中央银行如何进行日常操作并实现操作目标这一战术层面的问题，很多著名的货币经济学教科书只是将中央银行利率操作视为附属讨论一带而过（如Woodford，2003，等），或者虽然意识到货币政策战术的重要性，但在讨论时仍将通胀目标制、货币规则等货币决策的战略层面与货币政策具体操作的战术问题相混淆（Mishkin，2009）。Walsh（2017）是为数不多的专门用单独一章篇幅详细说明货币政策操作的教材。事实上，货币决策理论和货币操作实践一直存在着这种“两分法”式的断裂（Goodhart，1989），这与现代中央银行货币政策框架安排及其历史演进密不可分。

虽然瑞典国家银行和英格兰银行作为最古老的中央银行早在17世纪就已成立，但直至1844年在以桑顿（Thornton）、李嘉图（Ricardo）和托伦斯（Torrens）等为代表的通货学派主导通过《皮尔法案》（*Peel Act*），最终正式确立金本位制并将发行业务（Issue Department）完全从银行业务（Banking Department）中独立出来。发行部主要负责确保金本位的货币发行储备要求及确定具体发行数额的银行券，这相当于货币决策，而银行部门则通过常备融资便利（主要是票据贴现）和短期贴现利率（Bank Rate）进行具体的政策操作。可见，货币政策战略和战术的分离有着长久的历史渊源。很多新兴市场和发展中经济体及发达经济体早期的中央银行，很容易受到各种政治因素的干扰并开展相机抉择的货币政策，有关中央银行货币政策独立性或自主性的讨论主要是指战略层面的货币决策。自1844年《皮尔法案》以来，货币决策和操作的完全分离原则得到了各国中央银行的广泛认同（Bindseil，2014，2016），金本位制相当于为货币决策实施了可置信的货币规则（Bordo and Kydland，1995）。在外生黄金数量的约束下，英格兰银行在制度上得以免受财政部门干扰，从而获得了实质性的货币决策权，也即现代意义的决策独立性（Karaman，et al.，2020），从而最终确立了英格兰银行（而不是成立更早的瑞典国家银行）现代中央银行的鼻祖地位（Asso and Leeson，2012）。可见，货币决策与操作分离且中央银行拥有货币决策主导权对央行独立性至关重要①，这也是现代中央银行的重要标志。

目前，主要中央银行内部大多都是由经济分析部门和货币政策委员会等机构负责货币决策（也被称为中央银行的“白领”），它们通常并不一定需要了解货币政策实施的具体技术细节；同时，由金融市场部门负责货币政策操作（也被称为中央银行的“蓝领”），它们也往往不需掌握有关货币决策的高深理论知识（Bindseil，2014）。不过，正是由于货币政策战略和战术的两分，有关货币政策操作的研究往往以中央银行和金融机构人员为主，学术界对这个问题的讨论并不充分。只是20世纪90年代以来发达经济体货币政策操作框架重新转向市场化的价格型方式，以及对新兴市场和发展中经济体货币传导机制和操作框架的关注，再加上国际金融危机以来主要发达经济体央行货币政策工具的创新，理论界才开始逐步关注货币政策操作问题（B. Friedman and Kuttner，2011）。

（二）有关货币政策的基本概念与货币政策框架

与货币决策丰富的研究成果相比，有关货币政策操作的研究成果仍比较匮乏且令人遗憾，这在一定程度上导致有关货币调控讨论相对混乱②。因此，有必要对货币政策框架的一些基本概念进行澄清，以便准确理解货币调控模式的内涵。这里，借鉴Borio（1997）、Bindseil（2004，2014）、Sellin和Sommar（2014）、Laurens等（2015）等的成果，主要对一些与货币政策框架有关的基本概念进行说明。

---

① 1951年3月4日，美联储与财政部达成协议（Accord），美联储获得了利率政策的决策权，这一天也被称作美联储的“独立日”（Hetzel and Leach，2001）；在逐渐脱离金本位制之后，英国、日本等国的财政部一直拥有利率政策的最终决定权，直至1997年英格兰银行和日本银行才被赋予完全的利率决策权，这也是这两家央行政策独立的重要事件。参见：Bernanke，B.，2010，“Central Bank Independence，Transparency，and Accountability”，*Speech at the Institute for Monetary and Economic Studies*，Bank of Japan，May，26th.

② Borio（1997）、Van't dack（1999）和Ho（2008）分别对20世纪80年代以来发达经济体和新兴市场经济体货币政策操作框架进行了全面综述，Sellin和Sommar（2014）、BIS（2009，2019）、Cap等（2020）全面梳理了国际金融危机以来主要经济体货币政策操作框架的变化情况；Bindseil（2016）对货币政策操作文献进行了全面综述。

政策工具/手段/方式（Policy Instruments/Tools/Measures）：中央银行能够完全控制并借以实现操作目标的政策手段，主要包括公开市场操作、准备金和融资便利（Standing Facilities，以及中央银行可以相机采用的再贴现/再贷款），也即所谓中央银行“三大法宝”，以及20世纪90年代以来随着大额支付系统的应用而实行的利率走廊安排。

中间目标（Intermediate Target）：中央银行并不能够通过政策工具完全掌握而只是可以在适当时滞和精度条件下控制的经济变量，一般来说是货币政策最终目标的先行指标，与最终目标存在着相对稳定的可测关系。

操作目标（Operational Target）：中央银行并不能完全控制而是由金融市场形成，但中央银行能够通过操作日常的政策工具影响（甚至是控制）市场变量接近政策目标水平，通过货币政策传导机制有效影响中间目标（或监测指标）并顺利实现最终目标的变量，既可以是价格（市场利率）变量，也可以是数量变量（准备金数量，或超额准备金，基础货币，等等）。

最终目标（Objective/Final Target）：货币政策最终要实现的经济变量，如产出、物价。操作目标和中间目标只不过是实现最终目标的过程，其本身对货币政策并没有什么特定的意义，中央银行更关心最终目标的实现，操作目标或中间目标的选择主要是服从最终目标。

货币政策战略与战术部门的分置和密切配合构成了货币政策框架的基本内容。所谓货币政策框架，就是有关货币政策目标、工具和传导机制的总和，也就是按照一定方式进行货币决策后，货币当局运用政策工具、借助传导机制以最终实现调控目标的一整套制度安排（Bindseil，2014）。图2.1是对中央银行货币政策决策和操作两分框架的简要描述。

需要指出的是，尽管货币决策与操作的分离早已成为各国央行的主流共识，但国际金融危机以来，财政政策和货币政策原本的清晰界限被打破了（Blinder，et al.，2017）。各国央行在实施大规模资产购买的过程中，要么将央行政策操作的合格抵押品范围扩展至资产支持证券（ABS）、高等级企业债、银行信贷等风险更高、信息更不透明的金融产品，要么直接购买抵押支持债券（MBS，美联储）、评级较低的主权国家债券（欧央行）、

ETF 基金（日本银行），这些风险和损失本应由政府承担，因而又被称作“准财政政策”（Quasi - fiscal）（Hall and Reis，2015）。大规模的资产购买政策使原本仅限于技术性调整而不反映政策立场变化的货币操作在性质上发生了明显变化，资产购买数量、频率和期限很大程度上反映了货币决策的变化。危机前以隔夜市场利率为目标，公开市场操作和对称的利率走廊安排相结合的货币操作框架也逐步演变为充足准备金安排（Ample Reserve）或地板体系（Floor System）。由此，原本清晰的货币决策与操作相分离的原则也日益模糊（Cap，et al.，2020）。为应对新冠疫情冲击，各国再次开展规模更大、力度更强的量化宽松（QE）政策，使货币决策与操作进一步交叉重叠。不过，货币决策与操作的相互交融主要是金融危机和疫情应对的产物，在经济好转和货币政策正常化后，货币政策框架也应当回归到决策与操作相分离的正常状态，否则将严重扭曲市场功能甚至引发市场波动危机。第十章将对这一问题进行深入分析。

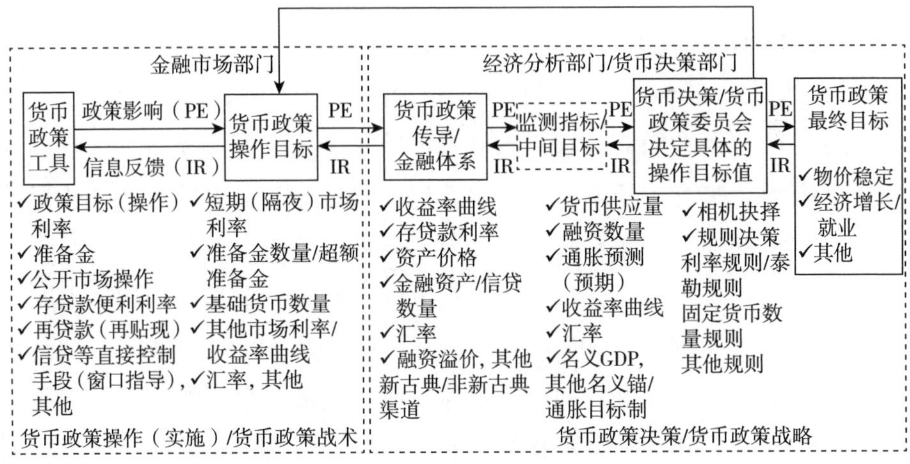

图 2.1 货币政策框架：决策战略与操作战术的两分法

（三）有关中间目标的进一步讨论

有关货币政策中间目标的政策模式及对中间目标的讨论，很大程度上源于对货币政策传导机制缺乏足够清晰的认识。与微观经济学中的产出函数理论类似，货币政策影响实体经济变化的中间过程及动态传导机制一直被视为货币理论的“黑箱”（Bernanke and Gertler，1995），直到20世纪70年代才逐渐引起人们研究的兴趣。因而，为了提高货币政策的有效性，人们开始关注货币政策的中间目标（B. Friedman，1975，1990）。事实上，对中间目标的讨论就是要选择这样一种变量，通过易于观测和控制的变量（某个金融价格或数量），中央银行能够在某个中间过渡期内将中间目标作为货币政策最终目标的替代变量（即使作为中间目标的数量或价格最终并不是至关重要的）（B. Friedman，1990）。但是，从政策实践角度来讲，中间目标的政策操作模式过于迂回，并不如直接影响操作目标那样直接，容易导致次优的政策效果（Davis，1990）。而且，有效的中间目标要求其必须是有效可测并与最终目标关系稳定，这意味着中间目标相当于一个外生的货币政策变量。但是，显然货币供给是一个与经济和收入密切相关的内生变量，其与货币政策最终目标的关系也就不可能是稳定的（B. Friedman，1984，1990；Blinder，1998）。从这个意义上讲，货币供应量最多只能是货币政策的中间目标（B. Friedman，1990；Davis，1990）。由此也就可以理解，尽管20世纪70年代以来各国中央银行都转向货币数量目标制，但对数量目标的过度强调并没有实现令人满意的结果，甚至为了提高货币数量目标制的有效性，央行不断调整货币统计口径和目标，由于准备金等政策手段过于复杂而扭曲了金融机构的行为（Feinman，1993）。由此，货币政策在调控操作方面也产生了类似于货币决策的动态不一致性的问题，也就是所谓的古德哈特定理（Goodhart's Law）（Goodhart，1984）。如果一旦对某一指标过于强调而成为既定的政策目标，那么该指标很可能失去原本所包含的宏观经济信息并且对决策来说没有实际意义，这就是Lucas（1976）批判在货币政策调控方面的具体表现（Chrystal and Mizen，2001）。

除货币供应量之外，流动性（信贷）总量、名义经济增长、大宗商品价格、收益率曲线等变量实际上都存在着类似问题（Davis，1990）。不过，包括货币供应量在内的各种经济指标变量仍然包含了大量有关经济运行的信息，因而这些目标通常作为与货币决策相关的指标变量（Indicator Variables）或监测指标（Monitoring）（Bindseil，2004）。指标变量只是在判断经济形势以更好地调整操作目标并实现最终目标时具有重要的参考性意义，中央银行并没有公布具体的目标值及未来目标走势的法定义务，通常都是出于加强沟通和政策透明度的考虑来讨论指标变量，其重要性远不如传统的中间目标。由于货币供应量作为中间目标在理论和实践中的效果不佳，而且随着货币政策传导机制理论深入开展，经济学家们对利率与产出、物价等货币政策最终目标的传导机制取得了清晰的认识，因此中间目标目前已经淡出了主要发达经济体央行的货币政策实践，根本不再讨论任何中间目标（Bindseil，2014）。不过，由于观察货币供应量的变化能够为完善中央银行货币决策提供重要帮助，因此货币供应量仍是各国中央银行关注的重要监测指标。例如，欧央行非常重视货币数量的作用，2003 年以来一直采取物价预测经济分析和货币数量分析“双支柱”策略；2021 年 7 月，欧央行实施货币政策新策略进一步强调金融因素，将双支柱调整为经济分析与货币金融分析①。

三、货币政策的数量调控与价格调控：含义、划分标准及相关讨论

（一）货币调控模式的具体含义

由货币政策“两分法”可见，货币调控模式实际上属于货币政策操作的范畴，而非战略层面的货币决策。一般来说，货币政策的最终目标通常都在法律中予以明确规定。由于经济体制不同、发展阶段各异，各国中央银行的最终目标并不完全一致，但目前主要发达经济体央行都将通货膨胀

① Lagarde，C. and L. Guindos，2021，“Opening Remarks and Q&A”，*Press Conference of ECB*，Jul.，8th.

作为最主要的最终目标，有的国家还包括就业（如美国）和其他目标（特别是对转轨的新兴市场和发展中经济体，如中国）（周小川，2016）。因而，货币政策最终目标与货币调控模式无关。目前，主要中央银行都不再采用中间目标的政策实施方式，监测指标并不具有法律约束力，因而也无法据此得到货币调控模式的具体含义。

很多观点都认为应根据货币政策工具划分货币调控模式，我国也曾以此作为货币数量调控或价格调控的划分标准①。应当承认，货币政策工具选择与一国经济发展水平和金融市场发育程度密切相关，但由于货币的数量和价格在理论上相当于一个硬币的两面，在传统的流动性效应（Liquidity Effect）（B. Friedman and Kuttner，2011）作用下，公开市场操作、准备金调整和贴现工具都同时具有价格或数量的作用，从准备金功能的演进中能够非常清晰地看出这一点，第五章将对此专门进行论述。B. Friedman（1990）的综述性文献明确指出，虽然政策操作涉及具体的政策工具，但工具选择实际上是由决策者内生决定的，主要取决于货币决策者的具体政策目标，中央银行必须明确其要取得的具体数量变量或价格变量。因此，对于中央银行来说，货币政策工具的选择并不是最主要的问题，更多反映了一国金融体系的历史和现实条件及中央银行的政策偏好（Bindseil，2014，2016；Sellin and Sommar，2014）。可见，通过货币政策工具也无法准确认识货币调控模式。

以货币政策工具作为划分货币调控模式认识上的误区，很大程度上与Poole（1970）的误导有关。虽然Poole（1970）开启了货币调控的现代理论分析，但如果按照经济冲击的性质进行政策操作则很容易带来混乱。毕竟，在现实的货币政策实践中，纯粹的数量或价格操作是非常罕见的，对经济冲击的识别本身也存在困难（Collard and Dellas，2005）。B. Friedman（1975）很早就指出，最佳的政策应是货币数量与利率的某种组合，因为决策者无法有效识别有关经济波动来源（产品市场还是金融市场）并作出相

---

① 《数量调控与价格调控》《稳步推进利率市场化报告》，《中国货币政策执行报告》（增刊），2005年1月。

应的反应，政策至少在某一较短时期内应维持某一政策目标（利率或货币数量）稳定，并随着新的信息出现再进行相应的调整。可见，关键的问题不在于哪个变量充当政策工具，而是如何根据经济运行中出现的新的但并不完美的信息及时进行政策的调整。不过，即使中央银行能够准确判断经济冲击信息，从政策预期和可靠性（也即对政策目标的承诺和政策的时间一致性）的角度考察，政策操作手段的频繁调整也将损害政策的有效性。

事实上，Poole（1970）问题的关键是在于其混淆了货币政策工具和目标（操作目标、中间目标）这些在货币政策操作中非常重要的基本概念（Bindseil，2004；Disyatat，2008；Borio，2019）。例如，Poole（1970）根据经济冲击的性质讨论政策工具的选择，但在具体的政策讨论中并没有遵循对政策工具的严格定义，而是针对货币总量或利率等货币政策的中间变量或操作变量。正是对这些基本概念的混淆[①]，使 Poole（1970）之后有关货币调控模式的讨论被严重误导了，这种误导甚至体现在 Mishkin（2009）、Walsh（2017）等很多经典的货币经济学教科书中（Bindseil，2004；Disyatat，2008）。

货币政策的操作目标是货币政策实施战术层面的重要内容，对货币政策来说非常重要。作为货币政策影响金融市场体系和实体经济活动的逻辑起点（Abbassi and Nautz，2012），操作目标能够明确反映货币当局的政策立场（Stance），有效传递中央银行的政策信息并引导市场预期，与产出、物价等货币政策最终目标密切相关（Bindseil，2004，2014）。操作目标实

① 有关中央银行货币政策独立性的讨论，通常又被区分为目标独立性（Goal Independent，最终目标水平，如2%通胀目标）和工具独立性（Instrument Independent，如市场短期利率或货币供给），中央银行只要获得足够的工具独立性即可，并不一定需要目标独立性。但是，如果中央银行并不具有最终目标的决定权（独立性），那么很难说工具的独立性能够解决货币政策承诺（动态不一致性）问题（Alensina，et al.，2011）。因此，正如前面指出的，中央银行货币政策独立性或自主性主要是指战略层面的货币决策，中央银行能够为了实现既定最终目标而自主决定操作目标及其政策工具。而且，即使是费希尔（Fischer）也承认，操作目标或中间目标的设定非常重要，对中央银行独立性的这种划分，很大程度上是民主国家中出于政治上的考虑。费希尔强调工具的独立性，实际上也是指操作目标或中间目标，而非准备金、融资便利等政策工具，这其实也是 Poole（1970）概念混淆误导的体现。参见：Fischer，S.，2015，"Central Bank Independence"，*Speech of the* 2015 *Herbert Stein Memorial Lecture*，National Economists Club，Nov. 4th；Fischer，S.，2017，"The Independent Bank of England"，*Speech at the Conference of* "20 *Years On*"，Bank of England，Sep. 28th.

际值的变化还能够反映和评估中央银行货币政策立场及其变化情况。当前各国的短期操作目标利率也被称作“参考利率”（Reference Rate）（Borio and Nelson，2008）。

由此可见，所谓货币调控模式（数量调控或价格调控），实际上是在货币政策框架中货币操作战术层面针对操作目标的讨论。毕竟，只有操作目标才是中央银行通过政策工具可以直接有效引导接近（甚至是控制）政策目标水平的变量。很多学者（Mishkin，2009）将操作目标称作政策工具（Policy Instrument）或操作工具（Operating Instrument），或将政策工具称作政策手段（Policy Tools）（Laurens，et al.，2015），这在某种程度上也是Poole（1970）混淆概念的不良后果。在信用货币条件下，中央银行作为基础货币的垄断者，通过政策工具和资产负债表的变化，能够有效影响（甚至是控制）基础货币的数量（至少是部分基础货币，如银行的法定准备金数量）或者价格（短期货币市场利率）。因此，根据中央银行操作目标的性质，可以将货币调控分为数量调控（即基础货币量，或者基础货币的某个组成部分，如法定准备金或超额准备金）和价格调控（即基础货币的价格，短端货币市场利率）（Bindseil，2004）。

（二）有关货币调控模式划分标准的进一步讨论

1. 中间目标、操作目标与货币调控模式

对货币调控含义的讨论表明，只有操作目标才是划分货币数量调控还是价格调控的标准。当前，主要发达经济体央行都放弃了公布中间目标的货币政策，但货币数量作为中间目标和货币数量目标制的政策实践仍是现代中央银行重要的历史插曲。而且，货币数量目标制本质上属于决策层面的货币数量规则，因此不能将货币数量目标制，或以货币数量作为中间目标，作为货币数量调控的判别依据。例如，尽管德国联邦银行被认为是货币数量目标制的成功范例，但从货币操作层面来讲，德意志联邦银行始终坚持价格调控模式，以贴现率作为最主要手段调节市场利率水平，只是在

20 世纪 70 年代才开始引入公开市场操作。而且，影响基础货币数量的公开市场操作也往往服务于利率目标（Bindseil，2004）。事实上，德国主要是将货币供应量作为政策沟通的重要手段，在政策实践中货币供应目标具有很大弹性，这使中央银行具有足够的政策灵活度。在很多年份并不公布具体的货币数量目标，或者实际的货币供给数量与政策目标存在很大差距，这实际上相当于监测指标的作用。因此，德国的货币数量目标制完全不同于弗里德曼（1982）正统的货币主义实践，而是"实用的货币主义"（Pragmatic Monetarism）（Issing，1997；Mishkin，1999）。与德国类似，虽然美联储在20 世纪70 年代初开始将货币供应量作为中间目标，但在政策实践中仍做了很大的保留，货币供应目标范围过于宽松且经常变化，市场利率稳定仍是政策操作的优先目标（Mishkin，2002）。直至 1979 年沃尔克（Volcker）出任主席后，美联储完全放弃了利率目标，实行最为严格的货币数量操作，货币主义政策实践达到了历史的最高峰。由此可见，在采用货币政策中间目标的货币政策框架下，很容易将中间目标的选择作为判断货币调控模式的依据，Poole（1970）实际上是对以货币数量为中间目标与利率调控模式优劣的讨论。但是，Poole（1970）讨论的利率目标实际上是中央银行的操作目标（Disyatat，2008），或者隐含意味着中间目标和操作目标都是利率。显然，Poole（1970）并未严格区分货币政策工具、中间目标、操作目标等基本概念，这也是有关货币调控模式认识上混乱的重要原因。

不过，在货币政策中间目标的政策方式下，对货币调控模式可以进行更为严格的划分：如果操作目标和中间目标均为利率，那么货币政策就属于严格的价格型调控；如果操作目标和中间目标均为数量指标，那么货币政策就属于严格的数量型调控；如果操作目标为价格变量，而中间目标为数量变量，那么货币调控模式仍是以价格为主。从发达国家经验来看，采用严格货币数量调控的国家非常少见。除了 1979—1982 年的美国之外，70 年代西班牙也短暂地将基础货币作为操作目标（Bindseil，2004）。与德国同样作为货币数量目标制典范的瑞士，在很长一段时期也曾以储备存款数量作为操作目标，但 2000 年瑞士也正式放弃了货币数量目标制，转向以短期利率为主的货币价格调控。尽管很多新兴市场和发展中经济体由于金融市场体系和货币传导机制等原因采用了严格的数量型调控模式，但随着金融市场的深化发展，以及（弹性）通胀目标制的广泛采用①，越来越多的国家采用了以利率目标为主的市场化货币调控模式。

需要强调的一点是，对货币调控模式的划分，还是应以操作目标作为依据。正如上文指出的，根据经济冲击的性质确定货币调控模式，在政策实践中并不可行。即使是在1979—1982年美联储的货币主义极端试验期，很多学者认为（Blinder，1998；Mishkin，2002），Volcker的真正目的并不是控制货币供给，宣布严格的货币数量目标制实际上是Volcker掩人耳目的“幌子”，以便大幅提高市场利率抑制恶性通胀，而不会面临过大的政治压力。正如加拿大中央银行行长杰拉尔德·布伊（Gerald Bouey）所说的，“我们从未放弃货币总量，而是它们放弃了我们”（Mishkin，1999），弗里德曼本人也都不得不承认货币数量目标制的实践效果并不理想（Nelson，2007）。

2. 多重操作目标与市场短期利率作为唯一货币政策操作目标

20世纪80年代之前，很多国家中央银行都同时选择利率、数量等多重变量作为货币政策操作目标，甚至美联储在60年代一度同时采用过八个货币政策操作目标②。尽管很多时候官方对外宣布的操作目标是以数量目标为

① 尽管国际金融危机爆发后人们对通胀目标制进行了深刻反思，但仍有很多新兴市场和发展中经济体在危机后采用了（弹性）通胀目标制。例如，菲律宾、泰国等很多东南亚国家在亚洲金融危机后的21世纪初，俄罗斯在2014年金融危机后，都正式采用了通胀目标制。根据IMF的法律名义（de jure）分类标准，实行通胀目标制的国家由占比2009年的15.4%升至2021年的23.3%。参见：*Annual Report on Exchange Arrangements and Exchange Restrictions*（各期）。

② 1951—1969年，美联储采取了多重操作目标的方式，根据经济金融形势的变化在不同时期采取不同的操作目标。例如，1953—1965年主要以银行信贷和自由储备作为操作目标，1965—1970年则转向多种操作目标，1970—1979年则以货币总量作为中间目标，以联邦基金利率作为操作目标，1979—1982年以短期货币控制作为中间目标，以非借入准备金作为操作目标，1983—1993年，淡化货币总量中间目标地位（其间，1987年由制定M_1目标转向关注M_2），以借入准备金作为操作目标并关注联邦基金利率，1994年明确以联邦基金利率作为政策操作目标。多种操作目标时期，美联储一度同时采用8种货币政策操作目标：国库券利率、所有储备体系成员银行的自由储备数量、8家纽约货币银行基本储备缺口、38家非纽约货币银行基本储备缺口、储备体系成员向美联储的借款、美国国债交易商借款、联邦基金利率和联邦贴现率（Bindseil，2004）。

主，但利率政策在美联储的货币调控实践中始终发挥着非常重要的作用。而且，与 Volcker 将货币供给作为政策的烟幕弹类似，利率往往才是中央银行真正关注的操作目标。事实上，除美联储和个别中央银行（如瑞士中央银行）外，针对货币市场短期利率的价格型货币调控始终贯穿于发达国家中央银行的政策实践（如英格兰银行、德国联邦银行及其后的欧央行），这些中央银行很少开展针对基础货币的数量型货币调控（Bindseil，2004）。不过，多重操作目标的货币调控过于复杂，不同操作目标的变化可能是相互矛盾的，这不利于明确表达货币政策立场，容易引发金融市场的混乱，实际上是模糊了货币决策与货币操作的分离原则。

在理性预期革命的推动下，各国中央银行逐渐意识到加强沟通、提高货币政策透明度对引导市场预期、增强货币政策效果的重要性，简洁透明成为评价货币政策操作的重要标准和各国货币政策发展的重要方向。由此，20 世纪 80 年代以来各国都将短期市场利率作为唯一货币政策操作目标（Bindseil，2014，2016）。然而，经济学家们很早就认识到利率政策不可避免地面临零下限约束，日本在 2001—2006 年就曾采取过零利率政策，并涌现出了大量针对利率之外的非传统货币政策研究成果（Eggertsson and Woodford，2003）。特别是，国际金融危机后，短期利率作为货币政策唯一操作目标和政策手段的调控模式饱受质疑，货币当局和学术界对此都进行了深刻反思，各国中央银行也开展了包括量化宽松、前瞻性指引和“负利率”等在内的非常规货币政策，引入数量目标（量化宽松）进行政策调控。

尽管国际金融危机给中央银行货币决策和操作的战略战术都带来了严峻的挑战，但对宏观政策的诸多反思并没有明确的结论（Blanchard and Brancaccio，2019）。无论是大量创新性的非常规货币政策，还是以隔夜利率为主的传统货币政策，都是在社会福利函数和中央银行损失函数框架下进行的规范研究，在货币政策决策的理论基础方面，各国在货币政策策略上并没有发生根本性的改变（Mishkin，2014）。以泰勒规则为代表的简单利率工具规则与复杂的最优货币政策目标规则实际上是互补的，分别对应于货币决策规则和货币政策的最优条件，两者并不是非此即彼的关系（Taylor，2012）。从货币政策操作战术角度来看，在盯住短期利率的同时采用其他操作目标主要是由于危机导致利率传导机制的暂时性失效（Sellin and Sommar，2014），中央银行资产负债表扩张等数量操作主要是基于传统流动性效应和预期效应，为了更好地实现既定的超低（“零”或“负”）政策利率目标而在货币操作战术层面的策略调整。与20世纪80年代之前的多重操作目标时期和2001—2006年日本的“零利率”政策类似，数量操作仍是第二位的政策操作目标，短期市场利率仍是各国货币政策最重要的操作目标（Bindseil，2004，2014）。随着经济的强劲复苏和根本性好转，在加息缩表的货币政策正常化过程中，逐步收缩中央银行资产负债表并优化资产结构，以短期市场利率作为最主要（甚至唯一）操作目标的货币政策正常化，再次成为包括美联储在内的所有中央银行努力的共同方向，第十章将对此进行更详细的分析①。

四、货币数量调控理论基础与政策溯源

（一）货币数量调控的理论基础：储备头寸说

1. 古典经济学和新古典经济学早期的利率调控理论

在1914年之前的传统金本位时期，利率调控不仅是英格兰银行货币调控的重要手段，也得到了Thorthon、维克塞尔（Wicksell）等货币数量主义者的理论支持。Thorthon很早就提出根据商业利润率（Rate of Mercantile Profit）进行利率调控的思想，将银行贴现率（Bank Rate）作为调控通货膨

① 当然，毕竟国际金融危机深刻改变了各国金融市场和中央银行货币政策，在货币政策正常化过程中，货币政策的具体操作不可能完全恢复到危机前的模式，中央银行资产负债表规模、公开市场操作交易对手、货币市场参与主体和产品结构等，都使中央银行不得不持续评估并改进货币政策决策框架和操作流程，但就具体的操作框架而言，仍是以隔夜市场利率作为最主要（甚至是唯一）操作目标（Bindseil，2018；Clarida，2019）。

胀的重要手段（Bindseil，2004）。不过，Thorthon 之后以 Ricardo 为代表的通货学派在与以图克（Tooke）为代表的银行学派论战中，主要以货币数量论作为理论依据并支持严格的金本位制政策。随着 1844 年英格兰银行《皮尔法案》实行完全储备要求的金本位制之后，绝大多数古典和新古典经济学家都成为货币数量论的支持者。主张货币中性的货币数量论认为，货币数量增加将导致物价的同比例上升和利率的下降，而利率主要是由生产率和居民的节约程度（古典经济学）或资本边际生产率与居民储蓄和消费的时间偏好（新古典经济学）等实体因素决定的，通过利率手段进行货币调控在理论上并不可取（弗里德曼，1982）。

不过，一方面，与 Thorthon 思想非常接近，Wicksell 提出的自然利率理论成功地通过价格的方式阐述了货币数量论（Humphrey，1997），为利率调控提供了坚实的理论基础。另一方面，也是更重要的，虽然《皮尔法案》和金本位制使货币数量论在理论认同和政策实践方面都达到了历史的阶段性高峰，但白芝浩（Bagehot）很早就指出，在可能出现流动性危机时，英格兰银行应控制利率以保持金融稳定，随时准备向那些仍然稳健经营且拥有足够优质抵押品的金融机构按照适当高水平的利率（以排除非紧急资金需求）提供贷款，以避免市场由于流动性紧张而陷入恐慌，也即中央银行应发挥最后贷款人的作用，这就是所谓的白芝浩原则（Bagehot's Principle/Bagehot's Dictum）（Bordo，2014）。与 19 世纪后期各国广泛采用金本位制几乎同步，产业革命和生产力的提高与黄金数量约束导致全球经历了三十年左右的持续性通货紧缩。尽管这种通货紧缩是由于生产效率提高的产出冲击造成的，属于“好的”通货紧缩（Borio，et al.，2015），但通货紧缩对实际借款成本的影响将抑制投资，实际工资上升也会抑制劳动力需求和就业，黄金供给不足在 19 世纪和 20 世纪早期的周期性通缩和经济危机中扮演了重要的角色。正是在这一背景下，出于更广泛目标和金融体系稳定的需要（银行的银行、政府的银行），各国在 1900 年前后纷纷成立中央银行，利率调控在历史上一直是各国中央银行重要的政策手段（Bindseil，2004）。

然而，至少从第一次世界大战后的 20 世纪 20 年代开始，理论界和中央银行逐步淡化短期利率调控的作用，在政策操作中日益重视各种数量目标（如基础货币、各种储备数量、公开市场操作数量、超额准备金率等）在政策操作中的作用，这又被称作“储备头寸说”（Reserve Position Doctrine，RPD）（Bindseil，2004，2014）。储备头寸说的政策实践在美联储的 Volcker 时期达到顶峰，直至20 世纪80 年代中期，各国才逐步重新回归以隔夜市场利率作为最主要（唯一）操作目标的政策框架。至少在货币政策操作框架方面，储备头寸说对各国央行基础货币和广义货币数量调控（货币数量目标制）都产生了非常重要的影响，也是存款准备金制度和收益率曲线控制政策的理论基础。本项研究有关货币调控的讨论中，将多次看到 RPD 对各国央行货币政策操作方式的深远影响。

2. 现代货币数量论和储备头寸说：凯恩斯（Keynes）的观点

在大多数古典和新古典经济学家们看来，货币发行和物价稳定的宏观目标与金融机构审慎经营的微观目标可能存在不可兼得的矛盾，金本位制的货币体系仍是合适的，解决两难问题仅是次优的选择（Asso and Leeson，2012）。早在第一次世界大战爆发前，各国出于节约黄金的考虑就已实行了金汇兑本位制，战争期间各国又发生了严重通货膨胀，因此第一次世界大战后完全恢复战前平价的传统金本位制已不现实，信用货币体系开始发挥越来越重要的作用。事实上，至少在 19 世纪通货学派与银行学派论战中，就有很多银行学派经济学家提出了银行信用派生货币的主张，Phillips（1920）系统性地阐述了通过银行体系信用扩张派生存款的货币乘数思想，这得到了凯恩斯（1930）的高度认同，也是弗里德曼和施瓦茨（Schwartz）（1963）提出货币乘数理论的重要思想来源（Humphrey，1987）。

同时，虽然 Wicksell 为凯恩斯（1936）开创宏观经济学奠定了良好的理论基础，但自然利率理论在当时并未引起以剑桥学派为主流的新古典经济学的重视而是被“遗忘”了。Fisher（1911）和 Pigou（1917）分别从交易方程式和现金余额说的角度构建了现代货币数量论，成为货币理论的主流。作为剑桥学派的重要代表，凯恩斯（1923）曾经是货币数量论的重要支持者。与相当于古典货币数量论重新表述的交易方程式不同，现金余额说认为货币数量是人们愿意以货币形式持有的财富占总财富的比例，这表明货币需求除了受名义收入的影响外，还受到其他资产收益和收益预期的影响。由此，凯恩斯（1930）明确提出了货币内生论，强调利率对货币需求的作用。在此基础上，凯恩斯（1936）进一步提出流动性偏好理论。作为流动性最好的资产，利率可以作为衡量人们获得流动性需求所愿支付的代价，而现实中的利率是由货币供求共同决定的，利率是人们愿意以货币形式持有的财富量（即货币需求）与货币存量（即货币供给）共同决定的。因此，除了财政政策外，利率手段在传统凯恩斯宏观调控中具有非常重要的地位。在货币政策方面，除了通过利率政策调节货币需求外，基于内生货币思想和 Phillips（1920）的货币乘数理论，凯恩斯（1930）认为，尽管中央银行能够完全控制基础货币数量，但中央银行可以通过调节货币乘数影响货币供给，进而实现货币政策目标。由此，凯恩斯（1930）明确提出了建立准备金要求的政策主张，将法定准备金率作为货币调控的重要手段。1935 年美国《银行法案》正式实施了法定准备金要求，准备金率也成为货币政策工具的三大法宝之一（Bindseil，2004）。

3. 货币主义和储备头寸说：弗里德曼（M. Friedman）的观点

如果将费雪交易方程式中全部交易理解为收入交易，那么这正是 Tooke 的货币收入数量说，由此也就可以发现其与现金余额说的某种关联。弗里德曼（1956）的货币理论实际上承袭了现金余额说的传统，更强调货币需求而非货币数量与产出价格的关系，并还考虑了通货膨胀、债券股票和货币回报率对货币需求的影响。同时，基于永久性收入假说，实际货币余额需求主要由永久性收入而非利率决定，货币流通速度取决于名义收入和永久性收入，这又是可以完全预先估计的，因此稳定的货币需求函数也意味着货币流通速度是可预期的。在实证主义经济学思想的指导下，以弗里德曼为代表的货币主义认为，长期来看，货币需求以及货币流通速度和货币乘数都是稳定的。而且，由于永久性收入不受经济波动影响，这可以解释货币流通速度的顺周期性，当经济高涨时，临时性收入上升，货币流通速度也上升。货币政策（而非财政政策）对收入有着更重要的影响，这得到圣路易斯联邦储备银行大量经验研究的支持（Carlson，1978）。由此，与凯恩斯理论不同，弗里德曼的货币数量论和货币需求理论更像是传统货币数量论或交易方程式的重新表述，进而提出根据潜在产出增速确定单一固定货币供给增长率的货币数量规则。

在货币政策操作方面，在货币数量论和古典两分法指导下，弗里德曼（1968）指出，消费、投资和实际货币需求主要受实际利率影响，仅盯住名义利率将无法有效控制货币数量，为确保物价稳定必须控制货币数量。由于货币需求和货币乘数长期稳定，因此弗里德曼（1982）主张应通过公开市场操作影响储备货币和基础货币数量实现货币供给目标，而非调整法定准备金率并人为改变货币乘数。第二次世界大战后很长一段时期，美联储主要是以不同层次的准备金数量作为货币政策操作目标，而不是频繁调整法定准备金率和货币乘数，很大程度上体现了弗里德曼的政策主张（Bindseil，2004，2014）。

4. 内生货币供给的垂直理论、水平理论与利率调控

与以基础货币数量作为操作目标、外生货币的货币主义对货币性质的认识存在不同，凯恩斯（1930）提出的货币供给由需求决定的内生理论认为，虽然基础货币数量是由中央银行决定的，但调整法定准备金要求和货币乘数能够有效影响信用货币供给和流动性数量，改变市场利率和融资条件，进而实现货币政策目标，这就是 IS – LM 模型所体现的内生货币的垂直理论（Verticalists）（Moore，1988）。由此，在信用货币体系下的货币乘数作为理论基础的信用货币创造理论，也被当前主流的货币经济学教科书（如 Mishkin，2009）所广泛采用和接受。

然而，在货币乘数的信用货币供给机制下，货币市场的短期利率和中长期利率实际上是由中央银行和金融市场通过非常复杂的博弈过程（如流动性效应和预期效应）决定的（Moore，1988）。但是，白芝浩原理则表明，

在既定利率水平的货币币值稳定目标下，中央银行应随时向金融机构提供流动性也就意味着货币供给实际上是与利率水平无关的变量，这与为弥补流动性缺口的货币需求利率弹性几乎为零是一致的（Disyatat，2008）。20世纪70年代以来，金融创新和金融脱媒的迅速发展表明，货币需求和货币乘数并不是稳定的，商业银行负债管理使中央银行不得不为了满足金融机构货币需求而向市场投放流动性，公开市场操作在改变基础货币数量的同时也改变了商业银行的储备头寸构成和货币乘数，由此中央银行无法完全有效控制货币供给。在既定利率下，货币供给实际上是由货币需求决定的，这也就是Moore（1988）提出的内生货币供给水平理论（Horizontalists），这完全有别于当前主流的基于乘数的货币供给理论（Bindseil and Konig，2013）。由于信贷和货币供给由货币需求内生决定，中央银行只能以利率（而非数量）作为货币政策的操作目标和政策手段（Bindseil and Konig，2013）。在既定利率目标下，中央银行的流动性投放和基础货币调整是由市场需求内生决定的，货币需求决定的货币创造和货币供给模式更符合现代金融体系的实际情况。与20世纪80年代之前的美联储不同，英格兰银行和很多欧洲国家中央银行一直都采取由货币需求决定的货币创造和货币供给模式（McLeay，et al.，2014）。

（二）美联储货币数量调控的政策背景

除了美国之外，储备头寸说对英格兰银行、德国联邦银行等欧洲中央银行的干扰较小，这些中央银行拥有参与金融市场的丰富经验和利率政策调控的悠久传统。储备头寸说之所以对美联储的货币政策操作产生了非常深远的影响，与美国联邦储备体系的成立及其特殊的体系安排密切相关。

美联储体系成立本身就是一个政治妥协的产物，这对美联储的货币决策产生了非常重要的影响。美联储成立之初直至1936年，美国财政部部长和财政部下属的货币监理署署长一直是联储理事会的法定成员，在货币政策制定中具有重要的影响。直至1935年《银行法案》通过后，美国财政部官员才退出联储理事会。可以说，自成立以来，美联储的货币政策就一直受到财政部的干预。特别是，1917 年美国加入第一次世界大战之后，美联储在确保货币市场稳定运行和信贷扩张的同时，通过买断短期国库券并为以胜利和自由国债作为抵押的长期债券提供优惠再贴现利率，积极为财政融资创造条件。美联储还发起了“借款购买计划”（Borrow and Buy Program），在向联储成员银行提供以国债为抵押的优惠再贴现利率和折扣率的同时，创设了国债回购业务，为非联储体系机构提供资金支持（Chabot and Garbade，2016）。出于国债发行成本的考虑，财政部更关注国债融资的利率水平，但这限制了美联储通过贴现利率调整控制通胀的政策空间。为了避免财政部的干扰，美联储有意淡化利率的重要性，转而强调各种数量指标（储备数量、货币信贷总量）的作用。几乎与此同时，美联储“发现”公开市场操作业务不仅是市场投资工具，还可以作为货币政策手段。这样，通过强调储备数量、贴现窗口借款等数量化的政策操作，能够在很大程度上减缓美联储的政策约束。即使是 20 世纪 90 年代美联储转向联邦基金利率作为唯一操作目标的价格调控框架后，交易储备数量的操作方式仍对美联储的利率政策调控有着重要的影响（Kroeger，et al.，2018）。

20 世纪 20 年代理论界刚刚兴起的储备头寸说，恰为美联储的数量化政策提供了理论依据。尽管财政部官员退出了美联储的货币决策机构，但罗斯福新政以来，财政部对美联储利率政策的干扰更加频繁。甚至，正式加入第二次世界大战后美联储与财政部达成妥协，实行了长达近十年之久且未公开的收益率曲线控制政策，第九章将对各国收益率曲线控制政策实践进行全面总结。虽然 1951 年与财政部达成的协议（Accord）使美联储重新获得了利率政策的决定权，但为了避免与财政部的公开冲突，此后很长一段时期里，美联储仍不愿意明确具体的短期利率目标，甚至不愿承认其具有控制短期利率的能力。在政策操作中，美联储仍非常顾忌财政部的感受，对外沟通时也更侧重于强调各种数量指标（Bindseil，2004）。

与政治干扰非常类似，虽然美联储在成立之初就采用贴现窗口作为货币政策主要工具，为金融机构提供紧急流动性支持。但与欧洲国家中央银行不同，作为一个分散的组织，早期贴现窗口由 12 家地区储备银行各自负责。由于经济周期不一致，各地的储备银行再贴现利率往往不同，联储理事会与各地区储备银行一直存在紧张关系，直至 1923 年美联储成立公开市场投资委员会（Open Market Investment Committee，OMIC，即 FOMC 的前身），协调联储理事会和各地区联储在市场购买债券的关系。1923 年 5 月，OMIC 由联储理事会完全控制，最终在 1924 年地区联储的再贴现利率才需要获得联储理事会同意，美联储理事会才逐步统一了再贴现利率。不过，由于同时“发现”了公开市场操作手段，美联储并不倾向于通过贴现利率进行货币调控。而且，虽然在美联储成立之初，与英格兰银行等欧洲国家中央银行将贴现利率设定得高于市场利率类似，各地区联储银行按照白芝浩原则，以惩罚性利率为能够提供优质抵押品机构提供任何数量的资金支持，但出于对地区储备银行的安抚，以及对财政部的妥协，美联储在第一次世界大战之后仍实行了较低的贴现利率安排（Bindseil，2004；Chabot and Garbade，2016）。为了避免过度的融资压力，美联储对贴现窗口实行了非价格的限制性条件，使其逐渐演变为紧急融资性安排，通过抵押品要求等方式对贴现实行严格的数量限制。由于美联储的资产负债表的变化能够迅速反映贴现政策，商业银行一般都出于声誉考虑而不愿意使用这一机制。这样，与作为市场利率上限功能的常备借贷便利不同，美联储的贴现窗口逐渐演变为具有相机抉择性质的政策工具。出于声誉方面的考虑，至少从 1984 年大陆伊利诺斯银行倒闭开始，金融机构越来越不愿意向美联储的再贴现窗口融资。直到 2002 年，美联储才最终决定把贴现窗口打造成一个现代化的自动借款机制，设定高于联邦基金目标利率水平的贴现利率，意图将其打造成为货币市场利率上限，从而实现与其他主要中央银行（如英国、德国）类似的融资便利安排（Furfine，2003；Bindseil，2004）。

然而，由于“声誉效应”的市场惯性，特别是《多德—弗兰克法案》要求美联储披露贴现窗口借贷情况（滞后两年），贴现窗口作为利率上限和流动性支持作用依然有限（Carlson and Rose，2017；Ennis and Klee，2021）。2020 年 3 月，美联储将贴现利率降至联邦基金目标利率上限水平，隔夜的一级贴现信贷（Primary credit）通过每日续作方式最长可延至 90 天，鼓励金融机构通过贴现窗口借贷。但是，这混淆了贴现窗口作为流动性管理和市场利率上限与信贷政策的功能，也违背了激励相容的白芝浩原则（紧急流动性支持应收取更高利率以避免非紧急流动性需求和道德风险）。尽管美联储一直坚持其利率操作框架的合理性，但显然与理想模式存在较大差距（Bindseil，2016，2018），本书第十章将对此进行更深入的分析。

五、中国货币政策框架的全面现代化

长期以来，由于金融市场广度深度不够和利率传导机制不畅等客观因素制约，以及计划经济惯性思维等主观因素影响，中国的间接货币政策主要以数量调控模式为主，对价格机制的作用重视不够[①]。1998 年，我国由信贷规模控制转向数量为主的间接调控模式，初步实现了货币政策框架的现代化转型，中央银行主要以货币供应数量作为中间目标，通过准备金和公开市场操作等手段调节市场流动性和基础货币数量，实现产出、物价等货币政策最终目标。虽然货币市场利率也是非常重要的操作目标，但政策的着眼点主要是市场利率的稳定（波动幅度）而非具体的利率水平，并且利率目标也要服务于货币数量操作。可见，与 1979—1982 年的美联储类似，1998 年由信贷规模直接控制转向间接货币调控以来，我国一直属于严格的货币数量调控模式。由以数量为主向以价格为主的货币调控模式转型，成为当前中国货币政策框架现代化转型的主要方向。

正如前面指出的，无论是数量调控还是价格调控，都属于货币政策操作的范畴。作为货币政策框架的重要组成部分，中国货币决策方式的现代化任重道远。20 世纪 70 年代之前各国也大多是以利率为主实行货币价格调控，但在传统凯恩斯主义思想指导下过于重视就业产出等目标，相机抉择

① 周小川：《当前完善货币政策传导机制需要关注的几个问题》，www. pbc. gov. cn，2004 年 4 月 14 日。

的决策方式引发了严重滞胀恶果，各国才逐步转向货币数量目标制。20 世纪 80 年代中期以来，各国重新转向以利率为主的货币价格调控，以通胀作为最主要最终目标并（隐含地）遵循一定规则（泰勒规则）的货币决策方式，为全球长达二十多年的“大缓和”奠定了良好的基础。2001 年以来，由美联储主导的发达经济体政策利率持续低于规则所揭示的水平，被认为是国际金融危机货币层面的重要原因（Taylor，2007）。虽然非常规政策迅速稳定了金融市场信心，但各国央行为追求增长表现出明显的相机抉择倾向。过低的利率不仅加大了泡沫风险，还导致金融资源错配，僵尸企业和产能过剩还进一步引发了通货紧缩，这才是各国进入所谓大衰退时代“新常态”的政策根源（Acharya，et al.，2020）。在重大经济金融危机和外生事件冲击之后，如何尽快实现货币政策正常化并回归简单稳健的货币规则进行货币决策，仍然是各国中央银行面临的重要课题。

与国外央行相比，中国的货币决策体系更为复杂，货币决策机制较模糊，政策透明度和可靠性仍有待提高，技术性操作的调整与重大货币决策方向上的变化往往难以区分，很容易导致市场的误判，放大市场波动并损害货币调控的有效性。在尽快完成货币价格调控模式转型的同时，改进货币决策机制，加强潜在产出、自然利率等潜在变量估算研究，逐步探索符合中国国情实际的简单稳健利率规则，应是未来全面实现中国货币政策框架现代化转型的重要内容。本项研究主要是讨论由以数量为主到以价格为主的货币调控模式转型问题，规则主导的货币决策体系改革也是未来理论与政策探索的主要方向。

第三章　中国货币调控的“量”“价”平衡：理论与实证

理论上，货币的数量和价格如同一枚硬币的两面。自1998年转向以数量为主的间接货币调控模式以来，中国的货币政策非常重视货币“量”与“价”的平衡，在推进利率市场化的过程中发挥利率引导的价格机制在金融资源配置中的作用。不过，一个值得注意的典型性事实是，尽管由于金融压抑和利率双轨制中国的市场利率长期低于均衡水平（He and Wang，2012；Li and Su，2020），货币增速较快且可能长期存在“货币超发”问题，但中国经济并未出现恶性通货膨胀和经济增长的剧烈波动，这主要得益于兼顾“量”“价”平衡的货币政策调控。货币政策的数量调控与价格调控在实践中并不是非此即彼，而是一个连续的过程。随着金融创新的迅猛发展和货币需求函数越来越不稳定，货币调控也将更加依靠价格引导的方式发挥价格机制的作用。

从货币决策的角度来看，货币数量目标制采用与潜在产出增速相挂钩的单一固定货币增速规则，而泰勒规则中利率是在自然利率水平基础上根据通胀缺口和产出缺口进行调整，自然利率则是与潜在产出和物价稳定相符的实际利率，从潜在变量之间的关系和宏观经济均衡的角度来看，货币固定增速数量规则与利率泰勒规则在某种程度上存在着等价性关系。弗里德曼和泰勒都曾经指出，货币数量规则与价格规则存在很多相似性。例如，弗里德曼（2010）表明，泰勒（1993）利率规则下货币供给能够保持固定增速，这一方式使货币增速规则与利率规则有机联系在一起，从而取得良好的政策效果。泰勒（1996，2019）也多次强调，货币数量规则与利率价格规则之间的紧密关系对规则的形式设定、规则效果的稳健性及规则的互补等方面非常重要；特别是，在恶性通货膨胀或通货紧缩时期，货币数量规则是利率规则的有益补充，而在面临有效利率下限（ELB）约束条件下，应放弃利率规则并转向货币数量规则。

由于货币决策涉及操作目标选择及设定问题，因而很多有关货币调控模式的规范研究也是围绕政策规则展开的。例如，Sargent 和 Wallace（1975）实际上是针对利率规则和数量规则的均衡确定性的讨论；Gavin 等（2005）基于动态随机一般均衡（DSGE）模型的研究表明，与货币规则相比，利率规则能够更多地反映通胀黏性及价格水平相对波动的信息，由于存在价格黏性，货币数量规则对经济的实际影响过大。因而，对货币数量规则和利率规则关系的理论和经验研究，有助于理解中国兼顾“量”“价”平衡的货币政策和货币价格调控模式转型。同时，长期以来，有关货币调控模式的讨论主要集中在规范研究（应当是什么）层面，与央行货币政策操作密切相关的政策工具和操作（监测）目标变量等的实证研究相对薄弱，主要是利用 VAR 等计量模型对货币政策反应函数进行检验（Bernanke and Mihov，1998），考察货币数量、利率冲击下产出和价格的反应系数，但其重点并非是对货币调控模式的实证分析，而是通过检验中间变量与货币政策最终目标的关系，识别货币政策立场。本章将基于转型时期的中国货币政策“量”“价”平衡的实践经验，以货币数量规则和价格规则关系的理论研究为基础，对中国货币调控模式进行实证研究。

一、货币数量规则与利率规则的理论关系

本节将分别基于数量交易方程式和货币效用需求理论，对我国的货币数量规则与利率规则的关系进行探讨，从理论上说明两者内在的一致关系。

（一）基于交易方程式的分析

货币数量方程式由费雪提出，表示为

$$M_t^d V_t = P_t Y_t$$

其中，M_t^d 表示货币需求量；V_t 表示货币流通速度；P_t 表示价格；Y_t 表示产出。

Taylor（1999）基于货币数量方程式对泰勒规则进行了理论分析。Taylor（1999）认为货币流通速度取决于利率和实际产出的变化。在固定货币增速的条件下，货币数量方程式可以转化为利率、价格和实际产出的关系。对这一关系进行线性近似即得到泰勒规则。Orphanides（2003）对货币数量方程式所隐含的泰勒规则的理论关系做了进一步的说明。在这些研究的基础上，这里根据交易方程式，对我国的混合型货币政策规则进行推导。

将方程写为对数的形式，定义 $m_t^d = \log M_t$，$v_t = \log V_t$，$p_t = \log P_t$，$y_t = \log Y_t$，可得：

$$m_t^d + v_t = p_t + y_t$$

将上述方程写为增速的形式，定义 $\Delta m_t^d = m_t^d - m_{t-1}^d$，$\Delta v_t = v_t - v_{t-1}$，$\pi_t = p_t - p_{t-1}$，$\Delta y_t = y_t - y_{t-1}$，对应各变量的同比增长率，可以得到：

$$\Delta m_t^d + \Delta v_t = \pi_t + \Delta y_t \tag{3.1}$$

定义 Δm_t^* 为潜在货币增速（或最优货币增速、货币增速目标），π_t^* 为潜在通货膨胀率（或最优通货膨胀率、通货膨胀目标），Δy_t^* 为潜在产出增速（或最优产出增速），Δv_t^* 为潜在货币流通速度增速（或最优货币流通速度增速）。满足经济最优增长路径的上述潜在变量同样满足货币数量方程式：

$$\Delta m_t^* + \Delta v_t^* = \pi_t^* + \Delta y_t^* \tag{3.2}$$

定义货币增速缺口 $\tilde{m}_t^d = \Delta m_t^d - \Delta m_t^*$，通胀缺口为 $\tilde{\pi}_t = \pi_t - \pi_t^*$，产出缺口为 $x_t = \Delta y_t - \Delta y_t^*$，货币流通速度的缺口为 $\tilde{v}_t = \Delta v_t - \Delta v_t^*$。这样，由（3.1）式和（3.2）式可得最终目标（通胀和经济增长）缺口形式的货币数量规则如下：

$$\tilde{m}_t^d + \tilde{v}_t = \tilde{\pi}_t + x_t$$

假设货币流通速度的变化主要与名义利率有关，名义利率越高，货币流通速度增长越快。这既与 Taylor（1999）的理论假定相符，针对我国的实证分析也证实了这一假设（见后文分析），得到：

$$\Delta v_t = \alpha_1 + \beta i_t + e_t \tag{3.3}$$

其中，$\beta > 0$；e 为随机残差项，主要是受短期货币需求冲击的影响。可有 $\tilde{v}_t = \Delta v_t - \Delta v_t^* = \beta(i_t - i_t^*)$。考虑事后实际利率 $r_t = i_t - \pi_t$，利率目标为 $r_t^* = i_t^* - \pi_t^*$，因此有：$\tilde{v}_t = \beta(i_t - i_t^*)$，即 $\tilde{m}_t^d + \beta(i_t - i_t^*) = \tilde{\pi}_t + x_t$，将这个式子两边同时除以 $1 + \beta$，得到：

$$\frac{1}{1+\beta}\tilde{m}_t^d + \frac{\beta}{1+\beta}(i_t - i_t^*) = \frac{1}{1+\beta}\tilde{\pi}_t + \frac{1}{1+\beta}x_t$$

令 $\omega = 1/(1+\beta)$，这样就可以得到：

$\omega\,\tilde{m}_t^d + (1-\omega)(i_t - i_t^*) = \omega(\pi_t - \pi_t^*) + \omega x_t$。另外，中央银行根据利率、通货膨胀率和产出情况决定货币供给量，即 $m_t^s = f(i_t, \pi_t, x_t)$。

根据货币的均衡过程：

$$m_t^s = m_t^d$$

$$\omega\tilde{m}_t + (1-\omega)(i_t - i_t^*) = \omega(\pi_t - \pi_t^*) + \omega x_t \tag{3.4}$$

由（3.4）式可见，货币政策操作（货币供应和名义利率，公式的左边）对通胀缺口和产出缺口（公式的右边）的反应系数应该是相同的，Taylor（1993）将其设为相同的 0.5。考虑到货币政策对通胀缺口和产出缺口的反应可能并不一致，如 Taylor（1999）还考虑了产出缺口系数为 1 的情形，这样将（3.4）式转化为如下经验表达式：

$$\omega\tilde{m}_t + (1-\omega)i_t = (1-\omega)i_t^* + \alpha_1(\pi_t - \pi_t^*) + \alpha_2 x_t + \epsilon_t \tag{3.5}$$

其中，$0 \leqslant \omega \leqslant 1$。

由（3.5）式可见，当 $\omega = 1$ 时，货币政策为货币数量规则，即货币增速围绕目标增速波动，同时根据通胀和产出情况进行调整；当 $\omega = 0$ 时，货币政策即为Taylor利率规则，即利率围绕均衡利率波动，并根据通胀和产出情况进行调整，与Taylor（1999）一致；当$0<\omega<1$时，表明货币政策属于数量与价格兼顾的混合型货币操作规则。这样，（3.5）式可以很好地说明货币数量规则与利率规则的等价关系。

（二）基于货币效用（MIU）的分析

交易方程式主要对货币数量与产出、价格的总量关系进行经验性描述，缺乏必要的微观基础。而货币效用模型（MIU）从微观的角度分析了货币在经济中的作用。Kilponen和Leitemo（2008）、Beyer等（2013）等学者基于货币效用模型（MIU）分析了货币数量与利率的关系。在这些研究的基础上，基于Gali（2015）的新凯恩斯一般均衡模型的框架，考虑内含货币效用（MIU）模型，对货币数量规则与利率规则的关系进行理论分析。

假设家庭部门的效用为

$$E_0\sum_{t=1}^{\infty}\beta^t\left[\frac{C_t^{1-\sigma}}{1-\sigma}-\frac{N_t^{1+\psi}}{1+\psi}+\frac{(M_t/P_t)^{1-\nu}-1}{1-\nu}\right]$$

其中，C_t，N_t分别表示消费量和工作时间；M_t/P_t表示实际货币余额①；σ，ψ，ν分别表示消费、工作时间和实际货币余额的边际替代弹性的倒数。

家庭的预算约束为

$$\int_0^1 P_{it}C_{it}di+B_t+M_t\leqslant R_{t-1}B_{t-1}+W_tN_t+T_t+M_{t-1}$$

其中，P_{it}，C_{it}，R_t，B_t，W_t，T_t，M_t分别表示产品i的价格和消费量、债券利息②、债券数量、工资、收入（包括政府净转移、企业资本红利以及税收等）和货币余额。

家庭优化问题的Lagrange函数为

---

① 这里的货币余额表示货币需求。与前面的讨论一致，中央银行外生的决定货币供给，货币供给是利率、通货膨胀率与产出的函数。根据货币供给与需求的均衡过程，可以得到货币供给等于货币需求。因此这里省略货币需求的上标。

② 与传统新凯恩斯模型的表述一致，这里的R_t表示债券的名义利率，后文的$i_t=\log R_t$是对数形式的名义利率。

$$L = E_0\beta^t\left[\sum_{t=0}^{\infty}U\left(C_t,\frac{M_t}{P_t},N_t\right)+\lambda_t(W_tN_t+R_{t-1}B_{t-1}+M_{t-1}+T_t-P_tC_t-B_t-M_t)\right]$$

一阶条件为

$$\frac{\partial L}{\partial C_t} = U_C(C_t,N_t) - \lambda_t P_t = 0$$

$$\frac{\partial L}{\partial N_t} = U_N(C_t,N_t) + \lambda_t W_t = 0$$

$$\frac{\partial L}{\partial B_t} = \beta\lambda_{t+1}R_t - \lambda_t = 0$$

$$\frac{\partial L}{\partial(M_t/P_t)} = U_M\left(C_t,\frac{M_t}{P_t},N_t\right) - \lambda_t P_t + \beta\lambda_{t+1}P_t = 0$$

求解得到，实际货币满足：$\frac{U_M}{U_C} = 1 - \frac{1}{R_t}$

代入可得：$\frac{M_t}{P_t} = C_t^{\sigma/\nu}\left(1 - \frac{1}{R_t}\right)^{-1/\nu}$

其对数形式为：$m_t - p_t = \frac{\sigma}{\nu}c_t - \frac{1}{\nu}\log(1 - e^{-i_t})$

将 $\log(1 - e^{-i_t})$ 在稳态 i 做 Taylor 展开，可得：

$$\log(1 - e^{-i_t}) \approx \log(1 - e^{-i}) + \frac{e^{-i}}{1 - e^{-i}}i_t = const. + \frac{1}{e^i - 1}i_t$$

令 $\eta = \frac{1}{\nu(e^i - 1)} \approx \frac{1}{vi}$ 表示货币需求隐含的利率半弹性。

其中的常数项在稳态下等式两边可以消去，因此可得到对数离差的形式为

$$m_t - p_t = \frac{\sigma}{\nu}c_t - \eta i_t$$

厂商按照下面的生产函数生产每种产品

$$Y_{it} = A_t N_{it}$$

其中，A_t 表示技术水平。假设 $a_t = \log A_t$ 服从自回归的随机过程，且厂商存在价格黏性，定价服从 Calvo 定价。即厂商以 $1-\theta$ 的概率设定价格，以 θ

的概率保持原有价格不变。

通过求解家庭和厂商的最优化问题以及均衡条件，在经济均衡时，$c_t = y_t$，得到新凯恩斯一般均衡模型的方程为

IS 曲线：$x_t = E_t x_{t+1} - \frac{1}{\sigma}(i_t - E_t \pi_{t+1} - r_t^*)$

菲利普斯（Philips）曲线：$\pi_t = \beta E_t \pi_{t+1} + \kappa x_t$

自然利率（均衡实际利率）：$r_t^* = \rho + \Theta E_t(a_{t+1} - a_t)$ （3.6）

货币供应量方程：$m_t - p_t = \frac{\sigma}{\nu} y_t - \eta i_t$ （3.7）

在给定产出缺口的条件下，菲利普斯曲线决定通货膨胀；在给定实际利率与自然利率的情况下，IS 曲线决定产出缺口。其中，如果 $\sigma = \nu$，那么就可以得到传统的实际货币余额的线性需求：$m_t - p_t = y_t - \eta i_t$。

这样，根据（3.7）式的新凯恩斯一般均衡条件下的货币供应量方程：

$$m_t - p_t = \frac{\sigma}{\nu} y_t - \eta i_t$$

与交易方程式的分析类似，可以得到增速的方程为

$$\Delta m_t - \pi_t = \frac{\sigma}{\nu} \Delta y_t - \eta \Delta i_t$$

经济达到潜在水平时的方程为

$$\Delta m_t^* - \pi_t^* = \frac{\sigma}{\nu} \Delta y_t^* - \eta \Delta i_t^*$$

将两式求差可得：

$$\tilde{m}_t - \tilde{\pi}_t = \frac{\sigma}{\nu} x_t - \eta \tilde{i}_t$$

考虑到滞后项的影响较小，利率增长率缺口可以近似为利率缺口，或利率增长率与利率水平正相关。后文对我国的实证分析也证实了这一假设，即

$$\Delta i_t = \alpha + \gamma i_t + e_t \tag{3.8}$$

其中，$\gamma > 0$；e 为随机残差项，主要是受短期货币需求冲击的影响，这样即有：

$$\tilde{i}_t = \Delta i_t - \Delta i_t^* = i_t - i_t^* - (i_{t-1} - i_{t-1}^*) = \gamma(i_t - i_t^*) \tag{3.9}$$

因此，得到

$$\tilde{m}_t + \eta\gamma(i_t - i_t^*) = \frac{\sigma}{\nu}x_t + \tilde{\pi}_t$$

$$\frac{1}{1+\eta\gamma}\tilde{m}_t + \frac{\eta\gamma}{1+\eta\gamma}(i_t - i_t^*) = \frac{\sigma}{\nu(1+\eta\gamma)}x_t + \frac{1}{1+\eta\gamma}\tilde{\pi}_t \tag{3.10}$$

由（3.10）式可见，在 $\sigma=\nu$ 的传统实际货币余额的线性需求函数形式下，与（3.4）式的分析类似，货币政策操作对通胀缺口和产出缺口的反应系数是相同的。

类似地，设 $\omega=\frac{1}{1+\eta\gamma}$，可得到如下经验表达式：

$$\omega\tilde{m}_t + (1-\omega)i_t = (1-\omega)i_t^* + \alpha_1(\pi_1 - \pi_t^*) + \alpha_2 x_t + \epsilon_t \tag{3.11}$$

其中，$0\leqslant\omega\leqslant1$，可见（3.11）式与（3.5）式是一致的。

二、混合型货币政策规则对我国实践的几点解释

理论上，（3.5）式与（3.11）式所给出的混合型货币政策规则说明了货币数量规则与利率规则的等价关系。当产出偏离潜在产出或通胀偏离通胀目标时，通过货币政策工具既可以调整货币数量目标值，也可以调整利率价格目标水平。同时，当货币偏离目标水平或利率显著偏离自然利率时，也可以对利率目标或货币目标进行调整。Taylor（1999）指出，实际货币余额下降将推升利率水平，在固定货币供给条件下，由于货币需求或实际货币余额与利率负相关且与实际产出正相关，通胀上升将导致实际货币余额下降，进而使利率上升；或者，实际收入的增加将导致货币需求上升，在货币供应量既定条件下，将推升利率水平。没有中央银行的金本位制与固定货币供给情形类似，当通货膨胀率上升，国际收支逆差和竞争力下降，这样黄金将流出以弥补贸易逆差，货币供给下降将导致利率上升，从而使

通胀恢复到正常水平。当实际产出上升，货币需求增加，同时推高利率，从而导致贸易逆差、黄金外流和货币供给下降。因而，金本位时期利率对通胀和产出缺口的反应系数都将是正的，对金本位时期的经验分析也支持了这一点。

目前，国内外关于货币规则的研究，多是在新凯恩斯框架下，根据央行福利损失函数得到最优货币规则，这一规则多是纯粹的价格型或数量型规则。但是，纯粹的价格型或数量型规则并不符合我国实践，而很多有关中国量价混合型货币规则的研究，仅是外生给定规则的形式。为此，本书采用货币数量交易方程式和包含货币效用的新凯恩斯一般均衡模型，推导得到了混合型货币规则方程，这有助于解释我国转型时期货币政策，对于更好地理解我国货币调控模式转型具有非常重要的理论意义。而且，通过量价平衡的混合型货币政策规则（3.5）式和（3.11）式，还可以得到有关中国货币政策典型性事实的几点推论。

（一）利率管制、货币超发与经济均衡

根据（3.5）式或（3.11）式，$\omega\tilde{m}_t + (1-\omega)i_t = (1-\omega)i_t^* + \alpha_1(\pi_t - \pi_t^*) + \alpha_2 x_t + \varepsilon_t$。根据 Taylor（1999），当经济处于均衡也即通胀缺口和产出缺口均为零时，可得：

$$\omega(\Delta m_t - \Delta m_t^*) = -(1-\omega)(i_t - i_t^*)$$

这样，就可得到如下推论：

推论 1（利率管制与货币超发）：在均衡条件下，货币数量调控与利率调控的方向是相反的。如果利率低于稳态增长路径下的均衡利率水平（$i_t - i_t^* < 0$），那么实际货币增速就要高于最优货币增速。

有研究认为，我国实际基础货币增长率明显高于麦卡勒姆规则所得到的货币增长率，推论 1 可以很好地解释在利率管制以及货币超发的情况下我国经济并未出现恶性通货膨胀的现实。长期以来，在金融压抑和利率管制政策下，利率被扭曲并低于均衡利率水平是我国经济的典型特征之一。

虽然货币市场利率早在2000年前后就已基本放开，存贷款利率管制也于2015年10月基本取消，但在利率双轨制下，我国的市场化利率仍然低于经济稳定增长路径所应有的均衡水平。与此同时，在高储蓄支撑的投资导向增长模式下，我国一直存在投资和信贷冲动，M_2增速经常超过中央银行年初制定的目标，我国M_2/GDP已是除日本之外全球最高的国家。但是，由推论1可知，实际货币增速高于最优货币增速，与利率管制条件下产出缺口和通胀缺口为零的要求相符。因此，在利率管制条件下，尽管我国的实际货币确实存在超发，但是经济仍然能够保持产出和通胀的稳定。随着利率管制的逐步完全放开，市场供求决定的利率水平将逐步向均衡利率靠拢，为保持产出与物价稳定，实际货币增速必然要向最优增速收敛，这也与近年来利率市场化加快推进背景下，货币缺口大幅缩小的现实相符。混合型货币政策规则很好地解释了我国利率管制下货币超发的典型性事实。

（二）物价稳定的泰勒原理修正

对（3.5）式或（3.11）式进行整理，在$0 < \omega < 1$的情况下，可得：

$$\frac{\omega}{1-\omega}(\Delta m_t - \Delta m_t^*) + i_t = i_t^* + \frac{\alpha_1}{1-\omega}(\pi_t - \pi_t^*) + \frac{\alpha_2}{1-\omega}x_t + \varepsilon_t$$

由于$\frac{\omega}{1-\omega} > 0$，可见利率政策和货币数量政策实际上是互补的，同样可以作为稳定通胀和产出的方式。

对于不考虑货币供应量（$\omega = 0$）的泰勒规则，设此时的利率为i_t^T，（3.5）式变为泰勒规则原式（Taylor，1999）：

$$i_t^T = i_t^* + \alpha_1(\pi_t - \pi_t^*) + \alpha_2 x_t + \varepsilon_t$$

如果希望混合型货币政策和标准泰勒规则达到同样的调控效果，则：

$$\frac{\partial\left[\frac{\omega}{1-\omega}(\Delta m_t - \Delta m_t^*) + i_t\right]}{\partial \pi_t} = \frac{\partial i_t^T}{\partial \pi_t}$$

Taylor（1999），Woodford（2001a）表明，在泰勒规则的利率调控下，

利率对通货膨胀的反应系数 $\left(\frac{\partial i_t}{\partial \pi_t}\right)$ 和产出缺口的反应系数 $\left(\frac{\partial i_t}{\partial x_t}\right)$ 对经济稳定至关重要，只有当 $\frac{\partial i_t}{\partial \pi_t} > 1$，$\frac{\partial i_t}{\partial x_t} > 0$ 时，利率政策才是价格和产出稳定的。特别是 $\frac{\partial i_t}{\partial \pi_t} > 1$，这是物价稳定的泰勒原理（Taylor Principle）。换句话说，名义利率上升的幅度必须大于通货膨胀上升的幅度，否则将导致实际利率不升反降，从而加剧通胀，是不稳定的货币政策。名义利率的调整必须使实际利率随着通胀率的上升而提高，只有这样货币当局才能够有效控制通货膨胀。

在仅进行利率调控的情况下，物价稳定的泰勒原理表明货币政策必须满足 $\frac{\partial i_t}{\partial \pi_t} > 1$。根据前面的讨论，在考虑货币数量和价格的混合型货币规则下，利率的调整可以小于仅进行利率调控的情形，也就是说，在考虑货币数量情形下，利率的调整可以小于通货膨胀的变化。因为除了利率手段外，中央银行还可以通过货币数量的调节稳定物价。从具体的货币政策操作角度来讲，为实现物价稳定目标，货币政策只需要满足：$\frac{\partial\left[\frac{\omega}{1-\omega}(\Delta m_t - \Delta m_t^*) + i_t\right]}{\partial \pi_t} > 1$，即可实现物价稳定。这里注意到均衡实际利率与技术、家庭时间偏好有关，与货币政策无关。这样可得：

$$\frac{\omega}{1-\omega}\frac{\partial(\Delta m_t - \Delta m_t^*)}{\partial \pi_t} + \frac{\partial i_t}{\partial \pi_t} > 1$$

根据 $\frac{\omega}{1-\omega}\Delta(\Delta m_t - \Delta m_t^*) + \Delta i_t \approx \frac{\partial\left[\frac{\omega}{1-\omega}(\Delta m_t - \Delta m_t^*) + i_t\right]}{\partial \pi_t}\Delta \pi_t > \Delta \pi_t$，当货币增速超过最优货币增速（即 $\Delta m_t > \Delta m_t^*$ 时），可能会出现 $\Delta i_t < \Delta \pi_t$。

推论2（修正的泰勒原理）：在数量与价格混合型货币规则和货币超发条件下（$\Delta m_t > \Delta m_t^*$），利率的调整幅度可以小于通胀的变化幅度，同样能够实现物价的稳定。如果货币供应等于或低于最优货币增速（$\Delta m_t \leqslant \Delta m_t^*$），利率需要调整至较仅进行利率调控的泰勒规则的利率更高的水平，才能够实现物价的稳定。

很多研究都表明，受利率管制等政策影响，我国利率调整幅度确实小于通货膨胀的变化，并不满足标准的泰勒原理。泰勒原理在我国不成立的原因是我国货币政策框架中混合使用货币数量和利率手段。在货币数量调控和货币超发条件下，推论 2 可以很好地理解被扭曲的利率政策调控仍可以实现物价稳定而不会引起恶性通货膨胀的现象。

推导得到：

$$i_t - i_t^T = \frac{\alpha_1 \omega}{1 - \omega}(\pi_t - \pi_t^*) + \frac{\alpha_2 \omega}{1 - \omega}x_t - \frac{\omega}{1 - \omega}(\Delta m_t - \Delta m_t^*)$$

可见，如果经济处于产出缺口和通胀缺口为零的均衡状态，那么当实际的货币增速高于潜在货币增速时（$\Delta m_t > \Delta m_t^*$），显然可有：$i_t < i_t^T$。也就是说，在数量与价格混合形式的货币规则下，利率可以不用提高到泰勒规则所要求的利率水平，经济就可以实现通胀稳定。同理，当实际的货币供应增速等于或低于潜在增速，也就是 $\Delta m_t \leqslant \Delta m_t^*$ 时，可以得到：$i_t \geqslant i_t^T$。也就是说，在考虑货币供应的混合型货币规则下，如果 $\Delta m_t \leqslant \Delta m_t^*$，利率需要提高更大的幅度才可以保证通胀稳定，这与推论 1 是一致的。

（三）流动性条件与货币市场波动

如果希望混合型货币政策和标准泰勒规则达到同样的调控效果，即

$$\frac{\partial\left[\frac{\omega}{1 - \omega}(\Delta m_t - \Delta m_t^*) + i_t\right]}{\partial \pi_t} = \frac{\partial i_t^T}{\partial \pi_t}$$

那么，$\frac{\omega}{1 - \omega}\Delta(\Delta m_t - \Delta m_t^*) + \Delta i_t \approx \frac{\partial\left[\frac{\omega}{1 - \omega}(\Delta m_t - \Delta m_t^*) + i_t\right]}{\partial \pi_t}\Delta \pi_t = \frac{\partial i_t^T}{\partial \pi_t}\Delta \pi_t \approx \Delta i_t^T$。因此，当 $\Delta m_t \leqslant \Delta m_t^*$ 时，那么 $\Delta i_t \geqslant \Delta i_t^T$，考虑货币数量的

混合型货币规则的利率波动要大于仅考虑利率的泰勒规则情形的利率波动。同理，在数量与价格混合型货币规则和货币超发条件下（$\Delta m_t > \Delta m_t^*$），$\Delta i_t < \Delta i_t^T$，利率波动要小于泰勒规则下的利率波动。这样，就可以得到如下推论：

推论 3（流动性效应）：在考虑货币数量的混合型货币规则下，如果货币增速小于等于最优货币增速（$\Delta m_t \leqslant \Delta m_t^*$），那么利率的波动与仅考虑利率调控的泰勒规则情形的相比更大；反之，在数量与价格混合型货币规则和货币超发条件下（$\Delta m_t > \Delta m_t^*$），利率波动更为平稳。

这一推论很好地解释了我国流动性条件变化情况下货币市场波动情况。在我国经济进入新常态的同时，流动性格局发生了根本性的变化。特别是，2014 年第二季度至2016 年末，我国资本项目（不考虑储备账户）呈现持续资本净流出状态，而自 2011 年以来经常账户顺差占 GDP 的比重已回落至4% 以下的合理水平，因而双顺差的结束在提高中央银行货币政策自主性的同时，也意味着我国流动性格局的转变。基础货币投放渠道由以外汇占款为主转变为流动性创新管理工具和以流动性投放为主的公开市场操作逆回购。我国货币“超发”和流动性过剩的情况发生转变。尤其是 2011 年以来，货币增速多次回落到目标增速之下。根据推论 3，货币增速低于目标时，利率的波动更大。由图 3. 1 可以看出，新冠疫情暴发之前，在货币供应量接近或低于目标的时期，市场隔夜利率标准差大多明显上升。由此，可以很好地理解 2011 年以来我国货币市场利率波动明显上升（特别是 2013 年的货币市场波动）等现象。

三、对混合型货币政策规则前提条件的实证分析

（一）货币流通速度与市场利率

在前面的交易方程式分析中，假定货币流通速度增速与市场利率正相

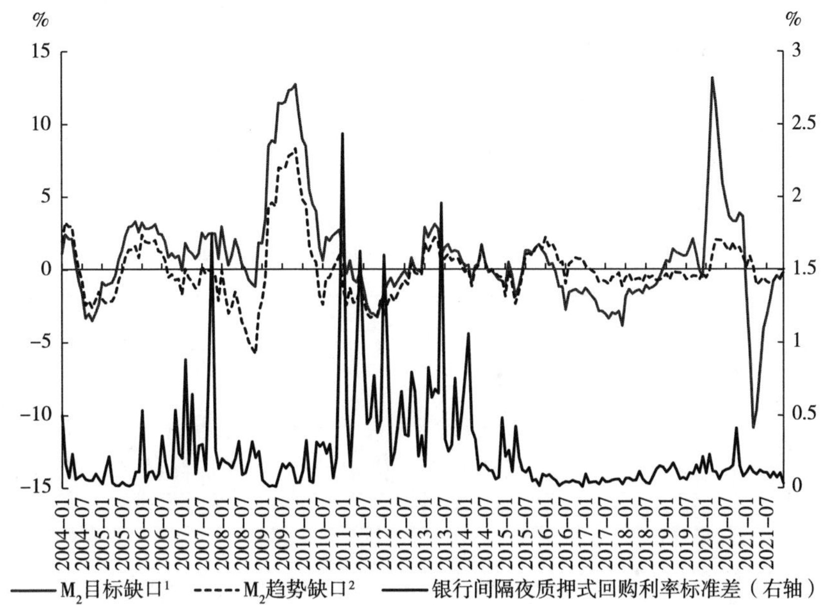

1. M_2目标缺口为M_2增速与年度目标增速之差，以名义 GDP 增速并经线性插值计算得到2018年之后各月货币增速目标缺口数据；2. M_2趋势缺口为M_2增速与 HP 滤波方法得到的M_2趋势值之差

图 3.1　中国货币增速目标偏离与货币市场利率市场波动

关，即 $\Delta v_t = \alpha + \beta i_t + e_t$。在货币效用（MIU）模型分析中，主要用到了利率增速与名义利率水平正相关的假设，也即 $\Delta i_t = \kappa + \gamma i_t + u_t$。MIU 模型中，当 $\sigma = \nu$ 时，货币供应量方程对应传统实际货币余额线性需求 $m_t - p_t = y_t - \eta i_t$，这样可以发现 $v_t = \eta i_t$，MIU 模型中得到的货币供应方程与货币数量交易方程式是一致的。由此，可以得到如下关系：$\Delta v_t = \eta \Delta i_t$。其中，$\eta < 0$。这样，就可对货币流通速度与利率的关系进行经验分析。

这里，根据各国中央银行利率调控的实践和我国货币市场交易情况，以银行间市场隔夜质押式回购利率作为利率变量。用 i_t 表示利率，Δi_t 表示利率的同比增速。根据货币数量交易方程式，货币流通速度 = 经济实际增速 + 价格增速（通货膨胀率）- 货币数量增速，即 $\Delta v_t = \pi_t + \Delta y_t - \Delta m_t$。以当季 GDP 增速作为经济实际增速变量，以 M_2增速作为货币数量增速变量。为保证通货膨胀率衡量的全面性，分别以 GDP 平减指数和 CPI 作为通货膨胀变量，对当季 GDP 实际增速和平减指数通过线性插值得到月度数据。这样可以得到两个货币流通速度增速序列，V1 和 V2 分别为根据 CPI 和 GDP 平减指数计算的变量。样本期为 2004 年 1 月至 2021 年 12 月。具体回归结果如表 3.1 所示。

表 3.1　货币流通速度与市场利率检验结果

自变量	因变量				
	V1	V1	V2	V2	Δi_t
常数项	-7.7780** (3.0297)	-2.4199*** (0.7632)	-9.3798*** (2.7853)	-3.3821*** (0.7245)	-68.6668*** (13.2677)
i_t	2.6266** (1.2245)		2.8619** (1.1120)		35.2757*** (5.8046)
Δi_t		0.0478*** (0.0154)		0.0348** (0.0155)	
R^2	0.1365	0.1829	0.2014	0.1205	0.3079
S. E.	5.0671	4.9316	4.3739	4.5902	40.5882
F	33.8330***	47.9094***	53.9665***	29.3067***	95.2015***

注：括号内数字为 Newey - West 稳健标准差；***，**，* 分别代表显著性水平 1%、5%、10%，下同。

由表 3.1 可见，所有方程各变量均在 5% 水平下显著，说明本书对货币流通速度与利率关系的假设是合理的。

（二）货币增速与市场利率

根据推论 1，在混合型货币规则下，货币增速缺口与市场利率负相关。本书将通过实证分析验证这一结果。在货币增速缺口指标选取方面，根据每年年初公布的货币供应增速目标，可将实际货币供应增速与政策目标增速之差作为货币增速缺口指标（M_2 TargetGap），2018 年之后 M_2 目标根据名义 GDP 增速确定，通过线性插值得到月度数据。不过，随着我国经济由高速转向中高速增长和高质量发展阶段，近年来货币供应目标可能存在一定的偏差。因此可以通过 HP 滤波法得到 M_2 增速的趋势项，将原始数据和趋势项做差得到缺口指标（M_2HPGap）。另外，在流动性效应下，广义流动性货币增速（M_2）与利率具有负相关关系，这里对此进行检验。样本期为 2004 年 1 月至 2021 年 12 月。

表 3.2　货币增速、货币供给缺口与市场利率检验结果

自变量	因变量		
	M_2	M_2 TargetGap	M_2 HPGap
常数项	19.2783*** (2.4251)	5.4141*** (1.7885)	2.4090** (1.0937)
i_t	-2.2583** (0.9483)	-2.0401*** (0.7106)	-1.0912** (0.4376)
R^2	0.1277	0.1934	0.1516
S. E.	4.5288	3.1973	1.9808
F	31.3405***	51.3169***	38.2494***

由表 3.2 的线性回归可见，货币缺口与市场利率在 5% 水平下显著，说明回归效果比较理想。这验证了推论 1 中货币供应量缺口与利率的负相关关系。

（三）流动性效应

根据推论 3，货币增速缺口与利率的波动成负相关关系。由表 3.3 可见，对于全部样本期，只有通过 HP 滤波得到的 M_2 缺口回归结果在 10% 水平下显著，M_2 与 M_2 目标缺口回归结果并不显著，这可能与 2012 年以来我国由高速转向中高速增长和高质量发展阶段有关。为此，对 2012 年之前样本进行检验，发现 M_2 和货币目标缺口与市场利率波动至少在 10% 水平下显著。虽然所有回归显著方程的 R^2 值都在 0.1 以下，但 F 检验至少都在 5% 水平下显著，这验证了推论 3 的结论。

表 3.3　货币供给缺口与市场利率波动检验结果

样本期	2004.1—2021.12			2004.1—2012.12		
自变量	因变量			因变量		
	M_2	M_2 TargetGap	M_2 HPGap	M_2	M_2 TargetGap	M_2 HPGap
常数项	13.9403*** (0.9041)	0.9789 (0.6325)	0.2190 (0.3491)	18.5091*** (1.0647)	2.3543** (0.9650)	0.3213 (0.7230)
$std(i_t)$	1.5287 (0.9816)	-0.2359 (0.7438)	-0.9278* (0.4822)	-2.3989* (1.3420)	-1.8903* (1.1322)	-1.4717* (0.7655)
R^2	0.0116	0.0005	0.0217	0.0539	0.0427	0.0417
S.E.	4.8278	3.5630	2.1315	4.0232	3.5806	2.8216
F	2.5052	0.1095	4.7350**	6.0343**	4.7305**	4.6180**

根据流动性效应，货币数量与市场利率、利率波动呈现显著的负相关关系。长期以来，美联储的货币调控虽然以利率为主，但同时非常关注商业银行储备头寸的变化，很大程度上就是要通过基础货币数量的调节实现利率政策目标，这本身就是流动性效应的具体体现。与基础货币数量密切相关的超额准备金率（ERR），对市场流动性和中央银行利率操作具有非常重要的意义（Bindseil，2004）。就我国货币政策框架而言，M_2是中央银行最重要的货币政策中间目标，超额准备金率则是中央银行最重要的货币政策操作目标（张晓慧，2015）。因而，对超额准备金率与市场利率及其波动的关系进行检验，通过线性插值得到超额准备金率月度数据。由表 3.4 可见，全部样本期回归中，利率水平与超额准备金率在 1% 水平下显著为负，但利率波动回归结果并不显著。2015 年 9 月，我国存款准备金开始采用分子平均考核法；2016 年 7 月，我国存款准备金实行分子、分母双平均考核法；2016 年 2 月，我国公开市场操作频率由每周两次改为每个工作日操作。货币政策操作改革都有效地促进了金融机构资金运用效率和流动性管理水平，超额准备金率出现趋势性下降，对货币政策传导产生了显著的影响[①]。因此，对 2004 年 1 月至 2015 年 12 月

① 《如何看待超额存款准备金率变化》，《中国货币政策执行报告》（2017 年第 2 期）；《超额准备金率与货币政策传导》，《中国货币政策执行报告》（2018 年第 3 期）。

样本进行检验，发现回归结果都在 1% 水平下显著为负。虽然所有方程的 R^2 较低，但 F 检验都在 1% 以下显著，表明回归效果比较理想，这说明我国流动性效应是成立的，进一步表明利率手段在我国货币调控中是有效的，价格型货币调控模式转型的必要条件日趋成熟。

表 3.4　我国流动性效应检验结果

样本期	2004. 1—2021. 12		2004. 1—2015. 12	
自变量	因变量		因变量	
	ERR	ERR	ERR	ERR
常数项	3. 3747 *** (0. 3781)	2. 5953 *** (0. 1695)	3. 7796 *** (0. 4110)	3. 1062 *** (0. 2174)
i_t	-0. 3762 *** (0. 1360)		-0. 4089 (0. 1403)	
$std(i_t)$		-0. 2046 (0. 2184)		-0. 7279 *** (0. 2700)
R^2	0. 0780	0. 0046	0. 1101	0. 0677
S. E.	0. 9925	1. 0332	1. 0416	1. 0661
F	18. 1090 ***	0. 9795	17. 5729 ***	10. 3168 ***

四、中国货币调控模式：基于状态空间模型的实证分析

（一）货币调控模式实证研究思路

第二章的分析表明，操作目标是划分货币调控模式的最主要标准，中央银行日常的政策操作能够很清楚地区分货币调控模式。不过，从具体操作（中间）目标的选择来看，与货币政策最终目标（物价、产出）的相关性也是判货币调控模式优劣的重要标准（Mishkin，2009）。就我国而言，正如第一章指出的，目前人民银行政策操作仍主要盯住市场流动性和基础货币数量目标，因此我国货币调控仍是以数量模式为主。尽管数量目标与物

价产出等最终目标的相关性越来越差，但利率价格目标是否优于数量目标，仍需要严格的实证分析。与国外的研究类似，当前很多针对中国的研究表明，我国利率传导机制效率日益增强，已具备了转向货币价格调控模式的基本条件（Kim and Chen，2019），但这些研究大多通过分析不同的货币政策调整对金融市场和宏观经济变量的冲击响应来比较各种政策调控的效果，并未直接比较数量和价格的相关性。（3.5）式和（3.11）式的数量与价格混合型货币政策规则，阐明了货币数量规则与利率价格规则的等价关系，描述了货币政策最终目标（物价缺口和产出缺口）与货币数量、价格的关系，这为对两者关系进行比较提供了新的思路。

从量价混合规则的角度来看，作为中间或操作目标的货币数量和利率（公式的左边）的权重之和为1。正如货币数量与价格相当于一个硬币的两面，如果$\omega_t=1$，也就是严格的数量调控，而如果$\omega_t=0$，也就是国际金融危机前主要发达经济体央行“单一目标、单一工具”的常规货币政策利率调控。显然，对于转型时期的中国而言，货币调控实际上是数量与价格的动态综合。从最终目标（公式右边）来看，通胀始终是各国央行最主要的货币政策最终目标，兼顾产出、就业等其他目标正是弹性通胀目标制的情形。虽然作为全球最大的转轨经济体，中国采取了多目标的货币政策，但物价稳定仍是货币政策首要目标（周小川，2016）。由此，根据货币数量和利率与货币政策最终目标（物价或产出）的关系，利用状态空间法对作为中间变量的货币数量和利率在货币调控中的动态权重系数进行估算。

需要指出的是，我国货币政策操作目标主要是市场流动性和基础货币数量，但长期以来我国以 M_2增速作为中间目标，通过基础货币数量和准备金等手段调控广义货币数量，属于严格的货币数量调控，因而以 M_2（而非基础货币数量）进行实证分析，仍是合理的。这里，以 CPI 作为通胀率变量，GDP 增速作为产出变量，M_2增速作为货币供应变量，隔夜质押式回购利率作为利率变量，样本期为 2004 年第一季度至 2021 年第四季度。考虑到新冠疫情对经济增长的巨大冲击，根据 2020—2021 年的平均值对 GDP 数据进行修正。

（二）以物价作为最终目标的实证结果

目前，有关我国货币调控模式的实证研究大多采用固定系数回归，这无法动态反映不断变化的中国货币政策状况。在不同的时刻，货币数量和利率与物价的关系是不同的。为动态分析我国货币调控模式，本书构建状态空间模型：

$$\pi_t = \beta_0 - \beta_{0t} - \beta_{1t} m_t - \beta_{2t} i_t + \epsilon_{1t} \tag{3.12}$$

其中，状态方程为：$\beta_{0t} = \gamma_0 \beta_{0t-1} + \epsilon_{2t}$，$\beta_{1t} = \gamma_1 \beta_{1t-1} + \epsilon_{3t}$，$\beta_{2t} = \gamma_2 \beta_{2t-1} + \epsilon_{4t}$，$\beta_{1t}$ 和 β_{2t} 是状态空间模型估计的动态参数，分别表示利率变量和数量变量对物价的影响程度。β_{0t} 是截距动态参数。

这一状态方程与前面的讨论一致。（3.5）式左侧 $\omega_t(m_t - m_t^*) + (1 - \omega_t)(i_t - i_t^*)$ 相当于“量”“价”混合型货币调控，这类似于很多学者提出的货币条件指数（MCI），将中央银行关注的各类操作目标或中间目标进行加权，用以衡量影响货币政策的信息以及货币政策效果，并作为货币政策重要的参照指标，有效评估货币政策的松紧程度（Ericsson，et al.，1998）。如果考虑动态权重，那么 MCI 对物价的影响可以表示为

$$\pi_t = \alpha_0 - \alpha_1[\omega_t(m_t - m_t^*) + (1 - \omega_t)(i_t - i_t^*)] + \epsilon_{1t} \tag{3.13}$$

当 $\beta_0 = \alpha_0$，$\beta_{0t} = -\alpha_1 \omega_t m_t^* - \alpha_1(1 - \omega_t) i_t^*$，$\beta_{1t} = \alpha_1 \omega_t$，$\beta_{2t} = \alpha_1(1 - \omega_t)$ 时，与（3.5）式一致。可见，以状态空间模型对货币调控模式进行估计是合理的。

状态空间模型的估计结果得到，$\gamma_1 = 0.95$（p 值 $= 0$），$\gamma_2 = 1.05$（p 值 $= 0$），由此可以得到 β_{1t} 和 β_{2t} 的估计。根据动态系数可以计算动态权重 $\omega_t = \beta_{1t}/(\beta_{1t} + \beta_{2t})$ 和 $1 - \omega_t = \beta_{2t}/(\beta_{1t} + \beta_{2t})$。

从动态系数的走势可以看出，从 2004 年起，我国货币数量和利率变量对物价稳定的影响逐渐加强。从图 3.2 中可以看出，数量变量的动态系数变化不大，而利率变量的动态系数大幅提高，说明数量目标对物价的影响整体平稳，而利率目标对物价稳定起到了越来越重要的作用，这也与我国金融市场不断深化发展和利率传导渠道日益畅通有效的实际相符。

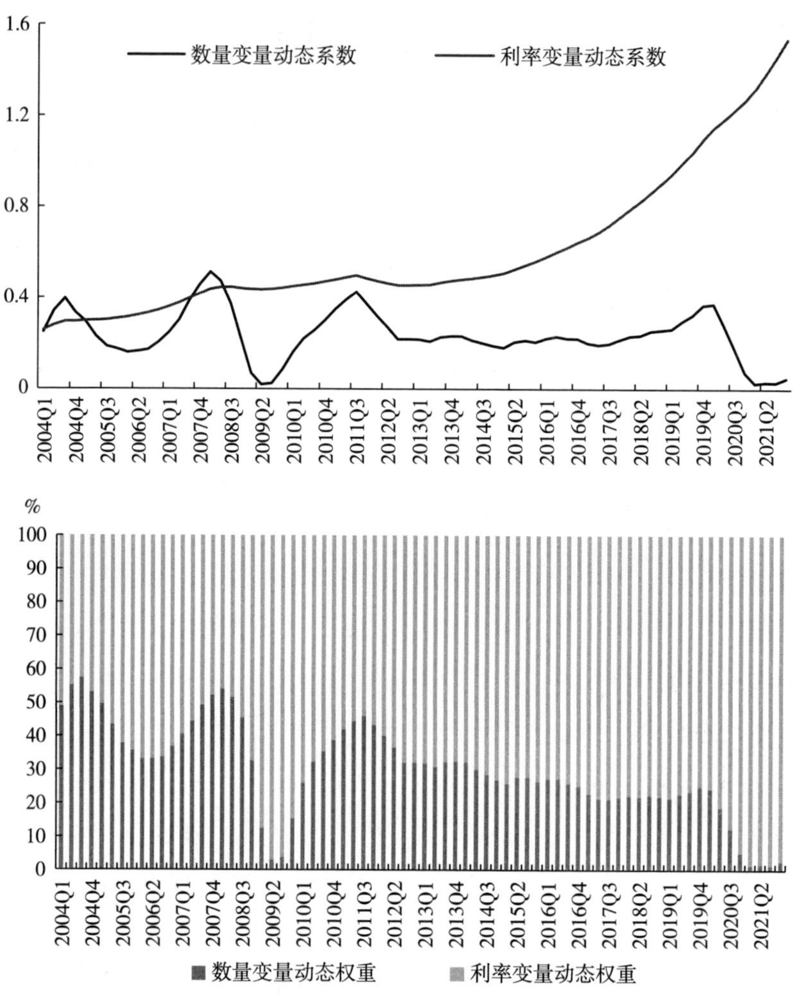

图 3.2　影响物价的数量变量和利率变量的动态系数和动态权重

（三）以经济增速作为最终目标的实证结果

与通胀目标类似，进一步考察经济增长作为货币政策的最终目标，构建状态空间模型：

$$y_t = \beta_0 - \beta_{0t} - \beta_{1t} m_t - \beta_{2t} i_t + \epsilon_{1t} \tag{3.14}$$

其中，状态方程为：$\beta_{0t} = \gamma_0 \beta_{0t-1} + \epsilon_{2t}$，$\beta_{1t} = \gamma_1 \beta_{1t-1} + \epsilon_{3t}$，$\beta_{2t} = \gamma_2 \beta_{2t-1} + \epsilon_{4t}$。

由状态空间模型的估计结果可得，$\gamma_1=0.98$（p 值 =0），$\gamma_2=1.02$（p 值 =0），由此可以得到 β_{1t} 和 β_{2t} 的估计。根据动态系数可以计算动态权重 $\omega_t=\beta_{1t}/(\beta_{1t}+\beta_{2t})$ 和 $1-\omega_t=\beta_{2t}/(\beta_{1t}+\beta_{2t})$。具体结果参见图 3.3。

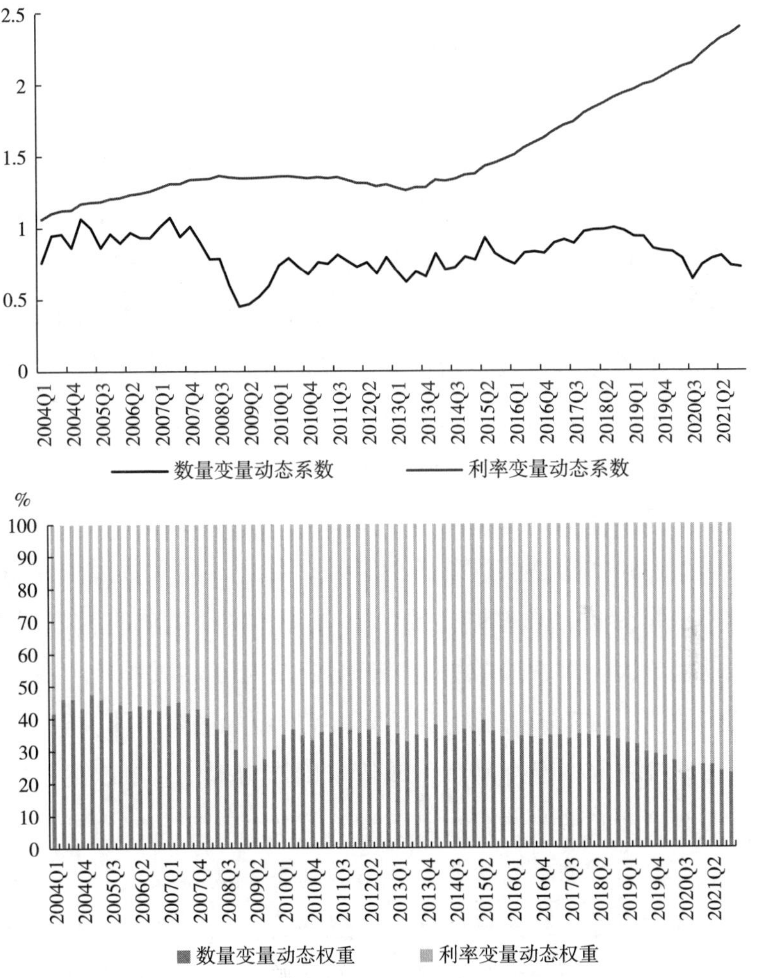

图 3.3　影响产出的数量变量和利率变量的动态系数和动态权重

动态系数的走势与图 3.2 是一致的。我国利率变量的动态系数大幅提高，对产出起到了越来越重要的作用。从权重来看，近年来我国数量目标变量的作用逐渐下降、利率目标变量作用大幅增加，这一趋势与物价的权重分析得到的结果基本一致，这进一步说明了利率传导渠道的有效性，向价格型货币政策转型的条件日趋成熟。

五、对中国货币价格调控模式转型的启示

自转向以数量为主的间接货币调控模式以来，中国货币政策始终高度关注货币“量”与“价”的平衡。虽然货币增速较快并可能长期存在“货币超发”问题，但中国经济并未出现恶性通货膨胀和经济增长的剧烈波动。基于中国货币调控的典型性事实，通过数量和价格混合的货币政策规则，从理论上说明了货币数量规则与利率价格规则的理论等价关系。相关的推论表明，正是由于货币数量规则和价格规则的等价性，在利率低于均衡水平的利率管制情形下，中国的货币超发并未引起经济波动和恶性通货膨胀；在此条件下，修正的物价稳定泰勒原理表明，利率的调整幅度可以小于通胀的上升幅度，同样能够实现物价的稳定；反之，如果货币增速趋向最优水平或货币缺口为负，利率调整要大于泰勒原理所要求的利率调整幅度，利率的波动也更大。对中国数据的实证分析支持了相关推论。我国具有显著的流动性效应，具备了向价格型货币调控转型的必要条件。

以货币数量与价格混合型货币政策规则作为理论基础，通过状态空间模型对货币数量和利率与物价、经济增长等货币政策最终目标的动态系数和权重的估算表明，利率与物价、产出的动态系数和权重明显高于货币数量，价格变量作为货币政策操作变量与最终目标的关系越来越紧密。近年来，虽然受日益严峻的国内外经济环境的影响，我国货币政策传导有效性明显下降，货币政策操作更加依赖数量调控模式，但利率对物价的作用和产出的影响仍明显优于货币数量，即使是面对前所未有的疫情冲击，上述结论依然成立，这为我国货币政策由以数量为主转向以利率为主的价格调控模式转型，提供了可靠的实证研究支撑。

第四章　中国的隐性利率双轨制与贷款利率并轨

一、存贷款利率放开与中国的隐性利率双轨制

自2004年10月我国取消存款利率下限和贷款利率上限，实行利差管理模式以来，放开的金融市场利率与管制的存贷款利率并行。在利率双轨制安排下，由于银行体系的存贷款管制利率和放开的金融市场利率长期并存，两者相互影响、相互作用。一方面，由于我国以银行间接融资为主，存贷款利率对已放开的金融市场利率仍具有重要的影响；另一方面，放开的金融市场利率能够更敏感地反映资金供求和宏观经济形势，金融创新和金融脱媒能够显著影响货币政策和管制利率水平。很多研究表明，由于存贷款利率管制，货币政策不得不依靠数量调控手段。特别是，存款利率上限管制是利率双轨制的核心，这在2013年放开贷款利率浮动限制后尤为重要（He and Wang，2012；纪洋等，2015）。

2015年10月，我国放开了存贷款利率浮动限制，基本实现了利率市场化，但金融市场利率仍明显低于符合经济稳态增长路径的自然利率水平（Li and Su，2020），这表明我国利率仍存在着人为压低和扭曲。在放开存贷款利率浮动限制的同时，我国仍保留了存贷款基准利率作为完善利率调控框架的过渡，并未明确货币价格调控模式下新的短端政策目标利率。我国仍存在着利率双轨制的特征，存贷款利率并未完全“放得开”，这主要表

现在以下三个方面。

一是从银行存贷款利率定价来看，银行存贷款利率定价长期依赖央行公布的存贷款基准利率。由于金融机构定价行为存在较大惯性，市场出清存在黏性，再加上中央银行窗口指导和信贷规模控制等因素影响，存贷款利率仍会在一段时期内低于市场利率水平，在一定程度上形成了隐性利率上限（马亚明等，2018）。二是从商业银行内部利率管理来看，商业银行内部利率定价仍采用存贷款利率和金融市场利率双轨并行的方式。由于长期以来管制的存贷款利率和市场化的金融市场利率并存，金融机构贷款利率定价主要参考贷款基准利率，而资金业务则主要参考 Shibor、国债收益率曲线等金融市场基准利率体系进行定价，银行利率定价管理普遍采用了存贷款利率和市场利率两条不同的内部资金转移定价（FTP）曲线。由于银行和客户定价习惯等原因，在中央银行尚未明确短端政策目标利率的条件下，将两条 FTP 曲线整合为统一的 FTP 曲线仍存在较大的困难。三是从中央银行货币调控和利率管理机制来看，在 2013 年取消贷款利率浮动限制的同时，我国建立了市场利率定价自律机制，银行存贷款定价行为受到自律组织和中央银行窗口指导的双重约束。银行利率定价一直是中央银行差别准备金动态调整机制及在其基础上升级的宏观审慎政策评估（MPA）考核的重要内容，商业银行存贷款利率偏离基准利率程度将对其 MPA 评分产生重要影响。特别是，我国个人住房按揭贷款利率和小微企业贷款利率定价仍存在一定的干预，贷款利率的风险定价受到较大影响。可见，正是由于存贷款基准利率仍作为货币调控和银行存贷款定价的重要手段，而基准利率又被压制在较低水平，因此中国仍具有利率双轨制的特征。与以往明确的利率浮动限制不同，这实际上是一种隐性利率双轨制。

二、隐性利率双轨制模型构建

目前，国内针对管制利率与市场化利率关系的利率双轨制的研究，主要是以微观银行经济学作为理论基础，将存款利率上限作为模型的核心假定，但这无法很好刻画存贷款利率浮动限制取消后的隐性利率双轨制。为此，根据当前取消存贷款利率浮动限制的典型性事实，本章将借鉴国内相关研究的做法，构建符合中国实际的隐性利率双轨制模型，对完全放开的存贷款利率和市场利率水平进行估算并与隐性双轨制下管制利率水平进行比较，以此说明我国利率仍未完全“放得开”，进而对未来存贷款利率完全市场化并轨进行初步探讨。这里，仍借鉴国内相关研究以微观银行学作为理论基础的做法，国内相关研究主要是通过对银行利润的优化，分析银行存贷款利率与银行间市场利率的决定机制和相互关系。在我国以银行为主导的体系中，银行业具有较强的准入限制，具有一定的垄断性。因此，寡头竞争的设定更符合中国的现状，便于讨论不同竞争程度对银行体系的影响。

（一）银行体系的垄断竞争模型及银行存贷款利率

假设银行体系有 N 个相互独立的银行，银行之间存在垄断竞争。参考垄断银行的 Monti－Klein 模型（Freixas and Rochet，2008），假设银行从居民手中吸收存款（D），存款利率为r_D，在信贷市场对企业贷款（L），贷款利率为r_L。这里，所有利率均为名义利率。对单个银行来说，由于具有一定的垄断地位，面临向下倾斜的贷款需求曲线和向上倾斜的存款供给曲线，即 $\partial L/\partial r_L<0$，$\partial D/\partial r_D>0$，其反函数记为 $r_L(L)$ 和 $r_D(D)$，满足 $\partial r_L/\partial L<0$，即贷款越多，利率越低；$\partial r_D/\partial D>0$，即存款越多，利率越高。这里，向下倾斜的贷款需求曲线设定符合金融加速器理论中贷款利率与贷款总量成反比的关系（Bernanke，et al.，1999）。

银行的存款以一定比例（α）上缴存款准备金。同时银行在银行间市场以市场利率 r 进行同业拆借，拆出资金为 $\tilde{C}^s(r)$，拆入资金为 $\tilde{C}^d(r)$。根据银行的资产负债平衡，银行 i 的同业拆借资金满足 $\tilde{C}_i^s(r)=D_i-\alpha D_i-L_i+\tilde{C}_i^d(r)$，其在银行间市场的收益为 $r[\tilde{C}_i^s(r)-\tilde{C}_i^d(r)]$。银行 i 的利润可以写为存贷款的中间利差减去管理成本的总和：

$$\pi_i = r_L L_i + r[\tilde{C}_i^s(r) - \tilde{C}_i^d(r)] - r_D D_i - C(D_i, L_i) - F_{L_i}(r_L, \bar{r}_L) - F_{D_i}(r_D, \bar{r}_D)$$
$$= (r_L - r) L_i + [r(1-\alpha) - r_D] D_i - C(D_i, L_i) - F_{L_i}(r_L, \bar{r}_L) - F_{D_i}(r_D, \bar{r}_D)$$

其中，$C(D_i, L_i)$ 表示银行的经营管理成本，与存贷款数量密切相关；$\bar{r}_L$ 为贷款基准利率；$\bar{r}_D$ 为存款基准利率。如前所述，商业银行存贷款定价仍然以基准利率为重要参考，定义其偏离基准利率的成本为

$$F_L(r_L) = F_L' L r_L, \quad F_D(r_D) = F_D' D r_D$$

其中，F_L'，F_D' 分别表示存贷款利率与基准利率的偏离成本系数，相当于利率管制程度。随着存贷款利率偏离基准利率的程度加大，偏离成本提高，设 $F_L' = (r_L - \bar{r}_L)/r_L$，$F_D' = (r_D - \bar{r}_D)/r_D$。由于存在隐性上限与市场出清黏性，存贷款定价仍主要参考央行存贷款基准利率，而且央行存贷款基准利率被人为压低，也即 $r_L > \bar{r}_L$，$r_D > \bar{r}_D$。同时，在利率定价自律机制和 MPA 考核安排下，可有 $F_L' > 0, F_D' > 0$。偏离成本 $F_L(r_L)$ 和 $F_D(r_D)$ 相当于银行存贷款利率高于基准利率的利息损失。偏离成本的利息损失应小于利息收入，因此 $0 \leqslant F_L' \leqslant 1$，$0 \leqslant F_D' \leqslant 1$，其中，$F_L' = 0$，$F_D' = 0$ 意味着不存在偏离成本和利率管制。在对存贷款利率实行上下限利差管理模式下，银行存贷款利率与基准利率的偏离受到严格的管制，这本身就是银行利率定价要考虑的成本。因此，利率偏离成本（利率管制程度）的设定符合当前我国银行仍主要参考存贷款基准利率进行利率定价的典型性事实，能够很好地刻画我国利率双轨制的结构化特征。

N 家银行的不完全竞争达到均衡时，每个银行利润达到最大化。求解发现，当每家银行使 $D_i = D/N$，$L_i = L/N$ 时，优化有唯一均衡解：

$$\frac{\partial \pi}{\partial L_i} = \frac{\partial r_L}{\partial L}\frac{L}{N} + r_L - r - \frac{\partial C}{\partial L} - F_L' \frac{L}{N}\frac{\partial r_L}{\partial L} = 0$$

$$\frac{\partial \pi}{\partial D_i} = -\frac{\partial r_D}{\partial D}\frac{D}{N} - r_D + r(1-\alpha) - \frac{\partial C}{\partial D} - F_D' \frac{D}{N}\frac{\partial r_D}{\partial D} = 0$$

定义贷款需求和存款供给弹性为

$$\epsilon_L = -\frac{r_L \frac{\partial L}{\partial r_L}}{L(r_L)},\ \epsilon_D = \frac{r_D \frac{\partial D}{\partial r_D}}{D(r_D)}$$

满足 $\epsilon_L > 0$，$\epsilon_D > 0$，$N\epsilon_L > 1$。根据反函数性质：

$$\frac{\partial r_L}{\partial L} = 1/\frac{\partial L}{\partial r_L},\ \frac{\partial r_D}{\partial D} = 1/\frac{\partial D}{\partial r_D}$$

可得：

$$\frac{\partial r_L}{\partial L} = -\frac{r_L}{\epsilon_L L},\ \frac{\partial r_D}{\partial D} = \frac{r_D}{\epsilon_D D}$$

代入得到优化问题的解为

$$\frac{r_L - (r + \frac{\partial C}{\partial L})}{r_L} = \frac{1}{N\epsilon_L}(1 - F_L'),\ \frac{r(1-\alpha) - r_D - \frac{\partial C}{\partial D}}{r_D} = \frac{1}{N\epsilon_D}(1 + F_D')$$

其中，等式左侧表示银行部门勒纳指数，也即价格与边际成本偏离程度，反映市场垄断的强弱。勒纳指数越大，市场垄断越强。等式右侧反映银行的贷款需求（或存款供给）弹性。银行市场垄断力量越强，弹性越小，勒纳指数越高。其中，$N=1$ 表示完全垄断，$N=+\infty$ 相当于完全竞争。由此可得银行存贷款利率最优解如下：

$$r_L = \frac{r + \frac{\partial C}{\partial L}}{1 - \frac{1}{N\epsilon_L}(1 - F_L')},r_D = \frac{r(1-\alpha) - \frac{\partial C}{\partial D}}{1 + \frac{1}{N\epsilon_D}(1 + F_D')} \tag{4.1}$$

可见，商业银行贷款利率由五个因素决定：市场利率（r），贷款需求弹性（ϵ_L），贷款管理成本（$\partial C/\partial L$），竞争程度（N）及利率偏离成本（管制程度）（F_L'）。商业银行存款利率则由六个因素决定：市场利率（r），存款供给弹性（ϵ_D），存款管理成本（$\partial C/\partial D$），准备金率（α）、竞争程度（N）及利率偏离成本（管制程度）（F_D'）。显然，根据银行存贷款利率各因素的表达式，可以得如下命题关系：

命题1：市场利率、贷款管理成本与贷款利率水平正相关，而市场竞争程度、贷款需求弹性和贷款利率与基准利率的偏离成本（利率管制程度）

与贷款利率水平负相关；市场利率、市场竞争程度、存款供给弹性与存款利率水平正相关，而准备金率、存款管理成本和存款利率与基准利率的偏离成本（利率管制程度）与存款利率水平负相关。

命题1包含丰富的政策含义。从市场竞争程度与存贷款利率的关系来看，市场竞争程度越高，贷款利率越低，存款利率越高，这在一定程度上解释了利率弹性扩大后，商业银行出于竞争而出现的“高息揽储”和由于同质化竞争而压低贷款利率导致息差缩窄的现象。由于商业银行具有一定的垄断地位，金融机构降低存贷款管理成本将增加其垄断利润，但并不会降低企业融资成本（贷款利率）或增加存款者利息收益（存款利率）。由此，在一定程度上能够理解，21世纪初以来的中国商业银行改革与存贷款利差的利率双轨制基本同步，政策当局力图在银行市场竞争格局基本稳定的条件下，通过股份制改革等方式加强银行管理，从而分担消化改革的历史成本（周小川，2013）。

随着利率市场化改革的深入推进，商业银行将完全根据市场供求进行存贷款利率定价，存贷款利率将完全自由浮动，因而在完全市场化条件下，银行存贷款利率与基准利率的偏离成本（即利率管制程度）将为零，也即 $F_L' = 0$，$F_D' = 0$。此时，完全市场化后银行存贷款利率为（上标0代表利率完全市场化情形）：

$$r_L^0 = \frac{r + \frac{\partial C}{\partial L}}{1 - \frac{1}{N\epsilon_L}}, r_D^0 = \frac{r(1-\alpha) - \frac{\partial C}{\partial D}}{1 + \frac{1}{N\epsilon_D}} \tag{4.2}$$

由于 $N\epsilon_L > 1$，$N\epsilon_D > 0$，$F_L' > 0, F_D' > 0$，可得：

$$r_L = \frac{r + \frac{\partial C}{\partial L}}{1 - \frac{1}{N\epsilon_L}(1 - F_L')} < \frac{r + \frac{\partial C}{\partial L}}{1 - \frac{1}{N\epsilon_L}} = r_L^0$$

$$r_D = \frac{r(1-\alpha) - \frac{\partial C}{\partial D}}{1 + \frac{1}{N\epsilon_D}(1 + F_D')} < \frac{r(1-\alpha) - \frac{\partial C}{\partial D}}{1 + \frac{1}{N\epsilon_D}} = r_D^0$$

由此，可得如下命题：

命题 2：在中央银行存贷款基准利率作为银行利率定价重要参考情形下，由于存在利率偏离成本（利率管制），商业银行存贷款利率仍低于完全市场化的存贷款利率水平。

同时，无论是存在利率偏离成本（利率管制），还是利率完全市场化情形，市场利率与存贷款利率都是正相关的，因此中央银行完全可以通过调节短期市场利率水平影响存贷款利率。不过，考察不同情形下存贷款利率与市场利率的关系，可以发现：

$$\frac{\partial r_L}{\partial r} = \frac{1}{1 - \frac{1}{N\epsilon_L}(1 - F_L')} < \frac{1}{1 - \frac{1}{N\epsilon_L}} = \frac{\partial r_L^0}{\partial r}，而且 \quad \frac{\partial^2 r_L}{\partial r \partial F_L'} < 0$$

$$\frac{\partial r_D}{\partial r} = \frac{1 - \alpha}{1 + \frac{1}{N\epsilon_D}(1 + F_D')} < \frac{1 - \alpha}{1 + \frac{1}{N\epsilon_D}} = \frac{\partial r_D^0}{\partial r}，而且 \quad \frac{\partial^2 r_D}{\partial r \partial F_D'} < 0$$

可见，利率偏离成本（利率管制程度）越大，存贷款利率对市场利率的敏感性越差；在利率管制情形下，存贷款利率对市场利率的敏感性明显低于利率完全市场化情形。由此，可得如下命题：

命题 3：中央银行完全有能力通过调节短期货币市场的市场利率影响存贷款利率水平，进而影响投资、消费并实现产出、物价等最终目标，但是利率偏离成本（利率管制程度）越大，商业银行存贷款利率对市场利率的敏感性越低，存在利率偏离成本（利率管制）情形的货币价格调控有效性弱于完全利率市场化情形。

另外，观察存款利率与市场利率的偏导可以发现，$\frac{\partial^2 r_D}{\partial r \partial \alpha} < 0$，$\frac{\partial^2 r_D^0}{\partial r \partial \alpha} < 0$，无论是利率管制情形还是在完全市场化条件下，准备金率越低或不使用准备金手段，存款利率对市场利率的敏感性越高。由此也就可以理解 20 世纪 80 年代中期以来，主要发达经济体央行转向以利率为主的货币价格调控模式后，各国纷纷降低法定准备金要求（甚至实行零准备金制度），并以短期利率作为唯一政策操作目标和政策工具，这对利率完全市场化和我国以利

率为主的货币价格调控模式转型具有非常重要的启示性意义。由此，可得如下命题：

命题 4：准备金数量调控政策手段降低了存款利率对市场利率的敏感度，削弱了货币价格调控的有效性。

（二）银行间市场利率及其扭曲

$L(r_L)$ 和 $D(r_D)$ 分别表示市场的贷款的需求与存款的供给。从银行的角度来看，贷款供给为 $L^s(r_L,r)$，存款需求为 $D^d(r_D,r)$。考虑到存贷款市场的均衡，有：

贷款市场，需求等于供给 $L(r_L) = L^s(r_L,r)$

存款市场，供给等于需求 $D(r_D) = D^d(r_D,r)$

从银行的角度来看，贷款供给随贷款利率提高而增加，存款需求随存款利率提高而减少，同时当市场利率提高，由于银行以相同成本从市场获得的资金来源减少，因此存款需求增加，银行向市场贷款的收益增加，贷款供给减少，也即 $\frac{\partial L^s}{\partial r_L} > 0$，$\frac{\partial D^d}{\partial r_D} < 0$，$\frac{\partial L^s}{\partial r} < 0$，$\frac{\partial D^d}{\partial r} > 0$。市场利率降低，可以从银行间市场获得资金，存款需求减少，贷款供给增加。

在同业市场中，利率不存在管制，市场利率由资金的供给和需求决定。拆入银行的资金需求为 $\tilde{C}^d(r)$，拆出银行的资金供给为 $\tilde{C}^s(r)$。

从银行来看，其同业拆借资金满足：

$$\tilde{C}_i^d(r) = L_i^s(r_L,r) - (1-\alpha) D_i^d(r_D,r) + \tilde{C}_i^s(r)$$

从整个银行体系来看，资金需求为

$$C^d(r) = \sum_{i=1}^{N} \tilde{C}_i^d(r) - \sum_{i=1}^{N} \tilde{C}_i^s(r)$$

中央银行作为资金供给方，$C^s(r)$ 为中央银行通过政策操作向银行体系投入的资金，则资金供给和需求满足：

$$\frac{\partial C^s}{\partial r} > 0,\ \frac{\partial C^d}{\partial r} < 0$$

即市场利率提高，资金供给增加，资金需求减少。

由所有银行均衡 $C^s(r) = C^d(r)$，可得：

$$\sum_{i=1}^{N} L_i^s(r_L, r) = (1-\alpha)\sum_{i=1}^{N} D_i^d(r_D, r) + C^s(r) \quad 或$$

$$L^s(r_L, r) = (1-\alpha) D^d(r_D, r) + C^s(r)$$

代入银行存贷款利率的最优解，即（4.1）式，可得：

$$L^s\left(\frac{r+\dfrac{\partial C}{\partial L}}{1-\dfrac{1}{N\epsilon_L}(1-F_L')}, r\right) = (1-\alpha) D^d\left(\frac{r(1-\alpha)-\dfrac{\partial C}{\partial D}}{1+\dfrac{1}{N\epsilon_D}(1+F_D')}, r\right) + C^s(r) \tag{4.3}$$

这样，由（4.3）式的银行间市场的均衡可以得到市场利率水平的隐函数。

定义不存在利率偏离成本和利率管制情形的市场利率为r^0，满足：

$$L^s(r_L^0, r^0) = (1-\alpha) D^d(r_D^0, r^0) + C^s(r^0)$$

设 r 是 F_L'和 F_D'的函数，有 $r^0 = r(F_L'=0, F_D'=0)$。代入不存在利率偏离成本和利率管制的存贷款利率最优解，即（4.2）式，可得利率完全放开后的市场利率的隐函数：

$$L^s\left(\frac{r^0+\dfrac{\partial C}{\partial L}}{1-\dfrac{1}{N\epsilon_L}}, r^0\right) = (1-\alpha) D^d\left(\frac{r^0(1-\alpha)-\dfrac{\partial C}{\partial D}}{1+\dfrac{1}{N\epsilon_D}}, r^0\right) + C^s(r^0) \tag{4.4}$$

为比较利率管制对市场利率水平的影响，对（4.3）式的 F_L'求导：

$\dfrac{\partial L^s}{\partial r}\dfrac{\partial r}{\partial F_L'} + \dfrac{\partial L^s}{\partial r_L}\dfrac{\partial r_L}{\partial F_L'} = (1-\alpha)\dfrac{\partial D^d}{\partial r}\dfrac{\partial r}{\partial F_L'} + \dfrac{\partial C^s}{\partial r}\dfrac{\partial r}{\partial F_L'}$，可得：

$$\frac{\partial r}{\partial F_L'} = \frac{\dfrac{\partial L^s}{\partial r_L}\dfrac{\partial r_L}{\partial F_L'}}{(1-\alpha)\dfrac{\partial D^d}{\partial r} - \dfrac{\partial L^s}{\partial r} + \dfrac{\partial C^s}{\partial r}} \tag{4.5}$$

由于 $\dfrac{\partial D^d}{\partial r} > 0$，$\dfrac{\partial L^s}{\partial r} < 0$，$\dfrac{\partial C^s}{\partial r} > 0$，$\dfrac{\partial L^s}{\partial r_L} > 0$，同时根据命题1，$\dfrac{\partial r_L}{\partial F_L'} < 0$，

可得：

$$\frac{\partial r}{\partial F_L'} < 0$$

类似地，对（4.3）式的 F_D' 求导：$\frac{\partial L^s}{\partial r}\frac{\partial r}{\partial F_D'} = (1-\alpha)\frac{\partial D^d}{\partial r_D}\frac{\partial r_D}{\partial F_D'} + (1-\alpha)\frac{\partial D^d}{\partial r}\frac{\partial r}{\partial F_D'}$，可得：

$$\frac{\partial r}{\partial F_D'} = \frac{-(1-\alpha)\frac{\partial D^d}{\partial r_D}\frac{\partial r_D}{\partial F_D'}}{(1-\alpha)\frac{\partial D}{\partial r} - \frac{\partial L}{\partial r} + \frac{\partial C^s}{\partial r}}$$

由于 $\frac{\partial L^s}{\partial r} < 0$，$\frac{\partial D^d}{\partial r} > 0$，$\frac{\partial C^s}{\partial r} > 0$，$\frac{\partial D^d}{\partial r_D} < 0$，同时根据命题1，$\frac{\partial r_D}{\partial F_D'} < 0$，可得：

$$\frac{\partial r}{\partial F_D'} < 0$$

如上节所述，$0 \leqslant F_L' \leqslant 1$，$0 \leqslant F_D' \leqslant 1$，也即 $r(F_L' > 0,\ F_D' > 0) < r(F_L' = 0,\ F_D' = 0) = r^0$。由此，可得如下命题：

命题5：由于存在利率偏离成本，隐性利率双轨制压低了同业市场利率水平。

直观上看，当银行利率定价主要参考存贷款基准利率，而存贷款基准又被人为压低在较低水平时，由于存在利率偏离成本，银行的存贷款利率都低于完全市场化的利率水平。较低的存款利率使银行能够以低成本获得资金，从而增加同业市场的资金供给。较低的贷款利率降低了银行的贷款偏好，从而减少了同业市场的资金需求，同业市场利率也相应降低。虽然我国已放开了存贷款利率浮动限制，但正是由于存在着以存贷款基准利率为核心的利率偏离成本，在隐性利率双轨制下，通过影响银行间市场资金供求从而人为扭曲压低了完全放开的银行间市场利率水平。

三、存贷款利率与市场利率关系的实证分析

（一）数据说明

本书拟根据现有文献的做法（He and Wang，2012），采用指数广义自回归条件异方差模型（EGARCH）进行实证分析。选取具有代表性的银行间隔夜质押式回购利率作为市场利率。存款利率和贷款利率均选择 1 年期利率。贷款方面，先根据人民银行公布的贷款基准利率变动情况得到每日贷款基准利率，根据人民银行公布的金融机构的利率浮动区间贷款占比得到基准利率下浮和上浮比例，从而估算得到市场平均贷款利率。2019 年 9 月以来的贷款平均利率按银行利率相对 LPR 报价利率浮动区间计算而得。存款方面，先根据人民银行公布的存款基准利率变动情况得到每日存款基准利率，同时从 2012 年 6 月 8 日起，人民银行将金融机构存款利率浮动区间的上限调整为基准利率的 1.1 倍。此后各商业银行纷纷进行存款利率上浮。因此 2012 年 6 月 8 日后的数据根据各银行公布的 1 年期存款利率情况以及各银行存款总额进行加权平均得到市场平均存款利率①。存款准备金率方面，根据中资大型、中型和小型银行的总资产规模进行加权，得到平均存款准备金率。2019 年初以来，我国开始不定期公布 2018 年初以来银行体系平均法定存款准备金率数据，2018 年 4 月之后法定准备金数

① Wind 数据库中，共有 24 家银行公布了其存款利率情况，其中，2012 年 6 月 8 日开始公布五家大型商业银行和招商银行、北京银行等 12 家股份制和城商行数据，2015 年 10 月 24 日开始进一步公布浙商银行、江苏银行等 7 家银行数据。公布数据的银行，其存款总额占全部存款的比重平均在 70% 左右，具有广泛的代表性。因此，本书存款利率在 2012 年 6 月 8 日之前采用存款基准利率，2012 年 6 月 8 日至 2015 年 10 月 24 日采用 17 家银行的加权平均利率，2015 年 10 月 24 日及之后采用 24 家银行的加权平均利率。

据为公布的平均法定准备金率①。考虑到存款利率下限和贷款利率上限在2004年10月29日取消，因而样本为2004年10月30日至2021年12月31日的周数据，其中存贷款利率、准备金率变动当周数据按日加权平均而得，市场利率根据每日利率平均而得。

（二）银行存贷款利率与基准利率的关系：基于广义自回归条件异方差模型（GARCH）的检验

1. 市场平均存贷款利率水平与存贷款基准利率的关系

2004年10月29日，我国取消存款利率下限和贷款利率上限管制，实行利差管理模式。2012年6月8日起，我国开始将存款利率浮动上限扩大至基准利率的1.1倍，贷款利率下限扩大至基准利率的0.8倍。因此，这里对贷款利率的分析区间为2004年10月30日至2021年12月31日，对存款利率的分析区间为2012年6月9日至2021年12月31日。观察发现，我国存贷款利率基本围绕基准利率的变动而变化，二者趋势高度一致，贷款基准利率和贷款利率的相关系数为0.9747（p值=0），存款基准利率和存款利率的相关系数为0.9998（p值=0）。市场平均的存贷款利率都高于基准利率，表明基准利率设定是偏低的，其中，贷款利率平均浮动倍数为1.2632。存款利率的浮动倍数在2012年6月8日后基本接近1.1倍，2014年11月22日存款利率浮动空间扩大至1.2倍后，市场平均存款利率明显上浮，2015年10月完全放开管制后接近1.2倍。而且，尽管2015年10月后存贷款利率管制已完全放开，但在利率定价自律组织的安排下，大型银行存款利率上浮最高不超过基准利率的1.4倍，其他银行存款利率上浮最高不超过基准利率的1.5倍。从各银行利率浮动的实际情况来看，存贷款利率与基准利率的偏离程度并不大，特别是存款利率浮动倍数仍基本保持在

① 参见：《中国货币政策执行报告》（2018年第4期）；“2018年以来央行降准12次，发挥了支持实体经济的积极作用”，www.pbc.gov.cn，2020年5月25日，以及2020年以来历次法定准备金调整公告。

1.2倍左右，这充分表明了利率偏离成本和隐性利率双轨制的作用（见图4.1）。

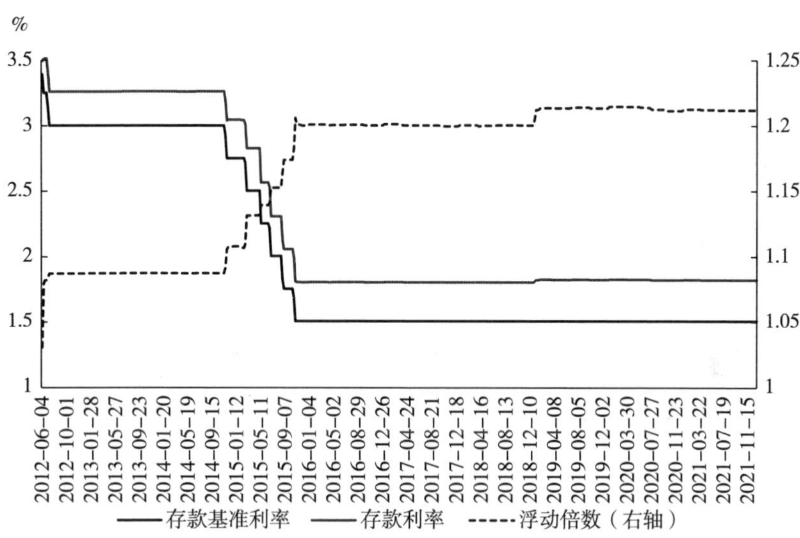

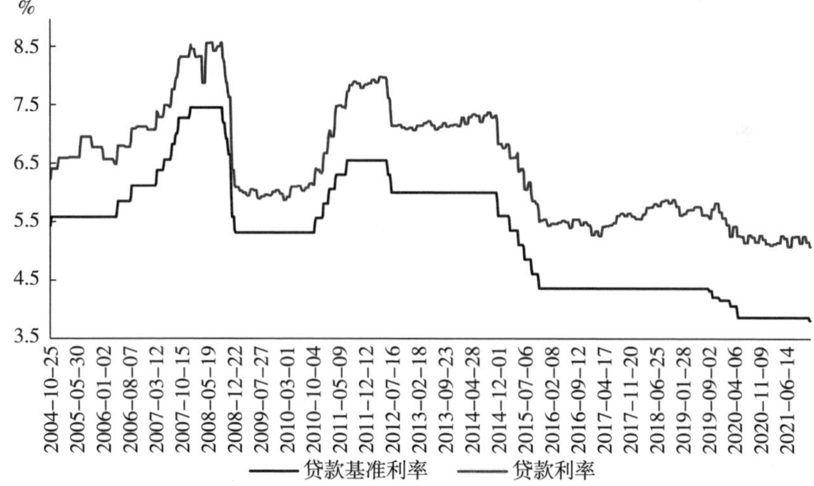

图4.1　存贷款基准利率和存贷款市场平均利率水平

2. 市场平均存贷款利率与基准利率的EGARCH模型检验

从各国经验来看，金融市场利率普遍呈现波动率高、波动成群的现象，即波动在一定时期内非常小，在其他一定时期内非常大。因此，广义自回归条件异方差模型（GARCH）是分析存贷款利率与基准利率关系的理想方法，可以同时对变化的均值和方差进行分析（He and Wang，2012）。考虑到我国市场利率分布的厚尾性以及冲击影响的非对称性，采用指数广义自回归条件异方差模型（EGARCH）进行实证分析。由（4.1）式可见，贷款利率主要与市场利率、利率偏离成本有关，因而 EGARCH 模型如下：

$$r_{Lt} = \beta_0 + \beta_1 r_t + \beta_2 (r_{Lt} - \bar{r}_{Lt}) / r_{Lt} + \sqrt{h_t} v_t$$

预测方差满足：

$$\ln(h_t) = c + \beta_3 \ln(h_{t-1}) + \beta_4 \left| \frac{v_{t-1}}{\sqrt{h_{t-1}}} \right| + \gamma \frac{v_{t-1}}{\sqrt{h_{t-1}}}$$

其中，r_t 为市场利率；$\bar{r}_{Lt}$ 为贷款基准利率；r_{Lt} 为贷款利率。

线性回归表明，贷款利率显著依赖贷款基准利率偏离成本以及市场利率，而且偏离成本与贷款利率负相关，市场利率与贷款利率正相关，这与（4.1）式的理论含义一致。对残差进行条件异方差的 ARCH LM 检验，滞后阶数为 1 时 F 统计量的 p 值为 0，说明残差存在 ARCH 效应，因此应采用 GARCH 模型。EGARCH 模型表明，各变量仍显著，而且似然函数更大，AIC 和 SC 值更小，说明拟合效果更好。对残差进行条件异方差的 ARCH LM 检验，滞后阶数为 1 时 F 统计量的 p 值为 0.2906，说明残差不存在 ARCH 效应。

表 4.1　市场平均贷款利率与基准贷款利率回归结果

自变量	线性回归	EGARCH	
		均值方程	方差方程
r_t	0.3852*** (0.0656)	0.2771*** (0.0077)	
$(r_{Lt} - \bar{r}_{Lt}) / r_{Lt}$	-12.9787*** (1.0649)	-14.6152*** (0.1363)	
常数项	7.9476*** (0.2767)	8.4779*** (0.0394)	-1.3221*** (0.1655)
方差滞后项（β_3）			0.7997*** (0.0439)

续表

自变量	线性回归	EGARCH	
		均值方程	方差方程
残差绝对值项（β_4）			1.1213*** （0.1211）
残差非对称项（γ）			0.0291 （0.0767）
R^2	0.5316	0.5144	
对数似然	-892.60	-571.63	
AIC	2.0129	1.2901	
SC	2.0030	1.3276	

注：括号内数字为标准差，***，**，*分别代表显著性水平1%、5%和10%，下同。

类似地，对存款利率进行EGARCH模型分析，根据（4.1）式，存款利率与市场利率、存款准备金率以及偏离成本有关，因而EGARCH模型如下：

$$r_{Dt} = \beta_0 + \beta_1 r_t + \beta_2 (r_{Dt} - \bar{r}_{Dt}) / r_{Dt} + \beta_3 \alpha_t + \sqrt{h_t} v_t$$

预测方差满足：

$$\ln(h_t) = c + \beta_4 \ln(h_{t-1}) + \beta_5 \left| \frac{v_{t-1}}{\sqrt{h_{t-1}}} \right| + \gamma \frac{v_{t-1}}{\sqrt{h_{t-1}}}$$

其中，$\bar{r}_{Dt}$ 为贷款基准利率；r_{Dt} 为贷款利率；α_t 为准备金率。

线性回归结果表明，存款利率与偏离成本、准备金率以及市场利率关系非常显著，而且偏离成本与存款利率负相关，市场利率与存款利率正相关，这与（4.1）式的理论含义一致。对残差进行条件异方差的ARCH LM检验，滞后阶数为1时 F 统计量的 p 值为0，说明残差存在ARCH效应，因此应采用GARCH模型。EGARCH模型表明，各变量仍显著，而且似然函数更大，AIC和SC值更小，说明拟合效果更好。对残差进行条件异方差的ARCH LM检验，滞后阶数为1时 F 统计量的 p 值为0.6111，说明残差不存在ARCH效应。

表 4.2　市场平均存款利率与基准存款利率回归结果

自变量	线性回归	EGARCH	
		均值方程	方差方程
r_t	0.2191 * (0.0194)	0.0038 *** (0.0002)	
$(r_{Dt}-\bar{r}_{Dt})/r_{Dt}$	-5.7858 *** (0.1856)	-4.0994 *** (0.0076)	
α_t	0.0597 *** (0.0039)	0.0927 *** (0.0001)	
常数项	1.6229 *** (0.0549)	1.5509 *** (0.0007)	-2.1926 *** (0.1330)
方差滞后项（β_4）			0.9202 *** (0.0102)
残差绝对值项（β_5）			2.1093 *** (0.1177)
残差非对称项（γ）			-0.0473 (0.0826)
R^2	0.6565	0.5782	
对数似然	-500.2	3412.55	
AIC	1.1242	-0.7437	
SC	1.1456	-0.7009	

四、利率完全放开对存贷款利率的影响

（一）市场利率与利率偏离成本的关系

为了预测利率市场化后我国市场利率和存贷款利率走势，本书通过校准的方法对模型的参数进行模拟。纪洋等（2015）通过数据校准得到了改革前后利率均值以及敏感性分析，其中假定了存款贷款满足 $L=A_l r_L^{-\epsilon_L}$，$D=A_D r_D^{\epsilon_D}$，这一假定主观性比较强，需要校准的参数比较多，而且与本书的理论模型设定并不完全相同。为了考察利率市场化后我国市场利率和存贷款

利率走势，本书通过校准的方法得到模型参数，根据市场利率与利率偏离成本系数的关系，在回归的基础上直接估计r^0。

由（4.3）式和命题5可知，市场利率与利率偏离成本系数负相关，隐性利率双轨制压低了银行间同业市场利率水平。因此，可设金融市场利率、不存在管制的金融市场利率和利率偏离成本系数的关系：$r = r(F_L' = 0, F_D' = 0) + \frac{\partial r}{\partial F_L'} F_L' + \frac{\partial r}{\partial F_D'} F_D' = r^0 + \frac{\partial r}{\partial F_L'} F_L' + \frac{\partial r}{\partial F_D'} F_D'$。对这个理论式进行回归分析，从而得到不存在管制的金融市场利率 r^0 的估计值。与之前的做法类似，仍采用 EGARCH 模型进行计量分析，具体如下：

$$r_t = \beta_0 + \beta_1\left(\frac{r_{Dt} - \bar{r}_{Dt}}{r_{Dt}}\right) + \beta_2\left(\frac{r_{Lt} - \bar{r}_{Lt}}{r_{Lt}}\right) + \sqrt{h_t}v_t$$

预测方差满足：

$$\ln(h_t) = c + \beta_3 \ln(h_{t-1}) + \beta_4 \left|\frac{v_{t-1}}{\sqrt{h_{t-1}}}\right| + \gamma \frac{v_{t-1}}{\sqrt{h_{t-1}}}$$

其中，$\bar{r}_{Dt}$ 为存款基准利率；$\bar{r}_{Lt}$ 为贷款基准利率。

考虑到存款利率上限管制因素，样本区间为2012年6月8日至2021年12月31日。线性回归表明，存贷款偏离系数均显著为负。对残差进行条件异方差的 ARCH LM 检验，滞后阶数为1时 F 统计量的 p 值为0，说明残差存在 ARCH 效应，因此应采用 GARCH 模型。EGARCH 模型结果显示，存款偏离系数和贷款偏离系数均显著为负。而且似然函数更大，AIC 和 SC 值更小，拟合效果更好。对残差进行条件异方差的 ARCH LM 检验，滞后阶数为1时 F 统计量的 p 值为0.9261，说明残差不存在 ARCH 效应。

表4.3　市场利率与偏离成本的回归结果

自变量	线性回归	EGARCH	
		均值方程	方差方程
$\frac{r_{Dt} - \bar{r}_{Dt}}{r_{Dt}}$	-11.5324^{***} (1.2299)	-10.7436^{**} (0.892)	
$\frac{r_{Lt} - \bar{r}_{Lt}}{r_{Lt}}$	-0.4194^{*} (0.2519)	-0.5255^{***} (0.0535)	

续表

自变量	线性回归	EGARCH	
		均值方程	方差方程
常数项	1.0683 *** (0.037)	1.0467 *** (0.013)	-1.5333 *** (0.2556)
方差滞后项（β_6）			0.9267 *** (0.0206)
残差绝对值项（β_7）			0.8632 *** (0.0915)
残差非对称项（γ）			0.0585 (0.0053)
R^2	0.2462	0.1061	
对数似然	1777.7	1967.9	
AIC	-7.2436	-8.0038	
SC	-7.2319	-7.9803	

由表4.3可见，存贷款基准利率偏离成本对市场利率有显著的影响，这支持了理论模型的结论。随着利率管制的放开，偏离成本降低，将同时推升市场利率水平和存贷款利率水平。

（二）利率管制和完全市场化下我国利率模拟

首先，根据市场利率与存贷款利率偏离成本的理论设定和表4.3的回归结果，可得市场利率对存贷款基准利率偏离系数的回归系数分别为10.75和0.53，不存在管制时的市场利率为2.98%。其次，根据实际数据校准得到参数。根据2012年6月8日至2021年12月31日的数据，存款利率平均为2.27%，贷款利率平均为6.04%，市场利率平均为2.41%，贷款利率偏离基准利率平均为0.30%，存款利率偏离基准利率平均为1.26%。根据不同类型金融机构存款规模加权平均得到准备金率为15.2%，故将准备金率设为15%。根据《中国金融年鉴（2021）》，截至2020年末，我国政策性银行、大型商业银行、股份制银行和城市商业银行共154家，设定银行数量为150。参考纪洋等（2015）的设定，贷款需求弹性和存款供给弹性分别设为 2 和 0.4。再次，根据（4.1）式存款利率、贷款利率和市场利率的关系，可得贷款管理成本 $\left(\frac{\partial C}{\partial L}\right)$ 为 0.0328，存款管理成本 $\left(\frac{\partial C}{\partial D}\right)$ 为 -0.1693。最后，通过模型系统中的管制和非管制的市场利率、贷款利率和存款利率之间的关系，可得到不存在利率偏离成本的完全利率市场化条件下的存贷款利率估计，如表 4.4 所示。

表 4.4　管制与非管制利率之间的关系

利率	非管制情形	均值（%）	管制情形	均值（%）
市场利率	r^0	2.98	r	2.41
存款利率	$r_D^0 = \frac{r^0(1-\alpha) - \frac{\partial C}{\partial D}}{1 + \frac{1}{N\epsilon_D}}$	2.75	$r_D = \frac{r(1-\alpha) - \frac{\partial C}{\partial D}}{1 + \frac{1}{N\epsilon_D}(1 + F_D')}$	2.27
贷款利率	$r_L^0 = \frac{r^0 + \frac{\partial C}{\partial L}}{1 - \frac{1}{N\epsilon_L}}$	6.61	$r_L = \frac{r + \frac{\partial C}{\partial L}}{1 - \frac{1}{N\epsilon_L}(1 - F_L')}$	6.04

由表4.4 可见，市场化条件下的存贷款利率明显高于管制利率水平，存款和贷款的利率均值达到2.75%和6.61%，均较管制存贷款利率高约50 个基点，市场利率也较管制的市场利率高约 50 个基点，这表明在允存贷款利率浮动并最终放开浮动限制之后，我国仍存在事实上的利率双轨制，存贷款利率仍被人为压低并拉低金融市场利率水平。我国仍需要优化利率管理方式，在条件成熟时逐步取消存贷款基准利率，促进利率由市场供求决定，真正实现完全“放得开”的政策目标。

五、放开存贷款利率的技术性准备与贷款利率并轨改革

（一）放开存贷款利率管制的技术性准备

综观采取渐进式利率市场化改革的国家和地区，通常都将存款利率放

开管制作为利率市场化改革的最后一步，我国也对放开存贷款利率管制采取了非常审慎的态度。1993 年，我国正式提出利率市场化改革目标后，确立了利率市场化改革的总体思路：“先放开货币市场利率和债券市场利率，再逐步推进存、贷款利率的市场化；存贷款利率市场化按照先外币、后本币；先贷款、后存款；先长期、大额，后短期、小额”有序开展①。1996 年以放开银行间市场拆借利率为开端，我国利率市场化基本按照这个思路稳步推进，直至 2004 年进入放开存贷款利率的攻坚阶段。

随着银行理财和互联网金融的迅猛发展，经济主体对资金收益率的需求和市场供给的自发调整，事实上突破了大额和小额资金利率市场化的藩篱，既定的“先长期、大额，后短期、小额”的改革顺序已被突破。由此，以 2012 年首次允许存款利率上浮为标志，我国开始加快推进利率市场化改革。中国人民银行为此进行了大量的技术性准备工作，制订了分三步在中期全面实现利率市场化目标的整体改革方案，具体内容为：“坚持以建立健全由市场供求决定的利率形成机制为总体方向，以完善市场利率体系和利率传导机制为重点，以提高央行宏观调控能力为基础，加快推进利率市场化改革。近期，着力健全市场利率定价自律机制，提高金融机构自主定价能力；做好贷款基础利率报价工作，为信贷产品定价提供参考；推进同业存单发行与交易，逐步扩大金融机构负债产品市场化定价范围。近中期，注重培育形成较为完善的市场利率体系，完善央行利率调控框架和利率传导机制。中期，全面实现利率市场化，健全市场化利率宏观调控机制。”②根据这个规划，取消贷款利率后，人民银行计划逐步简并存贷款基准利率期限档次；存款利率方面，可先取消 5 年期定期存款基准利率，由金融机构自主确定③。

正是在这一改革方案的指导下，在 2013 年 7 月放开贷款利率管制后不

---

① 《稳步推进利率市场化改革报告》，《中国货币政策执行报告》（增刊），2005 年 1 月。

② 周小川：《全面深化金融业改革开放　加快完善金融市场体系》，《人民日报》2013 年 11 月 28 日。

③ 由曦、董欲晓、俞燕：《利率改革通途》，《财经》2013 年第 21 期。

久，我国就在当年9月建立了市场利率定价自律机制，10月建立了贷款基础利率（LPR）集中报价和发布机制，12月引入了同业存单业务，2014年11月将存款利率上浮区间扩大至基准利率的1.2倍，同时简化了存贷款基准利率的期限档次并取消了5年期存款基准利率，最终在2015年10月取消了对金融机构存款利率上限管制，基本完成了利率市场化改革。

（二）存贷款基准利率、银行存贷款定价机制与利率并轨

建立贷款基础利率集中报价和发布机制，主要是借鉴美国、日本等国家最优惠利率（Prime Rate）的做法，商业银行对其最优质客户执行的贷款利率，其他贷款利率可在此基础上加减点生成，是金融机构对其资金成本、信用风险成本、管理费用、最低资本回报等因素进行综合衡量后，确定的贷款利率水平，可以真实地反映信贷市场的资金价格。类似地，同业存单也是借鉴金融机构发行大额存单的经验，立足于我国同业融资市场迅速发展的实际情况，通过更规范的同业业务为银行（特别是资金来源有限的中小银行）拓宽融资渠道，为发行面向企业及个人的大额存单积累经验，探索稳妥有序推进存款利率市场化的有效途径①。出于政策调控需要和银行利率定价及风险管理能力等考虑，在放开存贷款利率浮动限制后，我国仍保留了存贷款基准利率，待LPR和同业存单等机制发育成熟，就可适时取消存贷款基准利率，实现存贷款利率的完全并轨。但是，由于我国并未明确货币价格调控模式下新的短端基准政策利率，商业银行长期以来形成了在存贷款基准利率基础上浮动定价的业务模式，在缺乏明确政策指引和新的基准政策利率条件下，银行定价模式转型进展缓慢，贷款基础利率、同业存单等技术准备的作用仍受到了很多限制（孙丹、李宏瑾，2016）。

从贷款利率定价来看，商业银行以LPR为定价基准的积极性不高。国内大型银行经营管理水平较高，贷款利率定价主要采用以成本加成法为基

① 《贷款基础利率集中报价和发布机制》，《中国货币政策执行报告》（2013年第3期）；《银行间市场同业存单的发行与交易》，《中国货币政策执行报告》（2014年第1期）。

础的综合定价模型，小型商业银行往往采用跟随市场的定价策略，而存款仍是我国银行资金最主要的来源，资金成本在最终贷款定价中的占比达到60%～70%，是贷款定价的首要影响因素，因此在实际贷款定价过程中，中资银行仍主要以贷款基准利率为定价基准并进行适当浮动。LPR 仅在中资大型商业银行中得到了相对广泛的推广，但仅限于1年期以内的短期对公中小客户固定利率贷款，定价时还需要根据基准利率进行倒算，实际上的贷款定价基准仍是贷款基准利率。在引入 LPR 之初，各银行还根据市场资金供求和自身成本情况不断修订本行的 LPR 报价，但之后很少有银行主动调整 LPR 报价，LPR 实际上是锚定贷款基准利率，在 2015 年 10 月之后基本没有变化。

从负债业务定价来看，同业存单等主动负债业务发展并不理想，存款定价受资金市场影响有限。商业银行之间及其与其他金融机构之间的资金往来的同业业务具有信用货币创造的功能，部分机构在开展同业业务中也存在操作不规范、信息不透明、期限错配较严重和规避监管等问题，加大了流动性管理和风险防控的难度，并在一定程度上影响了宏观调控和金融监管的效果。特别是，国际金融危机以来，监管部门更加强调金融促进经济复苏，鼓励跨行业的金融创新，包括同业业务在内的金融创新和影子银行规模迅猛发展。为此，2014 年 5 月，人民银行会同监管部门针对实际上属于信贷投放但并不受监管约束的同业业务进行整顿。同业存单业务也受到一定的影响，银行批发性负债与零售性负债利率的关联性仍待加强。

从银行内部利率管理来看，正是由于存贷款定价仍主要以存贷款基准利率为基准，中资银行根据市场利率和存贷款基准利率普遍采用两条内部资金转移定价（FTP）曲线。虽然也有中资银行尝试将批发业务和零售业务两条曲线合并，构建统一的以市场利率为基准的 FTP 收益率曲线，但由于我国政策利率体系仍不完善，这方面的进展依然缓慢。

另外，改革涉及的现实操作问题需要有效解决。例如，我国银行（特别是国有大行）贷款长期以来主要是服务大中型企业，这些企业议价能力较强，企业大多也主要根据存贷款基准利率进行财务核算及业绩考核，这加大了商业银行利率定价机制转型的难度。而且，我国很多中长期贷款（特别是按揭贷款）仍是以基准利率为基准进行浮动利率定价。如果取消存贷款基准利率，存量贷款定价如何调整仍需要全面考虑。

（三）贷款市场报价利率（LPR）改革与强化存款基准利率压舱石

2019 年 8 月，中国人民银行发布改革完善贷款市场报价利率（LPR）形成机制公告，推动贷款利率并轨①，具体包括：一是明确 LPR 作为贷款利率定价基准的定位。以 LPR 作为银行贷款利率的定价基准，要求各金融机构主要在贷款定价时运用 LPR 作为参考。为避免与贷款基准利率相混淆，将 LPR 中文名称由原来的“贷款基础利率”调整为“贷款市场报价利率”，保留英文简称 LPR。二是增加报价行的数量和类型，提高报价的代表性。三是要求报价行根据自身对最优质客户贷款利率，在 MLF 利率基础上加点报出 LPR，每月 20 日发布 LPR 报价。四是在原有 1 年期一个期限品种基础上，增加 5 年期及以上期限品种，为银行发放住房抵押贷款等长期贷款的利率定价提供参考。2020 年 3—8 月，我国开展了存量浮动利率贷款定价基准转换工作。2020 年 8 月末，存量贷款定价基准转换工作已顺利完成。全国金融机构累计转换 67. 4 万亿元，共 8056. 4 万户，转换比例为 92. 4%。其中，存量企业贷款累计转换 35. 5 万亿元，共 84 万户，转换比例为 90. 3%；存量个人房贷累计转换 28. 3 万亿元，共 6429. 7 万户，转换比例为 98. 8%。已转换的存量贷款中，91% 转换为参考 LPR 定价，其中存量企业贷款和个人房贷分别为 90% 和 94%。同时，中国人民银行将 LPR 运用情况纳入宏观审慎评估（MPA）考核，推动银行将 LPR 嵌入内部资金转移定价（FTP），推出与 LPR 挂钩的利率互换、利率期权等金融衍生品。

与贷款利率并轨相比，我国存款利率并轨进程相对缓慢，近年来还在一定程度上加大了存款利率“窗口指导”和管理的力度。2019 年以来，针

① 《有序推进贷款市场报价利率改革》，《中国货币政策执行报告》（增刊），2020 年 9 月。

对靠档计息、结构性存款保底收益率、异地存款等满足客户高收益需求的创新性存款产品定价进行了规范管理。2021 年 6 月，人民银行指导市场利率定价自律机制，将存款利率自律上限由存款基准利率浮动倍数改为加点确定。2021 年 9 月，新发生定期存款加权平均利率为 2.21%，同比下降 0.17 个百分点，较存款利率自律上限优化前的 5 月下降 0.28 个百分点①；2022 年 3 月，新发生定期存款加权平均利率为 2.37%，同比下降 0.08 个百分点，较存款利率自律上限优化前的 2021 年 5 月下降 0.12 个百分点②。对存款利率加强管理主要是为了降低银行存款利率，但由于银行负债市场竞争充分透明，很多银行实际执行的定期存款和大额存单利率接近自律上限，致使降成本的政策初衷大打折扣。

为此，2022 年 4 月，人民银行指导利率自律机制建立了存款利率市场化调整机制，自律机制成员银行参考以 10 年期国债收益率为代表的债券市场利率和 1 年期 LPR 利率，合理调整存款利率水平。虽然此次存款利率调整机制对银行的指导是柔性的，但对于存款利率市场化调整及时高效的金融机构，人民银行给予适当激励，体现了很强的政策导向。从实际情况来看，工、农、中、建、交、邮储等国有银行和大部分股份制银行均已于 2022 年 4 月下旬下调了其 1 年期以上期限定期存款和大额存单利率，部分地方法人机构也相应作出下调。根据 2022 年 4 月最后一周（4 月 25 日至 5 月 1 日）的调研数据，全国金融机构新发生存款加权平均利率为 2.37%，较前一周下降 10 个基点。尽管这一机制的建立可以促进银行跟踪市场利率变化，提升存款利率市场化定价能力，维护存款市场良性竞争秩序，是我国在存款利率并轨方面迈出的艰难一步，但该项技术性调整具体安排并不公开透明，银行存款利率定价如何与每日变化的 10 年期国债利率和政策指令性较强的 LPR 利率挂钩调和，仍需要进一步说明。毕竟，2022 年初以

---

① 《加强存款管理　维护存款市场竞争秩序》，《中国货币政策执行报告》（2020 年第 4 期）；《优化存款利率自律上限成效显著》，《中国货币政策执行报告》（2021 年第 3 期）。

② 《建立存款利率市场化调整机制》，《中国货币政策执行报告》（2022 年第 1 期）。

来，LPR 已连续 4 个月未发生变化，而 2022 年 3—4 月 10 年期国债收益率还较年初的 1 月、2 月平均略高 3 ~ 5 个基点，但银行 1 年期以上定期存款和大额存单利率反而下降。而且，此次改革并未建立银行存款利率与新的央行短端政策利率挂钩机制，这并不符合货币价格调控转型的要求。甚至，为了降低银行负债成本，2020 年初以来我国一再强调存款基准在利率体系中的“压舱石”地位，要长期保留。可以说，我国在存款利率并轨方面的进展依然缓慢。存款利率市场化并轨任重而道远。

LPR 改革后贷款基准利率已不再应用于银行贷款定价，LPR 成为新的贷款基准利率，初步实现了贷款利率并轨。贷款利率报价形成机制改革在一定程度上提高了银行利率定价能力，畅通了 MLF 政策利率与贷款利率的传导效率，取得了一定的成效。不过，2015 年 10 月以来，存贷款基准利率已处于历史最低水平，降低基准利率的政策信号意义较强，2004 年放开贷款利率上限后，银行对最优质企业贷款利率一直按照基准利率 0.9 倍进行定价，形成了所谓的银行贷款利率隐性下限①，这限制了央行利率政策空间。在内外环境复杂多变的背景下，LPR 的形成机制改革主要是为了畅通央行政策利率向银行贷款利率的传导，促进降低企业融资成本，更好地应对经济下行压力。但是，LPR 改革后挂钩中期性质的 MLF 利率，这与国际通行的短端隔夜政策利率存在很大差别。尽管为推广 LPR 应用，我国还推动银行将 LPR 嵌入资金转移定价（FTP），推出与 LPR 挂钩的利率互换、利率期权等金融衍生品，但将 LPR 运用情况纳入宏观审慎评估（MPA）考核使 LPR 与贷款基准利率类似，仍可能存在隐性双轨制的特征，LPR 的透明度、可信度和代表性等方面仍存在较大改进空间。第七章将在对市场化利率并轨、国际货币市场基准利率改革和印度贷款利率并轨经验分析的基础上，进一步讨论 LPR 形成机制改革存在的问题。更主要的是，存款利率上限管制是利率双轨制的核心和关键。尽管我国在开展 LPR 改革时要抓紧研

① 《改革完善贷款市场报价利率（LPR）形成机制》，《中国货币政策执行报告》（2019 年第 3 期）。

究出台存量贷款利率基准转换方案，但存款基准利率作为利率体系压舱石仍要长期保留，这表明 LPR 改革仅是利率并轨和完全市场化改革的第一步。

六、深化利率市场化改革的制约因素与未来的方向

（一）放开存贷款利率管制的制约因素

尽管存贷款利率名义上已经基本放开，但我国存贷款利率完全市场化并轨和利率市场化形成及调控体系建设依然相对缓慢，这很大程度上与利率市场化改革的制约因素有关。早期有关中国放开存贷款利率的讨论就指出，放开存贷款利率管制并转向以利率为主的价格型货币调控模式，需要利率敏感具有预算硬约束的微观主体、完善的金融市场和充分弹性的汇率机制[①]。不过，上述制约因素在我国稳步推进利率市场化改革过程中就已进行过大量讨论[②]。随着金融改革的深化发展，在经济转向高质量发展阶段的当下，上述制约因素只是在实现存贷款利率完全并轨改革中需要关注的问题，并非制约改革的真正障碍。

理论上，任何“软”的预算约束本质上都是一条错误的预算线，通过合理的市场定价进行有效补偿，预算软约束问题实际上都有一个“硬”的预算约束（罗长林、邹恒甫，2014）。大量研究表明，随着利率市场化改革的加快推进和基本完成，我国包括国有企业在内的微观主体的利率敏感度明显提高，资金配置效率显著增强（Kamber and Mohanty，2018；王嘉鑫等，2020）。特别是，供给侧结构性改革以来，在整顿地方政府债务、结构性去杠杆等政策引导下，我国预算软约束问题得到有效扼制，人为压低利

① 周小川：《关于推进利率市场化改革的若干思考》，www. pbc. gov. cn，2011 年 1 月 4 日；《利率市场化与货币政策调控框架》，《中国货币政策执行报告》（2014 年第 1 期）。

② 《稳步推进利率市场化》，《中国货币政策执行报告》（增刊），2005 年 1 月。

率并依赖数量调控反而损害了货币政策传导的有效性。第三章的实证分析表明，利率与物价、产出的动态系数和权重明显高于货币数量，即使是最近几年利率对产出和物价的作用仍明显高于数量目标。

在金融市场发展方面，我国也具备了充分的市场广度和必要的市场深度。从广度来看，2019 年以来我国固定收益市场规模就已超过日本，仅次于美国位列全球规模第二，这为利率有效传导和货币价格调控提供了必要条件[①]。从深度来看，我国很早就意识到金融市场规模、品种和衍生品发展对放开金融市场利率、收益率曲线形成和货币价格调控的重要性，积极进行市场创新，很早就引入了远期债券等衍生品交易[②]。尽管由于微观监管部门对金融主体参与衍生品市场仍存在非常多的限制，金融衍生品仍以交易类型为主，针对价格发现和风险管理的产品发展相对滞后[③]，但也应看到，各国主要用于风险管理的利率衍生品市场主要是在 Black - Scholes 期权定价模型的理论推动下，才于20 世纪70 年代开始迅猛发展。我国利率衍生品市场发育程度至少与发达国家放开利率管制时期基本相当，并非制约利率放开的必然障碍。

利率和汇率分别是货币的对内价格和对外价格，汇率的灵活调整能够有效缓冲外部冲击，是经济安全阀和稳定器，也是利率市场化和自主货币政策的重要条件。目前，人民币汇率在有管理浮动框架下越来越灵活，但仍将面临汇率预期管理“中间解”透明度和公信力等问题（管涛，2021）。外汇交易一直实行过严的实需原则，致使境内外汇市场供求类型和参与主体仅限于非金融部门的贸易投资等实体经济范围，金融交易属性功能较弱。

① 潘功胜：《中国债券市场的改革与发展》，《读懂“十三五”》，2016 年，中国人民大学出版社。

② 《银行间债券市场债券发行创新》，《中国货币政策执行报告》（2014 年第 1 期）；《银行间市场建设与利率市场化》，《稳步推进利率市场化报告》，《中国货币政策执行报告》（增刊），2005 年 1 月。

③ 根据 BIS 的数据，近年来美国利率衍生品交易规模是其基础资产的 3 ~ 5 倍，但 2018 年中国利率互换衍生品交易达到历史最高的 21.49 万亿元（2021 年利率互换逐步回升至 21.12 万亿元），仍不到全部债券市场基础资产的 20%。

外汇同业市场批发交易大都基于客户零售业务，具有较强的顺周期性，也有可能放大汇率波动。不过，只要适当放松外汇交易的实需原则要求，引入投资性外汇交易产品，允许更多类型市场主体参与外汇市场交易，让跨境资本双向流动更多在境内完成本外币兑换，外市提升境内外汇市场在全球人民币汇率决定中的作用，将更有助于人民币汇率形成机制更加合理。随着国际收支日趋均衡，人民币汇率呈双向波动态势并在基本均衡水平上保持稳定，汇率改革的成本不大，清洁浮动也一直是我国金融改革的长远目标①。因而，汇率也并非制约存贷款利率放开的主要因素。

（二）有关利率市场化时机与次序的讨论

由上可见，虽然微观主体利率敏感度、金融市场发育程度和汇率水平等都对存贷款利率完全放开有一定的影响，但并非制约利率完全并轨的根本性阻碍。2015 年 10 月基本放开存贷款利率浮动限制后，我国利率并轨进展缓慢很大程度上与宏观经济条件密切相关。2004 年以来，应对流动性过剩和国际金融危机冲击等宏观调控的繁重压力使利率市场化进展缓慢。与之类似，2012 年加快利率市场化改革以来，中国经济环境更加复杂，进入经济增速换挡、经济结构调整和前期刺激政策消化的三期叠加阶段，货币政策需要在稳增长、调结构、去杠杆、防风险等多重目标之间进行更复杂的平衡。

事实上，就放开存贷款利率管制而言，虽然直接取消存贷款基准利率或将央行操作利率与存贷款利率调整直接挂钩，效果显然更为理想，但 2015 年以来我国主要采用以操作利率调整逐步取代存贷款利率调整的方式，在一定程度上保留了双轨利率。这固然不如直接并轨的效果直接，但客观上起到了兼顾去杠杆、防风险和相对稳定实体经济融资成本的作用。一方

① 易纲：《利率市场化与当前我国利率现状的利弊》，《利率市场化的影响和挑战》，《中国金融四十人论坛研究周报》2013 年第 219 期；易纲：《继续深化汇率改革》，《资本市场》2016 年第 4 期。

面，为防范金融体系内部高杠杆风险，2016 年 8 月，我国提高了公开市场操作利率，对央行操作利率更为敏感的同业融资、资产管理融资明显受到抑制；另一方面，由于没有取消存贷款基准利率，贷款利率上涨速度和程度都较金融市场利率缓和，实体经济融资成本受到的冲击相对较小。通过金融市场利率与存贷款利率走势分化，去杠杆、防风险和稳增长之间取得了较好的平衡。

通常来说，利率市场化需要一个稳定的宏观经济环境。由于利率放开后市场利率将逐步向符合稳态增长路径的均衡利率水平靠拢，市场利率中枢将明显抬升，经济上行期放开存贷款利率将减少货币调控的压力，而在经济处于下行探底的周期阶段，市场利率的上升将有可能推高融资成本，不利于经济的稳定增长。因此，在经济上行期放开存贷款利率管制要明显好于经济下行期。但是，自 2018 年以来受中美经贸摩擦持续加剧等内外部环境影响，经济下行压力明显加大。由于仍保留存贷款基准利率，金融市场利率调整向贷款利率传导存在一定时滞，政策效果并不明显，利率并轨（特别是贷款利率）迫切性明显上升。正是在这一背景下，2019 年 8 月，以 LPR 形成机制改革为突破口，我国进行了贷款利率并轨改革。

由上可见，LPR 形成机制改革主要是为应对经济下行压力进行的，确实并非在一个良好的宏观经济窗口进行。虽然 Mckinnon（1991）根据拉美各国激进的金融自由化改革恶果提出的“先内后外”最优改革次序具有很大的影响力，但没有两个国家的经济发展轨迹和改革历程完全相同，一国各时期制度的选择应取决于其具体特征（Frankel，1999）。事实上，2011 年 IMF 在对中国的金融部门评估（FSAP）报告中，就中国金融改革提出了先汇率后利率分七步走的建议①。毕竟，一国不可能在满足全部理想条件下才开始改革。在宏观经济稳定时期往往容易失去改革的动力，过分强调前

① 分别为人民币升值、吸收流动性、取消信贷配给并改进货币政策框架、改进监管、发展金融市场和产品、放开利率，以及最后开放资本账户。参见：IMF，2011，“The People's Republic of China 2011 Article IV Consultation Staff Report”，*IMF Countries Report*，No. 11/92.

提条件，会使改革的渐进模式异化为消极、静止的模式，从而延误改革开放的时机。应当认识到，金融是实体经济的镜像，预算软约束等导致的利率传导机制扭曲，本质上反映了实体经济的内部失衡。畅通货币政策传导机制的根本之策，还是要加快财税体制、深化国有企业改革，真正硬化微观主体预算约束。强化利率水平调控能力和货币数量目标对实体部门改革而言可能仅是边际上有益，但由此而延误利率放开和货币调控模式转型改革进程，最终可能得不偿失。

（三）利率市场化并轨：从寓改革于调控中，到寓调控于改革中

利率市场化改革的过程本身就是创造利率市场化条件的过程，渐进改革的持续推进也意味着改革条件的成熟和实现[①]。当然，如果各方面基础条件更为成熟，利率市场化改革推进将更加顺畅。而且，存贷款利率完全市场化并轨具体路径，也会对改革效果具有重要的影响。

寓改革于调控之中一直是我国包括利率市场化在内的金融改革的重要经验[②]。长期以来，我国非常注意将货币调控与深化改革紧密结合起来，更充分地发挥市场在资源配置中的决定性作用。随着我国经济由高速转向中高速增长的高质量发展阶段，2012 年以来中国经济增速持续下滑，2014 年开始甚至一度出现对通货紧缩的担心。为此，中国人民银行在进行政策工具创新的同时，通过两次定向降准和一次降息引导降低金融市场利率和贷款利率。为了配合地方政府债务置换和稳定经济增长，2015 年至 2016 年第一季度，人民银行分别进行了 5 次定向降准政策和 5 次普遍降准。同时，为了减少改革阻力，结合扩大存款利率浮动区间，连续 5 次下调存贷款基准利率，市场利率基准降至历史最低水平。

LPR 贷款利率并轨改革主要是在经济下行背景下，为了畅通政策利率

① 周小川：《利率汇率改革再推进》，《财经》2012 年第 8 期。

② 张晓慧：《新常态下的货币政策》，《中国金融》2015 年第 2 期；《中国货币政策执行报告》（2017 年第 1 期）。

向贷款利率的传导机制，促进降低企业融资成本，这相当于寓调控于改革中，是在特定宏观背景下不得已的政策选择。类似地，由于存款对金融机构成本和企业贷款利率有着重要的影响，降低存款负债成本和存款利率并轨也成为未来改革的重要方向。从具体方式来看，放松利率自律约束，允许存款利率逐步接近均衡水平，与宏观调控降低融资成本的要求相悖。因此，除了加强存款利率管理之外，2020 年以来我国采用传统利率双轨制下的利率传导路径，通过公开市场操作大幅降低货币市场利率等方式，引导银行负债成本下降，取得了一定的成效。2021 年末，公开市场操作 7 天逆回购利率、各期限 SLF 利率、超额存款准备金利率分别较 2018 年末下降 45 个基点、35 个基点和 37 个基点，带动同业存单发行利率和银行理财产品收益率明显下降，进而在一定程度上拉低了银行存款成本和贷款利率水平。

不过，市场化利率形成机制要比利率水平更为重要。由于贷款利率并轨主要是为了降低融资成本，在利率并轨机制设计方面仍有很大的改进空间，存款利率并轨改革更是未有实质性进展。在经济下行和疫情应对过程中，过去地方政府融资平台、国有企业等预算软约束部门的挤出效应和影子银行治理中的风险问题进一步放大，存贷款利率完全市场化并轨再次进入攻坚阶段。应抓紧进行技术性准备，一旦条件允许就适时推出改革方案。第七章将进一步分析 LPR 存在的问题，探讨存贷款利率完全放开和市场化利率并轨路径。

第五章　存款准备金制度起源、功能演进及中国的政策实践

由于利率双轨制下存款利率水平被人为压低，已放开的金融市场利率被压抑在一个较低水平，利率价格信号存在人为扭曲，因此货币调控不得不依赖数量方式，甚至在特定时期对信贷规模进行人为干预和“窗口指导”。除了针对市场流动性和基础货币数量的公开市场操作外，法定准备金调整一直是我国重要的货币政策工具。早在 1984 年中国人民银行正式履行中央银行职责之时，我国就建立了国际通行的存款准备金制度。21 世纪初以来，我国进入长达近十年之久的流动性过剩时期，2012 年之后外汇占款作为基础货币投放主要渠道发生了根本性转变。我国频繁调整法定准备金率有效管理市场流动性和货币信贷数量，法定准备金由传统货币政策理论的一剂“猛药”变为深度冻结和主动投放流动性的“利器”（张晓慧，2018）。近年来，在通过公开市场操作和 SLF、MLF 等创新性流动性管理工具弥补流动性和基础货币缺口的同时，主要依赖准备金政策调控市场流动性和货币数量，政策利率调整的频率和幅度明显小于准备金。我国还积极探索准备金的宏观审慎和结构调控功能，将差别准备金动态调整机制升级为宏观审慎政策评估（MPA），通过普降与定向降准相结合等方式调节市场流动性和信贷结构，最终形成“三档两优”存款准备金率新框架①。存款准备金在我国货币政策工具体系中的地位，并未随着货币调控框架向价格模式转型的日益迫切而下降，甚至在逆周期调节和经济结构调整中的作用还有所强化。

① 《“三档两优”存款准备金率新框架》，《中国货币政策执行报告》（2019 年第 1 期）。

作为中央银行“三大法宝”之一，法定存款准备金制度正式实施的时间最晚。早在19世纪30年代英格兰银行就已普遍开展了公开市场业务。常备融资便利（再贴现或再贷款，Standing Facilities/Discount）是三大货币政策工具中最为古老的，英格兰银行在诞生后不久的18世纪早期就广泛开展了票据贴现业务（Bindseil，2004）。事实上，法定存款准备金制度在第二次世界大战之前一直是美国特有的安排。自1948年联邦德国开始，各国才普遍采用了这一货币政策工具。即使是始终持有怀疑态度的英格兰银行，也在1971年正式引入了法定存款准备金制度。然而，20世纪80年代中期以来，随着各国纷纷放弃货币数量目标制并重新转向以利率为主的货币价格调控模式，发达国家普遍降低了法定准备金率。甚至，加拿大、英国等国，以及法定准备金制度起源的美国，都已实行了零准备金制度。而且，从功能上来看，美国法定准备金制度建立之初主要是为了保证银行体系支付清算，之后才逐渐演变为货币政策工具。法定准备金要求在各国央行政策工具体系中地位下降，既与准备金政策作为一剂“猛药”而使用较少有关，更与各国重新转向以利率为主的政策调控框架密不可分。在短端（隔夜）利率作为最主要（甚至是唯一）操作目标的货币价格调控模式下，准备金要求仅仅是作为中央银行管理市场流动性的辅助性制度安排，即使是在国际金融危机后非常规货币政策下仍是如此（Borio and Zabai，2018）。存款准备金制度地位的变化，主要是取决于各国货币调控框架及相应的准备金功能的演进。因此，有必要对存款准备金制度起源和功能演进进行全面梳理，这对完善中国货币政策工具体系、顺利实现货币价格调控模式转型，具有非常重要的意义。

一、作为保障支付清算功能的法定准备金制度起源

（一）美国的自愿准备金安排与各州的法定准备金制度

作为由13个殖民地组成的松散新兴国家，美国的银行最初都是由各州发

放经营牌照，而且没有任何法定准备金要求。在实物货币条件下，虽然足额的贵金属货币是最主要的支付媒介，但17世纪以来与价格革命相伴随的商业模式和支付技术创新使信用货币和纸币（票据、银行券）迅速发展。铸币在很多时候并不是商业中最重要的因素，信贷工具发挥了重要角色，交易往往通过强制性票据或本票等信贷方式进行，结算则主要通过银行汇票，铸币最多不过是信贷体系的支持者用于填补信贷体系缺口（Kerridge，1992）。当时，美国并未发行全国统一的银行券，各州银行票据是商业信贷的主要形式，银行券成为货币支付媒介作用的最主要形式。但是，银行票据和银行券经常面临贬值（折扣）问题，特别是由于兑付费用及结算困难，贬值在距离发行地较远的地方更为突出，银行券只能在有限的地域内使用。为此，19世纪初，新英格兰地区逐渐形成了自愿准备金安排，发行银行向清算行以贵金属形式（黄金或其等价物）缴纳一定数量准备金，以确保本行票据和银行券的有效兑付。尽管发行银行缴纳的存款相当于超级法定准备金（extra - legal reserve requirement），但自愿准备金主要是为了防止银行券贬值，确保银行体系的流动性，各州并未实行正式的法定准备金制度（FED，1938）。

19世纪30年代美国进入了自由银行时代，各州纷纷放松银行准入门槛，州银行可以自由发行纸币。不过，经济繁荣时期的过度信贷需求和纸币发行并没有充足储备支撑，最终1837年的经济恐慌导致银行业大幅收缩，各州银行由于缺乏足够的贵金属储备而无力兑付纸币。由此，在1837年大恐慌后不久，弗吉尼亚、佐治亚、纽约等州正式实行了法定准备金制度，但各州的实践差异很大（FED，1938）。实行法定准备金要求最初主要是为了确保银行票据兑付和银行体系流动性，但也要防止银行过度发行纸币，因而马萨诸塞、路易斯安纳等州的准备金计算基础由银行券逐步扩展至更广泛的银行负债（存款），而纽约州则仅要求存款缴存法定准备金。各州法定准备金率在5% ~33.3%之间，准备金的缴存方式（如贵金属和政府债券的比例、是否计入库存现金）也不完全一致。而且，法定准备金制度并非主流。直至20世纪60年代国民银行时代之前，在当时美国的33个州中，仅有10个州正式实行了法定准备金制度（Carlson，2015）。

（二）国民银行体系的法定准备金制度与流动性风险防范效果

虽然1837年的金融恐慌在一定程度上冲击了自由银行制度，但当时美国社会的主流（特别是各州的银行监管者和立法部门）更倾向于银行持有充足的贵金属储备，提高审慎经营水平，而非通过立法强制实行准备金要求。然而，第一次肇始于美国的1857年全球性经济危机沉重打击了美国金融体系，人们越来越认识到最低准备金要求在防范流动性风险中的重要性（Calomiris and Schweikart，1991；Carlson，2015）。与此同时，1861年美国南北战争的爆发进一步强化了联邦政府集中管理金融体系的必要性（Goodfriend and Hargraves，1983）。1863年，国会通过了《国民银行法案》，突破了州政府发放银行牌照的限制，由财政部下属的货币监理署（OCC）负责监管国民银行。

出于流动性风险防范和审慎经营的考虑，国民银行最初实行了25%的准备金要求。1864年允许非清算城市（最初清算城市有9个，后来增加到17个）银行准备金率降至15%，并可将60%的准备金缴存至清算城市银行。纽约以外的清算城市银行可将其50%的准备金缴存至位于纽约的银行。1887年，OCC首次使用"储备城市"（reserve city）一词指代清算城市，并将纽约定义为"中心储备城市"（芝加哥、圣路易斯后来也获得了中心储备城市资格），其他地区银行则被称为"乡村银行"（country banks）。为推动国民银行发展并替代州银行，国民银行发行的银行券可用于抵押购买联邦政府债券，但州银行无此特权。1865年国会还通过了一项法案，规定自1866年7月起对州银行发行的银行券征税10%。由此，国民银行券逐步取代了州银行券（FED，1938）。随着国民银行券的广泛流通，以及银行存款（主要是支票存款）迅速增长并取代银行券成为最主要的支付媒介，1873年美国不再对国民银行券征收准备金，而仅对国民银行吸收的存款征收准备金。法定存款准备金制度进一步强化了存款的货币功能（Feinman，1993）。虽然创建国民银行体系主要是为了加强联邦政府的银行管理职能，促进南北战争时期的国债发行，但各州的银行监管规定往往更为宽松，而加入国民银行体系则属于自愿行为，因而国民银行并未能完全取代州银行。由此，美国形成了联邦和州共同管理的“双层”银行体系传统（Goodfriend and Hargraves，1983）。

不过，国民银行体系的法定准备金制度未能很好地确保银行的支付清算。美国银行体系经常受到流动性危机的困扰，几乎每隔十年就发生一次金融危机的事实表明（1873 年、1884 年、1893 年、1907 年），法定准备金制度在流动性风险防范的作用并不理想。一方面，准备金制度无法有效满足季节性的刚性资金需求。众多中小国民银行资金需求存在很强的周期性，特别是农业地区的银行始终面临着季节性压力，农产品收获时期的资金需求几乎是没有弹性的。但是，使用准备金将面临一定的惩罚，在当时没有中央银行、缺乏再贴现融资便利的条件下，银行只能利用超额准备金或其他容易变现的储备资产进行支付清算，单个银行很容易陷入流动性枯竭的境地（Goodfriend and Hargraves，1983；Carlson and Wheelock，2018）。另一方面，国民银行体系的准备金制度采取了过于集中的“金字塔”模式，个体流动性风险很可能演变为系统性金融危机。乡村银行可以将 60% 的准备金存放在储备城市银行，而储备城市银行又可以将其法定储备的一部分存放到中心储备城市银行，储备城市和中心储备城市银行资金来源更依赖银行同业的批发性资金，对其实行更高的法定准备金要求具有一定的合理性。但是，在收获季节内陆地区资金需求旺盛和乡村银行流动性紧张时，大量资金从中心城市流出。出于流动性和风险的考虑，清算银行往往无法及时满足市场资金需求，特别是危机期间中心储备城市的纽约银行往往会停止清算兑付，单个银行流动性风险很可能瞬间升级为系统性金融危机，这在 1893 年和 1907 年的金融危机中表现得尤为突出（Jaremski and Wheelock，2020）。

（三）金本位制、中央银行与法定准备金安排

虽然法定准备金制度最早可以追溯至 19 世纪 30 年代美国少数几个州的政策实践，但从货币理论的角度来看，有关银行是否需要以充足贵金属（黄金）作为发行银行券储备金的争论，至少可以追溯至 19 世纪上半叶英

国通货学派与银行学派的论战，以及作为这场影响货币经济学200多年之久争论前奏的金块之争或金银本位主义之争（Bullionist Controversy，刘絜敖，2010）。英格兰银行在成立之初主要是作为“政府的银行”筹集战争经费，由此获得了货币发行权，这一权力在18世纪不断加强并近乎于垄断的程度[①]。英格兰银行逐渐成为“发行的银行”。受拿破仑战争的影响，从1797年开始停止纸币兑换的《银行限制法案》（*Bank Restriction Act*）起，英国就是否实行严格的金本位制经历了多次往复，直至1844年通货学派主导通过《皮尔法案》明确采用严格的金本位制。除了以1400万英镑政府有价债券为基础进行信用货币发行外，英格兰银行的发行部要以充足的黄金储备发行银行券并恢复纸币完全可兑换，同时还明确限制了其他银行的信用货币发行数量。之后，英格兰银行利用其垄断地位逐步挤占其他银行信用货币发行份额，直至1928年《通货与银行券法》明确英格兰银行成为唯一的货币发钞行。可见，由于英格兰银行作为“政府的银行”“发行的银行”的中央银行地位，以及金本位制下充足黄金储备所支撑的货币发行安排（严格的金本位制），英国没有必要实行法定准备金制度。

与英格兰银行在金融体系中的主导地位完全不同，美国的银行体系非常分散，银行体系的支付清算和流动性管理需求逐步衍生出自愿准备金安排和法定准备金制度。事实上，美国的联邦政府在建国之初就试图加强全国银行的统一管理。与英格兰银行成立的背景类似，1791年成立的第一国民银行和1816年成立的第二国民银行都是为了解决联邦政府债务融资问题。而且，第一国民银行通过政府债券和黄金获得公众的资本金，发行了不超过资本数额（1000万美元）的银行券，第二国民银行同样以其3500万美元的资本金为储备支撑，发行了统一的国家货币并成为美国最大的货币发行银行。尽管两个国民银行发行的纸币由于发行银行信誉良好而能够以

---

① 例如，1826年英格兰银行获得了伦敦城方圆65英里范围内独占钞票发行权，1833年议会通过决议，规定英格兰银行发行的纸币为全国唯一的“法偿货币”（也即强制流通，不得拒收，而其他银行发行的银行券虽然可以流通，但并非强制流通，人们可以拒收）（Collins，1992）。

平价在全美广泛流通，但出于对联邦政府过度集权的担忧，具有中央银行雏形的第一国民银行和第二国民银行都未能获得经营许可展期而不得不关闭，最终美国采取了国民银行体系和法定准备金制度。

另外，虽然1792年美国国会通过的《铸币法案》实行的是金银复本位制，但由于白银市价的大幅波动，美国在南北战争前就已事实上转向了金本位制，银币一度仅作为小面额辅币而参与货币流通。1865年南北战争结束后，金本位制进一步得到巩固，并随着1900年《黄金本位法案》（*Gold Standard Act*）的通过而最终得以正式确立。但是，美国实施金本位制的过程并非一帆风顺，各地银行券兑付黄金的情况并不完全相同。在加州、俄勒冈等西部地区主要是流通铸币而非银行纸币，而部分南方州南北战争后价格水平上升了一倍（黄金的市场价格较战前的铸造价格上升了50%），恢复战前的完全兑付十分困难（Selgin，2013），因而法定准备金要求对保护银行支付清算功能就显得尤为重要。同样，正是由于金本位制下货币发行要以完全充足的黄金作为储备，才能够确保货币的完全可兑换和币值稳定，因而20世纪30年代以芝加哥大学为代表的很多学者提出了100%储备要求的“窄银行”银行改革方案，以避免不同类型债务对货币政策和金融稳定的影响。

二、作为信贷和货币数量调控手段的法定准备金制度

（一）成立作为最后贷款人的美联储与法定准备金制度

国民银行体系的实践表明，法定准备金制度无法确保银行体系的流动性，临时的季节性资金需求要求资金支持机制更为灵活。在金融市场可能出现流动性危机时，仅依靠准备金的流动性监管要求无法防止危机爆发，需要一个最后贷款人以避免单个机构的流动性紧张引发市场恐慌和系统性金融危机。事实上，主要是出于金融稳定的考虑，工业化国家在19世纪末

20 世纪初都掀起了成立中央银行浪潮（Goodhart，1988）。成立美联储的初衷，很大程度上也是为了避免国民银行体系准备金缴存过于集中所导致的金融脆弱性问题，充分发挥最后贷款人功能，通过更为分散化的安排有效满足农业对资金的季节性需求，更好地应对流动性冲击和金融恐慌（Bindseil，2004）。为此，美联储成立之初主要是通过 12 家地区储备银行的贴现窗口为金融机构提供紧急流动性支持，作为最后贷款人的美联储通过更为分散化的结构安排成功地增强了银行体系的稳健性（Carlson and Wheelock，2018；Jaremski and Wheelock，2020）。

然而，美联储在发挥最后贷款人作用向银行体系提供流动性的同时，也引发了一定程度的道德风险问题，银行的超额准备金头寸较之前明显下降，放大了银行同业间的流动性冲击，加剧了“大萧条”期间金融体系的脆弱性，但自成立后直至“大萧条”爆发前的 15 年间，美联储通过最后贷款人方式成功解决了银行体系的流动性风险，法定准备金制度则在应对流动性冲击方面作用有限（Carlson and Wheelock，2018；Calomiris，et al.，2019）。不过，在没有任何新的理论基础支持法定准备金安排的情况下，作为国民银行体系的政策延续，美联储还是保留了法定准备金制度。同时，美联储针对源自国民银行体系的准备金制度弊端进行改革，重新区分调整了中心储备城市银行、储备城市银行和乡村银行，按照银行负债的流动性程度对活期存款和定期存款实行差别法定准备金要求。1913 年美联储成立时，中心储备城市银行、储备城市银行和乡村银行的活期存款准备金率分别为 18%、15% 和 12%，定期存款准备金要求均为 5%，1917 年各类型银行的活期存款准备金率进一步降至 13%、10% 和 7%，定期存款准备金率统一降至 3%（Feinman，1993）①。不过，法定准备金要求已不是美联储确

① 最初，主要根据国民银行体系下清算银行的划分，在 1913 年将纽约、芝加哥、圣路易斯设为中心储备城市，划分了 50 个储备城市（数量要明显多于国民银行时期的清算城市，体现了美联储建立初期的分散特征）。1922 年圣路易斯降为储备城市，1962 年取消了中心储备城市，美联储理事会根据各地情况的变化调整储备城市名单，逐步淡化按地理区域征收准备金的做法，并在 1972 年完全废除了按区域征收的模式，采用按存款额实施累进准备金要求（Feinman，1993）。

保银行支付体系平稳运行的主要手段。1931 年美联储正式承认，法定准备金制度的首要功能不再是确保银行的流动性（Goodfriend and Hargraves，1983）。

（二）作为信贷调控手段的法定准备金制度

美联储成立之初主要是通过再贴现发挥最后贷款人作用的方式确保银行体系流动性，尽管理论上并不需要引入法定准备金制度，但美联储意识到法定准备金仍具有一定的价值。第一次世界大战开始时大量黄金流入美国，美联储在 1916 年年报中就曾建议在紧急情况下获权上调法定准备金率，以便在货币市场极端宽松条件下更好地抑制信贷扩张。然而，随着美国参战和市场流动性逆转，美联储不再坚持这一主张。不过，仍有很多经济学家讨论了利用法定准备金调控信贷的可行性。1931 年美联储明确指出，法定准备金的最主要功能就是控制银行信贷的过度扩张（Goodfriend and Hargraves，1983）。但是，从美联储的早期政策实践来看，法定存款准备金制度控制信贷的政策效果非常有限。

一方面，20 世纪 20 年代，美联储主要是通过贴现窗口和公开市场业务调节银行体系准备金数量和信贷条件，再贴现利率是最主要的政策工具（Carlson and Duygan - Bump，2018）。特别是，虽然 1913 年美联储成立之初各地区联邦储备银行设定的贴现率大多高于市场利率，但由于财政部最初对美联储的决策具有很重要的影响，出于第一次世界大战融资的需要，财政部认为短期利率应维持在较低水平，贴现利率因而被设定在低于市场利率的水平，并成为非常重要的关键政策利率（Bindseil，2004）。由于再贴现利率低于市场利率，这刺激了银行通过贴现窗口获得更多的资金。为此，美联储采取了很多“道义劝告”和不透明的相机抉择方式避免信贷过度扩张，但几乎贯穿于整个 20 年代，再贴现成为银行获得资金的最主要方式，再贴现余额几乎超过了准备金缴存数量的一半，这使法定准备金抑制信贷扩张的效果大打折扣（Feinman，1993）。

另一方面，也是更为重要的，美联储在成立之初并没有自主调整法定准备金率的权限，需要得到国会的授权，1917 年之后将近 20 年美国的法定准备金要求没有任何变化。“大萧条”使各方认识到，美联储需要更加自主集中地实施政策调控。1933 年 5 月，国会通过的《农业调整法托马斯修正案》（*The Thomas Amendment to the Agriculture Adjustment Act*），美联储获得了部分调整准备金的权力（在获得总统认可的情况下，美联储在紧急条件下可以调整法定准备金率）。最终，1935 年国会通过了《银行法案》（*Banking Act of* 1935），美联储获得自主调整法定准备金要求的权力（FED，1938）。

不过，1936 年美国已走出“大萧条”的最低谷并处于 1937 年经济周期顶峰之前的经济上升期，1931 年英镑大幅贬值并放弃金本位制也使黄金大量流入美国，银行体系由于基础货币的迅速上升积累了大量超额储备。为此，在获得自主调整法定准备金要求权限后不久，美联储在 1936—1937 年分三次将法定准备金率提高至 1917 年的一倍。虽然以弗里德曼和 Schwartz（1963）为代表的很多经济学家认为，正是美联储大幅上调法定准备金率，才导致美国货币供给迅速紧缩并引发了 1938 年的经济衰退，美联储不得不在 1938 年大幅降低法定准备金要求，但从美联储的政策操作意图和实际效果来看，上调准备金率只是为了在市场流动性过度宽松的条件下减少超额准备金数量，并不会改变货币乘数和基础货币供给。很多研究也表明，美联储上调法定准备金率政策只是反映了准备金需求的变化，而非货币乘数和准备金数量，对市场利率等金融条件影响并不显著（Calomiris，et al.，2011）。事实上，美联储之所以上调准备金率而非通过传统的公开市场操作来吸收市场流动性，主要是受美联储持有债券数量的限制。1936 年以来三次准备金上调冻结了大约 30 亿美元的流动性，但当时美联储仅持有 25 亿美元的政府债券。由于政府债券是美联储市场投资获取收入的重要来源，而准备金则不需要支付利息，因而美联储才采取了上调法定准备金率的政策（Goodfriend and Hargraves，1983）。随着第二次世界大战的迫近和美国最终卷入战争，美联储为了便利政府融资采取了“盯住收益率曲线”政策，不再主动调整法定准备金率（Feinman，1993；Garbade，2020）。

（三）储备头寸说、货币乘数与调控货币数量的法定准备金率

正如第二章指出的，第一次世界大战前后传统的金本位制已转变为金汇兑本位制，最早由 Phillips（1920）系统性分析的信用货币创造理论，得到了凯恩斯和弗里德曼的认可，由此在货币政策操作中更加重视数量目标的储备头寸说和基于乘数的信用货币创造理论，对 20 世纪中央银行货币政策操作产生了非常深远的影响。凯恩斯（1930）基于货币内生理论更强调利率对货币需求的作用，认为虽然基础货币是由中央银行决定的，但仍主张通过法定准备金和货币乘数调整影响市场利率和融资条件。与凯恩斯（1930）的内生货币论完全不同，以弗里德曼（1982）为代表的货币主义延续了货币数量论的外生货币思想，主张应通过公开市场操作影响储备货币数量，而非调整法定准备金率并人为改变货币乘数。

弗里德曼认为货币需求和货币乘数是稳定的，不主张调整法定准备金率，这与传统理论认为法定准备金是货币数量调控的一剂“猛药”（一定条件下，货币乘数就是准备金率的倒数）的理论基础仍存在明显的差别。事实上，美联储早期调整法定准备金率影响信贷条件的实践就表明，法定准备金政策并不是一项非常精确、便捷的政策手段。从日常的政策操作角度来看，正如时任美联储主席 Martin（1954）指出的，准备金政策调整不可避免地干扰银行经营和信贷市场，政策作用影响较大，短期冲击过于集中，不能如公开市场操作那样每天或每周进行更为精准的政策操作，无法经常使用这一政策工具（特别是上调准备金要求），只有当全国银行准备金需要大规模调整时才会用到这种方法。事实上，1951 年 3 月美联储与财政部达成协议获得自主调整货币政策权力后直至 1992 年，包括改变准备金计算方式在内，美联储共调整法定准备金率 30 次，但仅有 8 次上调法定准备金率（其中，针对规模更大的中心储备城市银行和储备城市银行、准备金要求更高的活期存款和交易账户存款，上调了 4 次法定准备金率）（Feinman，1993）。总体而言，美国的法定准备金率一直呈下降趋势，这也表明法定准备金率调整并未作为美联储货币数量调控的主要政策手段。

另外，法定准备金政策调整对所有银行的要求都是相同的，这对流动性头寸不同的银行将产生完全不同的影响，而公开市场操作业务则可以避免对个体银行的较大冲击。特别是，美国的州银行参加联邦储备体系仍采取自愿的原则，但20世纪70年代末美联储体系银行存款占全部存款比重已由50年代的约85%降至约65%（Feinman，1993）。美联储无权收集非成员银行存款数据，成员银行大批离开储备银行体系使得美联储对货币信贷的统计与调控更加复杂。国民银行体系时期和美联储成立以来，对规模较小的乡村银行实行较低准备金要求，很大程度上也是为了鼓励其获得国民银行或联储成员身份。为了避免联储体系成员流失对货币数量调控政策的干扰，与当时Volker的货币主义政策和M_1目标制相配合，美国于1980年通过《货币控制法案》，要求非联储体系成员银行也要遵守法定准备金要求并向美联储报告数据。不过，1982年的《加恩·圣杰曼法案》（*The Garn – St Germain Act of* 1982）规定，商业银行200万美元以下存款可豁免缴存准备金；而且，为了吸引非成员银行和储蓄机构，美联储不得对这些机构的个人定期和储蓄存款征收准备金（这些存款是这类机构非常重要的资金来源），这实际上体现了中小银行与大银行博弈的结果，进一步削弱了法定准备金率调控货币数量的政策效果（Feinman，1993；Bindseil，2004）。

三、准备金税与利率调控模式下的法定准备金制度

（一）作为铸币税重要来源的法定准备金要求

在实物货币时代，拥有货币发行权很大程度上是为了获得铸币税收入，信用货币体系下货币发行成本的降低进一步增加了政府的铸币税收入。与铸币税收入类似，无息或低息的法定准备金相当于对银行部门征收的“准备金税”（Reserve Tax），通过准备金要求为政府融资也是法定准备金制度

的重要功能（Feinman，1993）。在美国早期各州的自愿准备金安排中，虽然清算银行会对准备金支付利息，但也要视发行银行的距离按一定的贴现率（通常不到1%）兑付清算（FED，1938），清算银行的贴现收入在某种程度上可以视作铸币税的雏形。在国民银行时代，乡村银行存放在清算银行的准备金可以获得一定的利息，但储备城市银行的准备金既可以是贵金属，也可以是联邦政府在1862年发行的法定货币“绿钞”（又称“绿背纸币”，Greenbacks）。绿钞发行主要是出于南北战争融资的需要，并没有黄金储备支撑，无法兑换成黄金，允许将绿钞作为准备金很大程度上就是出于政府融资的需要。特别是，由于绿钞发行规模过大，南北战争结束后联邦政府仍未恢复绿钞兑换，甚至在1873年金融危机期间还发行了260万美元绿钞。因而，绿钞自问世之初就不可避免地面临贬值问题。1864年7月纽约黄金市场上绿钞最低仅为其面值的37%，直至1879年美国才恢复了绿钞的完全可兑换并实行事实上的金本位制（Selgin，2013）。可见，允许清算银行以绿钞作为准备金，也是出于稳定绿钞币值和政府融资的铸币税需要。

1913年，主要是出于财政收入和自身经营的考虑，为了使新成立的美联储能够迅速掌握金融资源并为参加第一次世界大战筹款，国会规定美联储对准备金不支付利息，美联储需要向财政部上缴50%的净利润作为“牌照税”（Franchise Tax）。1917年在降低法定准备金要求的同时，改变了之前允许将银行库存现金计入准备金的规定，直至1959年才恢复了这一降低银行准备金税负担的做法（Goodfriend and Hargraves，1983）。20世纪60—70年代大量银行离开美联储体系，主要就是由于滞胀环境下市场利率上升导致联储体系银行准备金税的机会成本上升（Feinman，1993）。不支付准备金利息的变相征税不可避免地导致银行经营行为扭曲，银行会将准备金税负担转嫁给储户和借款人，这不利于金融资源的有效配置。尽管政府部门仍非常看重准备金税对财政收入的作用，但很多学者都主张支付准备金利息，以减少准备金税扭曲。20世纪50年代以来，美联储在逐步下调法定准备金率的同时，一直探索通过将库存现金计入准备金、提高准备金缴存存款豁免标准、简化准备金考核方式等措施，降低银行的准备金税负担，始终试图说服国会同意其向金融机构支付准备金利息（Feinman，1993）。最终，美国国会才于2006年授权美联储从2011年10月开始向银行支付存款准备金利息，2008年国际金融危机的爆发加速了这一政策的实施进程①。

（二）20世纪80年代以来的降低（零）准备金要求趋势

Borio（1997）对发达国家货币政策操作框架的全面考察表明，在当时除了荷兰对银行法定准备金按照市场利率全额付息予以补偿外，各国的法定准备金制度都具有不同程度的铸币税功能。不过，铸币税对于工业化国家政府来说实际上只是一个微不足道的收入来源（Trehan and Walsh，1991）。20世纪80年代以来，发达国家中央银行纷纷降低法定准备金要求，以减少准备金税对金融资源配置的扭曲。同时，金融市场体系、国际金融环境和货币政策框架的变化，也是各国降低法定准备金率（甚至实行零准备金制度）的重要原因。

首先，随着各国利率市场化的深入推进，金融创新和金融脱媒迅猛发展，涌现出大量新型金融工具和金融产品。各类型金融产品之间的替代性大大提高，交易账户和投资账户之间、传统的银行存款类金融机构与非银行金融机构之间的界限越来越模糊。在较高的法定准备金要求下，银行在与货币基金、投资银行的市场竞争中处于不利地位，这进一步刺激了银行大力开展表外创新性业务，削弱货币数量调控的效果。在分业部门监管体制和金融自由化浪潮下，为了增强银行市场地位和金融服务能力，作为银行业最主要监管者的中央银行不得不降低法定准备金率。

其次，20世纪80年代以来，经济和金融全球化浪潮使得各国金融体系

① 事实上，正是由于市场利率和准备金税上升导致大量银行离开美联储体系，1978年美联储正式建议对存款准备金支付利息，但这一要求遭到国会的反对，这也是1980年出台《货币控制法》对全部银行实施统一准备金要求的主要背景（Goodfriend and Hargraves，1983；Feinman，1993），另请参见：Meyer，L.，1998，“The Payment of Interest on Demand Deposits and on Required Reserve Balances”，*Statement before the Committee on Banking*，*Housing and Urban Affairs*，United States Senate，Mar. 3rd。

逐渐融为一体。在开放和资本自由流动条件下，欧洲货币市场（特别是欧洲美元市场）迅猛发展，对货币数量调控产生了显著影响。由于资金跨境流动性较高，准备金税负担很容易导致大量资金流出。在国际竞争压力下，各国中央银行相应降低了银行的法定准备金负担，促进本国银行和金融业的发展（Borio，1997）。

再次，鉴于20世纪70年代以来各国金融机构大量倒闭和金融危机的教训，各国加强了银行监管标准和政策协调，1988年通过的《巴塞尔协议》，对银行风险加权资本充足度实行统一监管，这极大限制了银行信用扩张的能力。资本充足度要求主要是基于银行经营安全性的考虑，这与法定准备金的最初功能类似，并且更容易限制银行的风险资产规模。因此，在资本充足度的限制下，即使将法定准备金降至零，中央银行也不用担心信用货币供给的无限膨胀，降低法定准备金要求成为降低银行监管负担的政策选择（Feinman，1993）。

最后，虽然法定存款准备金制度主要是用于货币数量调控，但20世纪70年代以来，货币数量目标制的政策实践并不理想。因此，80年代中期以来，各国逐步由货币数量调控重新转向以通胀作为最主要最终目标、主要调节短期（主要是隔夜）市场利率的货币价格调控模式。虽然法定准备金要求有利于中央银行调控市场流动性和利率引导，但较高的法定准备金率降低了短端利率向中长期利率的传导效果，扭曲了利率传导机制（Borio，1997），这也是各国降低法定准备金率的重要原因。

（三）利率政策调控模式下辅助流动性管理的法定准备金制度

随着内生货币的水平理论（Horizontalist）逐渐被广泛接受并成为现代宏观经济学的主流共识，各国纷纷放弃货币数量目标制，根据经济的实际运行状况重新采用以利率为主（甚至是唯一）的货币价格调控模式（也即通过设定准备金资金价格，而非货币主义主张的控制准备金数量，Moore，1988）。同时，出于减少准备金税负担、增强银行业（国际）竞争力等考虑，存款准备金制度作为货币政策“三大法宝”的作用明显下降。不过，在现代信用货币体系下，中央银行在基础货币和市场流动性供给方面发挥着至关重要作用。法定准备金制定安排使得市场存在结构性的流动性稀缺，商业银行准备金账户头寸的变化能够迅速反映市场流动性状况，法定准备金制度更有利于中央银行准确预测流动性、有效引导市场预期、增强利率政策操作效果（Grossmann - Wirth，2019）。因此，很多国家仍保留了存款准备金制度，只是其功能由控制信贷和货币数量转向辅助流动性管理、稳定市场利率，作为调控市场短期利率的辅助性政策工具。

第二次世界大战后很长一段时期，虽然美联储将准备金数量作为重要的操作目标，但联邦基金市场基金利率一直是美联储最主要的操作目标。即使是在 1979—1982 年 Volcker 极端货币主义试验期，放弃利率目标并实行严格的货币数量操作只是为了缓解政治压力而对外释放的“烟幕弹”，这与弗里德曼传统的（教条的）货币主义实践存在很大的差别。美联储在针对准备金和基础货币数量的操作实践中，非常关注流动性变化对联邦基金市场利率的影响，不断改进准备金考核方式（如改变时点计算方式，采用滞后期、平均法考核准备金）。1979—1982 年，美联储就曾试图按周计算非借入准备金数量变化路径，以此指导每天的公开市场操作，跟踪货币乘数的变化，1982 年转向借入准备金目标主要也是为了使联邦基金利率更为平滑，准备金头寸在美联储日常公开市场操作中一直占有非常重要的地位（Gavin，2007）。

国际金融危机后，美联储开始按照联邦基金利率目标上限对储备体系银行法定和超额准备金支付利息（IORR 和 IOER，两者水平相同），这对覆盖银行持有准备金的机会成本、稳定联邦基金利率水平发挥了重要作用[①]。不过，按照政策目标利率上限支付准备金利息，储备体系成员准备金能够按照市场利率水平得到补偿，量化宽松政策下超额准备金迅速积累并超过

① 联邦基金市场中有很多证券公司、货币市场基金等非联储体系成员无法获得准备金收益，这类机构愿意以低于存款利率下限的水平拆出资金，这样套利机制能够避免市场利率跌破联邦基金目标利率目标区间下限（也即零利率），实际的联邦基金市场利率水平则略低于目标利率上限（Bech and Klee，2011）。

通货成为美联储最主要的负债项目（基础货币），美联储的货币操作框架事实上转向了充足准备金体系①。尽管对准备金付息能够确保联储体系准备金数量，增强市场利率的稳定性，但在货币政策已开启正常化之后，2019 年 1 月美联储仍意图进一步强化充足准备金（Ample Reserves）的政策操作框架，但这实际上打破了危机前联邦基金市场的资金供给与联邦基金利率“量价分离”、通过流动性效应和预期效应来影响储备头寸供求的传统公开市场操作模式，难免容易受到流动性冲击，第十章将对此进行更为详细的分析。

至少从 18 世纪中期开始，英格兰银行就已广泛开展票据业务并将其作为主要的政策工具，通过设定银行利率（短期贴现利率，Bank Rate）开展再贴现的常备融资便利业务进行政策调控，这个做法一直延续至今（Bindseil，2004）。随着货币发行垄断地位的逐步加强，以及负责国债发行、经理国库职能等与政府的密切关系，英格兰银行社会信誉和市场影响力不断提高，很多商业银行出于业务便利的需要，都在英格兰银行设立清算账户，将一部分资金作为准备金存入英格兰银行，英格兰银行直接划拨冲销各银行之间的债权债务关系，而票据交换的最后清偿，也是由英格兰银行负责完成。1854 年，英格兰银行获得了清算银行地位，逐渐成为银行业的清算中心。常备借贷便利的再贴现业务和资金清算业务，进一步巩固了英格兰银行作为“银行的银行”的地位。不过，商业银行在英格兰银行开设活期准备金账户主要是出于资金清算的考虑，并没有法律规定的强制要求，这与 19 世纪早期美国新英格兰地区的自愿准备金安排非常类似。英国的自愿准备金传统持续了长达两个多世纪，直至 1960 年才开始作出改变，将贴现银行通行的 8% 存款比率作为强制性规定，并在 1971 年随着货币数量目标制的引入而实行强制的法定准备金制度，实行 12.5% 的法定准备金率。但

① 国际金融危机后，美联储开始对准备金付息，银行准备金规模大幅上升，超额准备金一度是法定准备金规模 20 倍以上，这与危机前银行很少保留超额准备金（甚至需要向美联储借款以满足准备金要求）形成了鲜明反差。数据来源：https：//www. federalreserve. gov/releases/h3/current/default. htm。

是，英国的法定准备金的缴存范围非常宽泛，商业银行存放在英格兰银行的资金、通知存款、国库券、商业票据及1年期以下国债等均可视为准备金资产，同时法定准备金率长期不变。英格兰银行始终不重视调整法定准备金率和基础货币等数量操作，传统上一直采用常备融资便利和公开市场业务调节市场利率和货币需求，即使是在20世纪70年代货币数量目标制时期仍是如此（Bindseil，2004）。1992年初，为减轻准备金税负担，加强伦敦国际金融中心的竞争力，英格兰银行在转向通胀目标制的同时在全球率先实行了零准备金制度。之后，加拿大、澳大利亚、新西兰等发达国家及墨西哥、科威特等新兴市场和发展中经济体都取消了强制的法定准备金要求①。

零准备金制度下以利率为主的政策操作模式，与中央银行支付体系中的作用密切相关。特别是，20世纪90年代以来，随着信息技术的进步，各国均引入了大额实时支付系统，中央银行均要求银行设立专门的清算账户并保留规定数量的清算头寸，这类似于准备金的作用。通过支付系统日常结算，央行为商业银行在清算账户资金支付利息，从而形成与准备金利息类似的存款便利安排。国际金融危机之前，各国已广泛采用对称的利率走廊安排。2006年，为了提高引导稳定金融市场利率的效果，英格兰银行采用了自愿准备金安排，金融机构与英格兰银行协议一定数额的自愿准备金账户，英格兰银行对银行协议数量准备金按政策利率水平支付利息，并对超过协议数量准备金（经数次变化，目前为±10%）按照利率走廊上下限予以惩罚或补偿（Gray and Talbot，2006；O'Brien，2007），通过自愿准备金

① 2019年1月，美联储意图转向充足准备金操作框架后，法定准备金制度重要性明显下降。2020年3月，美联储第二次紧急FOMC会议宣布，将在2020年3月26日开始实行零准备金制度，以更好地支持居民和企业信贷（参见：https：//www. federalreserve. gov/newsevents/pressreleases/monetary20200315b. htm）。事实上，国际金融危机之前，美联储和欧央行就意图降低法定准备金率或实行零准备金制度（Driscoll，2008），美联储在2012年进一步简化了准备金管理要求，以降低银行体系的准备金负担，欧央行也在2012年将最低准备金要求由2%降至1%。

方式强化利率政策效果①。

（四）法定准备金制度的具体模式与中央银行利率引导

当前，主要发达经济体央行都实行较低的法定准备金要求、自愿准备金制度或是仅保留一定数量清算头寸的零准备金制度，各国法定准备金率基本上都在5%以下。而且，为减轻准备金税负担，很多国家对一定数量银行存款及市场批发性存款不要求缴纳准备金，并将银行库存现金计入准备金缴存范围②。在以利率为主的价格调控模式下，中央银行主要通过流动性效应和预期效应有效引导市场利率接近政策目标利率水平，进而实现产出物价等货币政策最终目标（B. Friedman and Kuttner，2011）。从政策工具来看，虽然中央银行主要是通过公开市场操作和利率走廊安排实现政策操作目标，但准备金管理的具体模式对中央银行流动性管理和利率引导能力仍有着非常重要的影响，这主要包括：准备金计算考核的复杂程度、准备金计算和保持的考核期、准备金计算方式及是否补偿准备金等内容③。各国准备金要求及制度安排的主要特征，参见本章后的附表5.1和附表5.2。

准备金计算考核越简单透明，越有利于金融机构流动性管理和市场利

① 2006年，英格兰银行也将向金融机构在英格兰银行的自愿准备金支付的利率作为中央银行的官方政策利率，替代之前短期回购利率。需要指出的是，英国的准备金安排仍是基于自愿原则，对超过一定数量准备金予以惩罚或补偿也避免了对市场资金供求可能造成的扭曲。直至2009年实施量化宽松政策后，英格兰银行才由自愿平均准备金的利率走廊安排转向地板体系（floor system），英格兰银行对所有准备金按基准政策利率支付利息，第十章对利率调控的地板体系进行了详细分析。另请参见：Broadbent，B. and D. Ramsden，2018，“The Bank of England's Future Banace Sheet and Framework for Controlling Interest Rates：A Discussion Paper”，Bank of England，Aug.

② 只有美国对金融机构同业存款按头寸净额实施法定准备金要求。虽然美国的边际最高法定准备金率高达10%，但美联储对非个人定期存款、欧洲美元存款并不要求缴纳准备金。银行存款豁免缴存准备金数额也由《加恩·圣杰曼法案》（*The Garn - St Germain Act of* 1982）最初规定的200万美元逐步上调至2020年1月16日起的1690万美元，而1690万~1.275亿美元存款的法定准备金率仅为3%，1.275亿美元以上存款才须按10%的法定准备金率缴存准备金。同时，由于银行可以用库存现金抵扣缴存准备金，可抵扣缴存的库存现金占全部法定准备金比重大致在30%以上（2019年11月末为31.9%），因此美国银行实际的法定准备金率并不高。参见：https://www.federalreserve.gov/monetarypolicy/reservereq.htm。

③ 主要发达经济体准备金管理的具体安排，参见Borio（1997）、O'Brien（2007）、BIS（2009）、Sellin和Sommar（2014）、BIS（2019）及各中央银行网站。

率稳定。在理性预期革命的推动下，各国中央银行逐步意识到加强与公众的沟通、提高货币政策的透明度对引导市场预期、增强货币政策效果的重要性。为此，各国中央银行逐步淡化不同区域、不同类型金融机构准备金考核的差异，在降低准备金负担的同时精简计算准备金基础的存款类型，优化准备金计算范围和考核方式。就准备金计算范围来说，主要分为边际准备金率和统一准备金率两种方式。边际准备金率主要是对不同流动性和数量的存款采取差异化的法定准备金率，意图通过自动平衡机制平滑银行负债波动。不过，一方面，由于存款余额越大所适用的准备金率越高，这相当于对大型机构的惩罚，从而遏制市场竞争；另一方面，金融创新的发展使得不同流动性存款（不同层次货币）的转换更加便捷，多重存款准备金要求不仅容易模糊准备金与货币总量之间的联系，更加难以控制货币总量，还会促使金融机构通过将存款定义为准备金要求比较低的存款种类，诱发产生更严重的道德风险问题，因此，各国央行大多实行统一的法定准备金要求（O'Brien，2007）。美国、日本等国家的中央银行对不同数量、不同类型金融机构采取差别准备金要求，很大程度上与其历史演进或金融市场发育程度密切相关（Sellin and Sommar，2014）。

采取滞后期和平均考核法更有利于金融机构流动性管理和市场利率平稳。从各国操作实践来看，存款准备金的计算期（calculation period）和保持期（maintenance period）一般为一周、两周、半个月或者一个月。对准备金的缴存考核通常可分为同期考核法（contemporaneous）和滞后期考核法（lagged）两种方式，前者银行根据准备金计算期要求同步向中央银行缴存准备金（通常银行在计算考核期次日就需要向中央银行准备金账户缴纳规定数量准备金），后者则是从准备金的计提到准备金的到位有将近一个保持期时差的制度。理论上，采用同期考核法能够使基础货币数量与货币总量关系更加紧密，增强准备金和考核基数之间的一致性，从而更有利于中央银行实现货币总量目标。为了提高货币数量控制的政策效果，1982 年 10 月美联储就决定在 1984 年 2 月由滞后期考核法转向同期考核法。不过，由于计算和缴存准备金存在很大的不确定性，银行在短时期内很难准确估计自身的准备金需求，这更容易引发市场利率的大幅波动。滞后期的准备金考核使得银行能够事先确定法定准备金需求数量，这更有利于平滑市场流动性和利率波动（Nautz and Scheithauer，2011）。随着逐步转向利率调控模式并正式放弃货币数量目标，美联储于1998年6月重新实行了滞后期考核方式。目前，所有发达经济体中央银行都采用了滞后期的准备金考核方式。与准备金计算和保持考核期类似，如果在保持期内每日对准备金进行考核，金融机构面临的准备金需求不确定性较大，这将对市场流动性带来更多的扰动，中央银行需要每天开展公开市场操作以弥补市场流动性缺口，而在平均法准备金考核方式下，则并不需要每天进行公开市场操作。因此，发达经济体中央银行都采取了平均法的准备金考核方式①。不过，由于准备金平均考核法可能引发跨期准备金资金需求，这在一定程度上增加了政策操作的成本和复杂程度。而且，如果没有每天的公开市场操作，即使是在简化的模型设定下，也很难计算持有期内的储备金数量的最优路径（Perez - Quiros and Rodriguez，2006）。因此，早在2007年欧央行内部就曾提议采用更为简单的时点考核法，同时允许银行准备金水平每日在一定范围内波动（Bindseil，2018），这类似于英国自愿准备金安排的做法。

按照政策目标利率水平对法定准备金进行利息补偿，按照利率走廊下限利率水平对超额准备金进行适度补偿，更有助于金融机构流动性管理和中央银行利率引导。如前所述，为降低准备金税扭曲及提高利率政策效果，至少在2008年国际金融危机爆发之初，几乎所有发达国家中央银行（瑞士除外）都正式对法定准备金按照政策目标利率水平进行利息补偿，特别是传统上不对准备金付息的美国和日本，金融危机的爆发加速了这一政策的进程。而且，危机之前，各国央行大多对超额准备金按照利率走廊下限进行利息补偿，普遍实行围绕政策基准利率对称的存贷款便利安排（Nautz

---

① 目前，只有部分央行（如疫情前的美联储、冰岛央行）对准备金缴存基数和准备金数量实行平均考核法，但所有发达经济体都对缴存准备金的数量（也就是计算法定存款准备金率的分子）实行平均考核法，如欧央行存款准备金缴存基数计提采用月末时点数并采用平均法考核准备金数量。

and Schmidt，2009；Bindseil and Jablecki，2011）。不过，随着危机形势的恶化，日本银行不得不停止对准备金付息并最终采取政策目标利率为负的货币政策，欧央行、丹麦央行等央行在将主要再融资利率（MRO）、贴现利率等关键政策利率降至零的同时，采取了负的存款利率政策并扩大负利率空间，实行非对称的利率走廊安排（Sellin and Sommar，2014）。早在国际金融危机之前，实行零准备金要求的新西兰和挪威（很大程度上出于汇率的考虑）面临流动性过剩并采用了地板体系利率调控模式，但为促进货币市场交易，两国在危机前后都转向对银行在央行的准备金实行配额的分级管理的利率走廊模式，在规定数量之内的准备金按基准政策利率水平进行利息补偿，高于规定数量的准备金则补偿较低的利率水平。类似地，2008 年国际金融危机后，日本在停止对准备金付息的同时，按数量实行分级付息，对规定数量的准备金按 0.1% 利率水平付息，在实行负利率政策之后则对规定不同数量的准备金分别按 0.1% 和 0 付息，超过规定数量的准备金实行负利率（按 -0.1% 付息）。瑞士在实行负利率政策之后也一度对规定数量准备金予以利息补偿，以减少银行持有准备金的成本。不过，为了减少负利率对银行盈利能力的负面影响，日本银行等很多央行都缩小或取消了对商业银行部分超额准备金实按照负利率付息的做法。

在考核期内允许使用准备金资金或延迟缴款有利于金融机构流动性管理和市场利率稳定。根据事先的约定，银行可以使用一定数量的准备金资金或延迟缴存准备金，并在下一个考核期补缴准备金账户资金，这种延迟缴存安排（Carry - over）提高了资金的可测性，在利率波动较大时还能够通过套利机制平滑市场流动性，从而有利于金融机构更好地管理流动性，应对非预期冲击。当然，准备金延迟缴存安排使得中央银行的准备金考核更为复杂，特别是在分子分母的双平均考核法、对不同存款实行差别法定准备金率等要求下，银行动用准备金账户资金进一步增加了准备金考核的难度。因此，在所有发达经济体中央银行中，仅有美联储采用了这种管理方式（O'Brien，2007）。

四、作为宏观审慎政策工具的法定准备金制度

（一）新兴市场和发展中经济体的法定准备金制度

虽然法定准备金在发达经济体货币政策中的地位明显下降，在货币价格调控模式下仅作为辅助流动性管理工具并保持在较低水平，但对于很多金融市场体系并不健全的新兴市场和发展中经济体，中央银行仍不得不依赖法定准备金手段，特别是在实行货币数量目标制的国家更是如此（Van't dack，1999）。不过，随着金融市场广度深度的不断提高和通胀目标制的广泛采用，越来越多的新兴市场和发展中经济体转向了以利率为主的货币价格调控模式，逐步降低法定准备金要求，墨西哥等通胀目标制的新兴市场国家还采取了零准备金的制度安排（Laurens，et al.，2015）。

然而，毕竟新兴市场和发展中经济体经济发展水平和金融市场发育程度有限，市场参与者存在较大差异，信息不对称现象更为严重，中央银行面临的政策约束和外部冲击更为复杂，以利率为主针对总量货币价格调控的货币政策很难有效实现产出和物价稳定等最终目标。甚至，本应是逆周期调控的货币政策往往是顺周期性的。当经济基本面恶化时，中央银行不愿主动降低利率，以避免货币大幅贬值引发新一轮外部冲击；当经济发展态势良好时，中央银行更缺乏动力主动加息，以免本币升值打击出口和经济增长（Federico，et al.，2014）。因此，新兴市场和发展中经济体很早就认识到了宏观审慎政策的重要性，在跨境资本流动、住房杠杆率等方面进行了大量宏观审慎政策的有益尝试（BIS，2017）。法定准备金制度也被广泛应用于逆周期调节和稳定金融市场的宏观审慎政策实践（Montoro and Moreno，2011）。在国际金融危机爆发前，很多新兴市场和发展中经济体（特别是拉美国家）中央银行都大幅上调法定准备金要求，在不对资本流动进行微观干预的同时，有效对冲资本流入压力；在国际金融危机爆发后，

迅速降低准备金率，成功恢复市场信心，促进经济复苏反弹。

（二）有关政策工具、目标及政策协调的进一步讨论

各国中央银行很早就提出了宏观审慎政策理念，相关政策实践远远走在了理论的前面（BIS，2017）。而且，在国际金融危机之前，宏观审慎政策实践主要流行于新兴市场和发展中经济体，当时秉持价格稳定就能够自动实现经济金融稳定的传统货币经济学界并不看好其政策效果，也不重视相关理论研究，危机后才引起各方的高度重视（Mishkin，2014）。应当看到，宏观审慎政策在政策目标、政策有效性及其与其他政策的关系等方面，仍面临诸多挑战（BIS，2018）。虽然通过调整法定准备金要求，确实能够有效减缓宏观经济和金融市场波动，但本质上来说，准备金制度促进金融稳定的功能仍与其流动性管理、货币数量调控等传统功能密切相关。特别是，对于（拥有大量外汇储备的）新兴市场和发展中经济体，（无息的）法定准备金的货币调控功能仍然是非常重要的（Bindseil，2016）。

理论上，按照丁伯根法则（Tinbergen's Rule），政策工具数量至少要等于政策目标数量，而且这些政策工具必须是相互独立的（线性无关）。法定准备金制度在促进金融稳定、发挥宏观审慎政策功能的同时，不可避免地影响货币政策，特别是可能对市场利率稳定和中央银行利率政策有效性带来一定冲击。处理好金融稳定的宏观审慎政策目标与产出物价稳定的货币政策目标的关系，更好地发挥法定准备金制度的作用，仍是理论界和政策实践需要深入探讨的课题（Montoro and Moreno，2011；BIS，2018）。

五、中国法定存款准备金政策实践

（一）作为总量货币政策工具的法定存款准备金制度

早在 1984 年中国人民银行正式履行中央银行职能之初，我国就建立了

国际通行的存款准备金制度。不过，建立这一制度的出发点既非满足支付清算等流动性管理目标，也非进行货币政策调控，而是在当时计划经济政策惯性下，确保人民银行集中专业银行资金并通过再贷款等方式直接控制信贷规模，调整各地区和部门的信贷结构（张晓慧，2018）。因此，1984年法定准备金率比较高且实行差别准备金率，一般储蓄存款准备金率高达40%，农村存款为25%，企业存款为20%，财政性存款100%划缴中国人民银行，中国人民银行控制了全国40%～50%的信贷资金（谢平，1996）。受制于当时的存款统计效率和支付清算技术，商业银行准备金通过分支机构层层向人民银行缴存准备金。为缓解专业银行资金压力，1985年我国将各类存款的法定准备金率统一调整为10%，之后为支持国家重点产业项目及抑制经济过热，分别在1987年和1988年两次上调准备金率。尽管1990年代中期我国出现新一轮经济过热和严重通货膨胀，但法定准备金率在1988年上调至13%以后长达十年未做调整[①]。由于法定准备金制度的建立并不是为了支付清算，银行无法动用法定准备金账户资金而只能通过在人民银行的备付金账户进行资金清算。为确保银行备付金充足，1989年中国人民银行明确规定了各行的备付金水平，形成了事实上的第二法定准备金制度，再加上分散缴存安排，银行的实际法定存款准备金率高达20%左右（张晓慧，2018）[②]。

1998年，我国正式取消信贷规模管理制度并重启人民币公开市场操作，货币政策由信贷直接控制转向符合现代意义的以数量为主间接调控模式。为此，中国人民银行改革了准备金管理模式，整合法定准备金和备付金账户并实行按法人缴存准备金，健全了存款准备金的支付清算功能，提高了金融机构的资金使用效率（张晓慧，2018）。1998年3月，为配合发行特

---

① 另请参见《存款准备金政策》，《中国货币政策执行报告》（2003年第3期）。

② 在建立法定准备金制度之初，受当时支付清算技术限制，银行在人民银行备付金账户的资金规模较高，与法定准备金规模基本相当，甚至部分年份还要高于法定准备金规模（如1985年、1990年、1991年），银行体系的实际准备金率非常高。参见：《中国金融统计1952—1996》，中国财政经济出版社，1997年。

种国债补充国有银行资本金，我国将法定存款准备金由13%降至8%①，1999年11月又将法定准备金要求降至6%以应对通货紧缩。由于法定准备金调整直接影响货币乘数和银行的信贷扩张能力，是货币数量调控的一剂“猛药”，因此在转向间接数量调控模式的初期，我国货币政策主要以公开市场操作为主。2002年下半年，我国逐步走出通缩阴影并进入长达近十年的“双顺差”和流动性过剩时期。为应对外汇占款过快上升压力，中国人民银行不得不频繁上调存款准备金要求并将其发展为常规的、与央票发行公开市场操作相互搭配的流动性管理工具。随着国际收支趋向均衡和流动性过剩局面的根本改观，2011年底以来我国逐步降低法定准备金率，主动投放流动性。当前，法定准备金率仍是我国调节市场流动性和货币数量重要的货币政策工具（阮健弘、黄健洋，2019）。

（二）作为宏观审慎政策和结构性货币政策工具的差别法定准备金制度

与很多新兴市场和发展中经济体同步，中国人民银行很早就开展了宏观审慎政策探索。2004年，根据资本充足度、不良率、内控机制及相关风险等状况，我国对各类金融机构实行了差别准备金率制度。在当时银行体系历史包袱较大、资本充足度偏低和国有银行改革的大背景下，差别准备金率制度对建立金融机构信贷投放的正向激励和约束机制、避免宏观调控“一刀切”发挥了非常重要的作用②。考虑到外汇占款主要集中在商业银行以及支持“三农”的需要，我国在上调法定准备金率的过程中，多次暂缓调整农信社、农村合作银行、村镇银行等农村金融机构法定准备金率，两类机构法定准备金要求逐渐分化。国际金融危机爆发后，我国正式对大型银行和中小型银行实行差别化的法定准备金要求，并对农信社等农村金融

① 参见：《财政部关于发行特别国债补充国有独资商业银行资本金有关问题的通知》（财债字〔1998〕7号）。

② 《差别存款准备金率制度》，《中国货币政策执行报告》（2004年第1期）。

机构实行更低水平的法定准备金率。

2011 年初，在总结国际金融危机教训的基础上，结合宏观审慎政策理念与宏观调控的需要，中国人民银行正式引入了差别准备金动态调整机制，其核心是将金融机构信贷投放与社会融资总量、经济发展目标等变量的偏离程度挂钩，通过设定具体参数动态调整金融机构的法定准备金率，体现了逆周期调节的宏观审慎政策思想，这也是其与之前操作上与资本充足度挂钩、主要从个体机构状况微观审慎角度进行调整的差别准备金率制度的最主要区别。2016 年初，我国进一步将差别准备金动态调整机制升级为宏观审慎政策评估体系（MPA），将银行信贷单一指标扩展至资本和杠杆、资产负债、流动性、定价行为、资产质量、跨境业务风险和信贷政策执行等七个方面十多项指标并关注广义信贷，根据 MPA 评分情况确定各行的法定准备金率。虽然差别存款准备金动态调整和 MPA 考核对各个金融机构准备金管理更加精准直接，但不同类型金融机构法定准备金率档次太多，过于复杂（张晓慧，2018）。为此，2019 年中国人民银行明确对大中小型银行采取差别法定准备金要求，根据普惠金融考核和服务本地情况予以优化，形成了“三档两优”存款准备金率新框架。

按照金融机构规模和政策导向简化法定准备金管理档次，很大程度上与 2014 年以来频繁开展定向降准、发挥准备金结构性调整作用的政策导向有关。我国存在大量预算软约束部门，信息不对称问题较为严重，制约了货币政策传导效率。为了加大小微民营企业融资及对“三农”、国民经济重点领域薄弱环节的金融支持，中国人民银行统筹稳增长、调结构、促改革，积极探索发挥准备金手段在促进信贷结构优化调整方面的作用，2014—2018 年共实施了 11 次定向降准（张晓慧，2018）。2019 年初以来，我国又通过调整普惠金融小微企业贷款考核口径、完善“三档两优”等方式扩大普惠定向降准覆盖面，并在 2019 年 9 月实施全面降准的同时，针对仅在省级行政区域内经营的城市商业银行开展定向降准。2020 年和 2021 年，我国先后 5 次下调准备金率，以更好地应对经济下行和疫情冲击。

（三）辅助流动性管理的法定准备金管理模式改革

存款准备金制度自1984年建立以来，一直采取滞后期的准备金管理方式，这主要是受当时存款统计和支付清算技术的限制。存款准备金实行按旬末考核、旬中（5日）缴款的方式管理，根据上旬末应缴存款准备金基数和法定准备金率确定法定准备金规模，银行于旬中5日前将足额资金划入在央行的准备金账户。2015年9月之前，我国一直采取时点考核法，金融机构准备金账户资金余额在本旬5日至下旬4日的每个工作日不应低于法定准备金规模，否则将至少会受准备金透支罚息的处罚。2015年9月，我国采用了类似欧央行的准备金分子平均考核法，银行在考核期内的准备金余额均值与上旬末应缴准备金存款基数之比，不得低于法定准备金要求，但银行准备金账户每日透支额度不得超过1%。2016年7月，我国继续完善准备金考核方式，实行准备金分子、分母双平均的考核方式。准备金的“双平均考核法”提高了银行流动性管理的空间，有效抑制了之前时点考核法下的存款冲时点和流动性波动等市场扭曲，极大增强了货币市场利率的稳定性和央行市场利率引导能力①。

与美联储的延迟缴款安排（Carry - over）类似，在2017年1月创设临时流动性便利（TLF）工具经验基础上，2017年底我国正式建立临时准备金动用安排（CRA），对春节期间符合宏观审慎要求、现金投放中占比较高的全国性商业银行，允许使用不超过30天、2个百分点的法定准备金，从而有效促进了银行体系流动性和货币市场平稳运行。不过，无论是TLF还是CRA，都是针对春节期间的季节性流动性冲击，仍然属于“临时”性质而非常规的政策安排。

---

① 《存款准备金平均法考核》，《中国货币政策执行报告》（2015年第3期）；《进一步完善存款准备金平均法考核》，《中国货币政策执行报告》（2016年第2期）。

（四）货币价格调控模式转型视角下我国法定存款准备金制度的主要问题

我国法定准备金的双平均考核改革是在存款利率上限管制基本完成的大背景下进行的，主要就是为了更有效地管理市场流动性，平滑货币市场波动，改善货币政策利率传导机制，为货币价格调控模式转型进行必要的技术性准备。然而，从利率调控机制和货币调控框架转型的角度来看，目前我国法定准备金制度仍存在以下几方面问题：

一是法定准备金率仍相对较高。虽然有观点认为，当前我国银行的准备金总体规模仍处于全球的中等水平，美国、欧元区和日本的银行体系总准备金率水平分别在12%、12%和29%左右，但是主要经济体中央银行的法定准备金要求都非常低，疫情前美国大部分存款适用于0～3%的法定准备金率，欧央行法定准备金率仅为1%，日本银行法定准备金率为0.05%～1.3%。2019年9月，美国、欧元区、日本超额准备金数量分别为法定资金规模的7.8倍、9.3倍和33倍（阮健弘、黄健洋，2019）。银行在中央银行准备金数量的大幅上升，既与超额准备金利率扭曲（美国）和超低负利率政策（欧元区、日本）有关，很大程度上也是由于国际金融危机后加强金融监管导致的银行优质流动性资产偏好上升等金融市场结构性变化（Hamilton，2020）。我国法定准备金率的大幅上升主要是为了对冲外汇流入和流动性过剩，2011年6月大型银行法定准备金率达到最高的21.5%，即使是享受优惠政策的农村金融机构法定准备金率也高达15.5%。2011年底以来，我国逐步降低法定准备金要求，但2021年末大型银行法定准备金率仍高达11.5%，金融机构加权平均法定存款准备金率仍在8%以上①。而且，我国对一般存款都要求统一缴存法定准备金，不设存款免缴额，银行库存现金也不能抵扣法定准备金，因此银行实际承担的准备金税负担仍然较高，这

① 2018年初，我国金融机构平均法定存款准备金率为14.9%，2019年第一季度约为11%，2020年5月15日为9.4%，2021年末仍高达8.4%。

不可避免地扭曲金融资源配置效率，影响利率政策传导效果①。随着我国外汇占款作为基础货币投放主要渠道和流动性过剩局面的根本改观，适度降低法定准备金率，既有助于提高货币乘数刺激信贷扩张，又有利于降低银行成本，提高利率政策传导机制效率，实现“稳增长、促改革”，一举两得。

二是法定存款准备金制度过于复杂，透明度较差。从法定准备金率档次来看，我国法定准备金制度自建立以来，总体上经历了按存款类型确定存款准备金率、统一的存款准备金率和按机构类型确定存款准备金率等多个阶段（张晓慧，2018）。目前，主要是按机构规模和类型确定法定准备金率，金融机构正常的存款准备金率档次一度增至十几档。不过，即使是经过“三档两优”简化改革后，大型金融机构、中型金融机构（股份制银行、城商行、非县域农商行、外资银行）、小型金融机构（县域农商行、农信社、农合银行、村镇银行）、政策性银行（农发行）、银行业非存款金融机构（财务公司、金融租赁公司和汽车金融公司）正常标准下仍有至少有5个不同档次的法定准备金率。而且，各类定向降准的具体实施主要是针对个别机构政策执行情况，优惠考核标准过多且操作信息透明度有限，即使同类机构间的法定准备金率仍存在较大差别。法定准备金率过于复杂且碎片化，容易引发监管套利，干扰市场预期，弱化流动性管理效果，扰动市场利率。为此，自2018年4月我国下调部分金融机构法定准备金率以来，开始对外公布准备金政策调整对市场流动性数量的具体影响，在这方面做了一定的改进。从缴存准备金的存款类型来看，金融机构吸收的机关团体存款、财政预算外存款、储蓄存款、单位存款及其他各项存款等一般性存

① 根据Feinman（1993）的方法，以隔夜银行间质押式回购利率与法定准备金利率之差作为准备金的机会成本，2010—2021年我国银行准备金税累计超过2万亿元，占同期商业银行全部净利润10%以上，其中市场利率相对较高的2011年、2013年、2014年和2017年，准备金税金额高达2413亿元、3355.8亿元、2387.5亿元和2458.5亿元，分别占当年银行净利润的23.2%、23.7%、15.4%和14.1%。考虑到我国超额准备金利率更低、按旬考核法定准备金等因素，以及准备金利息补偿较低而一般性存款负债成本较高导致的直接损失，本书估算的准备金税负担规模仍是偏保守的。数据来源：Wind及笔者的计算。

款，实行统一的法定准备金率，对委托、代理业务按负债项目轧减资产项目后的余额缴存准备金；同业存款不需要缴存准备金；境外银行同业存款和保险公司协议存款需要缴存准备金，但其他非存款类金融机构存款不需要缴存准备金。虽然一般性存款是商业银行最主要的负债项目，但由于不同类型存款法定准备金要求不同，商业银行仍存在监管套利动机。而且，随着金融创新的迅猛发展，不同层次存款间的界限日益模糊，再加上我国各商业银行存款会计科目并不统一，这加大了准备金账户考核的难度，不得不调整一般存款口径或扩大存款准备金缴存范围①。

三是法定准备金制度的政策目标过多。在转向以数量为主的间接货币调控模式后，我国准备金制度主要是作为货币政策工具，调节信贷总量和宏观流动性。但是，实施差别存款准备金动态调整以来，特别是 2014 年旨在优化信贷结构的定向降准政策实施以来，我国准备金的政策目标越来越多。既有针对“三农”、小微企业普惠金融、重大水利工程和基础设施建设、支持企业提高效益和支持扩大消费等目标对各类机构开展的定向降准，又有仅针对服务县域、本省经营的农商行、城商行的优惠法定准备金政策。从宏观审慎目标来看，MPA 考核范围在最初七大项十多项指标基础上，不断将考核指标范围扩大至表外理财、同业存单、绿色信贷、小微民营企业信贷、债转股、贷款市场报价利率（LPR）运用等各种情况，根据政策需要调整 MPA 各项参数。政策目标过多且复杂多变，相机抉择倾向更加明显，这不利于稳定市场预期，更容易诱发监管套利，损害政策公信力和可信度。而且，结构性政策目标与稳健货币政策总量目标很可能存在冲突，既容易通过定向降准等政策投放过多流动性，不利于稳健货币政策和金融稳定，更可能在支持国民经济重点领域和薄弱环节的同时，弱化市场在资源配置中的决定性作用，降低金融资源配置效率（张晓慧，2018；Wei, et al.，2020）。

---

① 例如，2008 年将金融控股公司在存款类金融机构存款纳入缴存范围，2011 年将保证金存款纳入一般存款范围，近年来又根据跨境资本流动情况不断调整境外金融机构存款缴存准备金要求。

四是准备金利率体系仍存在一定的扭曲。自 1985 年我国对所有存款实行统一的法定准备金要求以来，一直对准备金支付利息（张晓慧，2018）。而且，主要是出于更多吸引资金、抑制经济过热的考虑，当时的准备金利息补偿相对较高，直至 1998 年改革准备金账户之时，才大幅降低准备金利率。不过，我国早在 1996 年就已放开银行间同业拆借利率，在绝大部分时期内，中国人民银行对准备金支付的利率水平都明显低于由资金市场供求决定的利率，仍未完全抵补金融机构的准备金税负担。另外，除 1996 年 8 月至 1998 年 3 月备付金利息略低于法定准备金利息外，在很长一段时期内，我国对所有准备金都支付相同的利率。直至 2003 年底才降低超额准备金利率，法定准备金与超额准备金利差由最初 27 个基点扩大至 2005 年 3 月以来的 90 个基点。虽然降低超额准备金利率并对法定准备金和超额准备金分别计息理顺了中央银行政策利率体系，但这一政策的出发点仍是在货币数量调控的大背景下，提高基础货币需求预测的准确性，更有效调控基础货币和货币供应。而且，扩大法定准备金和超额准备金利差，很大程度上也是由于采用大额支付系统后，商业银行流动性管理水平提高和超额准备金率大幅下降①。当前，我国尚未明确短端（隔夜）政策目标利率，作为利率走廊下限的超额准备金利率与作为核心中枢的市场隔夜利率、作为利率走廊上限的常备借贷便利（SLF）利率，并不是一个真正意义的利率走廊，与 MLF、PSL 等利率还存在明显的期限倒挂问题。同时，在 MPA 考核中，按现行法定准备金利率 ±10% 分别对 A 档、C 档机构实行奖惩，并在特定时期可实施 ±20%（极端情况下 ±30%）的准备金利率。虽然这有助于激励金融机构满足 MPA 考核要求，但也不可避免地导致央行政策利率体系更为复杂、不透明，更容易诱发监管套利，扭曲市场资金供给。

（五）完善中国存款准备金制度的主要方向

在基本放开存贷款利率浮动限制的深化利率市场化改革新阶段，我国

① 《超额存款准备金与超额存款准备金利率》，《中国货币政策执行报告》（2005 年第 1 期）。

货币政策亟须转向以利率为主的价格型调控模式。出于基础货币投放渠道的变化和货币价格调控模式转型的需要，近年来我国逐步降低法定准备金要求，通过双平均考核法等改革，加强存款准备金的辅助流动性管理功能，有效提高了中央银行市场流动性管理和利率引导能力。不过，当前我国法定准备金制度仍存在着水平相对较高、管理框架过于复杂且透明度较差、政策目标过多、利率体系扭曲等问题。今后，应根据宏观调控的需要，在逐步降低法定准备金率的同时，完善准备金考核和管理方式。

一是适当降低法定准备金要求，减轻金融机构准备金税负担。从货币数量调控的角度来看，为实现既定广义货币供应中间目标，既可在货币乘数稳定条件下通过各种创新工具的中央银行主动方式替代外汇占款被动投放，也可根据基础货币数量变化情况通过降低准备金率扩大货币乘数。在外汇占款作为基础货币投放主要渠道发生转变条件下，即使基础货币数量适当缩减，通过适当降低法定准备金要求完全能够通过货币乘数调整确保广义货币数量的稳定供给，优化央行资产负债规模结构并夯实权益资本数量。由附表 5.1 可见，中国法定准备金规模占 GDP 的比重高达 20% 以上，准备金税负担是各主要经济体中最高的，仅次于中国全球第二高的土耳其也仅为中国的一半。在转向中高速增长、新旧动能转换仍不牢固的当下，可逐步探索将法定准备金率降低并稳定在一个适度合理的水平，以均衡实际利率水平为决策基准，根据产出物价缺口情况进行利率调控。

二是优化（简化）存款准备金管理方式。过于复杂的准备金要求和频繁调整将加大流动性外生冲击和市场利率波动。因此，应尽量简化不同类型金融机构存款准备金管理要求，将“三档两优”差别化准备金管理方式按机构规模进一步简并至一到两档（大型银行和中小银行两档），取消优惠性质的差异化准备金要求。按照金融机构信贷收支表科目，明确应当缴存的法定准备金存款基数并实现统一的法定准备金要求。采用与国际习惯相一致的按每周工作日（如数周或事先确定的货币政策议息日程）的方式，避免按旬末考核旬中缴款存在旬度安排与工作日并不完全重合需要顺延可能导致的操作风险。可考虑在一定规则下将银行库存现金作为法定准备金，减轻银行准备金负担。借鉴美联储的延迟缴款安排的做法，完善中国的临时准备金动用安排（CRA）并将其健全为制度化、常态化的操作模式。

三是以利率政策调控为目标，理顺法定和超额存款准备金利率水平。明确存款准备金制度的主要功能为辅助流动性管理。理顺准备金利率层次，将法定准备金要求调整至适度合理的较低水平（如4%）并长期保持不变。按照货币价格调控模式下中央银行新的短端基准利率水平对法定准备金付息，根据利率走廊区间宽度对超额存款准备金进行利息补偿，将超额准备金利率打造为真正的利率走廊下限。

附表 5.1　主要经济体准备金要求和规模

经济体	主要功能	本币存款	外币存款	平均准备金率	法定准备金规模	法定准备金占GDP比重（%）	实际准备金规模	实际准备金规模占GDP比重（%）
澳大利亚	用于营业时间结束后支持支付体系运行，并法定非准备金要求	是	否	—	220亿澳元	1.2	3800亿澳元	20
巴西	流动性管理、反洗钱管理、审慎政策	是	否	14.5%	4160亿雷亚尔	5.74	4160亿雷亚尔	5.74
加拿大	—	—	—	—	零	支付系统保留少量准备金		
瑞士	稳定基础货币需求	2.5%	否	2.5%	200亿瑞士法郎	2.75	6395亿瑞士法郎	87.97
英国	—	—	—	—	零/自愿	—	8570亿英镑	42.7
中国香港	—	—	—	—	零	—	—	—
印度尼西亚	流动性管理	3.5%（传统银行） 3.5%（伊斯兰银行）	4%（传统银行） 1%（伊斯兰银行）	—	215.57万亿印尼盾	1.4	256.84万亿印尼盾	1.66
印度	货币控制、审慎监管、流动性管理	4%	4%	4%	4.35477万亿卢比	3.14	6.19074万亿卢比	3.16
日本	流动性管理	0.05%～1.3%	0.15%～0.25%	0.81%	11.37万亿日元	2.1	425.8万亿日元	79.0
韩国	流动性管理	0～7%	1%～7%	4.6%	93.8万亿韩圆	4.9	99.8万亿韩圆	5.2
墨西哥	流动性管理	视银行情况而定	否	—	2700亿比索	1.12	2700亿比索	1.12
马来西亚	流动性管理	2%	否	2%	298亿林吉特	0.2		
俄罗斯	流动性管理、辅助宏观审慎政策	4.75%；1%	8%	5.59%	3.547万亿卢布	3.32	3.6173万亿卢布	3.38

续表

经济体	主要功能	本币存款	外币存款	平均准备金率	法定准备金规模	法定准备金占GDP比重（%）	实际准备金规模	实际准备金规模占GDP比重（%）
瑞典	—	—	—	—	零	—	—	—
新加坡	流动性管理	3%	否	3%	215亿新加坡元	4.24	271亿新加坡元	5.34
土耳其	流动性管理 宏观审慎政策	1%～6%	5%～22%	本币5.7% 外币17.2%	5735亿里拉	12.1	7146亿里拉	15.1
美国	—	0	否	0	0	—	3.8万亿美元	16.93
欧元区	流动性管理	1%	否	1%	1460亿欧元	1.3	3.226万亿欧元	29.9
南非	货币控制 流动性管理	是 根据每日头寸确定	否	—	1178.75亿兰特	3.98	1180.37亿兰特	3.98
中国	—	6%～11%	5%	8.9%	18万亿元	24.4	21万亿元	29.2

资料来源：BIS Market Committee，为各国截至2020年的数据；各国法定准备金规模与GDP比重具体计算年份并不完全相同，墨西哥是出于审慎管理的需要，对不同银行机构采取不同的准备金要求，与澳大利亚类似，并非传统的法定准备金要求。

附表 5.2　主要经济体准备金制度安排的主要特征

经济体	平均法考核	延迟缴款	考核类型	保持期	期末日	计算期	期末日	考核滞后天数	计算库存现金	库存现金限制	准备金补偿	补偿利率	边际补偿利率	制度最后变化日期
澳大利亚	—	—	—		每日	每日	—	—	—	—	是	之前是按照政策目标利率进行补偿，零利率之后按利率走廊下限补偿	之前是按照政策目标利率进行补偿，零利率之后按利率走廊下限补偿	2020 年 11 月 20 日
巴西	是，活期存款否，储蓄和定期存款	是，活期存款否，储蓄和定期存款	滞后	活期存款两周储蓄和定期存款 1 周	周五	活期存款两周储蓄和定期存款 1 周	周五	1 周	—		是	活期存款无补偿 当政策目标利率（TR）>8.5%，储蓄存款补偿利率为 TR +0.5%，或 TR + 70% TR；否则，按 TR 补偿		2020 年 10 月
加拿大	—	—	—	—	—	—	—	—	—	—	—	—	—	1992 年 6 月
瑞士	是	否	滞后	1 月	每月 19 日	3 个月	月末	20 日	是		分级补偿			2020 年 3 月 4 日
英国	自愿准备金	—	—	6 ~ 8 周	议息会第一日	6 ~ 8 周	议息会第一日	—	—		是	银行利率，基准政策利率	银行利率，基准政策利率	2020 年 3 月 9 日
中国香港	—	—	—	—	—	—	—	—	—	—	—	—	—	—
印度尼西亚	是	否	滞后	两周	每月 15 日，月末	两周	每月 15 日，月末	两周	否		是，2020 年 8 月 20 日生效，3%			2020 年 8 月 20 日

续表

经济体	平均法考核	延迟缴款	考核类型	保持期	期末日	计算期	期末日	考核滞后天数	计算库存现金	库存现金限制	准备金补偿	补偿利率	边际补偿利率	制度最后变化日期
印度	是	否	滞后	两周	第二周周五	两周	第二周周五	两周	否		否			2020年4月16日
日本	是	否	半滞后	1月	每月15日	1月	月末	15日	否		分级补偿	0		2020年1月16日
韩国	是	否	滞后	1月	第二周的周末	1月	月末	5~11日	是	是，最高为准备金的35%	否，但必要时也予以补偿			2020年12月11日
墨西哥	—	—	—	每日	每日	—	—	—	否	—	是	基准政策利率		2020年5月
马来西亚	是	否	滞后	两周	每月15日，月末	两周	每月15日，月末	两周	否		否			2020年5月15日
俄罗斯	是	否	滞后	4/5周	周二	1月	月末	1个半月	是	是，最高为法定准备金的25%	否			2020年8月19日
瑞典	—	—	—	—	—	—	—	—	—	—	—	—	—	—
新加坡	是	否	滞后	两周	周三	两周	周三	两周	否		否			2020年3月14日
土耳其	是	是，最高法定准备金5%	滞后	两周	第二周的周五	两周	第二周的周五	两周	否		是	12%		2020年11月27日

续表

经济体	平均法考核	延迟缴款	考核类型	保持期	期末日	计算期	期末日	考核滞后天数	计算库存现金	库存现金限制	准备金补偿	补偿利率	边际补偿利率	制度最后变化日期
美国	—	—	—	—	—	—	—	—	—	—	—	—	—	2020 年 3 月 20 日
欧元区	是	否	滞后	6～7 周	周二	6～7 周	周二	32～62 日	否		是	MRO 利率		2020 年 1 月 15 日
南非	是	否	同期	1 月	每月 15 日	1 月	每月 15 日	不滞后	是		否			1998 年 4 月
中国	是	否	滞后	按旬	旬中	按旬	旬末	5 日	否		是			2020 年 5 月 20 日

资料来源：BIS Market Committee，为各国截至 2020 年的情况。

第六章　金融创新、金融脱媒与信用货币创造

以弗里德曼（M. Friedman）为代表的货币主义者认为，货币乘数和货币流通速度是稳定的，中央银行完全可以通过控制基础货币调控货币供给，实行货币数量目标制。尽管货币供给是由中央银行和商业银行等金融主体共同决定的，货币供给模型随着金融体系的深化越来越复杂，但是如果充分考虑经济主体行为并进一步完善货币乘数，中央银行完全有能力实现货币数量目标（Jordan，1969；Cagan，1982）。然而，货币数量目标制的前提是中央银行能够有效控制货币供给。随着金融创新和技术的迅猛发展，货币需求越来越不稳定，各国不得不放弃货币数量目标制并重新转向以利率为主的货币价格调控。在信用货币条件下，即使中央银行完全有能力控制基础货币数量，货币乘数是否稳定对货币控制也至关重要。虽然完备的统计技术在一定程度上能够更好地预测货币乘数并改善货币数量决策（Burger，et al.，1971；Hafer and Hein，1984），但正如 Moore（1988）指出的，如果货币乘数由于经济的影响而不稳定，基础货币又是内生的，那么根据历史数据得到的货币乘数就不能用来预测货币供给。毕竟，在信用货币创造理论下，货币乘数有着严格的定义。遗憾的是，货币主义经济学家大多忽视了从信用货币创造的角度讨论货币乘数，而是出于分析简便的考虑侧重于讨论货币乘数的具体形式或基础货币的范围（Steindl，1982；Anderson and Rasche，2000），但这实际上与信用货币创造本身无关，简化处理方式也是导致货币乘数理论内在矛盾的原因之一。国际金融危机后，央行资产扩张并未引起广义货币的明显上升，基于货币乘数的传统货币供给理论更

是受到严峻挑战。

长期以来，存款准备金制度在我国货币数量调控中发挥着非常重要的作用，中央银行通过法定存款准备金率的调整影响货币乘数和广义货币数量，进而实现物价产出等货币政策最终目标。与各国利率市场化和货币调控模式转型的经验类似，金融创新的迅猛发展导致大量资金脱离银行体系，存款机构存款资金流向收益更高的其他金融部门（也就是所谓的“金融脱媒”），信用货币创造机制发生了明显变化，货币数量调控的有效性也大打折扣。为此，本章将从最基本的信用货币创造模型出发，分析金融创新、金融脱媒和影子银行体系发展对货币乘数及货币供给的具体影响，从而说明即使是基础货币具有外生性（即中央银行能够控制基础货币），货币数量调控的有效性也将随着金融创新和脱媒的发展而下降。

一、考虑金融创新和金融脱媒的信用货币创造模型

（一）信用货币创造与金融脱媒

根据基于货币乘数的传统信用货币创造理论，货币供给过程有三个参与者：中央银行、银行（即存款机构）及公众（包括个人和非存款机构）。中央银行发行基础货币，公众保留一部分现金并将剩余资金存入银行，银行按法律规定以及清算要求保留一部分准备金后，将剩余存款资金以贷款形式发放出去，贷款又重新存放在银行体系中，也即派生出一笔新的存款，如此往复，整个银行体系将产生数倍于原始存款的派生存款，实现货币的多倍扩张。即使银行并不完全发放贷款，而是投向资金市场（如买入债券或同业拆放），那么债券发行者或资金吸收方最终仍将通过投资而将这部分资金以存款的形式存入银行，其过程与银行发放贷款是一致的。因此，在信用货币体系下，货币就是指银行的存款负债以及公众持有的现金。在这

一货币创造的扩张过程中，货币乘数的定义就是指货币供给量与基础货币的比值，反映了银行体系信用派生的能力。传统的弗里德曼和施瓦茨（1963）货币乘数为：$m=\frac{C+D}{C+R}=\frac{c+1}{c+r}$，其中 C 表示流通中的现金，D 表示银行存款，R 表示准备金，c 为现金比率，r 为准备金率。

在信用货币创造过程中，最为关键的是公众资金仅存入银行。如果公众资金并不存入银行，而是投向其他金融产品，那么这部分资金将不体现为银行存款负债，这对信用货币创造过程将产生重要影响。因此，从传统信用货币创造的角度出发，所谓的“媒”仅指银行（也即所谓的“存款类金融机构”），“脱媒”也即指在利率管制下为追求更高收益通过金融创新使资金并不流向银行体系，而是流向非存款类金融机构（也即所谓的“非银行金融机构”）。因此，通过考察资金流向银行中介“媒”的变化，就可分析金融创新和脱媒对信用货币创造的影响。

（二）考虑金融脱媒的信用货币创造模型

下面重点讨论金融脱媒下的货币供给过程。在传统信用货币创造理论框架下，对银行体系的信用扩张过程进行分析。假设央行获得新增储备资产（如外汇、债券）并以现金发行方式发行基础货币 B，公众将其中 λ_1 倍的现金存入银行，λ_2 倍的现金用于购买非银行金融机构发行的产品，保留 $1-\lambda_1-\lambda_2$ 倍的现金（即存款比例为 λ_1，金融脱媒比例为 λ_2）。

非银行金融机构得到 $\lambda_2 B$ 资金后，将其中 α 倍份额以协议存款方式存放同业，剩余 $1-\alpha$ 倍投向资金市场（如进行债券投资）。此时非银行金融机构的资产负债表如表 6.1 所示：

表 6.1　新增基础货币后非银行金融机构资产负债表

资产		负债	
同业协议存款	$\alpha\lambda_2 B$	基金权益份额	$\lambda_2 B$
债券投资	$(1-\alpha)\lambda_2 B$		

银行吸收到存款 $\lambda_1 B$ 后（即通常所说的一般性存款），按照法定准备金率 γ 向中央银行上缴存款准备金，为满足清算体系需求保留 e 倍的超额准备金，同时为应对临时提取存款需求和出于审慎经营考虑保留 β 倍的现金准备，根据流动性和收益需求将 θ 倍投资于资金市场（如债券投资），之后银行将剩余 $1-\gamma-e-\beta-\theta$ 倍资金发放贷款。同时，银行吸收同业存款 $\alpha\lambda_2 B$ 后，虽然不需要上缴法定准备金，但仍保留 e 倍的超额准备金用于同业清算，θ 倍投资于资金市场，将剩余的 $1-e-\theta$ 倍的资金用于贷款。此时银行资产负债表如表 6.2 所示：

表 6.2　新增基础货币后银行资产负债表

资产		负债	
法定准备金	$\gamma\lambda_1 B$	一般性存款	$\lambda_1 B$
超额准备金	$e\lambda_1 B + e\alpha\lambda_2 B$	同业存款	$\alpha\lambda_2 B$
现金准备	$\beta\lambda_1 B$		
债券投资	$\theta\lambda_1 B + \theta\alpha\lambda_2 B$		
贷款	$(1-\gamma-e-\beta-\theta)\lambda_1 B + (1-e-\theta)\alpha\lambda_2 B$		

无论是贷款者还是债券发行者，最终都要将获得的资金进行投资从而使这些资金重新进入市场。这样市场可以再次运用的资金为

$$(1-\gamma-e-\beta-\theta)\lambda_1 B + (1-e-\theta)\alpha\lambda_2 B + \theta\lambda_1 B + \theta\alpha\lambda_2 B + (1-\alpha)\lambda_2 B = [\lambda_1(1-\gamma-e-\beta) + \lambda_2(1-\alpha e)]B$$

记 $\lambda = \lambda_1(1-\gamma-e-\beta) + \lambda_2(1-\alpha e)$，则再次运用的资金为 λB。类似于前面的过程，这些资金同样以 λ_1 倍存入银行，λ_2 倍买入非银行金融机构产品，并保留 $1-\lambda_1-\lambda_2$ 倍的现金，此时现金为 $(1-\lambda_1-\lambda_2)\lambda B$。

非银行金融机构得到 $\lambda_2\lambda B$ 资金后，将其中 α 倍作为同业协议存款，剩余 $1-\alpha$ 倍投资债券。类似地，银行得到 $\lambda_1\lambda B$ 资金后，同样缴存 γ 倍的法定准备金和 e 倍的超额准备金，保留 β 倍现金准备，并将 θ 倍和 $1-\gamma-e-\beta-\theta$ 倍分别进行债券投资和发放贷款；吸收 $\alpha\lambda_2\lambda B$ 同业存款后 e 倍资金用于同业清算，θ 倍和 $1-e-\theta$ 倍资金分别投资债券和贷款。上述过程如此循环无限往复下去（$n\to\infty$），最后将每一步进行加总，就可以得到商业银行和非银行金融

机构的资产负债及社会中流通的现金情况如表 6.3、表 6.4 所示：

表 6.3　金融创新下商业银行和非银行金融机构资产负债及社会流通现金

过程	商业银行一般性存款	商业银行同业存款	非银行金融机构债券投资	非银行金融机构权益份额	社会流通现金
第 1 步	$\lambda_1 B$	$\alpha\lambda_2 B$	$(1-\alpha)\lambda_2 B$	$\lambda_2 B$	$(1-\lambda_1-\lambda_2)B$
第 2 步	$\lambda_1\lambda B$	$\alpha\lambda_2\lambda B$	$(1-\alpha)\lambda_2\lambda B$	$\lambda_2\lambda B$	$(1-\lambda_1-\lambda_2)\lambda B$
⋮	⋮	⋮	⋮	⋮	⋮
第 n 步	$\lambda_1\lambda^{n-1}B$	$\alpha\lambda_2\lambda^{n-1}B$	$(1-\alpha)\lambda_2\lambda^{n-1}B$	$\lambda_2\lambda^{n-1}B$	$(1-\lambda_1-\lambda_2)\lambda^{n-1}B$
$\lim\limits_{n\to\infty}\sum\limits_{i=1}^{n}$	$\frac{\lambda_1}{1-\lambda}B$	$\frac{\alpha\lambda_2}{1-\lambda}B$	$\frac{(1-\alpha)\lambda_2}{1-\lambda}B$	$\frac{\lambda_2}{1-\lambda}B$	$\frac{(1-\lambda_1-\lambda_2)}{1-\lambda}B$

表 6.4　金融创新下商业银行和非银行金融机构
资产负债及社会流通现金（商业银行资产）

资产	第 1 步	第 2 步	…	第 n 步	$\lim\limits_{n\to\infty}\sum\limits_{i=1}^{n}$
法定准备金	$\gamma\lambda_1 B$	$\gamma\lambda_1\lambda B$	…	$\gamma\lambda_1\lambda^{n-1}B$	$\frac{\gamma\lambda_1}{1-\lambda}B$
超额准备金	$e\lambda_1 B+e\alpha\lambda_2 B$	$e\lambda_1\lambda B+e\alpha\lambda_2\lambda B$	…	$e\lambda_1\lambda^{n-1}B+e\alpha\lambda_2\lambda^{n-1}B$	$\frac{e\lambda_1+e\alpha\lambda_2}{1-\lambda}B$
库存现金准备	$\beta\lambda_1 B$	$\beta\lambda_1\lambda B$	…	$\beta\lambda_1\lambda^{n-1}B$	$\frac{\beta\lambda_1}{1-\lambda}B$
债券投资	$\theta\lambda_1 B+\theta\alpha\lambda_2 B$	$\theta\lambda_1\lambda B+\theta\alpha\lambda_2\lambda B$	…	$\theta\lambda_1\lambda^{n-1}B+\theta\alpha\lambda_2\lambda^{n-1}B$	$\frac{\theta\lambda_1+\theta\alpha\lambda_2}{1-\lambda}B$
贷款资产	$(1-\gamma-e-\beta-\theta)\lambda_1 B+(1-e-\theta)\alpha\lambda_2 B$	$(1-\gamma-e-\beta-\theta)\lambda_1\lambda B+(1-e-\theta)\alpha\lambda_2\lambda B$	…	$(1-\gamma-e-\beta-\theta)\lambda_1\lambda^{n-1}B+(1-e-\theta)\alpha\lambda_2\lambda^{n-1}B$	$\frac{(1-\gamma-e-\beta-\theta)\lambda_1}{1-\lambda}B+\frac{(1-e-\theta)\alpha\lambda_2}{1-\lambda}B$

上述信用货币创造过程也将中央银行新增基础货币对其资产负债表的构成产生影响。在最初新增基础货币 B 后，商业银行吸收的存款是以现金形式持有，其上缴中央银行的储备资产也是以现金的形式上缴，因此中央银行的资产负债表应该发生如表 6.5 所示变化①：

① 尽管目前中央银行与商业银行主要通过清算体系以记账方式进行资金往来，但中央银行基础货币发行和商业银行准备金缴存方式的基本原理，与这里的现金方式划拨是一致的。因此，这里的模型同样适用于当前的操作模式。

表 6.5 货币创造过程中央银行的资产负债表

资产		负债	
储备资产	B	基础货币（现金发行）	B
现金	$\frac{\gamma\lambda_1+e\lambda_1+e\alpha\lambda_2}{1-\lambda}B$	储备（法定和超额）	$\frac{\gamma\lambda_1+e\lambda_1+e\alpha\lambda_2}{1-\lambda}B$
基础货币	B	现金发行	$\left(1-\frac{\gamma\lambda_1+e\lambda_1+e\alpha\lambda_2}{1-\lambda}\right)B$
		储备（法定和超额）	$\frac{\gamma\lambda_1+e\lambda_1+e\alpha\lambda_2}{1-\lambda}B$

可以看到，商业银行在中央银行的储备资产为$\frac{\gamma\lambda_1+e\lambda_1+e\alpha\lambda_2}{1-\lambda}B$，而此时中央银行发行的现金为$\left(1-\frac{\gamma\lambda_1+e\lambda_1+e\alpha\lambda_2}{1-\lambda}\right)B$。中央银行所发行的基础货币仍然为$B$，只是其构成发生了变化。中央银行发行的现金，恰恰等于社会当中流通的现金（M_0）和商业银行的库存现金准备，即$\left(1-\frac{\gamma\lambda_1+e\lambda_1+e\alpha\lambda_2}{1-\lambda}\right)B=\frac{(1-\lambda_1-\lambda_2)}{1-\lambda}B+\frac{\beta\lambda_1}{1-\lambda}B$。

表 6.6 1999—2022 年中国人民银行的货币发行、流通中的货币与其他存款金融机构库存现金 单位：亿元

年份	货币发行	流通中货币（M_0）	库存现金	货币发行 - M_0 - 库存现金	年份	货币发行	流通中货币（M_0）	库存现金	货币发行 - M_0 - 库存现金
1999	15069.8	13456.0	1617.7	-3.4	2006	29138.7	27072.6	2066.1	0.0
2000	15938.3	14652.7	1288.5	-2.8	2007	32971.6	30375.2	2596.4	0.0
2001	16868.7	15688.8	1181.4	-1.5	2008	37115.8	34219.0	2896.8	0.0
2002	18589.1	17278.0	1311.1	0.0	2009	41555.8	38246.0	3309.8	-1.0
2003	21240.5	19746.0	1494.5	0.0	2010	48646.0	44628.2	4017.9	0.0
2004	23104.0	21468.3	1791.1	-155.4	2011	55850.1	50748.5	5101.6	0.0
2005	25854.0	24031.7	1822.3	0.0	2012	60646.0	54659.8	5986.2	0.0

续表

年份	货币发行	流通中货币（M_0）	库存现金	货币发行 - M_0 - 库存现金	年份	货币发行	流通中货币（M_0）	库存现金	货币发行 - M_0 - 库存现金
2013	64980.9	58574.4	6406.5	0.0	2018	79145.50	73208.40	5937.10	0.0
2014	67151.3	60259.5	6891.7	0.0	2019	82859.05	77189.47	5669.58	0.0
2015	69885.95	63216.6	6669.3	0.0	2020	89823.29	84314.53	5508.75	0.0
2016	74884.44	68303.87	6580.57	0.0	2021	96164.80	90825.15	5339.65	0.0
2017	77073.58	70645.60	6427.98	0.0	2022	110012.57	104706.03	5306.54	0.0

注：其他存款金融机构为不包括中国人民银行的其他存款性金融机构，包括中资大型银行、中资中小银行、外资银行、城市和农村信用社、财务公司。2003 年以前我国货币发行中并没有计入邮储局在央行的存款，同时存款货币银行的库存现金中也不包括该项。从 2004 年起，中国人民银行对资产负债表进行调整，将邮储局的存款从“非金融机构存款”项中剔除，并计入存款货币银行库存现金项中，但是货币发行统计口径并没有进行相应的调整，150 多亿元的误差恰为其差额为邮储局转存调整金额。

中央银行发行的现金，恰好等于社会当中流通的现金（M_0）和商业银行的现金准备，这种差异是公众的现金漏损和商业银行提取现金准备造成的。在货币供应量统计中，只计入了社会中流通的现金（M_0）而没有计入银行库存现金，而上式表明这两项之和正是中央银行基础货币中现金发行部分。表 6.6 的数据可以验证这一点。

由表 6.3 和表 6.5 可得：

$$\text{基础货币} = \text{准备金} + \text{现金发行} = \frac{(\gamma + e)\lambda_1 + e\alpha\lambda_2}{1 - \lambda}B + \frac{1 - \lambda_1 - \lambda_2}{1 - \lambda}B + \frac{\beta\lambda_1}{1 - \lambda}B = B$$

$$\text{派生存款} = \frac{\lambda_1}{1 - \lambda}B + \frac{\alpha\lambda_2}{1 - \lambda}B = \frac{\lambda_1 + \alpha\lambda_2}{1 - [\lambda_1(1 - \gamma - e - \beta) + \lambda_2(1 - \alpha e)]}B$$

$$\text{存款乘数 } k = \frac{\lambda_1 + \alpha\lambda_2}{1 - [\lambda_1(1 - \gamma - e - \beta) + \lambda_2(1 - \alpha e)]}$$

广义货币 M_2 等于 M_0 加银行存款：

$$M_2 = \frac{(1 - \lambda_1 - \lambda_2)}{1 - \lambda}B + \frac{\lambda_1}{1 - \lambda}B + \frac{\alpha\lambda_2}{1 - \lambda}B$$

$$= \frac{1-(1-\alpha)\lambda_2}{1-[\lambda_1(1-\gamma-e-\beta)+\lambda_2(1-\alpha e)]}B$$

由此得到货币乘数 m：$\frac{1-(1-\alpha)\lambda_2}{1-[\lambda_1(1-\gamma-e-\beta)+\lambda_2(1-\alpha e)]}$

令 $c=\frac{1-\lambda_1-\lambda_2}{\lambda_1+\alpha\lambda_2}$ 为现金漏损率，$r=\frac{(\gamma+e+\beta)\lambda_1+\alpha e\lambda_2}{\lambda_1+\alpha\lambda_2}$ 为广义存款准备金率，则存款乘数 $k=\frac{1}{c+r}$，货币乘数 $m=\frac{c+1}{c+r}$，这与传统弗里德曼和施瓦茨（1963）货币乘数形式是一致的。

最终货币乘数的形式为

$$m(\lambda_1,\lambda_2,\alpha,\gamma,e,\beta)=\frac{1-(1-\alpha)\lambda_2}{1-\lambda}$$

$$=\frac{1-(1-\alpha)\lambda_2}{1-[\lambda_1(1-\gamma-e-\beta)+\lambda_2(1-\alpha e)]} \quad (6.1)$$

参数包括：存款比例 λ_1、金融脱媒比例 λ_2、同业存款比率 α、法定准备金率 γ、超额准备金率 e 和现金准备比率 β。各系数 λ_1、λ_2、α、γ、e 和 β 均大于零小于1，且 $\gamma+e+\beta<1$，$\lambda_1+\lambda_2<1$，从而有 $0<\lambda<1$。由 m 可见，如果资金不流向非银行金融机构而仅是以存款方式存入银行（即 $\lambda_2=0$），那么 $m'(\lambda_1,\gamma,e,\beta)=\frac{1}{1-\lambda}=\frac{1}{1-\lambda_1(1-\gamma-e-\beta)}$，货币乘数形式将相对简单。而且，$m-m'=\frac{\lambda_2[\alpha(1-e)]+(1-\alpha)\lambda_1\lambda_2(1-\gamma-e-\beta)}{\{1-[\lambda_1(1-\gamma-e-\beta)+\lambda_2(1-\alpha e)]\}[1-\lambda_1(1-\gamma-e-\beta)]}>0$，故 $m>m'$。可见，正是由于金融负债方脱媒的出现，货币乘数变得复杂且更大，即使基础货币不变，货币供给也将进一步扩张且难以准确控制。随着新的金融方式不断涌现，货币乘数形式将愈加复杂且不稳定，从而使中央银行控制货币供给的能力面临严峻挑战。

另外，无论是否存在负债方脱媒（无论 λ_2 是否为零），资产方脱媒对货币乘数形式并没有影响（与 θ 无关）。金融结构的变化和金融资产方脱媒与中央银行货币控制能力并没有太大关系，这可以解释为何在德国、日本等以银行间接融资为主国家，金融脱媒仍对其货币供给产生相当大的干扰。

以 Merton（1992）为代表的金融功能观和以 La Porta 等（2000）为代表的金融发展决定因素理论等现代金融理论都认为，传统的以金融结构来判断金融发展水平并不是必要的，这最多只能是第二位重要的问题，本书的结果与之类似。当然，资产方脱媒的现金漏损以及非贷款投资渠道的变化，仍会对货币乘数产生重要影响。例如，模型中同业存款（α）本质上也是某种形式的资产方脱媒，货币乘数形式发生了一定的改变。

二、参数估计及其与货币乘数的关系：基于货币基金的实证分析

（一）参数估计

上一部分中的模型描述了货币乘数的具体形式，因而这里将对有关参数进行估算并利用（6.1）式对货币乘数进行检验。近年来，以余额宝为代表的互联网金融是金融创新和脱媒的重要形式，其背后的金融产品主要是货币基金，只是余额宝等以 T+0 方式极大地增强了货币基金的流动性。因此，这里以货币基金为例对模型各参数进行估计，并对其与货币乘数的关系进行实证分析。2004 年，我国开始实行差别准备金制度，对农信社、城信社等不同类型金融机构实行差别准备金政策，2008 年 9 月起，我国对大型金融机构和中小金融机构实行差别准备金管理。这里，根据不同银行一般性存款进行加权，从而得到加权平均的全国法定准备金率数据（γ）。根据各期《中国货币政策执行报告》，得到金融机构超额准备金率数据（e）。以其他存款机构库存现金与一般性存款之比得到库存现金准备数据（β）。根据 Wind 对货币基金公司现金类资产占基金净值之比得到货币基金同业存款占比的估算数据（α）。

下面，对 λ_1 和 λ_2 进行估算。由于缺乏连续可靠的微观数据，因而通过

模型结果进行推算。在模型中，一般性存款为 $\frac{\lambda_1}{1-\lambda}B$，同业存款为 $\frac{\alpha\lambda_2}{1-\lambda}B$，则一般性存款与同业存款之比计为 $k_1\left(\frac{\lambda_1}{\alpha\lambda_2}=k_1\right)$；社会中流通用现金为 $\frac{(1-\lambda_1-\lambda_2)}{1-\lambda}B$，则一般性存款与流通中现金之比计为 $k_2\left(\frac{\lambda_1}{1-\lambda_1-\lambda_2}=k_2\right)$。通过计算可以得到：$\lambda_1=\frac{\alpha k_1k_2}{k_1\alpha+k_1k_2\alpha+k_2}$，$\lambda_2=\frac{k_2}{k_1\alpha+k_1k_2\alpha+k_2}$。2011 年 10 月，我国将非存款类金融机构在存款类金融机构的存款计入 M_2 统计，因而可以将存款类金融机构的一般性存款与计入广义货币的对其他金融性公司负债存款之比作为 k_1 序列。对于 2011 年第三季度前的数据，利用上市银行数据进行分析。在 16 家上市银行年报和中报中，共有 13 家银行资产负债表及项目注释中给出了非银行金融机构存放款项和一般性存款数据。将各家银行数据汇总并计算，通过平均趋势插值法将半年度数据转化为季度数据，从而得到 2006 年第一季度至 2011 年第三季度 k_1 的估计值。2006 年以来，我国非存款性金融机构同业存款不断增加，其相对于一般性存款比例（$1/k_1$）由 2006 年第一季度的 4.3% 逐步升至 2015 年第二季度最高的 13.2%，2021 年末仍高达 12.5%。通过存款性公司概览和其他存款性公司资产负债表可以获得存款机构一般性存款和流通中现金数据，从而得到 k_2。这样，根据上述公式计算就可得到 λ_1、λ_2 的估计值。

根据上面的方法得到 λ_1、λ_2、α、γ、e 和 β 序列后，根据货币乘数模型（6.1）式：$m(\lambda_1,\lambda_2,\alpha,\gamma,e,\beta)=\frac{1-(1-\alpha)\lambda_2}{1-[\lambda_1(1-\gamma-e-\beta)+\lambda_2(1-\alpha e)]}$，得到货币乘数估计值。根据货币乘数的定义，即广义货币（M_2）与基础货币（储备货币）的比值，得到货币乘数实际值。具体数据情况如图 6.1 所示。由于我国货币基金是从 2003 年才开始引入，作为银行业主体的中资大型银行是在 2005 年之后才陆续上市，因而以 2006 年第一季度至 2021 年第四季度数据作为样本。

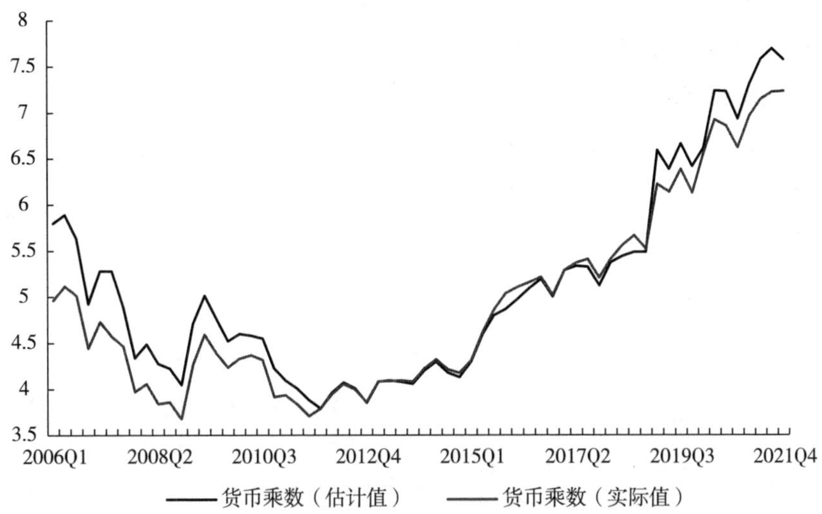

图 6.1　基于货币基金数据的货币乘数估计值与实际值比较

（二）对货币乘数的初步检验

由图6.1可见，货币乘数估计值与实际值走势高度一致，二者相关系数高达0.9741。需要指出的是，由于2011年10月之前我国广义货币 M_2 并未将非存款性金融机构在存款性金融机构的存款（即非存款性金融机构的存放同业）纳入统计，因而2011年第三季度之前两序列存的偏差较大，但在此之后两者偏差明显缩小。不过，直至2019年第一季度，货币乘数估计值与实际值再次出现明显偏离。2018年1月开始，我国用非存款机构部门持有的货币市场基金取代货币市场基金存款，对货币统计口径再次进行了修订。虽然我国公布了2017年以来可比的 M_2 增速数据，但并未对 M_2 规模数据进行修订，这可能是导致两者关系偏离的重要原因。另外，2018年，流动性新规、资管新规等监管政策正式落地，市场开始消化各项监管政策，金融创新和脱媒活动逐步恢复或出现了新的形式，这在一定程度上也可能使货币乘数估计值与实际值出现偏离。为此，分别对2019年第一季度前后数据进行检验。以货币乘数实际值作为因变量，以估计值作为自变量，进行回归。如果估计值与实际值相符，那么回归方程中常数项应不显著，自变量系数应显著且理论上应等于1，通过 Wald 系数检验对变量回归系数等于1的原假设进行检验（见表6.7）。

表6.7 对货币乘数估计值的检验结果（货币乘数实际值为因变量）

样本区间	常数项	货币乘数估计值	R^2	S. E.	F	Wald 系数检验	
						t 统计量	χ^2 统计量
2006Q1—2021Q4	0.2262* (0.1370)	0.9189*** (0.0234)	0.9489	0.2321	1151.1***	-3.3811***	11.43***
2006Q1—2011Q3	0.9472*** (0.1819)	0.7113*** (0.0357)	0.9524	0.0930	420.4***	-8.4565***	71.51***
2011Q4—2021Q4	0.5667*** (0.1033)	0.8818*** (0.0177)	0.9905	0.1073	4070.1***	-6.6761***	44.57***
2011Q4—2019Q1	0.1202 (0.2181)	0.9804*** (0.0483)	0.9823	0.0910	1555.4***	-0.8181	0.6693
2019Q2—2021Q4	0.8437** (0.2659)	0.8358*** (0.0361)	0.9705	0.0735	296.5***	-4.5435***	30.64***

由表6.7可见，2006年第一季度至2021年第四季度全部样本、2011年第三季度之前样本及2019年第二季度以来样本期间，虽然货币乘数估计值与实际值显著相关，但常数项都是显著的，而且 Wald 系数检验都显著拒绝了变量系数为1的原假设。2011年第四季度至2019年第一季度样本期间，常数项不显著，Wald 系数检验无法拒绝变量系数为1的原假设，这表明货币乘数的模型及其估计是比较可靠的，而且2018年的货币统计口径修订以及金融创新和金融脱媒活动趋向恢复，很可能是导致两者再次出现明显偏离的重要原因。

（三）货币乘数影响因素比较静态分析

根据（6.1）式，可以通过比较静态分析的方法，计算货币乘数关于各参数的偏导数，可以观察在其他因素固定的条件下某特定因素对货币乘数的边际效应，经推导可得：

$$\frac{\partial m}{\partial \gamma} = -\frac{[1-(1-\alpha)\lambda_2]\lambda_1}{(1-\lambda)^2} < 0$$

$$\frac{\partial m}{\partial e} = -\frac{[1-(1-\alpha)\lambda_2](\lambda_1+\lambda_2\alpha)}{(1-\lambda)^2} < 0$$

$$\frac{\partial m}{\partial \lambda_1} = \frac{[1-(1-\alpha)\lambda_2](1-\gamma-e-\beta)}{(1-\lambda)^2} > 0$$

$$\frac{\partial m}{\partial \lambda_2} = \frac{(1-\alpha)\lambda_1(1-\gamma-e-\beta)+\alpha(1-e)}{(1-\lambda)^2} > 0$$

$$\frac{\partial m}{\partial \alpha} = \frac{\lambda_2}{(1-\lambda)^2}[(1-\lambda_1-\lambda_2)(1-e)+\lambda_1(\gamma+\beta)] > 0$$

$$\frac{\partial m}{\partial \beta} = -\frac{[1-(1-\alpha)\lambda_2]\lambda_1}{(1-\lambda)^2} < 0$$

可见，存款比例、金融脱媒比例、同业存款比例对于货币乘数有正向的作用，法定准备金率、超额准备金率、库存现金准备对货币乘数有反向的作用，这与货币理论是一致的。法定准备金是央行有力的货币政策工具，提高法定准备金率将减少商业银行的可贷资金，引导资金退出信贷领域，从而减少派生存款，降低货币乘数，导致货币供应量减少。超额准备金与库存现金准备与法定准备金的作用类似（两者之和通常又称商业银行的备付金），其增加也会导致派生存款的减少，降低货币乘数①。存款比例、金融脱媒比例和同业存款比例的升高会减少现金漏损，提高银行可贷资金量，从而提高货币乘数。同时，金融脱媒比例和同业存款比例也会导致货币结构的变化，促进资金有效配置，提高整个金融系统的货币创造能力。

这里的金融脱媒是指狭义的负债方居民资金并不是完全流向银行存款，而是被分流转向其他投资渠道，λ_2 也被定义为金融脱媒比例指标，可以反映金融创新和金融脱媒的程度。通过计算货币乘数关于 λ_1、λ_2 的二阶偏导数，就可以观察金融脱媒对传统银行存款的货币乘数边际变化影响。通过

① 与其他变量相比，库存现金准备数据非常小且波动非常低。出于分析方便的考虑，后面的分析不考虑这一变量的作用。

计算可得：

$$\frac{\partial^2 m}{\partial\lambda_1\partial\lambda_2}=\frac{1-\gamma-e-\beta}{(1-\lambda)^3}\{(1-\alpha e)[1-(1-\alpha)\lambda_2]+\alpha(1-e)+(1-\alpha)(1-\gamma-e-\beta)\lambda_1\}>0 \quad (6.2)$$

与货币乘数仅对存款比例的一阶偏导数相比，二阶偏导数形式更为复杂，金融创新和脱媒使得中央银行控制货币越来越困难。同时，不难证明（6.2）式大于零，说明金融脱媒的出现和发展使传统的以银行存款为媒介的信用货币创造机制更为复杂，放大存款的货币乘数边际效应，这不仅使得传统的存款与货币乘数和货币供给关系更不稳定，也导致货币总量和社会流动性的进一步扩张。1970 年以来，随着金融创新和金融脱媒迅猛发展，各国货币的可测性越来越差，不得不频繁修订货币统计口径，这一发现为此提供了合理的解释。

（四）各因素对货币乘数变化的贡献度

根据全微分公式，$dm=\frac{\partial m}{\partial\lambda_1}d\lambda_1+\frac{\partial m}{\partial\lambda_2}d\lambda_2+\frac{\partial m}{\partial e}de+\frac{\partial m}{\partial\gamma}d\gamma+\frac{\partial m}{\partial\alpha}d\alpha$，记 $dm_{\lambda_1}=\frac{\partial m}{\partial\lambda_1}d\lambda_1$ 表示货币乘数在 λ_1 下的边际变化程度，也就是存款比例对货币乘数变化的贡献度。在具体计算中用 $\Delta m_{\lambda_1}=\frac{\partial m}{\partial\lambda_1}\Delta\lambda_1$ 来估计。相应地，可定义 $\Delta m_{\lambda_2}=\frac{\partial m}{\partial\lambda_2}\Delta\lambda_2$，$\Delta m_e=\frac{\partial m}{\partial e}\Delta e$，$\Delta m_\gamma=\frac{\partial m}{\partial\gamma}\Delta\gamma$ 和 $\Delta m_\alpha=\frac{\partial m}{\partial\alpha}\Delta\alpha$。由此，可以定量观察各因素对货币乘数波动的贡献，揭示货币乘数变化的原因，具体见图 6.2。

2006 年和 2007 年在资本市场发展的推动下，居民资金大量涌向股票和基金市场，金融脱媒比例显著增加并推动货币乘数的上升。但由于同期中央银行连续上调法定存款准备金率，因而货币乘数总体上仍然是下降的。受国际金融危机影响，2008—2010 年金融脱媒现象有所缓解，资金以存款方式重新回流到银行体系，两者大致相互抵消。2008 年降低法定存款准备

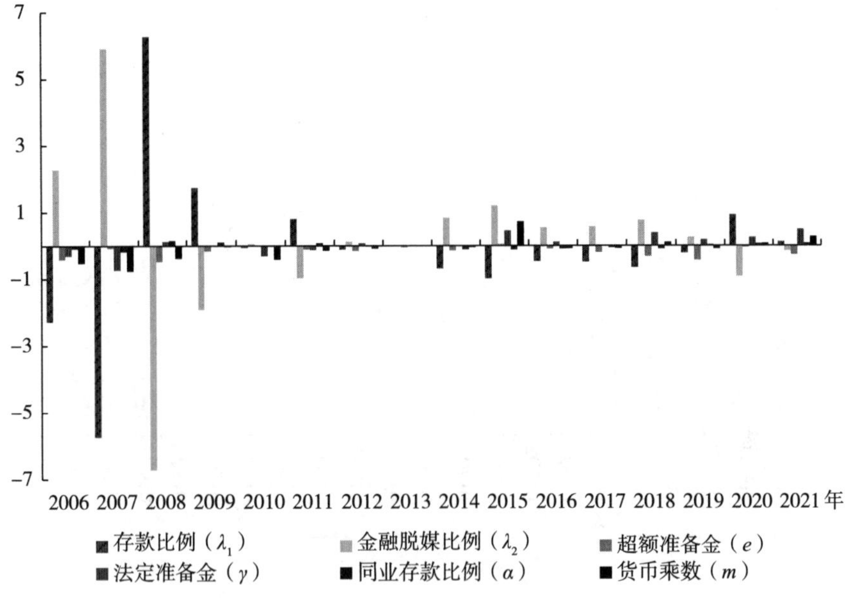

图 6.2　各变量对货币乘数变化的贡献

金率，对货币乘数产生正的影响，但在国际金融危机冲击下超额存款准备金大幅上升，2009 年中以后货币政策逐渐转向中性并在 2010 年开始上调法定准备金率，因而这三年货币乘数仍然下降。2011 年以来，以银行理财产品为代表的金融脱媒迅速发展，2013 年互联网金融的出现进一步加深了金融脱媒程度，但在连续上调法定存款准备金政策的影响下，2011 年货币乘数仍然下降。尽管 2011 年末开始降低法定存款准备金率在一定程度上拉升了 2012 年的货币乘数，但受外汇占款形势的变化和金融机构存款分流等因素影响，以及在 2013 年货币市场流动性波动作用下，我国的货币乘数仍总体小幅下降。2014—2016 年，以余额宝为代表的互联网金融的蓬勃发展，金融脱媒程度加深，推动货币乘数上升。

不过，在金融创新推动下，风险更大的结构化影子银行体系迅猛发展。在资金来源方面，银行与非银行金融机构通过同业业务、理财等各种嵌套，使得银行的负债端变得极为复杂，加剧了流动性风险；在资产运用方面，资管业务、同业资产、中间业务等表外业务监管标准和风险权重相对较低，

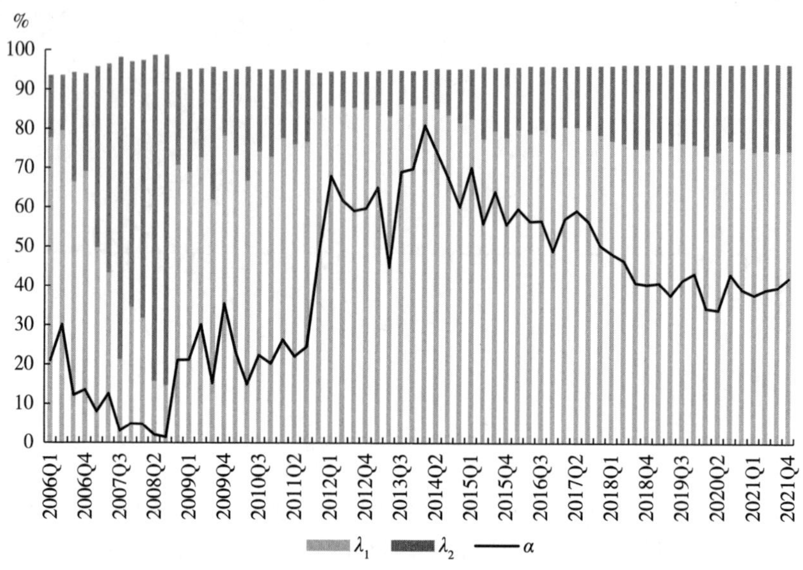

图 6.3　存款比例（λ_1）、金融脱媒比例（λ_2）及 α 估计值

致使银行的实际资本和贷款损失拨备日益不足。为此，2015 年将存款准备金动态调整升级为宏观审慎政策评估（MPA）后，货币基金的银行同业存款资产占比在 2014 年中达到顶峰后出现趋势性下降。由于中央银行进行了充分的政策沟通，2017 年将银行表外理财纳入 MPA 后，同业存款比例并没有受到太大的影响，而是与往年一样在上半年呈现季节性反弹态势，但受 2017 年 3 月以来金融监管部门针对委外、同业等监管政策要求趋严的影响，银行同业业务和金融脱媒都受到较大负面冲击，特别是 2018 年资管新规正式落地，金融脱媒比例（λ_2）下降对货币乘数产生了明显的抑制作用。随着各项监管政策逐步被市场消化，2019 年以来金融脱媒比例逐步平稳并略有回升，这在一定程度上也推动了货币乘数上行。

从准备金率变化来看，虽然理论上严格监管要求在一定程度上将加大金融机构的风险厌恶情绪，增加资金储备并提高超额准备金率，但监管政策过度收紧将导致市场利率上升，稳健金融机构持有超额准备金的机会成本大大增加，在盈利性动机下，这类金融机构将更多地对外拆出资金，因而2017年以来超额准备金率迅速下降。与此同时，2015年9月和2016年7月，我国分别对存款准备金分子和分母实行平均考核法，2016年2月将原每周两次的常规公开市场操作扩展至每日操作，这有效促进了金融机构平滑流动性管理，在一定程度上也促进了2017年以来金融机构超额存款准备金率的下降和货币乘数的上升①。2014年，我国先后两次定向降准，2015年和2016年分别4次和1次普降法定准备金要求，2017年根据宏观审慎评估情况持续对金融机构进行定向降准。我国大型银行存款市场占比趋势性下降，由于其法定准备金要求更高，因而全部金融机构总体法定准备金率逐步下降。按存款规模加权计算的平均法定准备金表明，2014年下半年以来我国法定准备金率明显下降，即使是2016年下半年以来，法定准备金率仍呈小幅下降态势，因而近年来法定准备金始终带动货币乘数小幅上升。因此，虽然2017年以来受金融监管政策趋严和金融部门去杠杆因素影响，货币乘数和货币供给受到一定的抑制，但受准备金考核和公开市场操作方式的完善及市场利率上升等因素影响，法定和超额存款准备金率的下降抵消了金融脱媒比例对货币乘数的作用。特别是，由于经济持续下行，2018年以来我国法定准备金要求进入下行通道，2021年末金融机构平均法定准备金率已由2018年初的14.9%降至8.4%，这成为推动货币乘数上升最主要的因素。

另外，与其他变量相比，同业存款对货币乘数的影响相对较小，而且从图6.3来看，2010年之前 α 与金融脱媒关系并不完全一致。这主要是由于，一方面，2011年之前货币基金资产配置中银行存款占比相对较低（最高也仅为30%多），而且在资本市场高涨时期这一指标一度降至个位数；另一方面，2007年前后的金融脱媒主要是资本市场推动下的资产方脱媒，这与居民为追求更高存款收益的负债方金融脱媒存在很大不同。尽管股票和基金投资分流了居民存款，对银行负债方也产生了一定影响，但股票发行方仍通过投资行为将资金回流至银行，而股票型基金仍将大部分资产配置于股票（相应的同

① 《超额准备金率与货币政策传导》，《中国货币政策执行报告》（2018年第3期）。

业存款配置相对较小，而且，由于股票市场发展，同期货币基金发展一度萎缩），因而对银行负债方的脱媒作用影响相对较小。相反，在利率市场化进程加快的背景下，银行理财或互联网金融背后的货币基金充分利用当前利率双轨制安排，通过同业存款等方式突破利率管制，使居民能够充分享受市场化的资金收益，这对银行负债方的金融脱媒产生了重要的影响。

（五）各因素对货币乘数影响的实证分析

下面对法定准备金率等5个货币乘数主要影响因素的作用进行检验，以货币乘数作为因变量进行回归。根据货币乘数估计值与实际值的关系，按照表6.7的样本期分别进行回归，结果如表6.8所示。

表6.8　对货币乘数影响因素检验结果（货币乘数实际值为因变量）

样本期	2006Q1—2021Q4	2006Q1—2011Q3	2011Q4—2021Q4	2011Q4—2019Q1	2019Q2—2021Q4	2006Q1—2021Q4
常数项	-57.7583*** (3.9455)	-27.3339*** (4.7791)	29.0479*** (12.465)	-1.5213 (5.1560)	4.6440 (16.122)	-55.3556*** (3.6504)
γ	-20.4979*** (0.9370)	-16.2096*** (0.3854)	-26.725*** (1.4982)	-19.7768*** (1.4301)	-37.1064*** (1.6373)	-19.8701*** (0.6741)
e	-14.0243*** (3.1568)	-16.0240*** (1.3934)	-29.924*** (5.4936)	-24.3108*** (3.6543)	-40.9512*** (4.8396)	-13.9723*** (3.1472)
λ_1	69.9738*** (4.2194)	36.7772*** (5.1355)	-21.463 (13.180)	9.8145* (5.4615)	5.1925 (16.686)	67.0999*** (3.8467)
λ_2	65.3922*** (3.9555)	34.2919*** (4.8098)	-15.853 (11.491)	13.052** (4.8128)	10.085 (16.244)	62.9267*** (3.6164)
α	0.0031 (0.1530)	0.0423 (0.1095)	0.8353** (0.3908)	0.3685** (0.1605)	0.8930* (0.3836)	0.6904* (0.4006)
αD						0.0041* (0.0024)
R^2	0.9812	0.9927	0.9928	0.9952	0.9949	0.9829
S.E.	0.1455	0.0405	0.0989	0.0514	0.0413	0.1401
F	605.43***	463.05***	959.17***	989.04***	193.23***	544.97***

由表6.8可见，回归效果非常理想。在全部样本期间，除同业存款比例 α 外，各变量都在1%水平下显著。如果以2011年10月我国将非存款金融机构在存款金融机构存款纳入广义货币统计作为分界点，可以发现在2011年第三季度之前，同业存款比例 α 并不显著，但其他变量都在1%水平下显著，而在2011年第四季度至2019年第一季度，α 通过了5%水平的显著性检验。这个结果与表6.7的发现一致，说明2011年我国对货币统计的修正是必要合理的。而且，2019年第二季度至2021年第四季度回归的 λ_1、λ_2 的系数不显著，但同业存款比例在10%水平下显著，这很可能与2018年的货币统计口径修订及金融创新和金融脱媒恢复有关。另外，各样本期中同业存款比例或 λ_1、λ_2 并不显著，部分样本期变量回归系数甚至相反，很可能与变量共线性问题有关。经方差膨胀因子检验，这些不显著方程变量的VIF都在10以上，说明存在共线性现象。

这里，还引入一个虚拟变量 D（Wooldridge，2012），对不同样本期进行分类，在2011年第三季度之前和2019年第二季度之后取0，在2011年第四季度至2019年第一季度取1。将这一虚拟变量加入 α 的斜率中，进行全样本回归（见表6.8的最后一列）。结果显示 α 自身的系数和虚拟变量都在10%水平下显著为正，这说明修正后同业存款比率 α 对货币乘数有显著的正向影响。而且，相比第一列的全样本回归，加入虚拟变量调整的回归结果中 γ、e、λ_1、λ_2 的系数也与分阶段回归的结果更一致，说明这一回归更加稳健。这也充分说明本书考虑金融脱媒情形的信用货币供给和货币乘数模型是可靠的。

三、金融脱媒、影子银行与信用货币创造：基于银行表外理财的实证分析

（一）金融创新、金融脱媒与影子银行

国际金融危机以来，影子银行成为各方研究的热点问题，但影子银行

一词直至国际金融危机爆发之前的2007年，才由太平洋投资管理公司McCulley首次正式提出[①]，即指游离于监管体系之外且杠杆较高的非银行金融机构所组成的金融系统。2011年，金融稳定委员会（FSB）从三个层面对影子银行进行了比较全面的定义[②]，即影子银行体系广义上是由在常规银行体系之外的实体及其活动所组成的一个信贷中介系统；影子银行体系在狭义上是指上述系统中那些具有系统性风险隐患和监管套利隐患的实体及其活动；此外，影子银行体系还包括那些仅为期限转换、流动性转换以及杠杆交易提供便利的实体。

与国外影子银行体系不同，中国影子银行最大的特征就是“银行的影子”（Ehlers，et al.，2018）。除了互联网金融外，银行理财也是非常重要的脱媒形式。银行非保本理财产品是银行的表外业务，并不体现在其资产负债表中。在不考虑交叉持有因素情况下，银行表外理财产品余额仅占各种资管产品的比重不足1/4，但在资管新规出台之前，银行表外理财规模一度远高于其他类型资管产品规模，仅信托公司受托管理的资金信托余额与银行表外理财规模大体相当，但仍略低于银行表外理财余额[③]。银行作为资金的最主要来源，在各个阶段都深度介入影子银行体系的发展之中。

影子银行体系的产生很大程度上与金融创新活动密切相关，对货币政策产生了重要的影响。一方面，随着利率市场化的加快，银行资金来源的市场竞争日趋激烈，各种嵌套等方式的同业资金来源更为复杂；另一方面，金融机构在经济下行期为应对“资产荒”，通过受到政策鼓励、监管标准相对较低的各类基金及其子公司和券商资管等渠道，扩大影子银行信贷投放，分业监管下监管标准不统一进一步刺激了跨行业金融创新活动，金融创新

① McCulley，P.，2007，“Teton Reflections” in *PIMCO Global Central Bank Focus.*

② FSB，2011，*Shadow Banking*：*Strengthening Oversight and Regulation.* Otc.

③ 不考虑交叉持有因素，2017年，银行表外理财产品余额、信托公司受托管理的资金信托余额、公募基金、私募基金、证券公司资管计划、基金及其子公司资管计划、保险资管计划余额分别为22.2万亿元、21.9万亿元、11.6万亿元、11.1万亿元、16.8万亿元、13.9万亿元、2.5万亿元。参见：“中国人民银行有关负责人就《关于规范金融机构资产管理业务的指导意见》答记者问”，www.pbc.gov.cn，2018年4月27日。

和影子银行体系越来越复杂，以监管套利为目的的结构化影子银行信贷规模迅速上升。为此，2017 年我国开始对资管业务加强监管，2018 年以来相继出台了资管新规、理财新规及其实施细则，推动以银行表外理财为代表的资管业务统一监管，2021 年底资管业务过渡期结束。目前，国内对资管业务及其规范的讨论，主要集中于防范和化解金融风险方面。从影子银行的背景来看，很多金融创新都是为了规避准备金和信贷规模要求，正规金融体系之外的影子银行发展，在一定程度上降低了货币政策调控的有效性。本章考虑金融创新的货币乘数和信用货币创造理论模型的实证分析，以标准的货币市场基准作为分析对象。借鉴这一模型，可对银行表外理财对货币数量控制的影响做进一步的深入分析。

（二）银行表外理财对超额准备金率和货币乘数的影响

银行表外的非保本理财并不计入广义货币 M_2统计范围，但对货币供给和市场流动性有重要影响。在以数量为主的货币间接调控模式下，超额准备金率反映了金融市场流动性头寸的变化情况，是我国货币政策重要的操作目标。通常来说，在市场自发流动性供求因素基本稳定条件下，M_2反映的宏观流动性与超额准备金率反映的狭义流动性基本是一致的，两者应呈现正相关关系①。但是，银行表外理财并不计入广义货币 M_2统计，这在一定程度上对金融市场流动性将产生显著影响，干扰宏观流动性与狭义流动性的关系。

观察 2014 年 1 月至 2021 年 12 月银行非保本理财产品余额占 M_2的比重与超额准备金率（e）的关系可以发现②，两者呈现明显的负相关关系，相关系数为 -0.3476，且在 1% 水平下显著（P 值为 0.0005）。可见，银行表外非保本理财规模的迅速膨胀，在一定程度上加剧了金融市场的流动性风

① 《流动性与中央银行的流动性管理》，《中国货币政策执行报告》（2006 年第 3 期）。

② 超额准备金月度数据通过对季度数据线性插值而得，银行非保本理财规模数据来自银行业理财登记托管中心发布的《中国银行业理财市场报告》（各期），缺失数据根据线性插值方法而得。

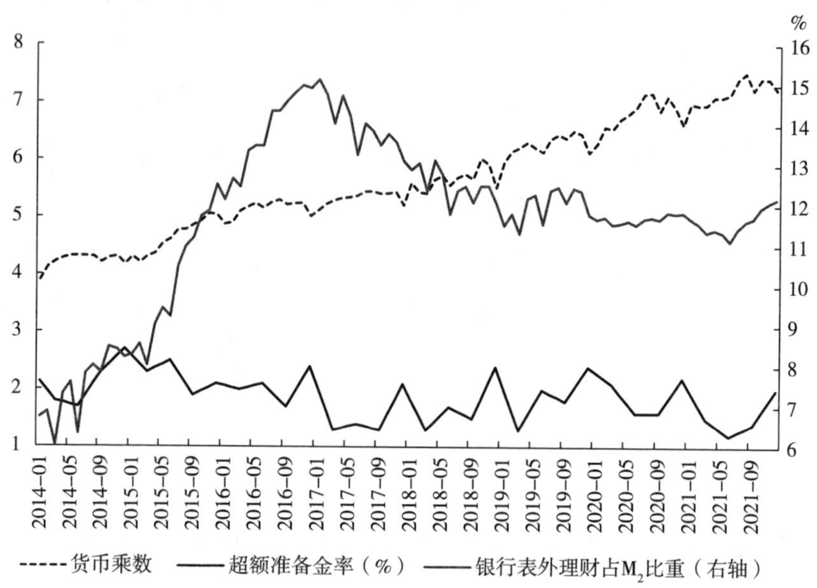

图 6.4　银行表外理财占 M_2 比重、货币乘数与超额准备金率

险。而且，在基础货币稳定条件下，超额准备金率的变化将影响货币乘数。由于银行表外理财与超额准备金显著负相关，表外理财的发展导致超额准备金更不稳定，从而影响 M_2 目标的顺利实现，中央银行货币数量的可控性将越来越差。

（三）银行表外理财对货币乘数和货币供给影响的实证分析

银行业理财登记托管中心披露了银行理财资金投向实体经济比重数据，由此可以得到银行理财资金投向金融同业占比（也即同业比例）序列，进而可以得到 λ_2、λ_1 等变量和货币乘数估计序列。考察货币乘数实际值与估计值，由图 6.5 可以发现，两个序列高度正相关，相关系数为 0.9861，在 1% 水平下显著，这表明基于银行理财数据的估算是比较可靠的。

另外，非保本理财产品并不计入银行资产负债表，因而从银行负债端（存款）统计的广义货币供给 M_2 并未涵盖这一部分，但非保本理财实际上也是通过银行渠道汇集的社会资金，因而这实际上就是金融脱媒。因此，

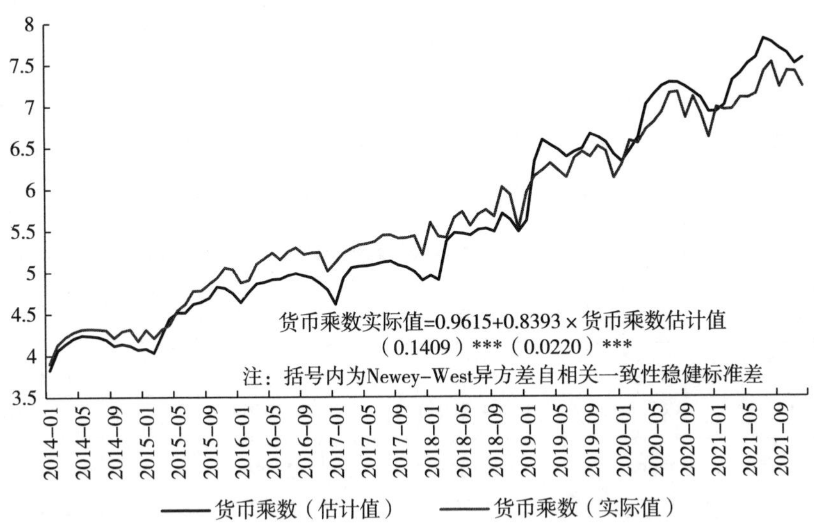

图 6.5　基于银行表外理财数据的货币乘数估计值与实际值比较

可以借鉴考虑金融创新的货币乘数和信用货币创造理论模型，对银行表外理财与货币乘数的关系进行实证分析。这里，除了模型中的法定准备金率、超额准备金率、现金比例、金融脱媒比例等变量外，影子银行金融脱媒资产对货币乘数也有着非常显著的影响。非银行金融机构权益资产相当于影子银行金融脱媒资产。根据模型，广义货币供给 $M_2 = \frac{1-(1-\alpha)\lambda_2}{1-\lambda}B$，货币乘数 $m = \frac{1-(1-\alpha)\lambda_2}{1-\lambda}$，金融脱媒资产 $Wealth = \frac{\lambda_2}{1-\lambda}B$。计算可得 $\frac{Wealth}{M_2} = \frac{\lambda_2}{1-\lambda}m$，由于 $\lambda_2 > 0$，$(1-\lambda) > 0$，因此有 $\frac{\partial m}{\partial Wealth/M_2} > 0$。因此，可以在控制准备金率等变量的同时，进一步控制金融脱媒资产占 M_2 比重变量，考察影子银行规模对货币乘数的影响。银行非保本理财就是影子银行资产或金融脱媒资产，故可将银行表外理财占 M_2 的比重（Wealth）作为替代变量，考察其与货币乘数的关系。

除了以理财资金投向金融同业比重得到同业比例估算变量外，银行业理财登记托管中心公布了银行理财投资债券、权益类资产、非标资产和现金及银行存款资产的情况。出于稳健性的考虑，以理财产品投资于现金及银行存款资产占比作为 α 序列，进而得到 λ_2、λ_1 等变量估计序列。由此，分别控制不同方法估计的变量序列，对货币乘数影响因素进行计量检验，样本期为 2014 年 1 月至 2021 年 12 月，具体结果如表 6.9 所示。

表 6.9 金融脱媒资产与货币乘数的关系检验结果（货币乘数实际值为因变量）

自变量	金融同业占比估算参数		现金及银行存款占比估算参数	
常数项	-3.1440 (3.8871)	-0.1785 (4.0103)	-1.9854 (4.7692)	-0.8414 (5.0499)
γ	-20.3309*** (1.7714)	-19.6556*** (1.7080)	-22.0072*** (1.7241)	-22.9576*** (2.4068)
e	-33.3524*** (5.4473)	-31.2763*** (5.8218)	-33.5862*** (6.9547)	-33.9209*** (7.0539)
λ_1	10.6671** (4.1983)	7.3691* (4.3964)	9.5038* (5.5419)	8.3138+ (5.8337)
λ_2	14.8476*** (3.7241)	11.6341*** (3.9096)	12.9769*** (4.5143)	11.665** (4.8283)
α	2.5518*** (0.7679)	2.1184** (0.8591)	4.1374** (1.8271)	4.5599** (2.0253)
Wealth		1.4316+ (0.9294)		1.1758 (1.3602)
R^2	0.9838	0.9843	0.9804	0.9807
S. E.	0.1296	0.1283	0.1424	0.1425
F	1093.6***	930.27***	902.48***	751.82***

注：+代表在 15% 水平下显著。

表 6.9 的回归结果比较理想。在根据银行理财资金投向金融同业占比进行参数估计的方程中，*Wealth* 在 15% 水平下与货币乘数显著正相关，其他方程各变量都至少在 10% 水平下显著，而且各变量回归系数方向均与理论相符。

在根据现金及银行存款占比估计参数的方程中，虽然 *Wealth* 未通过显著性检验且 λ_1 仅在 15% 水平下显著，但两个方程中其他参数均至少在 5% 水平下显著，回归系数方向也与理论相符，这说明本书的模型是比较可靠的。

（四）银行表外理财对货币需求的影响

前面金融脱媒的货币乘数模型并没有考虑货币需求因素，只是根据总量数据推算同业比例、金融脱媒比例等情况，无法反映金融市场创新和影子银行体系的复杂程度。近年来，随着影子银行结构化产品的发展，金融机构内部之间的同业交易越来越复杂，资金在金融体系内部的循环链条也将越来越长。以银行表外理财为例，由于银行理财大多按预期收益刚性兑付，在这一模式下理财投资标的收益波动风险，实际应由银行承担。但是，在银行理财主要按照资金池对接资产池的运作模式下，银行实际上并未承担或较少承担这些风险，只需简单续发理财产品维持流动性，即可掩盖资产端风险。这样，以银行表外理财为代表的影子银行扩张导致金融体系内部对资金的需求也越来越大，不同类型金融机构的信用利差，也将随着融资需求的扩大而拉大。同时，流动性需求冲击对不同类型金融机构的影响也并不一致，相对于存款类金融机构，非存款类金融机构主要依靠从银行等同业融资，这其中近年来的一个重要融资途径，就是承接银行理财的委外投资。尤其是，近年来证券、基金等非银行金融机构大量采取高杠杆投资方式博取更高收益，一旦遭遇监管强化等流动性冲击，其来自银行同业的流动性供给收缩就会因此放大，货币市场上存款类和非存款类金融机构的利差也会因此扩大。观察货币市场上银行与非银行金融机构利差的走势，二者偏离始于 2015 年下半年，加剧于 2016 年下半年，收敛于 2017 年末。这三个不同时间段的变化，与表外理财、同业理财规模的变化，以及同业存单利率、债券市场收益率走势密切相关。

这里，以银行隔夜质押式回购利率与存款机构隔夜质押式回购利率之差（RDR），考察其与表外理财占 M_2 比重（Wealth）的关系。由图 6.6 可见，两者呈现非常明显的正相关关系，RDR 与 Wealth 的相关系数为

0.4808，且在1%水平下显著。

另外，2014年以来，我国将中期借贷便利（MLF）作为向金融市场投放流动性和基础货币的重要渠道，但MLF的操作对象都是存款类金融机构，这在一定程度上加大了市场不同类型机构的信用利差。这里，将MLF占基础货币的比重作为货币政策操作的控制变量，进而考察表外理财对货币需求和不同机构信用利差的影响，对RDR与表外理财的关系进行回归。由表6.10可见，表外理财与市场信用利差始终呈现显著的正相关关系，即使控制了货币政策操作变量（MLF），回归系数仍在10%水平下显著，说明银行表外理财的扩张确实导致市场产品结构更加分化，加剧了金融机构的期限错配和流动性风险，不同类型机构的信用利差也因而加大。不过，需要注意的一点是，针对市场中长期流动性和基础货币投放的MLF与不同类型机构利差也在1%水平下显著，表明MLF在弥补市场流动性缺口的同时，在一定程度上也加大了市场信用利差。

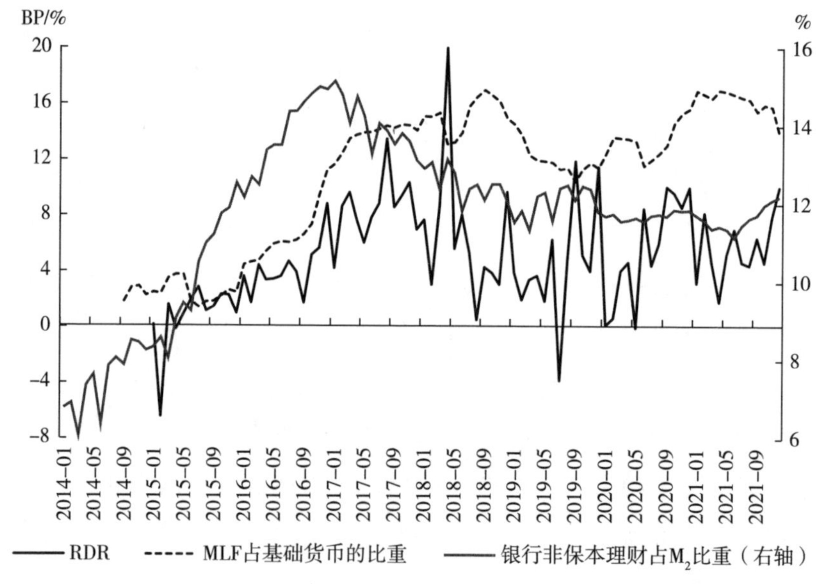

图6.6 RDR、Wealth及MLF占基础货币的比重

表 6.10　市场信用利差与表外理财（RDR 为因变量）

样本期	方程 1	方程 2	方程 3
常数项	-18.1620* (9.6108)	-1.4787 (2.6633)	-17.9670** (8.5232)
Wealth	1.8627** (0.7668)		1.4761** (0.5953)
MLF		0.5385*** (0.2004)	0.4031*** (0.1247)
R^2	0.2242	0.1957	0.3241
S. E.	5.2844	5.3805	4.9624
F	23.981***	20.195***	19.656***

（五）银行表外理财与存贷款利率水平

理论上，金融创新和脱媒能够满足居民金融收益的合理需求，而随着利率管制的放开，针对利率管制的金融创新也将由于利率水平的升高而下降。但是，目前我国仍存在事实上的隐性利率双轨制，存贷款基准利率已处于有史以来的最低水平，而市场利率在部分时期仍会出现一定的波动，市场利率与存贷款利率利差也会扩大，这在一定程度上也是银行表外理财迅速发展的重要原因。这里，根据 Wind 公布的主要银行利率浮动情况，按各银行存款总额进行加权平均得到一年期市场平均存款利率（Rdeposit）序列，以一般贷款加权平均利率（Rloan）作为贷款利率变量，考察存贷款利率水平与银行表外理财的关系。可以发现，市场存贷款利率水平与银行表外理财占 M_2 的比重呈现非常明显的负相关关系，存款利率、贷款利率与 Wealth 的相关系数分别为 -0.8869 和 -0.7687，且均在 1% 水平下显著（P 值均为 0.0000）。

以银行表外理财占 M_2 比重作为因变量，与市场存贷款利率进行回归，结果表明表外理财与存贷款利率水平均显著负相关，说明在当前利率双轨制条件下，存贷款利率调整的滞后，与金融创新和脱媒的迅猛发展不无关系；而且如果同时控制存贷款利率，可以发现仅存款利率是显著的，而贷

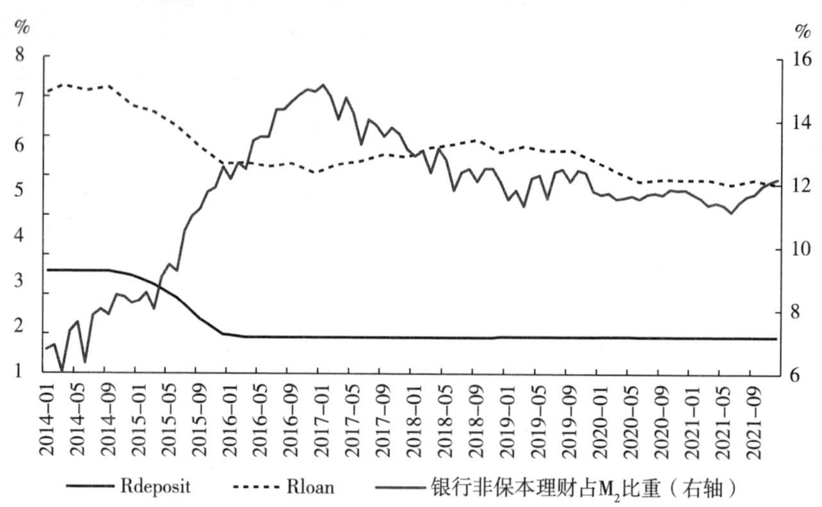

图 6.7 市场存贷款利率与非保本理财占 M_2 的比重

款利率并不显著且符号发生了变化，这表明其与存款利率存在共线性现象。存款利率显著而贷款利率不显著，也反映了存款利率调整的滞后更为突出，而银行表外理财在一定程度上弥补了居民财产性收益，这也是推动利率放开的重要因素。

表 6.11 表外理财与市场存贷款利率水平（Wealth 为因变量）

样本期	方程 1	方程 2	方程 3
常数项	19.0946 *** (0.6460)	27.2191 *** (2.4933)	16.8002 *** (2.2867)
Rdeposit	-3.5763 *** (0.2488)		-4.2368 *** (0.6046)
Rloan		-2.6223 *** (0.3964)	0.6180 (0.5573)
R^2	0.7865	0.5909	0.7925
S. E.	0.9806	1.3574	0.9719
F	436.28 ***	135.77 ***	177.59 ***

四、货币数量的可控性、可测性与货币价格调控模式转型

在基于货币乘数的传统信用货币创造的理论框架下，通过构建考虑金融创新和金融脱媒情形的信用货币创造模型，分析了金融创新和金融脱媒对货币供应机制的具体影响。模型发现，虽然金融创新和脱媒并不影响基础货币供应，但货币乘数形式会变得更加复杂，从而使货币乘数估计值与实际值出现一定偏离，广义货币数量的可测性和可控性也随之越来越差。法定和超额准备金率以及金融机构库存现金准备与货币乘数负相关，金融脱媒比例、存款比例和同业存款的上升则能够提高货币乘数；金融脱媒程度加大使传统以银行存款为媒介的信用货币创造机制更为复杂，进一步扩大了存款的货币乘数边际效应，货币数量调控的有效性因而明显下降。

根据推导的货币乘数理论模型，分别以货币基金和银行表外理财数据对模型各参数进行了估计，并对其与货币乘数的关系进行了实证分析。结果表明，考虑金融脱媒因素的信用货币创造机制的分析和货币乘数模型的估计是合理的，各变量与货币乘数的关系显著且与理论模型所揭示的方向一致。虽然理论模型表明，资产方金融脱媒并不影响信用货币创造机制，但融资方式的多元化仍将在很大程度上改变金融机构的行为方式和资产配置，进而对货币乘数和货币创造机制产生重要影响。因此，尽管存款上限的完全放开将使大量负债方金融脱媒消失，对货币供应量统计口径的修订在一定程度上也能够提高货币控制效果，但以货币数量作为中间目标的可控性及其与最终目标的相关性仍将越来越差。

基于货币基金数据对货币乘数的实证分析还发现，2011 年 10 月我国将非存款性金融机构同业存款纳入货币统计是必要的，在一定程度上提高了货币的可测性和可控性。不过，2019 年以来，货币乘数估计值与实际值再次出现明显偏离，各变量与货币乘数的关系也出现了明显的变化，这既可能与 2018 年我国对货币统计口径再次进行了修订有关，也很可能是由于市

场开始消化各项监管政策，金融创新和脱媒活动逐步恢复或出现了新的形式，致使变量关系出现明显的变化。虽然计量分析表明，各变量与货币乘数的关系稳健可靠，但由于货币当局无法事先准确判断和估计金融脱媒或同业存款的程度，货币供给的可控性更加困难。金融创新和金融脱媒的迅猛发展使以数量为目标的货币政策面临越来越大的挑战。

基于银行表外理财的实证分析还表明，银行表外理财的发展确实提高了货币乘数，加大了中央银行准确控制广义货币供给的难度，货币数量调控的有效性也因此明显下降。从货币供给角度看，随着金融监管政策的加强和资管新规落地，银行表外理财尤其是同业理财增速明显回落，实际等同于增强了货币创造的准备金约束，由此降低了货币乘数和 M_2 增速。从货币需求角度看，银行表外理财对货币政策传导的影响，主要体现为存款类与非存款类金融机构信用利差的扩大。随着影子银行规模扩张且渠道日益复杂，金融机构货币和流动性需求受金融市场波动冲击不断增大，MLF 在弥补基础货币数量缺口的同时，由于不同金融机构流动性、可得性及需求的差异，也在一定程度上增大了市场的信用利差；存贷款基准利率水平（特别是存款利率）与市场利率的利差，也与银行表外理财规模密切相关，需要加快促进利率并轨，真正实现存贷款利率的完全放开。近年来，在监管力度逐步加大和金融服务实体经济政策作用下，表外理财等资管产品逐步规范发展并更多服务于实体经济，在一定程度上也提高了货币数量的可控性。不过，一方面，尽管随着各项监管政策的最终落实到位，原有的金融创新和脱媒对货币乘数的扰动影响将最终消失，但在政策逐步落实过程中，不同金融脱媒和信用扩张渠道的回表进程并不完全一致，货币乘数在明显下降的同时还会变得更不稳定。另一方面，也是更主要的，由于金融监管往往落后于金融市场发展，在盈利驱动下很可能引发新一轮针对过严监管的金融创新，货币乘数仍将由于监管部门和金融市场的博弈而变得更不稳定，中央银行货币数量调控不得不更多考虑监管政策的影响，货币数量调控的效果必然越来越差，货币政策亟须向以利率为主的价格调控模式转型，这也与美国、欧元区等发达经济体的经验相符。

第七章　利率并轨、市场化利率形成和传导机制

利率市场化不仅是存贷款利率管制的逐步放开，还包括培育基准利率体系、形成市场化利率调控和传导机制等内容（周小川，2013）。存贷款利率完全放开管制，与市场化利率形成和传导机制密不可分，直接关系到以利率为主的价格型货币调控模式转型的成败。因此，存贷款利率“放得开”完全市场化并轨的具体路径，需要结合货币价格调控模式下利率政策传导机制和金融市场基准利率体系培育等方面，进行专门的技术性准备工作。

一、利率双轨制与利率市场化条件下的利率传导机制

（一）利率管制和利率双轨制下的利率传导机制

长期以来，存贷款基准利率一直是我国金融价格体系的中枢，是货币政策调控的重要手段，也是金融机构产品定价的主要依据，直接关系着金融资源的配置效率，具有举足轻重的作用。因此，放开存贷款利率管制始终是我国利率市场化改革的重中之重。利率管制的目的是让银行能够低成本动员储蓄，以此促进投资和经济增长。较低的存款利率上限使银行能够以较低成本获得大量资金，并以低于均衡的利率水平向企业提供贷款。因

此，存贷款基准利率的调整往往比较滞后，这直接导致银行贷款利率调整缓慢。自2004年放开贷款利率上限和存款利率下限管制以来，我国形成了特有的利率双轨制。即使是2015年放开存款利率浮动限制基本实现利率市场化以后，由于存款基准利率压舱石的作用，我国仍存在着隐性利率双轨制，2019年LPR形成机制改革贷款利率并轨之后，仍是如此。中央银行只能更多地依靠价格之外的数量型调控模式，通过控制信贷规模、准备金率等方式，调控信贷规模，从而使信贷供求在较低贷款利率下实现均衡（He and Wang，2012）。

在利率双轨制条件下，中国的利率政策传导在管制利率和市场利率两条轨道同时发挥作用。一方面，我国以银行间接融资为主，已放开的金融市场利率仍明显受到存贷款利率的影响。存贷款基准利率调整将直接影响资金成本和信贷资金供求，中央银行需要通过准备金、信贷规模等数量型工具实现信贷供求均衡和产出、物价稳定等最终目标。另一方面，由市场资金供求决定的金融市场利率对宏观经济的反应更为灵敏，受管制的存贷款利率和货币政策也受到金融创新和脱媒的显著影响。在信贷市场和金融市场套利机制下，中央银行完全有能力引导市场短端利率和货币、债券和资本市场价格，间接影响存贷款利率水平，进而实现产出、物价稳定等货币政策最终目标，这也就是利率完全市场化和货币价格调控模式下的利率传导机制（见图7.1）。虽然短端市场利率向中长端市场利率和存贷款利率的传导机制依然有效，但由于银行在我国金融中的主导地位和存贷款基准利率重要的锚定作用，政策传导的效率受到一定影响，利率调控在货币政策中的作用也相对有限（He and Wang，2012）。

（二）利率市场化和货币价格调控模式下的利率传导机制

20世纪80年代中期以来，主要发达国家在完成利率市场化的同时，都重新转向以利率为主的货币价格型调控模式。在物价稳定作为最主要最终目标下，中央银行往往都（隐含地）遵循一定规则（即泰勒规则）决定短端基准政策利率，引导市场隔夜操作目标利率与政策目标水平相符，进而

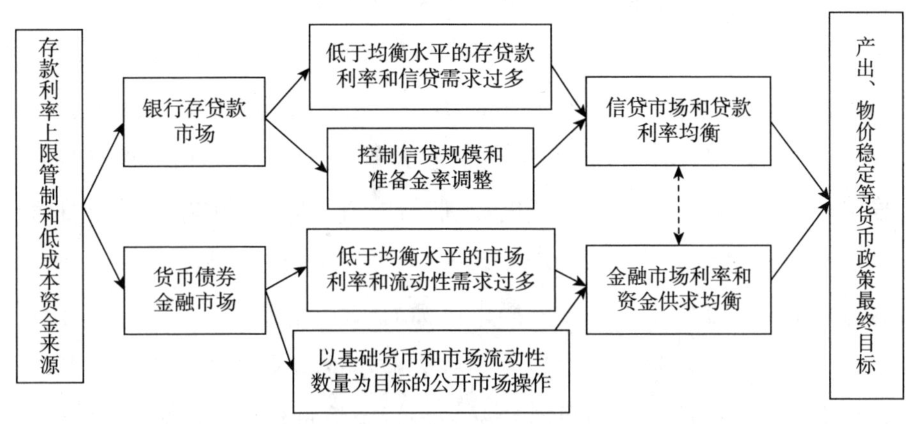

图 7.1　利率双轨制和利率管制条件下的利率传导机制示意

影响短期货币市场、中长期金融市场基准收益率曲线（及金融产品定价）和存贷款利率，改变经济主体的投资、消费决策并进而实现货币政策最终目标，这也就是所谓的“单一目标、单一工具”的常规货币政策模式。无论是货币政策操作目标利率，还是中央银行基准政策利率，都是短端（主要是隔夜）利率，这主要是根据利率期限结构预期理论，收益率曲线的斜率与投资者对未来利率的预期密切相关。由于无套利机制，对于任何期限债券投资的单一时期预期回报理论上都是相同的，也就是说当期收益率曲线所隐含的市场利率预期等同于未来的即期利率，市场对未来通胀和经济增长的预期体现在收益率曲线的形状上（也即期限溢价，Estrella and Hardouvelis，1991）。而且，基于协整理论的实证研究表明，长短期利率存在着长期均衡的协整关系，支持了利率期限结构的预期理论（Engle and Granger，1987）。因此，各国中央银行大多以市场隔夜利率作为政策操作目标，调控中长期收益率曲线政策实践非常少见且存在很多争议。第八章和第九章将对此进行专门分析。

在利率市场化和金融市场发育比较成熟的发达经济体，商业银行存贷款定价主要采取市场导向的定价方式，以中央银行基准政策利率和市场基准收益率曲线为基准，根据贷款的风险程度确定风险溢价，最终合理进行存贷款定价。按照产品性质的不同，主要分为两种模式。

一是对于零售性质的中小企业贷款、消费贷款及信用卡透支等信贷产品，主要采取最优惠贷款利率（Prime Rate）定价模式。美国、日本、加拿大、中国香港等经济体普遍采用了这一模式[①]。由于这类客户信贷资金需求差异性较大，对利率水平的敏感度和利率波动的容忍度相对较低，因而银行主要是结合经营成本和市场产品风险等情况，报出针对优质客户贷款的最优惠利率。由于作为货币政策操作目标的市场隔夜利率一般与中央银行政策目标利率（基准政策利率）水平存在微小的差异且经常变化，银行最优惠利率通常是根据自身的成本情况与央行政策目标利率挂钩，随着中央银行基准政策利率的变动而调整，其他产品利率在最优惠利率基础上根据客户信用和产品情况、未来利率变动预期、银行经营成本等情况（也即风险溢价、期限溢价和费用加成），进而得到具体信贷产品利率水平。例如，美国商业银行的最优惠贷款利率就是在联邦基金利率上加点。由于银行成本、经营策略等差异，每个银行加点幅度并不完全相同，但平均来看美国的最优惠利率是在联邦基金利率基础上加 300 个基点。由于在中央银行未调整利率政策之前改变最优惠利率报价可能表明银行经营出现问题，因而出于市场竞争的考虑，很少有商业银行主动调整最优惠利率。类似贷款利率定价，银行也主要是根据客户存款流动性、金额等情况，对不同类型存款进行差别定价。

二是对于类似批发性质的大型企业和银团贷款，主要是根据金融市场基准收益率曲线开展产品定价。由于这类贷款客户信贷资金需求量较大，对利率价格变化相对更为敏感并能够承受较大的利率波动风险，因此这类贷款主要是根据客户的信用和产品情况，在 Libor 等货币市场短期和以国债为代表的中长期收益率曲线所组成的完整期限的金融市场基准收益率曲线基础上，确定相应期限贷款的风险溢价系数，进而得到相应的贷款定价。

---

① RBI, 2009, "Report of the Working Group on Benchmark Prime Lending Rate (BPLR)", *RBI Report*, October.

类似地，对于具有批发性质的企业大额存款和商业银行负债，也主要根据金融市场基准收益率曲线、产品性质和客户的流动性需求，确定相应的存款利率。

由于金融市场收益率曲线（无论是短期的货币市场基准利率还是以国债为主的中长期基准利率）是在中央银行隔夜政策目标利率基础上，根据未来通胀、产出等预期（期限溢价）、市场信用风险（风险溢价）而得（Hou and Skeie，2014），因而参考市场基准收益率曲线的信贷产品定价利率风险较大，更适合投资经验丰富的客户。不过，一般来说，批发性质的企业在金融市场更活跃，能够通过利率互换等衍生品市场或主动负债（如发行债券或短期商业票据）方式规避利率风险，最大化企业资金的使用效率，健全的金融市场基准收益率曲线也极大地促进了金融市场（特别是衍生品市场）的发展（Duffie and Stein，2015）。甚至，很多零售性质贷款定价不再参考最优惠利率，而是转向金融市场基准收益率曲线。金融市场深化发展和竞争加剧，也是银行贷款定价由最优惠利率模式转向金融市场基准利率模式的重要原因。20 世纪 70 年代至 80 年代初，由于滞胀和政策利率急剧上升，美国货币市场利率波动频繁，但 LPR 调整相对滞后，每当 LPR 与联邦基金利率之差扩大时，企业更倾向于通过商业票据融资。根据圣路易斯联储的数据，国外银行在美分支机构占所有工商贷款的比重一度最高将近 50%（1997 年第二季度的 49.4%），但国外银行以最优惠利率作为定价基准的工商贷款占比最高仅为 18.95%（2002 年第一季度），大多仅在 5% 以下；2005 年前后，美国国内银行近 45% 的工商业贷款以最优惠利率作为定价基准（其中，金融市场经验更为丰富的大银行为 40% 左右，小银行近 70%），而 2016 年前后这一比重降至 15% 左右（其中，大银行约为 13%，而小银行仍高达 50% 左右）[①]（见图 7.2）。2014 年金融稳定理事会披露的一组数据表明，美元、欧元、英镑贷款中，银团贷款以 Libor 作为定

① 参见：https：//fred. stlouisfed. org，数据为 1997 年第二季度至 2017 年第二季度，后不再更新数据。

价基准的比重分别为97%、90%、100%，企业贷款以Libor作为定价基准的比重分别为30%～50%、60%、68%，零售按揭贷款以Libor作为定价基准的比重分别为15%、28%、1%～2%①。可见，金融市场基准收益率曲线对银行存贷款利率定价的基准性作用越来越重要。印度储备银行的报告也表明②，在美国、俄罗斯、新加坡等经济体中，仅有10%～25%的贷款依据最优惠利率定价。

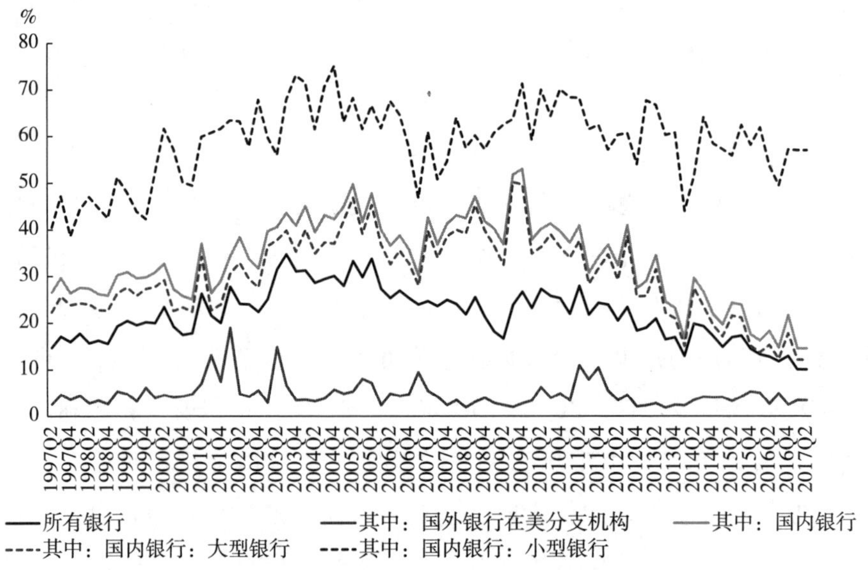

图7.2　美国工商贷款中按最优惠利率作为定价基准的贷款占比③

（数据来源：https：//fred.stlouisfed.org）

从利率政策的具体传导机制来看，作为货币政策操作目标的市场隔夜利率水平与中央银行利率目标水平相符，进而引导金融市场基准收益率曲线的变化。金融市场主体根据对未来通胀、增长的预期和风险判断，在基

① FSB，2014，"Reforming Major Interest Rate Benchmarks"，Jul. 22nd.

② RBI，2009，"Report of the Working Group on Benchmark Prime Lending Rate（BPLR）"，*RBI Report*，October.

③ 2017年第二季度后不再更新数据。

准收益率曲线基础上考虑一定的期限溢价和风险溢价因素，对不同风险性质的金融产品进行合理定价。中央银行基准政策利率的调整能够有效影响金融市场的流动性和市场估值，从而影响债券、股票价格及其发行、交易和实体经济投资。债券、股票等金融市场价格的变化还会带来财富效应，进而引导居民的储蓄和消费行为。外汇市场供求和汇率水平也会随央行基准政策利率的调整而出现变化，从而影响进出口和跨境资本流动等一国的国际收支状况。中央银行利率目标的调整也将通过最优惠利率的变化影响商业银行存贷款利率、居民储蓄、消费和投资行为。利率市场化和货币价格调控模式下的利率传导机制如图 7.3 所示。

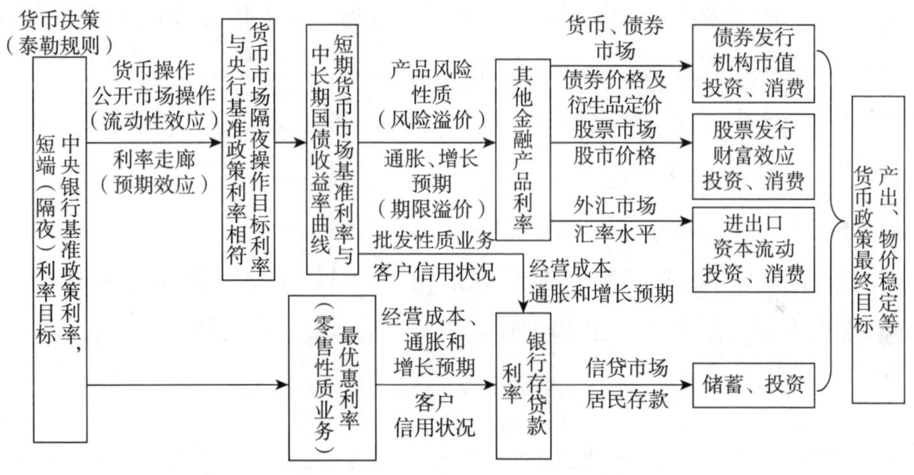

图 7.3　利率市场化和货币价格调控模式下的利率传导机制示意

（三）中国利率政策传导机制的实证分析

由上可见，无论是利率双轨制还是利率完全放开的货币价格调控模式，都存在着金融市场短端利率向市场中长期利率和银行存贷款利率的传导渠道，只是政策传导的效率不同。通常来说，货币政策传导都存在一定的时滞，中央银行短端政策目标利率调整往往不会引发金融市场中长期利率和存贷款利率的同步变化，利率调整幅度也并不一致。特别是，由于信贷产品性质、定价策略等差异，期限较短的工商企业贷款对央行政策利率变化的反应更为灵敏，而期限较长的按揭贷款、定期存款以及支票存款和更为复杂的消费贷款的政策反应程度相对较弱。而且，贷款利率与投资、消费的关系更为紧密，更能体现货币政策的有效性（Gregora et al.，2021），我国很早就放开了贷款利率的浮动限制，因此可参照利率市场化和货币价格调控模式下的利率传导机制。根据图 7.3 的利率传导链条，考虑期限溢价和信用风险溢价因素，对金融市场短端利率和银行贷款利率的关系进行检验。

金融市场短端利率方面，采用我国货币市场交易量最大的银行间隔夜质押式回购利率（R001），以一般贷款加权平均利率作为贷款利率代理变量（Loan），根据季度数据线性插值，得到月度数据，以 1 年期 AAA 级企业债收益率与同期限债收益率之差作为信用风险溢价代理变量（RP），以 1 年期国债收益率与 3 个月期国债收益率之差作为期限溢价代理变量（TP），样本期为 2008 年 9 月至 2021 年 12 月。PP 平稳性检验表明，上述变量均至少在 10% 显著性水平下是平稳的，可以基于 VAR 框架的 Granger 因果分析。根据 LR、AIC 等最优滞后期检验标准，选择滞后 5 阶的 VAR 模型，全部特征根均落在单位圆以内，所设定的 VAR 模型是稳定的。具体检验结果如表 7.1所示：

表 7.1　利率传导的 Granger 因果检验结果

VAR Granger Causality/Block Exogeneity Wald Tests							
Dependent variable：R001				Dependent variable：Loan			
Excluded	Chi - sq	df	Prob.	Excluded	Chi - sq	df	Prob.
TP	1.386132	5	0.9258	R001	20.17790	5	0.0012
RP	5.135935	5	0.3995	TP	6.645451	5	0.2484
Loan	17.01082	5	0.0045	RP	14.81201	5	0.0112
All	23.11652	15	0.0817	All	46.95394	15	0.0000
Dependent variable：TP				Dependent variable：RP			
Excluded	Chi - sq	df	Prob.	Excluded	Chi - sq	df	Prob.
R001	1.242441	5	0.9407	R001	5.898551	5	0.3162
RP	8.753081	5	0.1193	TP	4.944836	5	0.4226
Loan	18.32772	5	0.0026	Loan	9.552926	5	0.0889
All	25.55844	15	0.0429	All	29.95785	15	0.0121

由表7.1的检验结果，至少可以得到如下几方面结论：一是市场隔夜利率与贷款利率互为Granger因果关系，说明我国金融市场短端利率与银行贷款利率连动的传导渠道是畅通有效的。R001在1%水平下是一般贷款利率的Granger原因，整体方程在1%水平下显著，表明我国中央银行完全能够通过调控市场短端（隔夜）利率影响中长期贷款利率，利率传导机制是畅通有效的。一般贷款利率在1%水平下是R001的Granger原因，但整体方程只在10%水平下显著，这既说明市场短端利率对贷款利率的Granger原因结果更为可靠，也表明存贷款基准利率水平对金融市场利率仍有着较为显著的影响，我国利率双轨制下的利率传导机制依然发挥着作用，这在一定程度上干扰了市场短端利率对贷款利率的传导效率。

二是中央银行可以通过调控市场短端隔夜利率水平影响存贷款利率，进而实现产出、物价等货币政策最终目标。信用溢价和期限溢价均不是市场隔夜利率的Granger原因，但信用溢价在5%显著性水平下是贷款利率的Granger原因，这说明市场隔夜利率水平受信用风险、期限溢价等影响较小，中央银行完全可以通过公开市场操作和利率走廊机制影响市场隔夜利率水平，这也是20世纪80年代以来主要发达经济体央行采取隔夜利率调控“单一工具”的主要原因。反之，由于贷款利率容易受风险溢价的干扰，中央银行很可能没有能力影响信用风险溢价，因而各国主要通过短端隔夜利率目标引导市场利率和存贷款利率水平。

三是市场隔夜利率不是期限溢价的Granger原因，这表明中央银行无法有效影响期限溢价，因而调控收益率曲线的政策往往无效。贷款利率和信用风险溢价分别在1%和10%显著性水平下是期限溢价的Granger原因，但R001并不是期限溢价的Granger原因。这表明，贷款利率和信用风险溢价也反映了未来通胀、产出预期等信息，因此中央银行应仅调控市场短端隔夜利率，而不应以收益率曲线或贷款利率作为政策目标。

四是市场隔夜利率和期限溢价均不是信用风险溢价的Granger原因，这表明货币政策无法有效影响信用风险。由于信用风险溢价在5%显著性水平下是贷款利率的Granger原因，而贷款利率仅在10%显著性水平下是信用风险溢价的 Granger 原因。可见，贷款利率水平的上升既可能是由于货币政策收紧（市场隔夜利率上升）进而影响贷款利率水平，也可能是由于信用风险溢价上升所致，而贷款利率波动较大也会对风险溢价产生一定的影响。不过，由于市场隔夜利率并不是信用风险溢价的 Granger 原因，因此，理论上，货币政策无法有效影响信用风险溢价，这需要其他政策手段的协调配合。

二、金融市场基准利率体系建设与利率并轨：国际货币市场基准利率改革的启示

（一）金融市场基准利率的含义与基于报价的货币市场基准利率（IBORs）

在利率市场化的货币价格调控模式下，银行除了按照最优惠利率开展贷款利率定价之外，越来越多的贷款采用根据金融市场基准利率定价的模式。所谓金融市场基准利率，是指在一国利率体系中起基础性作用、作为金融市场其他产品定价参照系的利率体系①，主要由短期的货币市场基准利率体系和中长期金融市场基准收益率曲线共同组成一条完整的利率期限结构。具有政府信用支撑的国债收益率是金融市场理想的基准利率，各国中长期市场基准利率主要就是国债收益率曲线。在我国，自 1981 年国债恢复发行以来，特别是 1997 年银行间债券市场成立以来，国债市场日益成熟，从 1999 年开始编制并发布国债收益率曲线，能够有效反映宏观经济重要信息，为货币决策提供可靠参考，已成为人民币资产定价重要的中长期利率基准（易纲，2021）②。除了中长期国债发行外，很多国家政府还定期发行

① 《货币市场基准利率》，《中国货币政策执行报告》（2006 年第 4 期）。

② 另请参见：中央国债登记结算有限责任公司和中债估值中心：《我国国债收益率曲线建设的回顾与展望》，《中国财经报》2022 年 1 月 19 日。当然，中国国债发行和国债收益率曲线建设仍存在一定的问题，第十章将结合我国基础货币投放渠道对此进行专门分析。

短期国债（如美国联邦政府每周发行3个月期国库券），因而3个月（或其他短期期限）国债收益率在很长一段时间内也发挥着货币市场基准利率的功能。不过，自20世纪70年代Black－Scholes期权定价理论问世以来，金融衍生品市场迅速发展，市场迫切需要一条具有足够公信力、期限完整的基准利率作为产品定价的重要参考（Duffie and Stein，2015）。正是在此背景下，基于报价体系的银行间同业拆放利率（Libor）应运而生。

Libor的起源可追溯至20世纪60年代。1969年，汉诺威信托（Hanover Trust）的迈诺斯·赞巴纳基斯（Minos Zombanakis）为伊朗国王安排的一笔8000万美元辛迪加贷款的定价模式成为Libor的雏形（Siboulet，et al.，2019）。随着以伦敦为中心的欧洲美元市场的兴起和发展，国际银团贷款日益活跃，伦敦同业拆借市场逐步超越贴现市场成为金融机构最主要的融资方式，拆借利率在银团贷款和国际信贷业务中被广泛使用，成为关键市场利率。随着伦敦拆借市场的迅猛发展和衍生品交易日益活跃。1986年，英国银行家协会（BBA）正式推出Libor，最初仅针对英镑、美元、日元三种货币报价，最多涵盖了10种主要货币及隔夜到1年的15种期限。除货币市场和衍生品市场外，Libor还被广泛应用于信用卡、学生贷款、抵押按揭等各种金融产品定价。借鉴Libor的经验，主要货币都提出了基于报价的货币市场基准利率（IBORs），成为各国货币市场基准利率的最主要模式。在2014年高峰时期，Libor名义上的余额约为220万亿美元，欧元同业拆放利率（Euribor）的余额约为150万亿～180万亿美元，而日本东京隔夜平均利率（Tibor）的余额约为5万亿美元①。

然而，受金融危机冲击、非常规货币政策和加强金融监管等因素影响，信用拆借交易在货币市场份额有所下降，有担保的资金交易（主要是回购）份额则明显上升，基于报价的货币市场基准利率（IBORs）市场代表性和基准性明显下降②。更主要的是，作为Shibor借鉴对象和IBORs鼻祖的Libor

① FSB, 2014, "Reforming Major Interest Rate Benchmarks", July, 22nd.

② BIS, 2017, "Repo Market Functioning", *CGFS Papers*, No. 59.

丑闻不断。早在国际金融危机爆发之前，就已经出现 Libor 被操纵的新闻报道及学术评论①。时任纽联储主席的盖特纳（Geithner）致信英国当局要求其关注 Libor 的可信性，但作为当时 Libor 管理方的英国银行家协会和国际货币基金组织（IMF）、国际清算银行（BIS）等国际组织都声明支持 Libor 的真实性，各方对 Libor 缺陷的讨论并不多，直至 Snider 和 Youle（2010）发现 Libor 存在误导性价格，针对 Libor 的批评四起，各国监管当局开始对 Libor 报价行进行调查。2012 年 6 月，巴克莱银行被美国监管当局正式认定涉嫌操纵 Libor 和欧元同业拆放利率（Euribor），由此揭开了 Libor 被长期操纵的丑闻，各方都对 Libor 的问题进行了深刻反思。

（二）各国货币市场基准利率改革及主要特点

2012 年 6 月，英国财政部委托当时新成立的金融市场行为监管局（FCA）进行调查，并于当年 9 月发布了 Wheatley 报告。报告指出，Libor 需要在管理方式和报价流程等方面进行改革，但并没有必要取而代之，其管理权将由 BBA 转交给洲际交易所（ICE），成立基准管理有限公司（IBA）负责管理，将之前 10 种货币 15 个期限报价缩减至 5 种货币 7 个期限，完善报价机制，加强信息披露等。2013 年 2 月，G20 授权 FSB 审查和改革包括 Libor 在内的主要基准利率，正式拉开了全球货币市场基准利率改革的序幕。FSB 成立了官方部门指导小组（OSSG）负责具体工作。受 FSB 委托，2013 年 7 月国际证券监管组织（IOSCO）发布了金融市场基准使用原则的总体框架，列出 19 条具体标准，涵盖了治理结构、基准利率质量、计算方法和问责机制等四大方面。但是，由于信用拆借交易萎缩，改革后的报价流程过于烦琐，报价行积极性下降，再加上操纵丑闻冲击，Libor 的市场基准性大大下降。2014 年 2 月 IBA 接管 Libor 后，以 Libor 为参考的短期无担保借款交易量明显减少，即使改进形成机制，薄弱的借款市场也难以为数百万亿

① Mollenkamp, C. and M. Whitehouse, "Study Casts Doubt on Key Rate", *Wallstreet Journal*, May, 29th, 2008.

美元的衍生品市场提供坚实的定价基础，缺乏交易和流动性支撑也将影响市场价格发现和风险管理功能，进一步降低利率基准的可信性和可靠性。

在认识到机制上的改进无法保住 Libor 的基准利率地位之后，各国监管当局一致明确，必须放弃 IBORs 并选取新的有稳健市场支撑的利率基准。2014 年 7 月，FSB 发布了关于基准管理者实施 IOSCO 原则的建议：应最大限度使基准利率的形成基于实际交易数据，降低被操纵的可能，找到并发展近似无风险利率（RFRs），替代 IBORs 体系，打造 IBOR +，并在适当的情况下鼓励衍生品市场参与者将新合约转为参考新的 RFRs。与旧有 IBOR 型基准相比，RFR 型基准主要着眼于以下方面的改进：一是旧基准为报价型利率，依赖报价行的专业判断且面临较高的操纵风险，而 RFR 型基准基于市场真实交易；二是 IBOR 型利率为信用拆借利率，包含了银行信用风险溢价，而新基准是近似无风险利率，受个体因素扰动更小，具有更强的普适性；三是针对 IBOR 型基准的市场交易基础下降这一最大的缺陷，RFR 型基准从期限上转向了成交量占绝对优势的隔夜交易，从机构类型上由银行间市场扩展到包括广大非银行金融机构的所有符合条件的交易；在抵押担保交易更活跃的国家，从交易类型上转向了基于有抵押交易（如回购协议），极大地加强了基准利率的市场基础①。

同时，FSB 还委托国际掉期与衍生工具协会（ISDA）牵头完善 Libor 衍生品合约的基准转换方案，Libor 现货合约基准转换则由各经济体的基准利率改革工作组各自负责，国际会计准则理事会（IASB）相应地对相关国际财务报告准则进行修订。在 OSSG 的协调和指导下，美国、英国、日本、欧元区等主要经济体均成立了由央行牵头的专门机构，负责推动货币市场基准利率改革工作。目前，除了继续对部分美元 Libor 利率（不包括 7 天和 60 天期限的其他期限）推迟至 2023 年 6 月 30 日停止公布报价外，所有其他币种 Libor 均已于 2021 年 12 月 31 日后停止公布报价，Libor 事实上已退出了历史舞台。各国基于报价的货币市场基准利率体系改革进展并不完全相

---

① FSB, 2014, "Reforming Major Interest Rate Benchmarks", July, 22nd.

同，而且很多国家出于稳妥考虑，在引入 RFRs 的同时，对现有 IBORs 报价机制进行改革，提高 IBORs 报价的可靠性，允许多个基准利率并存，但仍进一步强化新基准的应用，具体情况参见附表 7.1。

由于 Libor 已经不适应金融危机以来货币市场格局的结构性变化，在市场代表性和准确性方面存在严重缺陷，各国都加快了货币市场基准利率改革进程。在明确新 RFR 的过程中，各国都遵循 IOSCO 和 FSB 的原则和建议，新的 RFRs 具有以下共同特点：

一是所有的新 RFRs 基准都是隔夜期限利率。隔夜市场交易量远高于其他期限，市场代表性优势明显。理论上，隔夜交易的信用风险和流动性风险是各期限交易最低的。从货币政策传导的角度来讲，隔夜利率也是整个金融体系和货币政策传导最为关键的价格变量，中央银行能够有效影响基础货币数量和流动性供给，货币市场短期（主要是隔夜）利率也称基础货币价格。利率期限结构预期理论表明，在无套利机制下，投资任何期限的债券，单一时期的预期回报率一致，收益率曲线形状主要反映了未来通胀和经济增长的预期，长短期利率存在长期均衡的协整关系。可见，选择隔夜的期限“点”作为基准利率具有坚实理论基础，在实践上也是各国的通行做法。

二是新的 RFRs 与各国政策目标利率期限相同，能够很好地反映基准政策利率的变化。在货币价格调控模式下，各国中央银行大多通过基准政策利率（也即关键政策利率）引导货币市场隔夜政策目标利率（操作目标）水平，新的 RFRs 期限与操作目标利率一致。新的 RFRs 市场代表性更为广泛，与关键政策利率关系非常紧密且稳定，能够更灵敏地反映市场资金供求状况，判断货币政策走势。特别是，货币市场主要隔夜利率与政策目标利率水平持续偏离，这意味着政策利率水平存在偏误，有助于评估货币政策效果。

三是在形成机制上，新的 RFRs 基准利率不再局限于银行间市场，很多国家都涵盖了非银行金融机构交易，尽可能涵盖全部金融市场参与者。市场参与主体更加多元分散，有利于平衡利益冲突，在动机上和难度上降低了基准利率被人为操纵的可能性。各国新的 RFRs 大多都扎根于更广泛、深层次的市场，以全面反映货币市场的融资成本，强化市场代表性。需要指出的是，虽然存款类金融机构信用风险通常更小（能够通过公开市场操作或利率走廊安排获得中央银行流动性支持），但理论上货币市场以弥补短端流动性缺口为主的资金交易的信用风险都非常低，市场正常时期不同类型机构的信用利差也是非常稳定的。

四是很多国家新 RFRs 基准大多以有抵押的回购利率为主，进一步强化了利率的无风险性。尽管市场正常时期信用风险溢价并不大，但市场剧烈波动时，机构信用状况可能对利率水平产生较大冲击，以良好抵押品为担保的回购利率能够有效消除信用风险溢价，这也是国际金融危机后各国信用拆借交易萎缩而回购业务迅速发展的主要原因。因此，很多国家选择了回购利率，有利于提高基准利率无风险的普适性，更好地满足衍生品交易风险管理的市场需求。

五是新 RFRs 主要是由中央银行进行管理。OSSG 的各经济体成员代表主要是来自中央银行，各国也都由中央银行牵头成立基准利率改革工作组，新的 RFRs 也主要由中央银行进行管理。货币市场基准利率具有公共品的性质，对金融市场稳定和金融功能有效发挥具有非常重要的作用，与货币政策操作和利率传导机制密切相关，而且中央银行在利率管理和数据处理方面具备丰富的经验，作为新的基准利率的编制者和发布者不存在利益冲突，因此中央银行是新的货币市场基准利率理想的管理者。

（三）各国货币市场基准利率改革的一些技术性问题

一是构建期限完整的市场中长期收益率曲线。期限完整有助于巩固基准利率的市场地位，Libor 能够提供一条完整的收益率曲线，这使得 Libor 美元利率迅速取代 3 个月期美元国库券利率，成为国际金融市场最主要的基准利率。由于新的 RFRs 都是隔夜期限，长期交易（尤其是资金市场产品）无法像 IBORs 那样直接参考定期利率（term rate）。虽然衍生品市场参与者挂钩隔夜利率交易经验丰富，但资金市场参与者更习惯于参照合约设定之初的定期利率。为此，各国根据金融市场实际情况，探索基于对未来融资成本预期的前瞻型（forward-looking）和基于已发生实际交易计算的融资成本的后顾型（backward-looking）两个方法，构建各期限利率。后顾型利率主要是在合约期末将合约期内的隔夜 RFR 通过连续复利计算而得，计算简单、较为平滑、可预测性好，在与新的 RFR 基准挂钩的长期交易市场尚未完全构建的情况下仍然可得。然而，后顾型利率无法反映对未来利率和市场状况的预期，只能在合约期末获得，无法事前计算融资成本，对于期望参考长期基准来进行流动性和风险管理的市场参与者缺少吸引力。而且，由于经过平均处理，后顾型利率对货币政策和市场状况的反映相对不够灵敏。前瞻型利率则是在合约期开始时基于预期产生，有利于市场参与者进行资产负债、流动性和风险管理，能够灵敏反映市场状况和货币政策，便于政策传导。不过，前瞻型利率依赖于市场的价格发现功能，必须基于足够深度和活跃的衍生品市场，理论上仍存在被操纵的可能。由于后顾型利率具有真实交易支撑，与 OIS 合约的计算机制更为吻合，便于机构对冲利率风险，前瞻型利率过于复杂，因而 FSB 等国际监管组织及美国等国倾向于采用后顾型利率。纽约联邦储备银行已于 2020 年第一季度开始发布 30 天、90 天和 180 天后置复利 SOFR。

需要指出的是，并非所有期限都有现券交易，期限完整性更多是出于资产定价和估值的考虑，而非基准利率的必要条件，也不是对所有产品有益。因此，所有货币都建立完整的收益率曲线并不是完全必要的。FSB 指出①，除 Libor 外不存在可行且稳健的长期替代基准利率，货币市场基准利率改革的重点是由 IBORs 向 RFRs 而非向长期利率过渡，只有解决 IBORs 缺乏深度和流动性市场基础的核心弱点，才能降低转型的脆弱性，即大多数衍生品转向参考隔夜期限的 RFRs 才能保证金融稳定。

二是零基础发展与 RFRs 挂钩的衍生品市场。能够有效对冲风险敞口、

① FSB, 2021, “Interest Rate Benchmark Reform: Overnight Risk-free Rates and Term Rates”, Jun. 2nd.

具有充足流动性的衍生市场发展，对资金市场的深化至关重要，而对于从零起步的与隔夜期限的 RFRs 相挂钩的衍生品市场发展来说，这相当于一个“先有鸡还是先有蛋”的问题。基准利率本质上是金融市场自主选择的结果，货币市场基准利率改革成败与否，取决于与新基准挂钩的金融市场的发育程度，因此需要市场参与者和政策当局的共同努力。当前，尽管与新 RFRs 挂钩的证券（如浮动利率债券，FRN）和衍生品合约规模逐渐增加，但利率掉期交易仍相对较少，与 IBORs 挂钩的金融产品在很多细分市场中仍占主导地位，但基于 RFRs 的利率衍生品市场增长迅速。根据 ISDA 的数据，随着美国扩大 RFR 在衍生品的应用范围，2021 年参考 SOFR 的利率衍生品名义交易额为 9.4 万亿美元（占美元利率衍生品交易份额的 7.4%），较 2020 年的 13 亿美元（占美元利率衍生品交易份额 1%）大幅上升，参考 SONIA 的利率衍生品名义交易额为 20.5 万亿美元（占英镑利率衍生品交易份额 65.9%），2020 年则为 17 万亿美元（占英镑利率衍生品交易份额 54%），而 2021 年参考 Libor 的各币种利率衍生品仍高达 144 万亿美元，占全部利率衍生品的 62.3%①。显然，政策引导和官方部门协作对新的基准利率的金融市场基础设施建设将起到非常关键的作用。

三是对银行资产负债管理的影响。无论是前瞻型还是后顾型利率，得到的收益率曲线都是基于 RFRs 得到的近似无风险利率，这无法完全反映银行信贷的边际融资成本，可能增加银行资产负债管理的困难。通常来说，银行资产负债的风险、期限配置策略并不完全一致（如与 RFRs 挂钩的浮动利率贷款和无抵押负债来源），这也是银行通过风险、期限管理获得盈利的主要来源。虽然正常时期信用风险溢价和流动性风险溢价比较稳定，但在危机条件下，二者混合的长期融资风险将大大增加且难以预测，此时 RFRs 可能与无抵押利率严重背离，银行对冲风险的能力将被削弱，在极端条件下这种背离将导致银行资产负债出现严重的风险错配，冲击银行盈利水平并可能引发系统性风险。

---

① ISDA，“Transition to RFRs Review: Full Year 2021 and the Fourth Quarter of 2021”，Jan.

正是出于风险的考虑，很多国家采用了“双基准”方案，保留并改革IBORs作为长期信贷市场基准以对RFRs基准进行补充。由于IBORs长期资金交易并不活跃，日本、欧元区的“双基准”方案提出运用插值法、专家判断等技术，或考虑非银行金融机构的批发融资利率，以获得完整的利率期限结构；澳大利亚、加拿大原有的BBSW、CDOR市场流动性较好，可直接作为长期基准利率补充。另外，2018年4月IBA建议采用“瀑布方法”（waterfall methodology），通过插值和专家判断等技术解决交易不足，以使Libor由报价转向基于交易并继续作为长期基准。不过，英镑RFRs工作组咨询结果表明，金融市场参与者普遍存在担心，认为“双基准”很可能加剧市场分割，增加SONIA与其他主要政策利率的利差，降低RFRs市场规模，不利于新基准利率的转换。

四是对货币政策操作框架的影响。一方面，RFRs纳入大量非银行金融机构交易，但这类机构通常并非央行利率走廊或公开市场操作对象。随着非银行金融机构交易迅速上升，RFRs很可能偏离政策目标利率水平，影响货币政策传导效果。另一方面，基于回购交易的RFRs受抵押品供求关系的变化影响较大。例如，美国国债月中和月末的息票结算日通常会影响市场利率波动；国际金融危机后对金融机构流动性、杠杆率和附加资本等监管新要求，也加大了银行季度末国债资产配置需求以粉饰资产负债表，这也会加剧国债抵押品供求变化，扰动RFRs水平（Egelhof，et al.，2017）。对于以无担保货币市场隔夜利率作为操作目标的中央银行来说，由于信用交易规模下降，RFRs很可能偏离关键政策利率水平。受美国货币基金市场改革、财政部额外拍卖国债及银行粉饰资产负债表行为等因素影响，SOFR与联邦基金利率一度出现明显偏离。虽然美联储于2013年9月启用隔夜逆回购协议便利（ON RRP），将交易范围扩大至非联储体系成员，提高了货币市场利率引导的效果，但联邦基金市场的代表性下降对货币政策框架的影响仍不容忽视。事实上，美联储很早就对包括隔夜回购利率作为新的政策目标利率进行了深入讨论，但由于无担保的联邦基金利率与其他货币市场隔夜利率显著密切相关，而且转换新的目标利率对央行政策沟通也是重要的考验，因而美联储仍以联邦基金利率作为政策目标利率（Egelhof, et al., 2016）。

另外，瑞士作为曾经唯一将3个月市场报价利率（瑞士法郎Libor）作为操作目标的国家，已于2019年6月宣布将货币政策操作目标变更为隔夜的瑞士央行政策目标利率（SNB Policy Rate）。实施货币政策操作时，瑞士央行将确保SARON接近该政策利率，并且由于SARON为隔夜利率，无须同之前一样设定目标区间①。

（四）货币市场基准利率的性质与基准利率转换（“倾斜”）

金融市场参与者依赖基准利率，主要原因是市场信息不对称，可靠的基准利率能够降低双边场外市场的搜索成本，提高交易匹配度和效率。市场参与者选择基准时更强调对融资成本的准确反映，因而必须具备广泛的市场代表性和基准性。20世纪80年代末，由于欧洲美元市场迅速发展，欧洲美元利率较美国国债利率更贴近国际金融市场的实际融资成本，国际金融交易合约的基准也由美国国债利率转向欧洲美元利率。

当金融市场中出现了新的基准，首先采用其作为基准利率的交易者能够获益，并逐步被其他交易者采用，直至成为市场参与者的共同选择，取代原有基准利率，这一变迁过程也称“基准倾斜”（Benchmark Tipping，按中文表达习惯，可称之为“基准转换”），也就是基准利率的转换过程。由于金融市场迅猛发展和市场条件的变化，基准利率转换是全球金融市场的普遍现象，欧洲美元利率取代美国国债利率成为新的基准，就是典型的基准转换（Kreicher, et al., 2014）。国际金融危机爆发后，市场流动性突然衰竭，基准利率与市场主要利率之间产生了较大偏差。

通常来说，货币市场基准利率在功能上应具备如下性质：市场代表性、基准性、稳定性、无风险性、期限结构的完整性、与实体经济的相关性，市场代表性（或称流动性、相关性）和基准性是货币市场基准利率的核心

---

① Jordan, T., 2019, “Introductory Remarks by Thomas Jordan”, *Speech on Swiss National Bank's News Conference*, June, 13rd.

属性，其他4个性质对判断货币市场基准利率的重要性依次递减，是基准利率核心属性的进一步延伸（项卫星、李宏瑾，2014）。此次全球货币市场基准利率改革再次引发了对基准利率性质的讨论。例如，BIS指出①，为减少系统性错误和操纵风险，基准利率形成机制的透明性至关重要，其理想特征包括代表性、可靠性、稳定性、高频性和易得性。Schrimpf和Sushko（2019）将基准利率的理想特征归纳为三点：一是能够稳健、准确地反映核心货币市场的利率水平，不易被操纵；二是可以为货币市场以外的金融合约提供基准利率；三是能够作为长期贷款和融资的定价基准。

由于金融市场的日益深化发展，事实上并不存在完全理想化的基准利率。Libor满足了Schrimpf和Sushko（2019）所归纳的后两条性质，但市场稳健性和准确性方面仍存在严重缺陷。在形成机制上，Libor基于报价而非实际交易形成，主观性较强且容易被操纵。在市场代表性上，一方面，由于危机后的非常规货币政策，银行囤积大量超额准备金致使信用拆借需求明显下降，而监管政策对信用交易更加严格，即使准备金规模随着货币政策正常化而下降，无担保的拆借市场活跃度也大不如前；另一方面，国际金融危机期间，原本几乎可以忽略的流动性和信用风险溢价明显上升，银行间长期借款成本显著增加，越来越多地转向非银行金融机构，Libor对一般银行融资成本和风险的捕捉不再充分，尤其是中长端报价缺乏交易支撑；另外，银行间对手方信用风险敞口监管趋严也导致了银行将融资组合转向风险较低的有抵押批发融资来源（尤其是回购协议，也即基准转换）。由此，对于大多数衍生品交易而言，Libor基准利率的作用越来越不理想。为此，各国都加快了货币市场基准利率改革的基准利率转换过程，即使是采用“双轨制”的国家，主要也还是出于基准利率转换过程中市场风险的考虑。而且，各国也都积极发展与RFRs挂钩的衍生品市场，加快培育新基准利率的应用范围，提高基准利率的市场接受度，从而更有利于最终完全取

① BIS, 2013, “Towards Better Reference Rate Practices: A Central Bank Perspective”, *Report prepared by a Working Group established by the BIS Economic Consultative Committee (ECC)*, March.

消旧的基准利率并完全转向 RFRs 新基准利率，这对中国货币市场基准利率改革和存贷款利率并轨，都具有非常重要的启示性意义。

（五）中国 Shibor 存在的问题与改革方向

作为利率市场化改革的重要举措，2007 年我国正式推出上海银行间同业拆放利率（Shibor），建立了以 Shibor 为代表的短期基准利率和以国债收益率曲线为代表的中长期基准利率体系。经过十多年发展，Shibor 市场代表性和基准性明显提升，产品应用和创新范围日益扩大，与实体经济联系日趋紧密，很好地发挥了传导货币政策和优化资源配置的作用，已成为我国认可度较高、应用广泛的货币市场基准利率[①]。Shibor 的创设借鉴了 Libor 的做法，即主要通过银行报价机制形成，而非市场实际交易利率。在制度安排上更加注重与中国实际相结合，始终注重监督管理和风险防范，强调报价成交义务并引入第三方评估机制，对报价行报价质量按年考核末位淘汰，建立了良好的激励机制，在特定国情和制度安排下，Shibor 具有 Libor（IBORs）无可比拟的优势。在运行之初，Shibor 与 Libor 类似，都缺乏中长端市场实际成交支撑。2013 年同业存单推出以来，基于 Shibor 的中长端市场交易迅速增长，3 个月以上 Shibor 的市场基准性显著提升，交易基础不断拓展夯实。目前，Shibor 已被应用于货币、债券、衍生品等各层次的金融产品定价，部分商业银行也依托其建立了较完善的内部转移定价（FTP）机制，以 Shibor 为基准的定价模式已较为普遍，Shibor 能够较好地将货币政策信号传递至实体经济，具备成为真正市场化的短端基准利率资质。构建基于真实、活跃交易的基准利率体系是国际货币市场基准利率改革的核心，合适的基准利率作为实现政策利率与市场利率并轨的关键，对深化利率市场化改革具有非常重要的作用。作为我国基准利率体系的重要组成部分，Shibor 的培育与发展关系到各层次金融市场体系建设，更与未来利率市场化改革的路径密切相关。吸取 Libor 改革经验，对今后我国加强货币市场基准

---

① 《Shibor 十年：探索与实践》，《中国货币政策执行报告》（2017 年第 3 期）。

利率体系建设，完善 Shibor 机制设计与监管，发展相关衍生品市场，顺利实现利率并轨都具有重要意义。

1. 中国货币市场基准利率存在的主要问题

从各国货币市场基准利率改革过程来看，我国的 Shibor 同样存在 IBOR 型利率基准的共性问题：生成过程基于报价，存在一定的操纵风险；作为拆借利率包含了信用风险溢价。由于具有制度优势，以上两个问题相对于 Libor 影响较小，但与 Libor 类似，由于拆借交易活跃度不足，且局限于同业市场，Shibor 的市场代表性有待加强。参考各国改革经验，当前我国金融市场基准利率体系及相关政策机制等仍存在以下几方面问题。

一是货币市场交易以质押式回购为主，信用拆借市场份额逐步下滑，Shibor 的市场代表性和基准性明显下降。Shibor 作为金融产品定价的主要参考依据，属于金融市场基准利率，作用与 Libor 相似。作为基于报价而非实际成交的 IBORs 型基准，Shibor 仍主要依托银行间拆借市场。虽然我国在加强报价质量和交易真实性监管方面具备一定体制优势，但市场信用体系、评级标准、定价能力、风险管理、财务质量、自律约束以及信息共享等方面，与国外仍存在较大差距。为避免违约风险，我国货币市场交易以有担保的质押式回购为主，信用拆借交易市场交易规模总体偏小且占比明显下降①。从中长端来看，3 个月以上国债回购品种交易量过低，且短期国债利率同样面临现券交易期限缺乏的困扰，通常只能利用插值等方法进行估计，而 3 个月以上 Shibor 虽然得到了同业存单的有效支撑，但受 2018 年同业存单纳入 MPA 考核、加强金融机构流动性监管及问题金融机构处置等因素影响，2018 年下半年以来同业存单发行量明显下降，这将进一步削弱中长端 Shibor 的市场代表性。

二是我国尚未明确新的隔夜政策目标利率，加大了市场利率波动，影

① 银行间同业拆借规模占质押式回购之比由 2011 年最高的 34.6% 逐步下降。受金融去杠杆等政策影响，2018 年同业拆借交易大幅上升，但仍不到质押式回购的 20%（19.7%），2021 年更是降至最低的 11.4%。

响了货币政策有效传导。目前，所有国家都选取隔夜水平的 RFRs 作为新的货币市场基准利率，各国的政策目标利率（操作目标）也都是货币市场隔夜利率，即金融市场基准与中央银行基准在期限选择上均为隔夜。我国在放开存贷款利率浮动限制后，虽一直意图淡化存贷款基准利率的作用而并未调整其水平，但由于 MPA 考核、利率定价自律机制等因素，隐性利率双轨制压低了金融市场利率和存贷款利率水平，影响了货币政策的有效传导。LPR 贷款利率报价机制改革只是替代了贷款基准利率，并未真正实现贷款利率的市场化并轨（后面将专门分析）。另外，我国仍未明确新的短期（隔夜）政策目标利率，而且在实际操作中更偏好以 7 天期限市场利率作为操作目标，与利率期限结构预期理论和各国政策经验并不相符，市场利率波动较大。第八章将对此进行专门的分析。

三是货币政策仍以数量调控为主，创新性政策工具容易干扰市场预期，扭曲市场利率。近年来，针对市场流动性格局和基础货币投放渠道发生的根本性变化，我国引入了 SLO、SLF、MLF、PSL 等很多创新性流动性管理工具和基础货币投放机制。但是，政策着眼点主要还是为了弥补基础货币数量缺口，市场流动性和基础货币数量仍是当前货币政策操作最主要的目标。特别是，理论上，作为利率走廊上限的借款便利工具应仅满足金融机构非预期的流动性需求，一旦政策着眼于长期资金供给，金融机构很容易将其视为稳定的结构性工具。事实上，引入 MLF、PSL 等政策工具，主要意图就是支持国民经济薄弱环节，降低相关领域融资成本，发挥中期政策利率的作用。由此，期限更长的 MLF、PSL 与短端 SLF 存在明显的利率倒挂，这进一步扭曲了市场利率体系，削弱了政策利率向市场利率传导的效果，阻碍了货币政策由数量型调控向价格型调控的转型。

四是多个性质类似的基准利率并存，损害了市场价格发现和优化资源配置的功能。除 Shibor 外，目前我国银行间市场还存在着质押式回购（R）、存款类金融机构质押式回购（DR）、回购定盘利率（FR）、存款类金融机构定盘利率（FDR）等关键利率，基于交易所回购交易形成了国债回购（GC）等利率指标，甚至我国还表示要进一步培育以 DR 为代表的银行间基准利率体系[①]。目前，我国货币市场和债券市场以银行间场外市场为主，交易所场内市场为辅，两个市场运行存在一定差异。不过，银行间市场存在针对交易主体进行人为分割市场的政策倾向。早在2013年货币市场波动后，中央银行主要着眼于稳定存款类金融机构交易利率，在2014年底公布存款类金融机构之间的拆借和回购交易利率数据。2016年底以来，为推动非银行金融机构去杠杆，公开市场操作和SLF、MLF等政策工具采取“锁短放长”的操作方式，政策操作利率目标也由银行间市场的全部交易转向存款类金融机构之间的交易，这进一步加剧了市场分割，R与DR一度明显分化。同时，受市场违约事件频发、加强MPA考核和监管趋严等因素影响，市场风险偏好明显上升，SLF、MLF和PSL也要求以债券或高等级信贷资产进行抵押，抵押品数量约束更加严峻，以至于2017年来很长一段时期有担保的质押式回购利率明显高于拆借利率。另外，FR发挥了重要的短端基准利率的作用，在利率掉期（IRS）中的应用更为广泛，除了FR较Shibor出现更早、市场应用更为习惯以外，由于FR包含了大量非银行金融机构，市场代表性更强。在FR、Shibor并存的同时，2017年我国又推出了FDR，这仍体现了根据交易主体分割市场的政策倾向，但由于市场代表性较差，FDR的应用范围非常有限。

五是金融市场仍存在过多不必要的人为干预和管制，利率衍生品市场发育不足。正如各国RFR基准培育与挂钩的衍生品市场发展属于“先有鸡还是先有蛋”的问题，虽然我国很早就意识到市场交易规模、品种和衍生品市场发展对市场利率形成的重要意义，积极进行市场创新，很早就引入了远期债券等衍生品交易，但微观监管部门对金融主体参与衍生品市场（特别是针对不存在诸如期货期权等较大的杠杆效应、仅为对冲利率风险的利率掉期）仍存在很多过于严格的准入限制，金融衍生品市场主要仍以交易类型为主，针对价格发现和风险管理的金融产品发展滞后。与美欧等发达经济体利率衍生品交易规模数倍于基础资产规模相比，2018年中国利率

---

① 《参与国际基准利率改革和健全中国基准利率体系》，www.pbc.gov.cn，2020年8月31日。

互换衍生品交易达到历史最高的21.49万亿元，但仍不到全部债券市场基础资产的20%（2021年利率互换逐步回升至21.12万亿元，与Shibor挂钩交易名义本金占比仍仅为26.4%）。而且，利率衍生品市场浮息端品种比较单一，FR007品种占85%以上，主要仍是对冲短期利率风险，中长端价格发现功能有限。

2. 夯实Shibor货币市场基准利率地位的改革方向

全球货币市场基准利率改革的主要方向就是构建基于真实的、活跃交易的基准利率，能够反映全部市场交易主体交易、选择最具有代表性的隔夜期限、担保更为活跃国家采用回购利率。中国的Shibor具有较为广泛的市场代表性，报价的真实性、可靠性较高，货币市场基准利率地位日益巩固。而且，由于特有的制度因素，Shibor交易真实性更高，还可以利用大数据等手段发挥对报价行职业操守和报价质量的监管优势，我国完全没有必要推倒重来推出新的市场基准利率。不过，近年来我国金融市场发展迅猛，产品创新更加活跃，特定因素作用下Shibor报价行偶尔存在失真现象，仍有必要进一步完善以Shibor为代表的中国货币市场基准利率体系。

可考虑改变报价方式和利率形成机制，通过加强市场代表性和交易真实性，进一步夯实Shibor货币市场基准利率地位。一方面，对于具有足够实际交易支撑的短端3个月以下Shibor，可考虑采用交易量最大的质押式回购利率，或对拆借、回购利率按一定数量和风险权重加权平均；另一方面，对于实际交易较少的中长端Shibor，在完善金融监管、继续做大同业存单市场的同时，理顺同业拆借市场和同业存单市场监管和交易规则，考虑引入“瀑布法则”，参考多个层级的市场实际交易，运用插值技术和专家判断，提高中长端利率的基准性。我国货币市场多个基准利率并存，一定程度上也干扰了Shibor基准作用的发挥和基准转换进程。由于新的Shibor包含了非银行金融机构，市场代表性更强且基于真实交易，因而可适时取消与其形成方式和市场功能类似的FR、FDR等利率，改变市场多基准状况，加快货币市场基准利率转换。

同时，要大力取消不合理的准入限制，将定价能力和财务稳健性处于行业领先水平的自律机制基础成员直接纳入利率掉期市场，保证基准利率生成于流动性高、交易量大的原生市场，以保证基准利率具备良好的代表性、基准性与稳定性。大力发展利率掉期等基本衍生品市场交易，从产品培育、理顺市场机制等多个方面扩大基准利率的应用范围，尤其是扩大 Shibor 在资管、资产支持证券（ABS）等产品上的应用，通过与 Shibor 相关产品市场的深化发展，夯实 Shibor 基准利率地位。在货币政策方面，当前挂钩 MLF 的 LPR 形成机制改革仍存在很多问题。在尽快明确新的隔夜政策目标利率、完善利率调控机制的同时（第十章将专门对此进行分析），还要真正放开存贷款利率管制，针对定价基准转换涉及的现实操作问题，研讨制订统一且详细的过渡方案，有序推动商业银行存贷款利率定价基准市场化并轨。另外，还可以引导离岸人民币业务挂钩 Shibor。可考虑在香港发行人民币央票，报价行开展境外人民币业务时，参考 Shibor 定价，在助推人民币国际化的同时，强化 Shibor 作为全球人民币资产定价“锚”的地位。

三、印度贷款利率并轨的经验与教训

2013 年 7 月，我国正式取消贷款利率浮动限制，但直至 2019 年才进行 LPR 报价机制改革，着手贷款利率并轨，中国的存贷款利率完全放开和市场化并轨仍存在较大的差距。与我国类似，印度金融体系以银行间接融资为主，利率市场化也采取了渐进改革方式，按照先放开货币市场和债券市场利率，再逐步推进存贷款利率市场化的思路进行；存贷款利率市场化按照“先贷款，后存款；先长期、大额，后短期、小额”的顺序进行。早在 1994 年 10 月，印度就放开了 20 万卢比以上大额贷款利率管制，采用与我国类似的最优惠贷款利率（PLRs）作为银行新的贷款定价基准，最终在 2011 年底基本放开存款利率管制。不过，由于货币政策传导不畅，印度先后在2003年、2010年、2016年分别将贷款定价基准转换为基准最优惠贷款利率（BPLR）、基础贷款利率（Base Rate，BR）、边际资金成本贷款利率（MCLR），但即使是2000年印度转向以利率为主的货币调控模式，在2011年完善公开市场操作与利率走廊相结合的利率操作框架并在2016年正式实行通胀目标制，印度贷款定价基准的数次转换仍未很好地解决利率政策的有效传导问题，直至2019年10月印度由之前基于成本加成法的内部基准转向外部基准贷款利率（EBLR）模式，短端政策利率向贷款利率的传导才日益畅通有效，进而基本实现了贷款利率的市场化并轨。印度长达二十多年寻找新的贷款利率基准的漫长探索，对当下中国贷款利率并轨改革具有非常重要的启示性意义。

（一）印度利率市场化改革简要回顾

1947年独立之后，印度实行了资本主义私有制与计划经济混合的经济模式，从50年代开始实行“五年计划”优先发展重化工业。为实现赶超发展目标并低成本动员资金，1969年印度对14家存款在5亿卢比以上的私营银行国有化，并对存贷款利率进行管制，以低成本动员资金，国有银行市场份额一度高达90%以上。但是，僵化的计划经济导致印度发展效率低下，80年代开始经济持续低迷，不得不更加依赖市场方式配置经济资源。早在1985年初，印度就改革政府债券发行利率形成机制，在发行政府债券之前向大型金融机构询价，发行利率更接近于市场水平。当年4月，印度储备银行（RBI）放开了15天至1年期限的定期存款利率，仅规定了8%的利率上限。但银行对存款开展了恶性竞争，很多银行将15天存款利率直接设定在上限8%，大量活期存款、储蓄存款和其他期限定期存款转移并集中在15天定期存款，原本让银行根据期限设定合理利率并配置存款的目标并未实现，在8%利率上限内自由设定利率的改革仅维持了一个月就在当年5月被迫取消。之后，印度开始尝试调整贷款利率，1988年10月放松非优先领域贷款利率管制，由利率上限管制改为利率下限管理，1990年9月还缩小了贷款利率的管制范围①。

印度率先在货币市场正式开展利率市场化改革，1989 年 5 月取消了拆借市场利率管制，逐步放开货币市场准入限制。在此之前的 1988 年，印度还建立了全国性的贴现融资交易所（DFHI），1989 年引入大额可转让存单（CDs），1990 年成立商业票据市场。1992 年 4 月，开始以招标方式发行政府债券，逐步实现了债券发行利率的市场化；1999 年 4 月，印度还建立了市场化的回购市场。作为利率市场化的技术性准备和重要金融基础设施，1998 年初，印度国家证券交易所（NSE）首次发布银行间隔夜拆借利率，随后当年 5 月成立的印度固定收益和货币市场及衍生品协会（FIMMDA）借鉴 Libor 的做法发布各期限的孟买银行间拆放利率（Mibor），1999 年 7 月开始引入利率掉期（IRS）等衍生品交易。印度通过积极放开市场准入，大力丰富市场产品，深化金融市场发展，为放开存贷款利率提供良好市场条件②。

1992 年，印度正式推进存贷款利率市场化改革。在贷款利率方面，1992 年 4 月 RBI 在减少优先贷款种类的同时，不再统一规定优先领域贷款的利率；1994 年 10 月放开 20 万卢比以上大额贷款利率；1998 年 4 月允许 20 万卢比以下小额贷款以 PLRs 作为利率上限自由浮动；2010 年 7 月在引入 BR 的同时放开小额贷款利率上限管制，完成了贷款利率市场化。在存款利率方面，1992 年 4 月 RBI 取消了存款利率下限管制，将 46 天以上定期存款利率上限统一设定为 13%（1994 年 11 月下调至 10%，1995 年 4 月上调至 12%）；1995 年 10 月放开 2 年期以上定期存款利率管制，1996 年 7 月放开 1 ~2 年定期存款利率管制，1997 年 4 月将 30 天至 1 年定期存款利率设定为央行贴现利率（Bank Rate）减 200BP，当年 10 月取消了这一规定，放

① RBI, 2011, "Deregulation of Savings Bank Deposit Interest Rate: A Discussion Paper", *RBI Report*, March; RBI, 2014, "Report of the Expert Committee to Revise and Strengthen the Monetary Policy Framework", *RBI Report*, January.

② Mohanty, S., 2012, "Money Market and Monetary Operations in India", *Speech at the Seminar on Issues in Financial Markets*, Dec., 15th.

开了短期定期存款利率管制，1998 年 4 月允许银行自行确定提前支取定期存款的惩罚利率，取消了银行必须对 150 万卢比及以上规模、期限相同存款实行相同利率的限制，从而完成了定期存款利率市场化，仅对主要是居民开设的兼具活期存款和定期存款功能的储蓄存款及非居民存款进行利率管制；2011 年 10 月，印度放开了居民储蓄存款利率，当年 12 月进一步放开了非居民储蓄存款和 1 年及以上定期存款利率，2013 年 8 月放开了非居民各类存款利率管制，从而完成了利率市场化改革。

（二）印度的货币政策框架转型

与计划经济体制相适应，印度在 20 世纪 80 年代中期之前主要是通过信贷计划和配给方式配置金融资源，并不存在现代意义的货币政策。随着计划管制的松动和利率管制的放松，在查克拉瓦蒂（Chakravarty）委员会的建议下①，1985 年 4 月印度正式采用宽松的弹性货币数量目标制，以 M_3 为中间目标和货币政策名义锚，根据经济增长和可接受的通胀水平设定具体 M_3 目标值，将储备货币数量作为操作目标，主要通过法定准备金率、流动性比率等数量型工具并结合再贴现等手段，调整银行体系的准备金数量，进而实现操作目标、中间目标和物价产出等最终目标。1994 年 9 月，印度储备银行与政府达成协议，1997 年 4 月取消了特别国库券，从而不再对财政赤字货币化融资，这极大地增强了 RBI 的货币政策独立性②。2003 年实行的《财政责任和预算管理法》进一步明确，2006 年 4 月起 RBI 不再从一级市场买入国债，这为 RBI 的自主货币决策提供了法律保障。

虽然货币数量目标制实施之初在控制物价方面取得了一定的积极效果，

① Chakravarty Committee, 1985, "Report of the Committee to Review the Working of the Monetary System", Reserve Bank of India, April.

② Mohan, R., 2006, "Monetary Policy Transmission in India", *Speech at the BIS Conference on Transmission Mechanisms for Monetary Policy in Emerging Market Economies*, Dec., 7–8th; Mohanty, S., 2012, "Money Market and Monetary Operations in India", *Speech at the Seminar on Issues in Financial Markets*, Dec., 15th.

但随着利率市场化和金融市场的深化发展，在金融创新、技术进步及资本流动等因素的共同作用下，货币数量的可测性和可控性越来越差。为此，1998年4月，RBI采用了多重指标（Multi-Indicators）的货币决策框架，不再设定具体 M_3 目标，而是同时参考货币市场、资本市场、政府债券利率等高频数据，以及通货、信贷、财政、贸易、资本流动、通胀、汇率、再融资、外汇交易、产出等低频数据，既包括货币预测和数量变量，还包括市场前瞻调查和利率变量，根据这些指标对GDP、通胀和 M_3 进行预测，进而决定具体的货币政策操作①。在货币操作框架上，RBI逐渐放弃了以数量为主的货币调控模式，更加关注利率调控的作用。1999年4月，RBI改进贴现窗口建立了用于满足日常流动性需求的临时流动性调节便利安排（Interim Liquidity Adjustment Facility，ILAF），2000年6月正式建立完全的流动性调节便利（LAF），以央行回购利率作为上限、逆回购利率作为下限与银行间隔夜拆借利率共同打造完备的利率走廊②，从而转向以国债现券买卖和回购交易为主的公开市场操作与利率走廊相结合的以利率为主的价格型货币政策操作框架③。

在利率调控的货币操作框架下，RBI主要是通过政策利率反映货币政策立场的变化，但在LAF框架下RBI并未明确具体的操作目标利率，回购利率、逆回购利率都属于央行政策利率，针对不同方向的央行流动性投放，在流动性环境不同条件下，两者的调整往往并不同步，很难确定政策利率基准。而且，RBI的利率走廊过宽（大多在200BP以上，2008年7—10月一度达最高的300BP），在实际操作中也并非完全真正的市场利率区间约束，市场利率经常突破回购利率上限，从而加大了市场利率波动，弱化了

① Mohanty, S., 2010, "Monetary Policy Framework in India: Experience with Multiple-Indicators Approach", *Speech at the Conference of the Orissa Economic Association in Baripada*, Feb., 21st.

② 国外央行回购（repo）业务是对市场投放流动性，逆回购（reverse repo）则是回收市场流动性，这与我国的习惯称谓并不完全相同。考虑到国际惯例和中国的特点，本研究在工具称谓上不做改动，仍延续各自称谓。

③ RBI, 2019, "Report of the Internal Working Group to Review the Liquidity Management Framework", *RBI Report*, September.

货币政策传导效果（Kavediya and Pattanaik，2016）。为此，2011 年 5 月 RBI 进一步完善 LAF 框架，宣布以回购利率作为基准政策利率，明确将加权隔夜货币市场利率（WACR）①作为操作目标利率，引入边际借贷便利（MSF）作为上限，以逆回购利率作为下限，建立 ±100BP 对称利率走廊，RBI 的贴现利率（Bank Rate）与 MSF 相同，从而构建了 WACR 围绕回购利率作为中枢宽度为 ±100BP 更为严格的利率走廊，2016 年 4 月和 2017 年 4 月利率走廊区间分别降至 ±50BP 和目前的 ±25BP。由于逆回购利率作为利率走廊下限在回收市场流动性时需要央行提供抵押品，容易限制央行操作的灵活性，2022 年 4 月 RBI 正式引入存款便利（SDF）作为利率走廊下限，仍保留逆回购并将其利率下调至 3.35%，作为辅助性的流动性管理工具②。

尽管经过完善的 LAF 利率调控框架更加透明可靠，但多重指标的货币决策框架并没有设立货币政策委员会等正式的货币决策机构，货币决策机制并不透明。虽然为了加强货币决策的可靠性，2005 年 7 月 RBI 建立了货币政策技术咨询委员会（TACMP），以辅助日常货币决策，但市场对政策利率调整的预期仍存在很大不确定性，在一定程度上加大了市场利率波动并损害了货币政策的有效性。为此，RBI 对货币政策框架进行了全面评估，最终在 2016 年 6 月正式采用全球流行的弹性通胀目标制③，以 4% 的 CPI（以及 ±2% 的通胀变化容忍度）作为最主要最终目标，连续三个季度 CPI 超出通胀容忍范围（高于 6%，或低于 2%）作为政府考核标准；货币政策委员会由 6 名委员构成，每两个月召开一次议息会议，采取多数通过投票方式决定基准政策利率（回购利率）水平。转向通胀目标制之后，RBI 高度重视货币政策操作框架的有效性，除了缩窄利率走廊区间之外，还改进了准

① 为银行间隔夜利率、隔夜回购市场利率和隔夜非金融企业拆借利率（CBLO）的加权平均。

② RBI, 2019, "Report of the Internal Working Group to Review the Liquidity Management Framework", *RBI Report*, September; RBI, 2022, "Refinements in the Operating Framework of Monetary Policy in India", *Monetary Policy Report*, April.

③ Shaktikanta Das, 2020, "Seven Ages of India's Monetary Policy", *Speech at the St. Stephen's College*, Jan., 24th.

备金管理方式，在长期维持4%法定准备金率的同时[①]，将每日实际准备金余额可为法定要求水平的95%降至90%，积极为市场创造宽松适度的流动性环境[②]。与此同时，短端政策利率向存贷款利率的有效传导也成为RBI高度关注的问题，从2017年开始，RBI的每一期《货币政策报告》都增加了“货币政策传导”的章节，而这很大程度与1994年放开大额贷款利率并采用PLRs以来，印度贷款基准利率数次转换但并轨效果并不理想有关。

（三）基于成本加成法的内部基准转换

1. 1994—2003年最优惠利率（PLRs）

由于印度金融市场发育程度有限，银行贷款主要以零售性质中小企业和个人贷款为主，因此印度贷款基准利率改革主要采用了最优惠利率定价模式。1994年10月放开大额贷款利率之后，RBI要求银行发布最优惠贷款利率（PLRs）作为对信用最高的优质客户贷款利率，其他贷款考虑到信用溢价在理论上应高于PLRs水平，因而PLRs也应是各银行贷款利率下限。各银行PLR设定主要是考虑资金成本和交易成本，自主确定并向社会公布。然而，各银行的PLR水平及在PLR基础上的加点（Spread，即使是同一银行的同类贷款）差异较大。而且，鉴于银行很大一部分贷款利率水平远远高于其报出的PLR水平，1996年10月RBI规定银行在报出PLR的同时，要报出各类贷款（消费信贷除外）的最大利差。为了强化银行信贷纪律并加强贷款监控，1997年2月RBI允许银行对各类贷款设定不同的PLRs及与之相应的加点，同年10月又允许银行可对3年及以上定期贷款公布单独的PLRs（Prime Term Lending Rates，PTLR）。在此基础上，为了加强PLRs的透明度和可靠性，1999年4月RBI引入了按期限设定PLRs（Tenor-linked Prime Lending Rates，TPLRs），也

① 2020年3月为应对疫情冲击将法定准备金率下调至3%，随着疫情应对政策发挥和经济逐步好转，2021年4月和5月分别上调至3.5%和4%，直至为应对通胀压力在2022年5月上调至4.5%。

② RBI, 2014, “Report of the Expert Committee to Revise and Strengthen the Monetary Policy Framework”, *RBI Report*, January.

即对不同期限贷款设定不同的 PLRs。为了提高银行在应用 PLRs 中的操作灵活性，在咨询了银行和市场参与者的意见后，1999 年 10 月 RBI 允许银行对特定类型贷款不再参考 PLRs 定价（如再融资贷款、对中介机构贷款、票据贴现和透支等）。随着孟买银行间拆放利率（Mibor）的发布和利率掉期（IRS）等衍生品的引入，2000 年 4 月银行还可以参照金融市场基准利率对浮动利率和固定利率贷款进行定价。21 世纪初，由于大量资本流入，印度出现流动性过剩。为此，2001 年 4 月 RBI 取消了 PLRs 作为贷款利率下限的规定，银行可以按照低于 PLRs 的水平为贷款定价①。

不过，各银行的 PLRs 报价仍存在很大的差异，存在较大的（向下）刚性，银行 PLRs 报价与货币政策的关联性非常弱。以印度国家银行（SBI）这一印度最大的国有银行为例，其 PLR 报价与贴现利率、准备金等货币政策的关联性较弱，特别是在 PLRs 实行的最初几年，货币政策取向未变或放松，但 SBI 的最优惠利率报价反而上调，直至 1996 年 7 月才开始下调 PLR 报价，与货币政策变化开始趋同。1998 年发布隔夜拆借利率和孟买拆放利率之后，PLR 调整发布的频率也明显加快，与货币政策变化的关系也更加紧密。1994 年 10 月至 2003 年 3 月，SBI 的 PLR 与准备金、贴现利率的相关系数分别为 0. 863 和 0. 952，但 1994 年 10 月至 1997 年 12 月仅分别为 0. 556 和 0. 709。而且，PLR 的调整与货币政策调控也并不完全同步，1999 年 4—12 月、2001 年 6 月至 2002 年 1 月 RBI 分别三次下调准备金率，但 SBI 均未调整 PLR 水平，但每次紧缩货币政策则基本都会上调 PLR，表现出明显的易升难降特征（见图 7. 4）。

2. 2003—2010 年基准最优惠贷款利率（BPLR）

由于各银行 PLRs 及贷款加点相差较大，对货币政策调控和市场利率变化并不敏感，银行贷款利率水平远高于 PLRs 水平，RBI 在 2002—2003 年的货币信贷政策指导中呼吁银行评估各类贷款最大加点的应用情况，在 2002 年 4 月开始收集并发布银行存贷款利率信息。为了提高利率定价透明度，确保贷款

① RBI, 2009, "Report of the Working Group on Benchmark Prime Lending Rate (BPLR)", *RBI Report*, October.

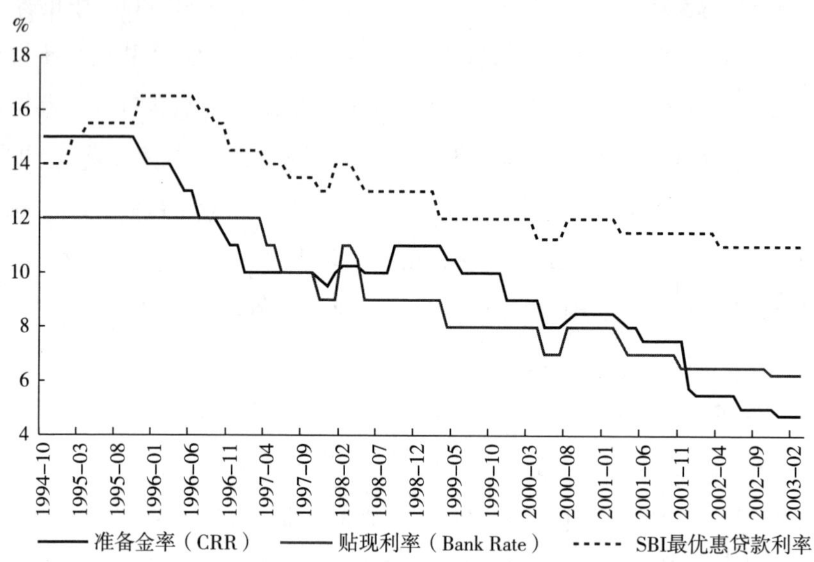

图 7.4　印度准备金率、贴现利率及 SBI 最优惠贷款利率（1994 年 10 月至 2003 年 3 月）

（数据来源：RBI、SBI 网站）

利率能够真实反映成本情况，定价水平更加合理，2003 年 4 月 RBI 对银行最优惠利率机制进行了优化，推出基准最优惠贷款利率（BPLR）。银行确定本行的 BPLR 主要是考虑资金成本、运营费用成本、监管成本（如满足拨备、资本等监管要求的成本）和利润率等情况，为了增强贷款定价透明度，同时要求取消按期限设定 PLRs（TPLRs），将 BPLR 作为 20 万卢比以上贷款的唯一定价基准，只是根据不同贷款具体的风险溢价和期限溢价确定加点水平，BPLR 仍作为 20 万卢比以下贷款的利率上限。另外，银行也可以参考金融市场基准利率为浮动贷款进行定价，在客观透明的前提下调整贷款的加点水平（也即时变加点），购买住宅和耐用消费品等贷款也可以不采用 BPLR 定价。到 2004 年 4 月，几乎所有银行均已采用 BPLR 进行贷款定价①。

然而，在 BPLR 正式实施后不久，RBI 很快就发现这一调整并未很好地

① RBI，2009，"Report of the Working Group on Benchmark Prime Lending Rate（BPLR）"，*RBI Report*，October.

实现改革的目标。一方面，现实中的很多贷款利率都低于 BPLR。虽然 BPLR 理论上应作为各类贷款的下限，但由于政策上允许贷款利率低于 BPLR，实践中银行总是强调各类贷款风险性质和资本占用存在较大的差异，贷款定价（考虑风险溢价和期限溢价的加点）并不完全确定，再加上市场竞争压力和国际资本流入一度导致市场流动性过剩，银行实际操作中很多贷款利率水平都低于 BPLR，在引入 BPLR 不久的 2003 年末，就有将近一半（48.7%）的贷款实际利率低于 BPLR，2007 年 9 月末这一数据更是达到最高的 77.9%。另一方面，BPLR 仍缺乏足够的透明度，贷款利率存在交叉补贴。大量贷款利率低于 BPLR 表明 BPLR 仍未很好地解决 PLRs 透明度不高的问题。由于 BPLR 是根据内部各项成本的均值确定，这与国际通行的针对最高信用优质客户的最优惠利率并不完全相同，因此对评级较高借款人的贷款利率也往往低于平均成本的 BPLR，这具有一定的合理性。但如此大规模贷款利率低于 BPLR，很可能表明银行大客户享受了中小客户贷款的定价补贴。2008 年 3 月末，90.1% 的个人耐用消费品贷款利率高达 14% 以上，而仅有 30.6% 的工业贷款利率在 14% 以上。在对中小客户贷款时，银行在贷款定价时较为主观，缺乏足够的定价依据，往往借口不可抗力等原因随意重新定价，侵害借款人的利益①。

更主要的是，BPLR 仍存在较大的向下刚性，对货币政策传导有效性较差。在 2004—2009 年的货币政策周期中，紧缩货币政策期间的政策利率提高后，私营银行和大部分外资银行都迅速提高了 BPLR，国有银行提高 BPLR 表现出明显的滞后，但在宽松货币时期政策利率下降后，国有银行降低了 BPLR，但私营银行和外资银行则大多并未调整 BPLR。由此，BPLR 表现出明显的易上难下特征（见表 7.2、图 7.5）。类似地，货币政策对金融市场和存款的传导也存在明显的不对称性（Singh，2011）。2003 年 4 月至 2010 年 6 月，SBI 的 BPLR 与货币政策的关系甚至较 PLRs 时期还明显下降，与准备金、回

① RBI, 2009, "Report of the Working Group on Benchmark Prime Lending Rate (BPLR)", *RBI Report*, October.

购利率的相关系数分别为0.758和0.367，明显低于PLRs与主要货币政策工具的相关系数，特别是SBI的BPLR与基准政策利率（回购利率）的相关系数明显低于1998年之前PLRs与贴现利率的相关系数（0.709），这表明货币政策利率传导效率明显下降。当然，在高通胀高利率时期大量定期存款仍未到期，以及未放开的储蓄存款利率、与BPLR挂钩的优惠利率贷款及大量政府的市场借款，也是导致BPLR对货币政策传导不畅的重要原因。

表7.2　2004—2009年印度货币政策工具和各类所有制银行BPLR变化情况

单位：BP

货币政策类型	准备金率	回购利率	逆回购利率	国有BPLR	私营BPLR	外资BPLR
紧缩期（2004年3月至2008年9月）	450	300	150	325至350	225至375	-150至100
宽松期（2008年9月至2009年5月）	-400	-425	-275	-150至-275	-100至-125	-50至-100

资料来源：RBI, 2009, "Report of the Working Group on Benchmark Prime Lending Rate (BPLR)", *RBI Report*, October。

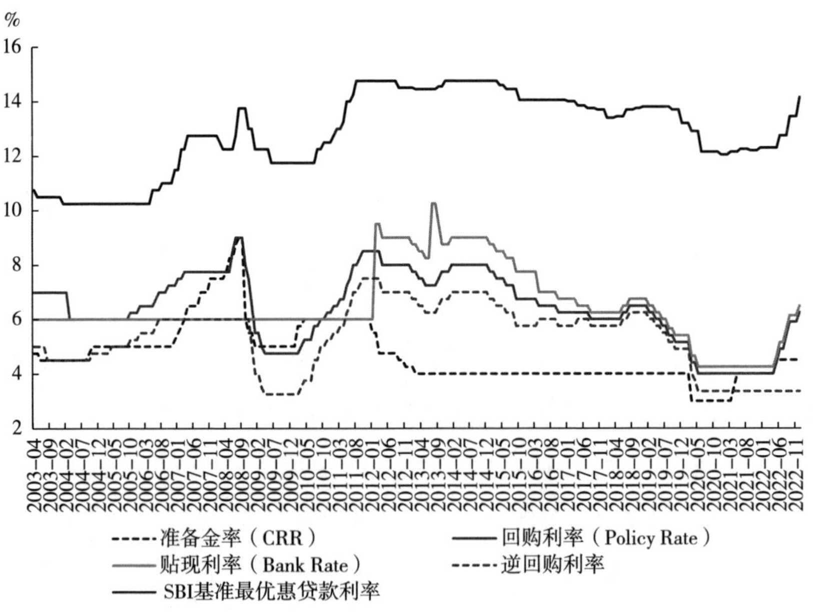

图7.5　印度主要货币政策工具及SBI基准最优惠贷款利率（2003年4月至2022年12月）

（数据来源：RBI、SBI网站）

3. 2010—2016 年基础贷款利率（BR）

为了克服 BPLR 的弊端，2010 年 7 月 RBI 正式推出基础贷款利率（BR）。RBI 牵头制定了 BR 定价的指导性计算方法，还对前五大银行的 BR 进行了专门统计。除了特定类型贷款可不采用 BR 作为定价基准之外①，其他类型的所有贷款都应以 BR 作为定价基准和贷款利率下限。银行应根据资金成本、运营成本、准备金成本、未分配的间接费用和利润率等因素，综合确定本行的 BR 水平，再根据具体贷款的信用溢价、期限溢价及特定操作成本确定在 BR 基础上的具体加点水平，根据实际情况调整加点。银行可以采用平均成本法、边际成本法或混合法等不同方法计算资金成本，每三个月至少发布一次 BR，但银行所有分支机构都要实行统一的 BR，对于所有新增贷款和需要续签的贷款，都要以 BR 为基准进行定价，各银行在 2010 年 12 月底按要求完成了贷款定价基准转换。BR 充分体现了为最高信用优质客户提供最低最优惠利率的贷款定价思想，有效解决了贷款利率突破贷款基准（BPLR）的问题，在一定程度上提高了贷款定价的透明度②。

2010 年 7 月至 2016 年 3 月，印度五大主要银行基础贷款利率与回购利率相关系数 0.917，同一时期 SBI 与回购利率相关系数为 0.875，均较 BPLR 时期有了较大提升，但仍低于全部 PLRs 时期的 0.957，这表明 BR 仍存在一定的问题，具体表现在：一是资金成本计算方法不一致，致使 BR 计算和贷款定价仍缺乏足够的透明度。不同的资金成本计算方法并不完全可比，银行通过不同方法计算的资金成本存在较大差异，再考虑到计算成本可能存在的误差，不同类型银行资金成本差异较大③，致使各银行 BR 调整并不

---

① 具体包括：针对特定低收入人群普惠性质的差别利率贷款（DRI）、银行员工（包括退休员工）贷款、以存款为抵押的贷款、农业贷款、出口信贷及特定项目重组贷款。

② RBI, 2017, "Report of the Internal Study Group to Review the Working of the Marginal Cost of Funds Based Lending Rate System", *RBI Report*, September.

③ 例如，在 2010 年 7 月正式实施 BR 时，大多数国有银行将 BR 维持在 8%，大多数私营银行、少数国有银行（如 SBI）和外资银行将 BR 维持在 7.5%，一些私营银行和外资银行则将基础贷款利率设定在 7%。参见：www.businesstoday.in/magazine/banking/story/understanding - base - rate - 16578 - 2010 - 07 - 22。

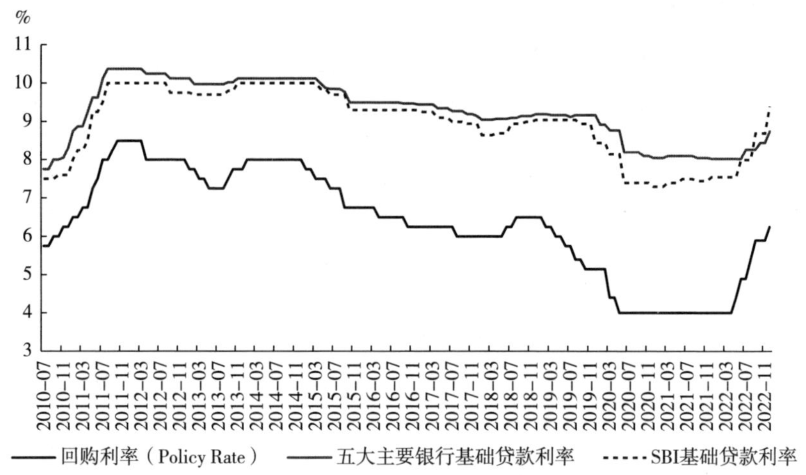

图 7.6　印度回购利率、五大主要银行和 SBI 基础贷款利率（2010 年 7 月至 2022 年 12 月）

（数据来源：RBI、SBI 网站）

完全同步，这增加了评估货币政策利率传导效率的难度。二是由于银行可以随意调整加点利差，对老客户存在定价歧视。出于市场竞争和吸引新客户的需要，银行新增贷款的加点利差往往很低，而对于存量贷款则不做调整，这损害了货币政策向存量贷款传导的效率。三是与 PLRs 和 BPLR 类似，BR 仍表现出易升难降的特征。由于 BR 仍属于成本加成的内部基准，BR 利率调整周期与货币政策往往并不同步，而且 BR 变化幅度（经常为 15BP 或 10BP，甚至是 5BP）与基准政策利率调整幅度（通常为 25BP）往往并不一致。出于盈利的考虑，在货币紧缩时期 BR 上升较快，而在货币宽松时期下降较慢，从而降低了货币政策传导效率（见表 7.3）。

表 7.3　2010—2016 年印度基准政策利率和各类型银行 BR 变化情况

单位：BP

货币政策类型	紧缩期	宽松期	紧缩期	宽松期
	2010 年 7 月至 2012 年 3 月	2012 年 4 月至 2013 年 6 月	2013 年 7 月至 2014 年 12 月	2015 年 1 月至 2016 年 3 月
回购利率	325	-125	75	-125
五大银行的 BR	262.5	-27.5	15	-62.5

续表

货币政策类型	紧缩期	宽松期	紧缩期	宽松期
	2010 年 7 月至 2012 年 3 月	2012 年 4 月至 2013 年 6 月	2013 年 7 月至 2014 年 12 月	2015 年 1 月至 2016 年 3 月
SBI 的 BR	250	-30	30	-70
国有存量贷款	229	-60	-35	-58
国有新增贷款	—	—	-16	-98
私营存量贷款	129	-8	1	-88
私营新增贷款	—	—	45	-112
外资存量贷款	103	39	-46	-72
外资新增贷款	—	—	9	-68
全部银行存量贷款	203	-44	-28	-64
全部银行新增贷款	—	—	5	-98

资料来源：RBI, 2017, "Report of the Internal Study Group to Review the Working of the Marginal Cost of Funds Based Lending Rate System", *RBI Report*, September; RBI、SBI 网站。

4. 2016—2019 年边际成本贷款利率（MCLR）

与平均成本法相比，边际成本法对货币政策的变化更加敏感，因此 RBI 开始鼓励并探索指导银行采用边际成本法开展基础贷款定价。为加强银行贷款利率对政策利率的敏感度，提高货币政策传导效率，2016 年 4 月 RBI 正式推出了边际成本贷款利率（MCLR），具体包括：边际资金成本、准备金成本、运营成本和期限溢价，其中边际资金成本根据存款和其他资金来源边际成本（占比为 92%）和净值回报率（占比为 8%）计算而得。MCLR 仅允许银行根据资金边际成本报价，进一步提高了贷款定价的透明度。为提高与政策利率的相关性，要求银行至少每月对 MCLR 进行报价。与 BR 仅为单一报价不同，MCLR 考虑了期限溢价，银行相当于对完整期限结构贷款的最低利率进行报价（至少要对隔夜、1 个月、3 个月、6 个月和 1 年期限 MCLR 进行报价，银行可根据实际情况对更长期限贷款 MCLR 报价），实际贷款加点仅考虑银行经营策略和贷款项目具体的风险溢价，贷款利差加点仍可根据情况进行调整，但对已有的贷款，除非借款人信用情况恶化，否则不应随意扩大加点利差，即使需要调整也要对客户的信用状况进行全面评估（银团贷款除外）。而且，与 BR 并未规定重新定价周期不同，MCLR

浮动利率贷款重定价周期最长不超过1年，贷款利率调整更为灵敏。不过，由于MCLR主要是对BR报价方法的进一步完善，因而RBI对新增贷款要求采用MCLR定价，但对存量贷款允许BR与MCLR同时并行，参照BR定价的贷款可自然到期并过渡至MCLR，或按照银行和借款人双方协商确定的条款转换为MCLR。而且，与BR转换类似，很多与政府相关贷款、特定项目重组贷款、银行员工贷款等类型贷款，可不按MCLR定价①。

表7.4　2016—2019年印度基准政策利率和各类型银行BR、一年期MCLR变化情况

单位：BP

货币政策类型	宽松期	紧缩期	宽松期
	2016年4月至2018年5月	2018年6月至2019年1月	2019年2月至2019年10月
回购利率	-75	50	-135
五大银行的BR	-42.5	12.5	2.5
SBI的BR	-60	20.5	-10
SBI的一年期MCLR	-105	40	-50
国有一年期MCLR中位数	-105	30	-35
国有存量贷款	-98	-37	-6
国有新增贷款	-119	32	-49
私营一年期MCLR中位数	-80	30	-7
私营存量贷款	-93	53	8
私营新增贷款	-106	78	-40
外资一年期MCLR中位数	-78	45	-77
外资存量贷款	-101	35	-33
外资新增贷款	-113	75	-82
全部银行一年期MCLR中位数	-96	31	-45
全部银行存量贷款	-95	1	0
全部银行新增贷款	-107	55	-46

资料来源：RBI、SBI网站。

① RBI, 2017, "Report of the Internal Study Group to Review the Working of the Marginal Cost of Funds Based Lending Rate System", *RBI Report*, September.

与 BR 相比，MCLR 限定将边际成本法作为资金成本计算方法，定价机制更加透明，调整频率更高，考虑期限溢价进一步增强了贷款定价的透明度，因此 MCLR 对货币政策利率的反应更加灵敏。不过，与 BPLR、BR 类似，MCLR 仍未很好地解决货币政策有效传导问题。一方面，MCLR 仍存在着对老客户的定价歧视。由于 MCLR 政策指引并未明确 BPLR、BR 的退出机制，只是寄希望于存量贷款到期后自然过渡到 MCLR，银行对存量贷款转换定价基准并不积极，存量贷款转换为 MCLR 的加点明显高于新增贷款。即使从 BR 转换至 MCLR，由于贷款加点存在较大随意性，加点水平较高致使存量借款人的有效利率仍保持不变。另外，银行在存量贷款转换 MCLR 时往往一次性征收转换费，这也进一步抑制了定价基准的转换。另一方面，部分银行推进 MCLR 积极性不高。尽管政策上允许银行最晚在 2017 年 3 月实行 MCLR 报价，但受定价能力和 IT 技术等限制，有的银行并未通过银行的分支机构或其网站适当宣传贷款定价基准转换选项，其小型和零售客户仍延续基本利率系统。新旧贷款定价基准并行，影响了货币政策传导的效果。在 MCLR 实行了 18 个月之后，仅 40% 的企业贷款和 25% 的零售贷款使用 MCLR 定价，MCLR 仍表现出明显的“易升难降”特征，货币政策传导改进幅度依然有限①。

（四）2019 年以来的贷款利率市场化并轨与货币政策传导机制

1. 外部基准贷款利率（EBLR）

1994 年以来印度贷款定价经历的四次贷款基准利率转换都是基于成本加成法的内部定价基准，这是导致货币政策传导不畅的重要原因。正是意识到这一点，RBI 在引入 MCLR 后不久就着手外部基准利率的转换工作，在 2019 年 10 月正式实施外部基准贷款利率（EBLR）。银行可在 RBI 的基准政策利率（回购利率）、印度财政基准私人有限公司（FBIL）编制的 3 个月期

① Acharya, V., 2017, “Monetary Transmission in India”, *Speech at Tata Institute of Fundamental Research*, Nov., 16th.

国库券收益率、FBIL公布的6个月期国库券收益率或FBIL公布的其他市场基准利率之中，选取一个外部基准利率作为贷款利率定价基准（EBLR）。所有银行（地区性农村银行除外）在2019年10月将所有新增浮动利率的个人、零售、小微企业贷款与EBLR挂钩，2020年4月所有中型企业贷款与EBLR挂钩。在EBLR基础上，综合考虑准备金成本、经营成本和利润率来确定利差加点和贷款利率，除非出现严重的信用违约事件，否则三年内不得随意调整贷款加点。银行至少每三个月发布一次EBLR，贷款重新定价周期为三个月。以BPLR、BR或MCLR为定价基准的存量贷款可以存续到期，这些贷款在借贷双方协商一致前提下可转换EBLR作为定价基准，借款人的最终利率水平应与新发放贷款时相同类别、类型、期限和金额的新增贷款利率相同，不得加收基准转换费用。建议银行将存量贷款转换为以EBLR为基准定价，鼓励银行参考选定的与外部基准直接挂钩的浮动利率存款（特别是大额存款），以解决负债成本刚性问题。

不过，在研究方案并征求意见过程中，虽然广大企业等利益相关方支持采用外部基准，但商业银行大多持反对态度，主要理由为：一是银行负债主要来自存款而非金融市场，资金成本（特别是储蓄存款）与政策利率相关性较差；二是MCLR体系下1年的重新定价周期是合适的，新方案3个月的重新定价周期过于频繁；三是贷款利差加点应根据实际情况进行调整，不应事先固定；四是银行通过利率掉期等衍生品进行风险管理经验不足，可能面临较大的利率风险；五是对于不同类型贷款，应采用不同的外部定价基准。

针对银行的这些反对意见，RBI明确指出①：第一，尽管成本加成法与银行资金成本关系更为密切，但这使银行缺乏将存款定价与政策利率挂钩的动力，无法解决银行资金定价与基准政策利率关联性较差这一根本性问题。2011年10月至2017年7月，货币政策已经历了至少一个完整的周期，但储蓄存款利率始终维持在4%水平不变。第二，新方案提供的外部基准利

① RBI, 2018, "Addendum to the Report of the Internal Study Group to Review the Working of the Marginal Cost of Funds Based Lending Rate System", *RBI Report*, February.

率经充分论证能够很好地满足银行贷款定价需求，按季度重新贷款定价周期是合适的。第三，外部定价基准的最大优势就是高度透明。无论是内部基准，还是外部基准，贷款加点都应是事先确定不变，除非发生借贷双方事先都认同的情况，否则时变的贷款加点可以抵消贷款基准变化的影响，致使贷款定价更不透明。第四，利率衍生品发展不足实际上与风险管理需求不足有关。正是由于负债成本与货币政策相关性较差，银行才没有动力管理利率风险。而且，即使是固定利率贷款，企业也可以通过借新还旧方式，达到浮动利率贷款的效果，这也将倒逼银行加强利率风险管理。第五，多基准将导致贷款定价更加混乱，出于透明的考虑，应采用唯一的贷款利率定价基准，这也是国际上通行的做法。因此，尽管商业银行认为 MCLR 仍运行良好，但 RBI 仍决定推行外部基准贷款利率（EBLR）。

2. EBLR 以来的货币政策传导

基于成本加成法的内部基准利率水平很大程度上取决于银行负债（存款）成本的变化，而外部基准利率市场化程度更高，更加透明，对所有银行而言都是外生的，与 RBI 政策基准利率关系更加紧密，特别是以回购利率作为外部基准时，银行贷款利率将与货币政策同步变化，货币政策传导也更加畅通有效。RBI 的一项调查表明，2021 年 5 月，58 家银行中有 38 家银行以回购利率作为外部基准，10 家银行以 3 个月国库券收益率作为外部基准，3 家银行以孟买银行拆放利率（Mibor）作为外部基准，以大额存单（CD）、隔夜利率掉期（OIS）作为外部基准的各 1 家，另有 5 家采用回购利率以外其他外部基准（如 10 年期国债收益率）（Kumar and Sachdeva，2021）。

2022 年 9 月，在全部浮动利率贷款中，采用 EBLR 作为定价基准的贷款余额占比已由 2019 年 9 月的 2.4% 上升至 2022 年 9 月的 47.6%，采用 BPLR、MCLR 作为定价基准的贷款余额占比分别由 2019 年 9 月的 12.3%、82.8% 降至 2022 年 9 月的 3.8%、46.5%；外资银行和私营银行浮动利率贷款以 EBLR 作为定价基准的贷款余额占比较高，2022 年 9 月分别为 78.7% 和 67.6%，国有银行为 35.5%（见表 7.6）。引入 EBLR 以来，RBI

短端基准政策利率与银行贷款利率（无论是新增贷款，还是存量贷款）的关联性明显提高。正是通过与金融市场基准利率挂钩的方式，印度贷款利率最终实现了完全市场化并轨，货币政策利率传导机制更加畅通有效。特别是，随着银行越来越多的贷款定价采用外部基准，银行更加注重市场化负债和存款定价，存款利率与政策利率、贷款利率的关系越来越紧密，货币政策向存款利率传导的效率明显上升（Kumar, et al. , 2022）。

表 7.5　2019 年以来印度基准政策利率和各类型银行 BR、一年期 MCLR 变化情况

单位：BP

货币政策类型	宽松期	紧缩期
	2019 年 10 月至 2022 年 4 月	2022 年 5 月至 2022 年 12 月
回购利率	-140	225
五大银行的 BR	-115	73
SBI 的 BR	-140	185
SBI 的一年期 MCLR	-105	120
SBI 的 EBLR	-140	185
国有一年期 MCLR 中位数	-115	90
国有存量贷款	-150	72
国有新增贷款	-224	145
私营一年期 MCLR 中位数	-101	72
私营存量贷款	-150	84
私营新增贷款	-165	114
外资一年期 MCLR 中位数	-218	158
外资存量贷款	-253	154
外资新增贷款	-285	263
全部银行一年期 MCLR 中位数	-120	96
全部银行存量贷款	-152	80
全部银行新增贷款	-200	137

资料来源：RBI、SBI 网站。

表 7.6　2022 年 9 月印度各类型银行浮动利率贷款定价基准余额占比

单位:%

银行类型	BR	MCLR	EBLR	其他
国有银行	4.8	57.0	35.5	2.7
私营银行	2.2	29.2	67.6	1.0
外资银行	0.9	17.5	78.7	2.9
全部银行	3.8	46.5	47.6	2.1

资料来源：RBI 网站。

3. 影响货币政策传导的其他因素

由于外部定价基准更加透明，与货币政策调整的关系更加密切，因而 EBLR 实施以来，印度货币政策利率传导机制更加畅通有效。不过，也应看到，外部贷款定价基准并不完全相同，在一定程度上降低了贷款定价的透明度。虽然大部分银行将贷款定价与回购利率挂钩，但仍有很多银行采用金融市场基准利率作为贷款定价基准。各银行采用的金融市场基准利率并不完全相同，与基准政策利率相比，市场基准利率波动较大，这不仅会加大银行贷款利率定价的难度，在一定程度上也降低了贷款定价的透明度，可能会损害货币政策传导效率。而且，除了贷款利率定价基准之外，仍有一些遗留问题影响货币传导效率，这也是在历次贷款利率基准转换中共同面临的问题。

一是负债端（特别是存款）利率存在较大的刚性。一方面，印度银行资金来源主要以存款为主，金融市场大额批发性融资数量相对有限。而且，印度银行在高通胀、高利率时期吸收了大量期限较长的固定利率定期存款，2019 年 3 月印度银行 3 年期及以上存款占比高达 31.9%（Mitra and Chattopadhyay, 2020）。而且，出于市场竞争的需要，尽管 2011 年就已放开了储蓄存款利率，但银行也不愿意主动调整利率水平。由此，银行负债成本存在很强的刚性，对政策利率变化的反应非常滞后。另一方面，随着金融市场深化发展，共同基金、小额存款计划等金融创新和金融脱媒使银行面临较大负债竞争压力，银行也不愿意主动调整存款利率①。

二是以旧基准利率作为定价基准的贷款退出缓慢。PLR、BPLR 和 BR 并未明确规定重新定价周期，虽然 MCLR 规定了 1 年的重新定价周期，但仍允许存量贷款可以按 BR 定价，存量贷款数量过大，致使新定价基准在畅通货币政策传导中的作用相对有限（Mitra and Chattopadhyay，2020）。EBLR 也存在类似的问题，RBI 并未强制要求所有存量贷款转换为新的基准，对大企业新增贷款未强制要求应用 EBLR，也未明确大企业贷款定价模式指引。2021 年 12 月大型工业贷款以 EBLR 作为定价基准的浮动利率贷款占比仅为 20.4%（以 MCLR 作为定价基准的贷款占比则高达 70.9%），明显低于小微企业贷款的 69.2% 和住房贷款的 58.2%（Kumar，et al.，2022），这也将抑制货币政策传导效果。

三是银行贷款定价仍受资产质量约束。国际金融危机以来，印度银行体系资产质量明显恶化。IMF 的金融稳定数据库（FSI）显示，银行不良率由 2008 年的 2.45% 逐步上升至 2018 年第一季度最高的 10.9%，2021 年末仍高达 6.5%。为了提高资本充足率并弥补信贷损失，银行不得不将利差维持在较高水平，这也导致银行对货币政策变化的反应相对滞后，贷款利率“易升难降”（John，2016；Kumar and Sachdeva，2021）。

（五）值得借鉴的主要经验与需要吸取的几点教训

1. 值得借鉴的主要经验

印度贷款利率定价模式经历了四轮内部基准利率转换，最终通过盯住外部基准的方式才完成市场化利率并轨。尽管这一过程历经波折，但在利率市场化和货币政策框架转型的大背景下，印度贷款基准利率改革仍有很多可以值得借鉴的经验。

一是做好政策研究和评估对与市场有效沟通、顺利推进改革至关重要。

① Acharya，V.，2017，“Monetary Transmission in India”，*Speech at Tata Institute of Fundamental Research*，Nov.，16th.

印度货币政策框架的每一次重大变革，事先都成立专门委员会或研究小组深入研究改革方案；在改革出台后，对改革的政策效果也进行全面跟踪和系统性评估，为未来的深化改革提供可靠参考依据。在政策研究和评估过程中，印度联储通过高级官员讲话、研究报告等各种方式，积极与市场进行沟通，从而进一步完善改革方式并顺利推进相关改革。例如，在2009年研究推出BR时，RBI建议BR仅适用于1年以上贷款的定价基准，但最终BR作为所有期限贷款的定价基准。2017年RBI评估MCLR并提出外部基准定价改革方案过程中，在对银行的反对意见进行了系统回应的同时，考虑了银行需要更长过渡期和升级IT系统的需要，将正式推行改革的日期由之前计划的2018年4月第一次推迟到2019年4月，最终在2019年10月才正式实施。

二是利率未完全放开并非是制约货币政策转向价格调控模式的主要障碍。1994年印度就已基本实现了大额贷款利率市场化，1998年除储蓄存款之外其他存款利率也基本放开。在金融创新和金融脱媒迅猛发展的推动下，印度货币政策在2000年基本实现了由货币数量调控向价格调控模式转型，2011年5月，在存款利率放开之前进一步加强了利率政策调控框架。事实上，20世纪70年代之前美国等主要发达国家虽然对存款利率上限进行管制，但仍采用以短期利率为主的货币调控模式。可见，利率未完全放开与货币价格调控模式并不矛盾。毕竟，利率传导渠道是货币政策传导理论分析的基准，基于印度的实证分析也表明，利率渠道是货币政策最主要的传导渠道①。即使仍存在一定的利率管制，货币政策调控也应更加依靠利率价格机制的作用，通过完善金融市场基准利率和贷款定价基准利率，进一步畅通货币政策传导机制。

三是货币政策有效传导还面临其他条件的约束，需要各方的协调配合。尽管金融市场深化发展、市场基准利率体系和贷款定价基准利率建设对货

① RBI, 2014, "Report of the Expert Committee to Revise and Strengthen the Monetary Policy Framework", *RBI Report*, January.

币政策传导至关重要，但其他因素仍制约着货币政策传导效率。国际金融危机之前，财政赤字和国际资本流入在很大程度上制约着印度货币政策传导的有效性，而即使是在实行外部定价基准之后，银行资产质量状况也影响了货币政策的有效传导。因此，畅通货币政策传导不能完全依赖央行货币政策，还需要财政政策、金融监管、产业政策等各方面的协调配合。

四是以利率为主的价格型货币调控模式更加透明，有助于推进建设规则主导的货币决策模式，进一步完善利率传导机制。2011 年 5 月印度强加利率调控框架之后，决策体系并不明确、机制模糊的多重指标货币决策框架难以适应有效利率调控的需要，最终印度在 2016 年采用全球流行的通胀目标制。由此，RBI 更加重视利率操作和传导机制建设，为加强市场利率引导，于 2017 年 4 月缩小利率走廊区间，完善流动性管理框架，推进贷款利率外部定价基准的市场化利率并轨，从而更好地实现了货币政策框架（操作和决策）的全面现代化。

2. 需要吸取的几点教训

虽然与基于成本加成法的内部基准利率相比，外部基准利率形成更加透明，不易受个别机构操控，更有利于利率政策传导，明显优于内部基准定价模式，但从 1994 年放开大额贷款利率开始，印度经历了 25 年才基本完成贷款的市场化利率并轨，这其中的问题和教训值得深刻反思。

一是外部基准定价模式能否顺利推行与货币政策调控模式密切相关。尽管从 2000 年开始，印度银行就可以按照金融市场基准利率进行定价，但直至 2019 年之前，很少有银行采用这一方法，这既与金融市场发育程度和银行经营惯性有关，也与印度货币调控模式的转型进程密不可分。1994 年印度放开大额贷款利率同时，实行国际通行的最优惠利率定价模式。当时各国最优惠利率也主要是按照成本加成法并考虑市场竞争等因素设定，定价行为也并不完全透明，最优惠利率的变化往往滞后于货币政策调整①。这

① RBI, 2009, "Report of the Working Group on Benchmark Prime Lending Rate (BPLR)", *RBI Report*, October.

主要是由于，尽管各国实行以利率为主的货币价格调控，但并未明确政策利率目标（操作目标利率水平）。美国的经验表明，自 1994 年美联储明确联邦基金利率目标以来，两者关系越来越紧密并最终同步变化，明确利率目标增强了货币政策透明度，有效提高了利率政策传导效率（J. Friedman and Shachmurove，2015）。印度 2011 年才明确基准政策利率和操作目标利率，这在一定程度上制约了贷款利率转向外部基准的定价模式，直至 2016 年转向通胀目标制之后，才着手改革贷款利率参考外部基准利率。

二是新旧基准利率长期并行，缺乏明确的基准替代时间表，不利于银行定价能力提高和货币政策有效传导。与国际货币市场基准利率改革明确在 2021 年底基本完成基于报价的市场基准利率（IBORs）退出不同，印度历次贷款基准利率转换都存在一些例外情况，仍可延续采用旧的基准利率定价。为此，银行也继续发布旧的基准贷款利率。例如，SBI 至今仍持续更新发布 BPLR、BR、MCLR 报价。尽管银行延续旧的定价模式主要是受历史习惯的影响，但多个贷款基准利率长期共同存在，意味着新的基准利率无法完全取代旧的基准利率，这并非正常的基准利率转换情形，不利于银行定价能力的提高。而且，由于缺乏明确的基准利率转换替代时间表，新旧基准转换替代过慢，大量贷款（特别是存量贷款）仍以旧的基准利率定价，降低了货币政策传导效果。

三是应按照基准利率性质和基本特征，实施贷款利率市场化并轨改革，强化金融市场基准收益率曲线在贷款定价中的作用。除了定价机制不透明的弊端之外，印度最优惠贷款利率（PLRs 和 BPLR）的探索之所以失败，在很大程度上是因为银行贷款定价偏离了最优惠利率作为针对信用优质客户利率、作为其他贷款利率下限的原则。出于各种考虑，政策上允许银行灵活定价，从而偏离了改革的初衷。类似地，由于可以在贷款基准利率基础上随意调整贷款加点，银行可以对新老客户采取不同定价策略，进一步损害了贷款定价的透明度。正是意识到这些问题，在采用外部定价基准模式时，RBI 对这些问题采取了针对性的要求，才最终基本实现了改革目标。另外，印度未强制要求 EBLR 应用于大企业贷款，主要是由于国际上类似批发性质的大企业贷款和银团贷款主要是参考金融市场基准收益率曲线进行定价。而且，随着金融市场深化发展，最优惠贷款利率定价模式的应用范围逐步下降，很多零售性质贷款定价都转向金融市场基准收益率曲线进行定价。因此，银行批发性贷款如何更好地参考金融市场基准利率体系定价，仍需要进一步完善并在政策上进行必要的指导。

四是在加强银行资产端定价模式改革的同时，应大力推进存款利率市场化并轨。印度存款利率存在较大刚性，严重制约了货币政策传导效率，这很大程度上与以存定贷的内部基准定价模式有关，银行不重视市场化融资和主动负债管理，政策上也忽视了存款定价机制建设。除了深化金融市场发展、提高批发性融资占比之外，在存款定价方面也可以采用 EBLR 类似的外部定价基准模式。事实上，印度在 1997 年就曾进行过类似的尝试，RBI 在引入 EBLR 时也鼓励银行参考选定的与外部基准直接挂钩的浮动利率存款（特别是大额存款），从而有效解决负债成本刚性问题，进一步有效畅通货币政策传导。

四、中国存贷款利率完全放开和市场化利率并轨的改革路径

（一）贷款市场报价利率（LPR）形成机制改革存在的主要问题

对市场化条件下的利率传导机制和国际货币市场基准利率改革的分析表明，基于报价体系的最优惠利率变动相对于金融市场基准利率更为迟缓，不能有效满足在直接融资渠道有优势的大企业的需求，主要应用于零售性质的个人和小企业贷款，随着金融市场广度深度的发展，其应用范围明显下降，越来越多贷款采用与金融市场密切相关的市场基准利率定价方式。2013 年我国放开贷款利率浮动限制时，引入贷款基础利率作为取消贷款基

准利率的必要技术性准备，2019 年进一步改革贷款市场报价利率形成机制，取代贷款基准利率成为银行新的贷款利率定价基准。但是，2019 年的 LPR 形成机制改革和贷款利率并轨，与各国通行的做法仍有较大差别，存在一定的问题。

首先，LPR 与中期政策利率挂钩，市场化形成机制有待进一步完善。一方面，MLF 的市场代表性有限，无法完全反映市场资金供求，与货币市场和债券市场利率的联动工关系较弱。从需求角度来说，货币市场存在大量不确定性，金融机构为满足日常头寸的流动性需求主要集中于隔夜；从供给角度来说，中央银行可以有效影响基础货币数量及与之对应的货币市场短期（主要是隔夜）利率价格。在众多的金融价格变量中，中央银行必须选择关注与整个金融体系和货币政策传导最为关键的价格变量，也即市场的短期隔夜利率，这也是 20 世纪 80 年代以来各国普遍采用的“单一目标、单一工具”的常规货币政策框架。以隔夜市场利率作为操作目标也符合我国金融市场的实际情况。第八章将对此进行深入的分析。另一方面，LPR 挂钩 MLF 中期政策利率，除了 1 年期外还有 5 年期报价，而市场化条件下中央银行应采用新的短端基准政策利率，这意味着央行将同时关注（盯住）市场短端和 1 年、5 年的中长期利率，本质上属于收益率曲线控制政策，既与收益率曲线预期理论不符，也往往超出了央行的政策控制能力，更不符合由市场供求决定收益率曲线形状的利率市场化要求。第九章将对此进行深入的分析。

另外，引入 MLF 主要是为了弥补基础货币缺口，在操作中也采取体现中央银行数量意图的价格招标方式①。因此，在政策操作中，MLF 并非主要着眼于价格均衡。受数量目标的限制，MLF 利率决策规则并不透明，MLF 利率较物价、产出变化的调整频率也相对缓慢，与之挂钩的银行贷款利率

① 价格招标是以价格（利率）为标的进行投标，体现了央行的数量意图；数量招标是以数量为标的进行投标，体现了央行的价格意图。参见：《公开市场操作的价格招标与数量招标》，《中国货币政策执行报告》（2003 年第 4 期）。

调整相应滞后，金融市场利率向银行贷款利率的传导效率仍大打折扣。

其次，LPR 作为报价利率体系并不透明。作为报价利率体系，LPR 存在着与 Libor 类似的容易被操纵等内生机制性缺陷。虽然我国特定的体制优势在一定程度上能够避免这类问题，报价真实性具有制度上的保障，但与 Shibor 相比，LPR 在形成机制上并不透明。目前，Shibor 由公开市场一级交易商或外汇市场做市商的 18 家报价行组成，每年对报价行进行筛选考核；每个交易日根据各报价行的报价，剔除最高、最低各 4 家报价，对其余报价进行算术平均计算后，得出每一期限品种的 Shibor，并于 11：00 对外发布，每家报价行主要按照自己的报价利率进行同业拆借业务，从而加强报价真实性考核。与之相比，LPR 也由 18 家报价行报价，但每家银行报价并不公开，只是根据一定的规则计算并公布具体的 LPR 利率，这很大程度上体现了政策引导意图，容易导致对利率价格的人为扭曲。例如，2021 年 12 月，MLF 利率并未调整，但 1 年期 LPR 下调 5 个基点，很难分清是由于银行报价主动下调，还是政策干预所致。而且，商业银行按照公布的 LPR 报价开展贷款利率定价，偏离了每个报价银行根据自身经营情况进行报价的初衷，与之前的按照贷款基准利率开展贷款定价的方式没有本质上的区别。另外，LPR 属于最优惠利率，理论上是各种贷款利率的下限，而实际操作中仍有很多贷款利率低于 LPR，各行未根据自己的 LPR 报价进行贷款定价是重要的原因之一，但银行贷款在 LPR 减点占比在 2020 年 2 月一度最高达 31.41%，2021 年 12 月仍高达 25.27%，这在很大程度上也表明，在 MLF 调整滞后情况下，银行贷款利率受到降融资成本的政策干预。

再次，由于存在事实上的存款利率上限约束，市场利率向 LPR 的传导效率有限。存款利率上限约束仍是当前利率双轨制的核心所在，我国利率定价自律组织、MPA 考核等方式主要针对银行存款利率，这也是当前隐性利率双轨制的重要原因之一。第四章的理论和实证研究都表明，当前我国金融市场利率和存贷款利率仍低于均衡利率水平，过于依赖准备金等数量工具制约了短端利率向中长期贷款利率的传导效率。国际经验也表明，利率完全放开后银行资金负债竞争将进一步加剧，再加上利差盈利和同业市场竞争压力，未来存款利率下降的空间有限。根据信贷收支表，2021 年末金融机构人民币存款占全部资金来源的 82%，存款成本是影响银行贷款定价的重要因素。然而，存款基准利率作为我国利率体系压舱石仍要长期保留，但存款利率与 MLF 并不关联，单纯通过贷款资产端利率的市场化，银行贷款利率调整幅度相对有限，货币政策传导效果也将随之大打折扣。

最后，LPR 金融市场应用范围有限，价格发现功能不足。很多国别研究都表明，金融市场越发达，银行市场竞争越充分，资本市场发育越成熟，一国金融市场利率对银行存贷款利率的传递效应越强，利率政策传导机制效率越高（Gregora，et al.，2021）。为此，2019 年 LPR 形成机制改革后，我国推出了 LPR 利率互换曲线和利率互换估值，大力推动与 LPR 相挂钩的利率衍生品市场发展，在 2020 年还推出了 LPR 利率期权和 LPR 浮息债等产品。虽然在政策推动下，与 LPR 挂钩的利率衍生品发展迅速，2013 年至 2019 年 8 月 LPR 改革前，以 LPR 为标的的利率互换共成交 122 笔，名义本金为 271 亿元，仅 23 家机构参与交易。改革后至 2020 年 8 月末，LPR 利率互换共成交 1922 笔，名义本金为 2875. 4 亿元，日均成交量约为 13 亿元，主要参与机构包括股份制银行、国有银行、证券公司、外资银行、城商行等各类银行机构。但是，由于 LPR 与 Shibor、FR 等利率相比变动频率过低，相应地与之相挂钩的利率衍生品交易频率也较低。而且，LPR 市场化程度不够，难以完全反映资金供求变化；市场参与者大多为银行机构，对 LPR 走势预期趋于一致；相比基础资产而言衍生品规模有限，个人住房贷款等产品作为银行优质资产对利率衍生品需求较少，因而挂钩 LPR 的利率衍生品市场发展空间相对有限。2019 年和 2020 年，以 LPR 为标的的利率互换分别成交 654 笔、1718 笔，名义本金分别为 751 亿元、2655 亿元，但在 2021 年回落至 919 笔，1098. 3 亿元。2019—2021 年，以 LPR 为标的的利率互换成交笔数占比分别为 0. 275%、0. 627% 和 0. 364%，名义本金额占比仅分别为 0. 414%、1. 363% 和 0. 520%。2020 年，LPR 利率期权共计成交 484

笔，金额为907.5亿元，2021年则分别下降至390笔，756.21亿元。[①]

（二）存贷款利率市场化并轨的改革路径

由上可见，LPR形成机制改革只是利率并轨和完全市场化改革的第一步，作为一个并不完美但可操作的过渡性利率基准。当然，也要看到，LPR形成机制改革推动银行提升利率定价水平和利率管理能力，全国性金融机构均建立了内部资金转移定价（FTP）相关制度和系统，截至2021年第二季度有63%的地方法人金融机构也已建立了FTP管理制度，较LPR改革前提高了14个百分点[②]。在客观总结贷款利率并轨经验、提高银行利率定价和风险管理能力的同时，应加快存贷款利率并轨方案的设计准备工作，我国完全有条件在两三年内实现存贷款利率的真正完全放开和市场化利率并轨。

一是尽快明确政策操作目标利率水平和新的短端基准政策利率，降低存款基准利率的压舱石作用。中央银行的政策操作目标利率是货币价格调控的核心和政策传导的逻辑起点（Abbassi and Nautz，2012），也是利率走廊机制的中枢利率。改革后的LPR通过挂钩中期借贷便利（MLF）利率形成，在很大程度上是由于我国并未明确短端（隔夜）政策目标利率。明确隔夜政策操作目标和新的短端中央银行基准政策利率，也有利于商业银行切实提升自主定价能力和风险管理水平，从而真正实现存款利率并轨和货币价格调控模式转型。在过渡期内，可简并存款基准利率期限档次，降低存款基准利率对银行存贷款定价的影响。例如，将1年期存款基准利率与新的短端基准政策利率挂钩调整（即1年期存款基准利率=新的短端基准政策利率-100BP，利差加减点固定不变），不再公布其他期限存款基准利率。

二是将LPR与新的短端基准政策利率挂钩，改革LPR形成机制。可借

---

① 数据来源：《中国货币政策执行报告》（各期）。

② 《实际贷款利率稳中有降》，《中国货币政策执行报告》（2021年第2期）。

鉴 Shibor 方式，剔除最高最低值得到平均 LPR 报价。公布每家银行的 LPR 报价，要求报价行按照 LPR 报价利率进行最优惠贷款定价，按照一定规则对报价银行进行考核筛选。报价行要根据贷款类型和客户风险状况，公布各类贷款在 LPR 报价基础上的加点定价；非 LPR 报价行应在公布的 LPR 利率基础上，明确不同类型贷款的加点定价规则。

三是允许不同类型银行结合本行实际情况，开展差异化贷款定价。对于金融市场经验丰富的大中型银行，可对部分贷款产品按市场基准利率进行定价，拓展多种形式的信贷产品定价模型；对于规模较小、业务单一、网点较少布局集中的小微金融机构，贷款定价可直接采取跟随模式，以 LPR 作为贷款定价基准，简化内部利率管理流程。

四是放松不合理金融管制，深化金融市场发展。虽然我国银行业资产规模位列全球第一，债券、股票、保险市场也都成为全球第二大市场，金融市场具备了足够的广度和必要的深度，但近年来在化解监管套利为主的影子银行风险的同时，在一定程度上也抑制了以价格发现和风险管理为目的的金融创新活动，对金融机构参与衍生品交易限制较多，货币市场和债券市场的人为分割也助长了市场的监管套利行为，加大了金融机构利率定价和风险管理的难度。

五是适时宣布废止存贷款基准利率，改进 MPA 考核和利率自律组织管理方式。银行存贷款定价都与短端基准政策利率挂钩并合理联动，经过磨合后即可适时宣布取消存贷款基准利率。可借鉴贷款利率放开的模式实现存款利率市场化并轨，以中央银行新的短端政策利率为基准，银行对不同类型存款进行差异化定价；鼓励有条件的银行参考金融市场基准收益率曲线，对于不同规模、流动性的存款进行定价。同时，改进利率管理方式，降低利率自律组织和窗口指导对银行自主定价的过度约束。应综合考虑市场供求对银行存贷款定价的影响，考虑以银行相对于自身存贷款利率变化、相对于地区市场利率偏离等相对指标作为 MPA 利率考核和利率自律管理的依据，而非仅盯住具体的存贷款利率水平及排名情况；央行等利率管理部门应充分咨询利率定价自律组织成员的意见，对于机构因市场流动性变化、经营策略变化和经营状况变化进行的存贷款利率调整，采取差异化的考核和政策约束性措施。

六是以利率调控为目标，完善货币政策工具体系。当前，我国法定准备金率在全球仍属于较高水平，而 MLF、PSL 等工具仍兼顾结构性功能。在理顺中央银行政策利率体系、完善公开市场操作与利率走廊相结合的利率调控机制的同时，要大力优化（简化）各类结构性工具并将其明确为信贷政策，以新的短端基准政策利率为中枢理顺央行政策利率体系，明确信贷工具数量和价格操作规则，避免干扰总量货币调控，择机搭配开展“降准 + 置换 MLF 等央行存量信贷 + 调整基准政策利率”，顺利实现以利率为主的货币价格调控模式转型。

附表 7.1 各国（地区）货币市场基准利率改革概况（截至 2021 年 6 月）

国家（地区）	替代基准	原有基准	改革路径	是否担保抵押	是否包含非银行金融机构交易对手	是否隔夜	管理机构	数据来源	具体实施时间
美国	SOFR（担保隔夜融资利率）	Libor	完全替代	是	是	是	纽约联储	三方回购，FICC，GCF，双边 FICC	2017 年 6 月选定，2018 年 4 月 3 日开始公布
英国	SONIA（英镑隔夜平均指数）	Libor	完全替代	否	是	是	英格兰银行	英镑货币市场数据收集报告	2017 年 4 月选定，2018 年 4 月 24 日开始发布
欧元区	ESTR（欧元短期利率）	Euribor/EONIA	改革并保留 Euribor	否	是	是	欧洲央行	货币市场统计报告（MMSR）	2018 年 9 月选定，2019 年 10 月发布
瑞士	SARON（瑞士隔夜平均利率）	Libor	完全替代	是	否	是	瑞士证券交易所	瑞士法郎银行间回购	2017 年 2 月选定，2017 年 10 月发布
日本	TONAR（东京隔夜平均利率）	TIBOR	改革并保留 TIBOR	否	是	是	日本银行	货币市场经纪商	2016 年 12 月选定，2017 年 6 月发布
加拿大	加强后的 CORRA（加拿大隔夜回购平均利率）	CDOR	多基准保留 CDOR	是	是	是	已于 2019 年 7 月由汤森路透变更为加拿大央行	任何两个无关联交易对手之间的回购交易	加强后的 CORRA 于 2020 年第二季度公布
澳大利亚	RBA 银行间隔夜现金利率（AONIA）	BBSW	多基准保留 BBSW	否	否	是	澳大利亚储备银行	所有 RITS（储备银行信息和转账系统）的现金转账	2016 年 5 月实施现金利率改革；2018 年 6 月宣布 BBSW 和现金利率为基准

续表

国家（地区）	替代基准	原有基准	改革路径	是否担保抵押	是否包含非银行金融机构交易对手	是否隔夜	管理机构	数据来源	具体实施时间
新加坡	SORA（新加坡隔夜平均利率）等	Sibor 和 SOR	完全替代	否	是	是	新加坡金融管理局（MAS）	新加坡货币市场所有无担保隔夜现金交易	2019 年 10 月 31 日，完成 SORA 基准转换公开咨询
挪威	改革后的 Nowa（挪威隔夜加权平均利率）	Nibor	完全替代	否	否	是	挪威中央银行	隔夜银行间无抵押贷款，不包含额度低于 1000 万挪威克朗的贷款	Nowa 自 2020 年 1 月 1 日起代替 Nibor
瑞典	SWESTR	Stibor	多基准保留 Stibor	否	是	是	2020 年 4 月瑞典金融基准工作组（SFBF）接替瑞典银行家协会工作组负责相关工作	报告银行与瑞典国债办公室、银行和金融机构之间无担保交易	2021 年 3 月 SFBF 公布咨询报告，2021 年 9 月 2 日发布 SWESTR
中国香港	HONIA（港元隔夜指数）	Hibor	多基准保留 Hibor	否	否	是	香港金管局	港元隔夜无担保银行间交易	2019 年 2 月建议采用 HONIA
巴西	Selic（巴西联邦基金利率）	DI Rate（隔夜银行间拆借利率）	多基准保留 DI	是	否	是	巴西中央银行（BCB）	由联邦政府证券担保的隔夜银行间业务的加权平均利率	2018 年 10 月，公布 DI 与 Selic 过渡指导方案

续表

国家（地区）	替代基准	原有基准	改革路径	是否担保抵押	是否包含非银行金融机构交易对手	是否隔夜	管理机构	数据来源	具体实施时间
墨西哥	Overnight TIIE（隔夜银行间均衡利率）	主要参考利率是28天的均衡银行间利率（TIIE）	多基准保留TIIE	是	否	是	墨西哥银行（BdM）	隔夜银行间抵押贷款担保交易	2020年1月16日
南非	改革Jibar，建议采用隔夜的ZARONIA，研究有担保的ZASFR	Jibar（约翰内斯堡银行间平均利率）	多基准	否	—	是	—	—	—
印度尼西亚	IndONIA（印度尼西亚无担保隔夜银行间印尼盾贷款交易的利率指数）	Jibor	完全替代	否	否	是	印度尼西亚银行	印度尼西亚无担保隔夜银行间印尼盾贷款交易	2018年8月1日开始公布，自2019年1月2日起不再公布Jibor
土耳其	TLREF	TRLIBOR	完全替代	是	—	是	土耳其央行牵头的委员会（NWC）	NWC	2019年6月17日公布

资料来源：FSB，2020，“Reforming Major Interest Rate Benchmarks 2020Progress Report”，Nov.，20th；各国央行网站。

第八章　货币价格调控模式下的中央银行政策目标利率

2015 年 10 月基本放开存贷款利率之后，出于利率调控手段、银行定价机制和风险管理等方面考虑，我国并未明确新的政策（目标）利率，而是倾向于发挥中长期政策利率作用，通过央行利率政策指导体系引导和调控市场利率①。不过，存贷款利率的完全放开和市场化并轨意味着存贷款基准利率作为利率政策工具最终将逐步退出，我国仍要明确货币价格调控模式下新的短端政策目标利率（利率“调什么”），这是市场化利率“调得了”的重要内容。为此，2016 年以来，我国逐步加强 7 天回购利率作为政策目标利率的政策导向②。与以往货币数量调控模式下仅稳定货币市场利率相比，明确 7 天市场利率作为政策目标利率，对于完善公开市场操作，健全利率走廊机制，顺利推进货币价格调控模式转型具有非常重要的意义。然而，从各国实践来看，即使是国际金融危机之后，隔夜利率仍是各国最主要且被认为是最好的政策操作目标，这已成为各国中央银行在货币政策操作框架方面的重要共识（Bindseil, 2016）。那么，究竟是 7 天期利率还是隔夜利率更适合作为我国新的政策目标利率，我国是否有必要盯住更长期限市场利率，仍是需要深入讨论的问题。

---

① “有关负责人就降息降准以及放开存款利率上限答记者问”，www. pbc. gov. cn，2015 年 10 月 26 日。

② 参见 2016 年以来各期《中国货币政策执行报告》。

一、隔夜利率作为货币政策操作目标：理论与实证

（一）货币价格调控模式下的中央银行基准政策利率

第二章对货币政策框架的基本概念进行了说明，政策利率和基准政策利率是中央银行非常重要的利率工具。为此，有必要对其含义和分类做进一步的说明。

政策利率（Policy Rate）：由中央银行直接控制并提供货币政策信号的利率，如各种公开市场操作业务利率、存贷款便利利率、再贷款（再贴现）利率，是货币政策工具的主要内容。

基准政策利率（Benchmark Policy Rate）：在所有中央银行能够决定的政策利率中，与操作目标相关联，用于直接反映货币决策政策立场，其他政策利率随其变化而变化的利率，也称关键政策利率（Key Policy Rate），主要分为两类：一是由中央银行直接宣布的货币市场实际交易隔夜利率（即操作目标）水平，也称政策目标利率（Target Rate），基准政策利率与操作目标利率是重合的，主要包括美国、日本等；二是中央银行特定期限业务操作的业务利率（又称中标利率，Tender Rate），如回购利率（Repo Rate），或中央银行与金融机构进行的其他资金业务利率，又称官方利率（Offical Rate）、资金利率（Cash Rate）、基础利率（Base Rate），主要包括欧央行、英国等。在国际货币市场基准利率改革之前，瑞士是唯一一个以市场报价利率目标区间（三个月瑞士法郎 Libor 目标区间）作为中央银行基准政策利率的国家。在 2019 年 6 月之后，瑞士采用隔夜的瑞士央行政策目标利率（SNB Policy Rate）作为新的基准政策利率。

第二章指出，中央银行并不能完全控制操作目标，它是由金融市场形成的，但中央银行能够依靠日常的政策工具操作影响（甚至是控制）市场变量接近政策目标水平，这是判断货币政策操作模式的重要标准。在货

币价格调控模式下，中央银行以利率作为操作目标，是货币政策作用于金融市场和实体经济的逻辑起点，也是反映货币当局政策立场、有效传递政策信息并引导市场预期、与物价产出等最终目标密切相关的重要变量。因此，相较于中央银行短期基准政策利率而言，操作目标利率期限选择更为重要。

（二）货币政策的利率传导渠道与利率期限结构预期理论

虽然很多发达国家在逐步放开利率管制并实现利率市场化的同时，大多转向更加市场化的以利率为主的价格型货币调控模式，但两者更多地仅是时间上的巧合而并没有必然的关系。正如第二章表明的，早在1970年代货币数量目标制实践之前，至少从现代中央银行诞生之日起，利率调控就一直是中央银行重要的货币调控方式，即使是在德国等以货币数量目标制闻名的国家，利率调控仍占有非常重要的地位。不过，由于货币政策决策和操作完全两分的传统，标准的货币经济学理论（如传统的IS－LM模型）通常假定中央银行通过货币控制而使货币供求相等并实现利率目标，但货币市场流动性需求通常并不稳定，中央银行也往往无法精确控制货币乘数和广义货币数量的变化（也正因此，M_2通常作为货币政策的中间目标）。然而，金融市场毕竟存在着受不同因素影响的品种复杂的不同市场利率，即使是无风险的国债收益率也有着长短不一的期限结构，以隔夜市场利率作为货币政策操作目标也经历了很长的理论和实践探索。

就货币市场交易和利率而言，从需求角度来看，货币市场交易主要是为了满足机构日常资金交易头寸不足的流动性需求，由于市场流动性供求并不稳定且变化非常迅速，对于一般机构而言，即使是每天的流动性净头寸情况也存在很大的不确定性，因而流动性需求主要集中在隔夜期限。从供给角度来看，中央银行通过公开市场操作或其他安排可以有效影响基础货币数量和市场流动性供给，中央银行很容易调整基础货币供给数量，货币市场短期（主要是隔夜）利率也称高能基础货币的价格。对于众多的金融价格变量，中央银行必须选择关注与整个金融体系和货币政策传导最为关键的价格变量，这就是市场的短端隔夜利率。

虽然金融体系发育相对滞后在一定程度上影响了利率传导机制的效率，信贷传导渠道在我国货币政策中发挥着更大的作用，但是，利率传导渠道是货币政策传导理论分析的基准，考虑信息不完全情形的信贷非新古典渠道是对新古典利率渠道的修正和补充（Bernanke and Gertler，1995）。经过十多年的发展，我国金融市场具备了足够的广度和必要的深度，大量有关货币政策传导渠道的实证研究也表明了利率传导机制的有效性。从货币政策传导机制的角度来讲，我国已具备了以利率为主的货币价格调控的必要条件。

除了通过利率渠道有效影响货币信贷等资产价格数量和实体经济外，以短期隔夜利率作为唯一货币政策操作目标，需要市场参与者能够有效通过套利机制充分挖掘信息并实现均衡价格，也即利率期限结构预期理论。根据利率期限结构的预期理论，投资者对未来利率的预期与收益率曲线形状密切相关，在无套利机制的作用下，投资任何期限的债券，投资者取得的单一时期预期回报率都相同，也即市场整体上的利率预期（根据当期利率期限结构所得到的远期利率）与未来即期利率相同，收益率曲线的形状主要反映了市场对未来通货膨胀和经济增长的预期（Estrella and Hardouvelis，1991）。而且，基于协整理论的经验研究表明，长短期利率存在着长期均衡的协整关系，利率期限结构的预期理论是成立的（Engle and Granger，1987）。事实上，对中国的实证研究也表明，中国的利率期限结构也支持预期理论，包含了大量宏观经济信息（李宏瑾，2013）。以隔夜市场利率作为操作目标，有着坚实的理论和实证研究基础。

（三）利率期限结构预期理论检验：对隔夜和 7 天利率的协整分析

如果时间序列 $y_{1t}, y_{2t}, \cdots, y_{nt}$ 都是 d 阶单整序列 $I(d)$，那么存在一个向

量 $\alpha=(\alpha_1,\alpha_2,\cdots,\alpha_n)$，使得 $\alpha y_t^T \sim I(d-b)$，则序列 $y_{1t},y_{2t},\cdots,y_{nt}$ 是 (d, b) 阶协整，记为 $y_t \sim CI(d,b)$，α 称作协整向量。以两变量为例，为检验同是 d 阶单整的两个序列 x_t，y_t 是否存在协整关系，根据 Engle 和 Granger（1987）提出的两步检验法，首先对两变量进行回归：

$$y_t = \alpha + \beta x_t + w_t \tag{8.1}$$

用 $\hat{\alpha},\hat{\beta}$ 表示回归系数的估计值，则模型关残差估计值为：

$$\hat{w} = y_t - \hat{\alpha} - \hat{\beta} x_t \tag{8.2}$$

如果 $\hat{w} \sim I(0)$，则序列 x_t，y_t 存在协整关系，且协整向量为 $(1, -\hat{\beta})$，方程（8.1）即为协整回归方程。

根据利率期限结构预期理论，长期利率是未来短期利率预期加权平均，长短期利率具有长期稳定的协整关系，在无套利理性预期条件下，长期利率等于预期未来短期利率的平均值（Hall et al.，1992），因此市场的隔夜与 7 天利率的关系如下：

$$R_t^k = \sum_{j=1}^{k} \frac{1}{j} ER_{t+j-1}^1 + \Theta^k \tag{8.3}$$

其中，$k=7$，$j=1$，2，…，7，Θ^k 代表平均的期限溢价，在纯预期理论下，有 $\Theta^k=0$，或者假定其为一个不变的常数，也称之为弱预期理论。

由（8.3）可以有：

$$\begin{aligned}
R_t^k - R_t^1 &= \frac{1}{k}\left[\sum_{j=1}^{k} ER_{t+j-1}^1 - kR_t^1\right] + \Theta^k \\
&= \frac{1}{k}\left[(ER_{t+1}^1 - R_t^1) + (ER_{t+2}^1 - R_t^1) + \cdots + (ER_{t+k-1}^1 - R_t^1)\right] + \Theta^k \\
&= \frac{1}{k}\left[\sum_{j=1}^{k-1} E(R_{t+j}^1 - R_t^1)\right] + \Theta^k \\
&= \frac{1}{k}\left[\sum_{j=1}^{k-1} E(R_{t+1}^1 - R_t^1) + E(R_{t+2}^1 - R_{t+1}^1) + \cdots + E(R_{t+i}^1 - R_{t+i-1}^1)\right] + \Theta^k \\
&= \frac{1}{k}\sum_{i=1}^{k-1}\sum_{j=1}^{j=i} E\Delta R_{t+j}^1 + \Theta^k
\end{aligned} \tag{8.4}$$

如果 R_t^k 和 R_t^1 均为一阶单整序列 $I(1)$，那么（8.4）最后推导得到的序列应为平稳序列。因此，如果预期理论成立，那么 R_t^k 和 R_t^1 应该存在协整关系，并且协整向量为 $(1, -1)$。这个关系可以扩展到不同期限利率间的关系。而且，可以看到，通过对不同期限利率间协整关系的检验，实际上是对预期理论成立必要条件的检验。预期理论成立必要条件就是不同期限利率间存在协整关系，而且理论上，协整回归方程 $\hat{\beta}=1$。

按照 Engle 和 Granger（1987）提出的协整两步检验法，作为同阶单整序列 R_t^7，R_t^1，两序列回归的协整方程：$R_t^7=\alpha+\beta R_t^1+\omega_t$，残差项 $\hat{\omega}\sim I(0)$，协整向量为 $(1,\hat{\beta})$，截距项 $\alpha=\Theta^k$。由（8.3）可见，R_t^7，R_t^1 理论上存在协整关系，并且协整向量为（1，-1），通过对不同期限利率间协整关系的检验，实际上是对预期理论成立必要条件的检验，而且协整回归方程 $\hat{\beta}=1$，对于纯预期理论，$\alpha=\Theta^k=0$。

根据上述理论关系，对隔夜（O/N）和 7 天市场利率进行协整分析，从而检验利率期限结构预期理论。由于大量研究表明，对利率期限结构预期理论的检验需要考虑时变期限溢价的因素，我国利率期限结构也存在明显的时变溢价特征（李宏瑾，2013），因而这里仅对 2014 年1 月至 2021 年 12 月的月度数据进行检验。在利率品种的选取上，分别采用具有代表性的银行间同业拆借利率（IB）、质押式回购利率（R）、报价方式的货币市场基准利率（Shibor）、定盘回购利率（FR），以及 2014 年 12 月以来统计具有货币政策操作目标倾向的存款类金融机构拆借利率（DIB）和回购利率（DR）。

通过 PP 检验可以发现，各品种隔夜和 7 天利率的水平序列都不是平稳的，而其一阶差分序列都在 1% 水平下通过平稳性检验，因而各品种隔夜和 7 天利率都是 $I(1)$ 序列（限于篇幅，不报告具体检验结果）。这样，可以通过 E－G 两步法对隔夜和 7 天利率是否存在协整关系进行检验，从而考察利率期限结构预期理论是否成立，具体结果如表 8.1 所示。

表 8.1　隔夜和 7 天市场利率预期理论检验（7 天利率为因变量）

自变量	IB007	R007	Shibor007	FR007	DIB007	DR007
α	0.7856 *** (0.2844)	0.4728 (0.2872)	0.5484 ** (0.2580)	0.3016 (0.2703)	0.5755 (0.3952)	0.5685 (0.4042)
β(O/N)	0.9929 *** (0.1285)	1.0661 *** (0.1279)	0.9569 *** (0.1229)	1.1056 *** (0.1210)	0.9480 *** (0.1907)	0.9179 *** (0.1995)
R^2	0.6758	0.7262	0.6853	0.7990	0.6927	0.6815
S. E.	0.3345	0.3216	0.3522	0.2738	0.2978	0.2990
$\beta=1$ Wald 检验 χ^2 统计量	0.0031	0.2667	0.1230	0.7614	0.0742	0.1694
残差 ω 平稳性检验 PP 统计量	-3.7042 ***	-4.2584 ***	-3.5848 ***	-4.3500 ***	-4.6420 ***	-4.5947 ***

由表 8.1 可见，主要货币市场隔夜和 7 天利率 OLS 回归都通过显著性检验，并且其残差项大多都在 1% 水平下通过了平稳性检验，说明不同期限利率期间存在长期稳定的协整关系，这也符合利率期限结构预期理论的含义。同时，Wald 系数检验也表明，所有方程都无法拒绝 $\beta=1$ 的原假设，而这也与协整回归方程 $\hat{\beta}=1$［或协整向量为（1，-1）］是一致的，而且，除 IB 和 Shibor 的方程外，其他方程的截距项都无法通过原假设为零的显著性检验（$\alpha=\Theta^k=0$），这说明样本期内大多数隔夜利率与 7 天利率符合纯预期理论关系。

对各市场隔夜和 7 天利率序列分别基于 VAR 框架进行 Granger 因果分析，通过 LR、AIC、SC 等准则的综合比较，确定选择各市场利率的 VAR 系统最优滞后阶数，特征根都在单位圆以内，VAR 模型是稳定的。结果表明，隔夜利率始终都是 7 天利率的 Granger 原因，7 天 IB 只是在 10% 显著性水平下是隔夜利率的 Granger 原因，而 7 天 R、FR 则始终不是隔夜利率的 Granger 原因。可见，隔夜利率不仅与 7 天利率具有协整关系，利率期限结构纯预期利率必要条件是成立的，而且通过隔夜利率调整可以有效影响更长期限的 7 天市场利率的变化，但反之则并不一定成立。因而，价格型货币调控模式下，应当选择隔夜而非 7 天利率作为政策操作目标利率。

表 8.2　基于 VAR 框架的隔夜和 7 天市场利率 Granger 因果分析

Dependent variable	IB001	R001	Shibor001	FR001	DIB001	DR001
Chi - sq	10.6110	3.9220	45.1716	7.2375	18.4911	18.3472
df	5	5	6	5	3	3
Prob.	0.0597	0.5607	0.0000	0.2036	0.0003	0.0004
Dependent variable	IB007	R007	Shibor007	FR007	DIB007	DR007
Chi - sq	24.6542	13.1671	38.1540	10.6753	23.3828	20.1262
df	5	5	6	5	3	3
Prob.	0.0002	0.0219	0.0000	0.0582	0.0000	0.0002

（四）隔夜和 7 天市场利率波动：基于预期理论的分析

平稳可控是货币政策工具和操作目标选择的重要标准之一，公开市场操作主要是为了平滑不同期限的流动性缺口。不过，在我国货币政策操作实践中，要综合考虑财政存款波动、税收清缴、节假日现金需求、IPO 资金冻结及主要经济体货币政策变化等短期或季节性因素对市场流动性冲击的影响，往往认为最短端的隔夜市场利率波动较大，不如 7 天利率更稳定且易于通过更长期限的操作进行更精准的控制，因而为满足金融机构流动性期限搭配需求，提供市场资金面的稳定性，引导金融机构资金融通行为并优化货币市场交易期限结构，我国更倾向于以更长期限的 7 天利率作为政策操作目标①。

但是，根据（8.1）式的利率期限结构预期理论，由理性预期可有 $ER_t^1 = R_t^1$，7 天和隔夜利率的关系为：$R_t^7 = \sum_{j=1}^{7} \frac{1}{j} ER_{t+j-1}^1 + \Theta^7$，由 R_t^1 和 R_{t+j}^1 独立同分布，并且在期限溢价为零或不变的预期理论下，可有：$Var(R_t^7) = \sum_{j=1}^{7} \left(\frac{1}{j}\right)^2 Var(R_t^1)$，也即：$Std(R_t^7) = \left[\sum_{j=1}^{7} \left(\frac{1}{j}\right)^2\right]^{\frac{1}{2}} Std(R_t^1)$。可得：$Var(R_t^7) = 1.5117 Var(R_t^1)$，或 $Std(R_t^7) = 1.2295 Std(R_t^1)$。也就是说，隔夜利率波动 1%，7 天利率将波动 1.23%。显然，理论上，只有期限最短的隔夜利率波动才是最小的。

① 《丰富公开市场操作品种》，《中国货币政策执行报告》（2016 年第 3 期）。

因此，只有以隔夜利率作为政策操作目标，收益率曲线才将以最平滑的方式进行调整。如果以较长期限的利率作为操作目标，那么中央银行必须承受更短端（隔夜）市场利率的剧烈波动（Borio，1997）。特别是，在长端目标利率水平调整时期，隔夜利率可能出现断崖式的变化。Bindseil（2004，2014）、Sellin 和 Sommar（2014）都提供了一个数字说明的例子。这里，仿照他们的做法，对以 7 天为政策操作目标利率可能对隔夜利率带来的影响进行分析。

假设中央银行以 7 天市场利率作为操作目标，市场可以充分预期中央银行利率目标的变化路径，而且中央银行可以精确控制市场利率水平与政策目标利率水平一致（从有效进行市场预期引导的角度来说，这两点都符合中央银行政策调控的偏好）。中央银行可以决定政策目标利率水平的变化，并通过政策工具使市场利率水平趋向政策目标水平。如果根据产出通胀等实体经济情况，中央银行决定第二天将 7 天政策目标利率水平由 5% 降至 4%[①]，在具有充分政策透明度的条件下，市场可以根据一定的规则充分预期利率的这一变化，那么隔夜市场利率将如何变化呢？设 R_t^k 为 t 时期期限为 k 的利率，$E(R_{t+j}^1 | I_t)$ 是在 t 时期的所有信息集（I_t）条件下的隔夜利率预期。根据利率期限结构初预期理论，由（8.1）式可得：

$$R_t^7 = R_t^1 + \frac{1}{2}E(R_{t+1}^1 | I_t) + \frac{1}{3}E(R_{t+2}^1 | I_t) + \frac{1}{4}E(R_{t+3}^1 | I_t) + \frac{1}{5}E(R_{t+4}^1 | I_t) + \frac{1}{6}E(R_{t+5}^1 | I_t) + \frac{1}{7}E(R_{t+6}^1 | I_t)$$

或

$$R_{t+1}^7 = R_t^1 + \sum_{j=1}^{6} \frac{1}{j+1} E(R_{t+j}^1 | I_t) \tag{8.5}$$

已知，$R_t^7 = 5\%$，那么，在预期 7 天政策利率保持不变的条件下，

① 当然，中央银行可以在当日交易结束后才宣布调整政策利率，但这种调控策略同样会被市场充分预期，其对隔夜市场利率的影响与宣布第二天利率调整是类似的。而且，如果中央银行采取模糊策略的相机调整模式，只能导致市场预期的不稳定并加剧市场利率波动。

隐含的隔夜利率约为 2% $\left[5\%/\left(\sum_{j=1}^{7}\frac{1}{j}\right)=5/2.6=1.92\%\right]$。在理性预期下，$ER_{t+1}^{7}=R_{t+1}^{7}=4\%$，由此得到隐含的隔夜利率则约为 1.5% $\left[4\%/\left(\sum_{j=1}^{7}\frac{1}{j}\right)=4/2.6=1.54\%\right]$。在市场充分预期 7 天政策目标利率由 5% 降至 4% 后，那么在 t 时期，$E(R_{t+j}^{1}|I_t)=1.54\%, j=1,2,\cdots,6$。这样，在 t 时期，7 天政策目标利率由 5% 降至 4% 时，由（8.5）式可得：

$$R_t^7=5\%=R_t^1+\sum_{j=1}^{6}\frac{1}{j}1.54\%\Rightarrow R_t^1=2.54\%$$

也就是说，在 $t-1$ 时期，市场隔夜利率 $R_{t-1}^{1}=1.92\%$，在决定次日 7 天政策目标利率由 5% 降至 4% 的 t 时期，$R_t^1=2.54\%$，而在 $t+1$ 时期，隔夜市场利率将降至 $R_{t+1}^{1}=1.54\%$，隔夜利率将出现 100 个基点的变化。反之，如果是以隔夜利率作为操作目标，如果政策当局隐含意图将更长期的 7 天利率由 5% 降至 4%，市场的隔夜利率仅需要不到 50 个基点的变化（1.92% − 1.54% = 0.38%）。类似地，对于与消费、投资等实体经济更为密切的中长端期利率，利率期限越长，同等幅度利率调整所对应的隔夜利率调整幅度越小。例如，对于 100 个基点的 3 个月期（90 天）和 1 年期（360 天）利率调整，分别仅需要约 20 个基点和 15 个基点的隔夜利率变化。可见，以最短的隔夜利率作为政策操作目标，能够最平滑且有效调整中长期利率水平，由此也可以理解当前主要发达经济体央行每次货币政策立场变化时通常仅进行 25 个基点的隔夜政策利率目标调整。

（五）隔夜还是 7 天作为操作目标：对利率波动的实证分析

根据利率期限结构的预期理论，隔夜和 7 天利率的波动存在确定性的定量关系，$Var(R_t^7)=1.5117Var(R_t^1)$，或 $Std(R_t^7)=1.2295Std(R_t^1)$。由此，通过每日利率数据计算得到各月利率的标准差，对 7 天和隔夜市场利率波动的关系进行实证检验。对 2014 年 1 月至 2021 年全部样本数据进行回归，得到结果如表 8.3 所示。

表 8.3　隔夜和 7 天市场利率标准差

(7 天利率标准差为因变量)(样本期：2014.1—2021.12)

自变量	IB007	R007	Shibor007	FR007	DIB007	DR007
Std(O/N)	0.8272*** (0.0755)	0.9113*** (0.0970)	0.5639*** (0.1034)	0.7679*** (0.0850)	0.6483*** (0.0719)	0.5705*** (0.0625)
R^2	0.1647	0.1197	0.3847	0.0922	0.2540	0.2454
S. E.	0.1439	0.2078	0.1283	0.1792	0.1073	0.0999
$\beta=1.23$ Wald 检验 χ^2 统计量	28.4390***	10.8013***	41.540***	29.5486***	65.469***	111.483***

由表 8.3 可见，各品种的隔夜利率与 7 天利率标准差都至少在 1% 水平下显著，但所有回归结果的系数均小于 1，而且 Wald 系数检验都在 1% 水平下显著拒绝了 $\beta = 1.23$ 的原假设，并未支持预期理论揭示的利率波动数量关系，而这在很大程度上与 2018 年下半年以来我国逐步强化存款金融机构 7 天质押式回购利率（DR007）作为操作目标的政策导向有关。

2016 年以来，我国开始逐步加强 7 天利率作为政策目标利率的政策导向。不过，当时并未明确具体以哪个利率作为操作目标，只是体现了政策的意图。例如，在 2016 年初发布的《中国货币政策执行报告》（2015 年第 4 期）中，首次增加了“进一步提高公开市场 7 天期逆回购操作的连续性和稳定性，通过连续释放公开市场操作利率信号，有效引导和稳定市场预期”的表述，2016 年第 1 期《中国货币政策执行报告》表述，仍是“货币市场 7 天期回购利率围绕公开市场操作利率小幅波动”，也即以 R007 作为操作目标，但在此之后逐步增加“银行间市场存款类机构 7 天期回购利率围绕公开市场操作逆回购利率小幅波动”，强调 DR007 的作用，但 2017 年第 3 期至 2018 年第 1 期的《中国货币政策执行报告》，均未出现类似表述。不过，《中国货币政策执行报告》（2018 年第 2 期）再次强调 DR007 的重要作用，特别是 2018 年第 3 期《中国货币政策执行报告》中，首次增加“货币市场基准性的 7 天期回购利率 DR007”的表述，在此之后的各期货币政策执行报告和金融数据解读的政策发布会上，我国都始终强调 DR007 的重要基准性作用。2020 年发布的《参与国际基准利率改革和健全中国基准利率体系》白皮书，在肯定 Shibor 作为货币市场基准利率的同时，明确“进一步培育以 DR 为代表的银行间基准利率体系”，2021 年初发布的《中国货币政策执行报告》（2020 年第 4 期）更是指出，“在观察市场利率时重点看市场主要利率指标（DR007）的加权平均利率水平，以及 DR007 在一段时期的平均值”。由此可见，虽然未明确宣布 DR007 作为操作目标利率，但从 2018 年下半年开始，我国强化了 DR007 在货币政策操作中的目标指向性作用，这相当于一种隐性的操作目标，与之前仅是意图政策沟通的做法仍存在明显差别。为此，对 2018 年 6 月之前和之后隔夜与 7 天利率标准差的关系分别进行检验。2014 年 1 月至 2018 年 6 月的回归结果参见表 8.4。

表 8.4　隔夜和 7 天市场利率标准差

（7 天利率标准差为因变量）（样本期：2014.1—2018.6）

自变量	IB007	R007	Shibor007	FR007	DIB007	DR007
Std（O/N）	1.1720 *** （0.1776）	1.3753 *** （0.2570）	1.1028 *** （0.1209）	1.1956 *** （0.2069）	1.3032 *** （0.1784）	1.1781 *** （0.1739）
R^2	0.4804	0.3902	0.7340	0.2106	0.6080	0.5655
S.E.	0.1417	0.1952	0.1107	0.1841	0.0889	0.0915
$\beta=1.23$ Wald 检验 χ^2 统计量	0.1067	0.3197	2.2699	0.0276	0.1645	0.0892

由表 8.4 可见，2014 年 1 月至 2018 年 6 月，隔夜和 7 天市场利率标准差具有非常显著的相关关系，而且所有方程都无法拒绝 7 天利率标准差是 1.23 倍隔夜利率标准差的原假设，这符合预期理论所揭示的理论关系。因而，从操作目标稳定性和可控性的角度来说，我国应当选择隔夜市场利率作为货币政策操作目标利率。

表 8.5　隔夜和 7 天市场利率标准差

（7 天利率标准差为因变量）（样本期：2018.7—2021.12）

自变量	IB007	R007	Shibor007	FR007	DIB007	DR007
Std（O/N）	0.6403 *** （0.0452）	0.6862 *** （0.0509）	0.3339 *** （0.0344）	0.5511 *** （0.0469）	0.5531 *** （0.0484）	0.4767 *** （0.0357）
R^2	-0.1922	0.2680	0.4503	-0.0171	0.3958	0.5742
S.E.	0.0947	0.1525	0.0488	0.1046	0.0763	0.0540
$\beta=1.23$ Wald 检验 χ^2 统计量	170.05 ***	114.100 ***	677.651 ***	208.913 ***	195.866 ***	445.345 ***

表8.5是对2018年7月至2021年12月样本期的隔夜和7天市场利率标准差的回归结果。由表8.5可见，虽然隔夜与7天市场利率标准差都在1%水平下显著正相关，但同业拆借利率和定盘回购利率回归结果的R^2为负，表明方程的拟合效果非常不理想。更主要的是，各方程的回归系数都明显小于1，这说明隔夜利率标准差要明显大于7天利率标准差。而且，除Shibor外，作为政策强调的DR的隔夜利率标准差回归系数最小，表明DR001的波动更大。虽然2018年下半年以来，我国开始强调DR007与公开市场操作7天逆回购利率一致的重要性，但我国并未正式宣布政策操作目标利率水平，也未正式宣布7天逆回购作为取代存贷款基准利率的新的短端政策利率，2019年8月又将LPR与1年期限的MLF利率挂钩。而且，2016年2月公开市场操作改为每日操作以后，并非每天开展7天逆回购业务，很多年份连续长达近1个月未进行任何7天逆回购操作，2020年4月以来更是有将近两个月的时间未开展7天逆回购业务；即使是在2018年下半年之后，DR007与7天逆回购利率仍存在较大偏差，DR007较7天逆回购最高偏差高达近100个基点（96.95BP，2021年2月1日），最低偏差甚至高达120多个基点（126.21BP，2020年3月24日）。因此，市场对市场利率与公开市场操作利率偏离是由于流动性冲击所致，还是意味着货币政策立场变化，存在较大不确定性，隔夜利率波动反而进一步扩大。

进一步观察各样本期的隔夜和7天利率标准差的均值也可以发现（见表8.6），2014年1月至2018年6月隔夜利率标准差都低于7天利率标准差，但2018年7月至2021年12月所有隔夜利率标准差都明显高于7天利率标准差，这也说明2018年下半年我国开始强化DR007作为货币市场基准利率的作用，导致隔夜利率波动进一步加大。由此，可以充分表明，中央银行应以隔夜利率作为操作目标，否则将加大市场最具有代表性、交易规模最大的隔夜利率波动，不利于金融市场的平稳运行。另外，隔夜Shibor较7天Shibor波动更大，这很可能与央行对报价利率的监管有关，也表明中央银行不应以报价利率及其目标作为操作目标和基准政策利率。

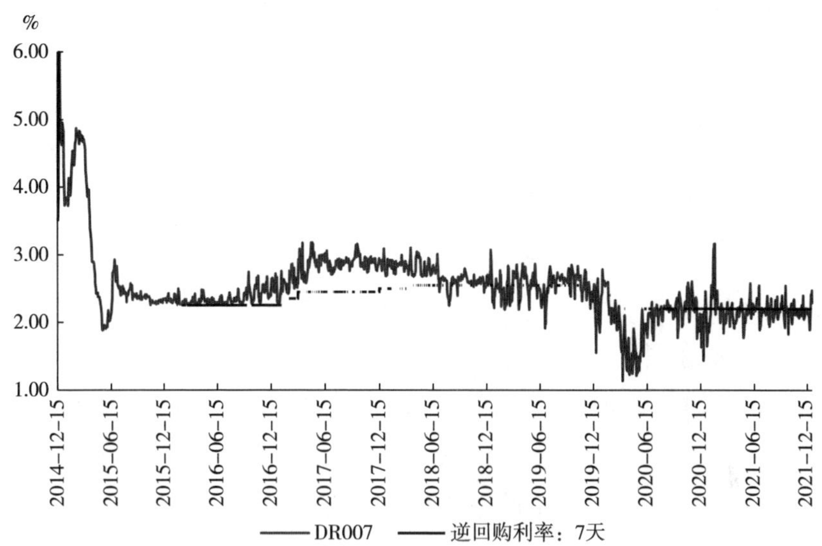

图 8.1　公开市场操作 7 天逆回购利率与 DR007

表 8.6　不同样本期隔夜和 7 天利率标准差的均值

2014 年 1 月至 2021 年 12 月	IB	R	Shibor	FR	DIB	DR
隔夜	0. 2254	0. 2608	0. 2208	0. 2305	0. 2161	0. 2215
7 天	0. 2353	0. 2964	0. 1313	0. 2368	0. 1659	0. 1467
2014 年 1 月至 2018 年 6 月						
隔夜	0. 1474	0. 1820	0. 1386	0. 1491	0. 1051	0. 1150
7 天	0. 2372	0. 3162	0. 1463	0. 2618	0. 1410	0. 1311
2018 年 7 月至 2021 年 12 月						
隔夜	0. 3256	0. 3621	0. 3265	0. 3352	0. 3298	0. 3306
7 天	0. 2327	0. 2710	0. 1120	0. 2047	0. 1914	0. 1627

二、隔夜利率作为货币政策操作目标：国际经验与中国货币市场现状

（一）国际金融危机以来货币政策战略战术的变化

20 世纪 70 年代之前，虽然各国都以利率作为货币调控的最主要方式，

但在传统凯恩斯主义思想指导下，中央银行采用相机抉择的货币决策方式，由此引发了滞胀恶果。规则指导的货币决策成为各国央行的主流共识，货币数量目标制逐渐被广泛采用。不过，以弗里德曼为代表的货币主义秉持货币外生的观点。虽然弗里德曼（1968，1982）也承认经济冲击将导致失业、利率偏离潜在水平，但由于产出和价格调整相对于货币数量变动存在时滞，而货币不稳定将危害经济稳定，因而弗里德曼在其提出的固定货币增速规则（k－percent rule）中，央行不需考虑自然利率（r^*）、自然失业率（u^*）等潜在变量，它们是货币政策的最终目标，而不是政策规则的内在变量（inputs）（Clarida，2020）。然而，随着货币内生的观点逐渐被广泛接受并成为货币经济学的理论共识，当前的主流观点认为，货币的变化和调整取决于经济状态，货币政策规则相当于一个反馈控制过程（Feed－Back Control）。由此，Taylor（1993）提出在长期自然利率（2%）基础上，根据产出（失业）缺口和物价缺口进行调整的利率规则，这为20世纪80年代中期以来主要发达国家进入长达二十多年的“大缓和”，奠定了良好的政策基础，也是各国央行都转向“单一目标、单一工具”货币政策框架的重要原因。第三章的研究表明，从潜在变量之间的关系和宏观经济均衡的角度来看，货币固定增速数量规则与利率泰勒规则在某种程度上存在着等价性关系。因而，国际金融危机爆发以来，各国央行采取超低（零）利率政策，在有效利率下限（ELB）约束条件下，都采取了量化宽松、前瞻性指引和“负利率”等非常规货币政策，在政策操作手段上进行了大量创新，除利率目标外还引入量化宽松等数量目标进行政策调控。

从货币政策框架两分法的角度来讲，国际金融危机后非常规货币政策很大程度上体现了通胀目标制和最优货币政策规则等货币政策战略方面的变化。20世纪90年代以来很多国家采取了直接将货币政策操作与最终目标相关联的通胀目标制，这相当于对中央银行政策目标和规则的可置信承诺。按照与社会福利函数一致的中央银行效用损失函数，为了取得既定的政策目标，中央银行可以采取任何必要的政策工具，以免在经济出现大的波动和困难时既定简单的工具规则限制中央银行的政策空间（如零利率下限）

（Woodford，2012）。但是，以福利分析和规范研究为主的最优货币政策规则对于日常的货币决策和操作而言过于复杂，而货币政策透明性及与公众的沟通非常重要。在面临冲击时能够清晰观察工具规则的实施情况，这相当于加强了政策的置信承诺（McCallum and Nelson，2005）。因而，尽管简单利率规则没有考虑到优化经济的所有因素，以此为指导的货币政策也并不一定是经济最优的（Svensson，2005），但简单泰勒规则实际上是渐进等价于最优货币政策规则的，而且其对社会福利的影响效果是稳健的（Taylor and Williams，2011）。同时，面对不确定的经济环境，由于对自然失业率估计的差异及在各种冲击下政策意愿的变化，复杂的最优货币政策规则并未得到严格遵守（Kahn and Palmer，2016），这甚至还将引发相机抉择的政策倾向（Taylor，2016a）。事实上，即使是 Svensson（2012）也承认，英国、瑞典等通胀目标制国家的利率决策很大程度上依赖基于当前利率水平下的条件预测（以通胀预期为锚），但这对政策效果的评价非常困难。因而，英格兰银行等通胀目标制国家中央银行，出于相互校验货币决策的考虑，大多隐含地遵循泰勒规则进行利率决策，金融市场也往往根据简单利率规则评判货币政策（Kahn，2012；Taylor，2012）。

毕竟，国际金融危机后各方对宏观政策的诸多反思并没有明确的结论（Blanchard and Brancaccio，2019）。无论是大量创新性的非常规货币政策，还是以隔夜利率为主的传统货币政策，其背后的货币政策理论都是在社会福利函数和中央银行损失函数框架下进行的规范研究，在货币政策决策的理论基础方面，各国货币政策策略上并没有发生根本性的改变（Mishkin，2014）。在通胀目标制和最优货币政策框架下，央行可采取任何必要的政策工具以实现最优货币政策目标，危机后转向数量目标的量化宽松等非常规政策，这打破了原有货币政策战略和战术的分离原则，两者变得日益模糊（Cap，et al.，2020）。不过，从货币政策操作战术角度来看，在盯住短端利率的同时采用其他操作目标主要是由于危机导致利率传导机制暂时性失效（Sellin and Sommar，2014），中央银行资产负债表扩张等数量操作在很大程度上都是基于传统流动性效应和预期效应，为更好地实现既定的超低

（“零”或“负”）政策利率目标而在货币操作战术层面的策略调整。

虽然各国转向 QE 数量型操作方式，但其目的仍是降低期限溢价和中长期利率，主要是为应对零利率下限（ELB）条件下利率政策空间的限制和利率传导效率的下降（Sellin and Sommar, 2014）。毕竟，利率传导渠道是货币传导理论分析的基准，考虑信息不完全情形的信贷渠道实际上是对传统利率渠道的扩大和补充。量化宽松等数量操作仍是为了更好地实现既定的超低（“零”或“负”）政策利率目标，这在本质上还是通过价格机制发挥作用，隔夜市场利率仍是各国货币政策最重要的操作目标（Borio and Zabia, 2018）。随着经济复苏和货币政策回归正常化，以隔夜利率作为最主要（甚至唯一）操作目标，应是各国央行的共同方向（Bindseil, 2018）。不过，正是由于各国央行更加依赖数量操作，主要发达经济体货币政策操作框架也相应进行调整，美联储等央行也意图将公开市场操作与利率走廊相结合的利率调控框架转向充足准备金安排（Ample Reserve）或地板体系（Floor System），参见第十章的分析。

（二）隔夜利率作为货币政策最主要操作目标：国际经验

在货币政策工具方面，由于准备金调整对货币供给影响过于剧烈，对准备金不付息相当于对金融机构征税从而引发其行为扭曲，不利于资源配置和货币政策实施，出于市场竞争的考虑，很多国家都降低甚至实行零准备金要求，而从中央银行获得贷款支持意味着必须接受市场纪律的惩罚和声誉受损，因而法定准备金和再贷款（再贴现）的作用日益弱化，20 世纪 80 年代以来中央银行“三大法宝”仅公开市场操作硕果犹存。90 年代以来，随着技术的进步（特别是大额支付体系的发展），很多国家都改进了货币操作流程（Woodford, 2001b），以基准政策利率为利率中枢实行存贷款便利和利率走廊制度。与传统的中央银行根据市场流动性等情况相机抉择发放再贷款（再贴现）不同，只要满足一定的条件（如抵押品要求、最低业务交易数量），在交易日结束后的一段时间内，金融机构就可以与中央银行自动开展存贷款便利业务，这有效稳定了金融机构流动性和利率预期。

特别是，2006 年美国国会授权美联储于 2011 年给付准备金付息，2008 年爆发的国际金融危机加速了这一进程，从而形成了双边利率走廊机制①，利率走廊机制成为各国央行的潮流。表 8.7 简要描述了主要经济体中央银行基准政策利率、操作目标、公开市场操作和利率走廊安排的情况。由于疫情以来主要发达经济体央行都重新采取了非常规政策，而正常时期的操作安排对中国更具有借鉴意义，因而本表 8.7 为 2017 年 3 月各国的情况。

表 8.7 涵盖了绝大多数发达经济体和主要新兴市场和发展中经济体。在操作目标的选择上，美联储等很多中央银行都明确宣布以市场隔夜利率作为操作目标，但也有中央银行（如欧央行、新西兰储备银行）仅是宣布以短期市场利率（Short Term Rate）作为操作目标，并未明确公布操作目标的利率期限水平。虽然这些经济体并未明确具体的利率操作目标，但这主要与其操作传统有关，良好的政策沟通使公众能够很好地理解隔夜市场利率就是其操作目标，因而没有必要宣布具体的操作目标及其期限，仅是明确以货币市场短期利率作为操作目标（Bindseil，2004）。而且，大多数经济体（在国际金融危机之前）普遍实行了围绕政策基准利率对称的存贷款便利安排，因而市场公认其隐含的货币政策操作目标是市场隔夜利率（Sellin and Sommar，2014）。

表 8.7 主要经济体中央银行基准政策利率、操作目标利率、利率走廊和公开市场简要情况

发达经济体				
国家（地区）	基准政策利率、水平及调整频率	操作目标利率	利率走廊区间	公开市场操作频率
澳大利亚	资金目标利率，1.5%，月度（通常 1 月除外）	无担保隔夜（资金）利率	±25BP	每天

① 不过，为了避免市场利率突破零利率下限，美联储对法定和超额准备金都支付了与政策目标利率水平一致的存款利率，实行非对称的利率走廊安排，但这实际上扭曲了货币市场流动性供给。而且，由于对法定准备金采取滞后期平均考核法，对超额准备金的利息补偿与存款便利仍存在操作上的差别（Taylor，2016b，2018；Bindseil，2016）。

续表

发达经济体				
国家（地区）	基准政策利率、水平及调整频率	操作目标利率	利率走廊区间	公开市场操作频率
加拿大	隔夜利率目标，0.5%，1年8次	有担保隔夜（资金）利率	±25BP	每天，清算头寸管理
智利	货币政策利率（MPR，目标利率），3%，月度	无担保隔夜（拆借）利率	n. a.	n. a.
捷克	回购利率（14天回购），0.05%，1年8次	无正式目标（隐含隔夜）	+20，0BP[1]	1周3次
欧元区	主要再融资目标利率MRO，0，月度	无正式目标（隐含隔夜），QE	+25，－40BP[2]	1周1次
冰岛	关键利率（7天存款/抵押贷款），5%，1年8次	无正式目标（隐含隔夜）	+75，－25BP[3]	1周1次
以色列	央行利率（隔夜业务），0.1%，1年8次	无正式目标（隐含隔夜）	n. a.	n. a.
日本	无担保隔夜利率目标，－0.1%，每月1～2次	无担保隔夜（拆借）利率收益率曲线，QQE	+20BP，当前仅贷款便利[4]	每天
韩国	基础利率（7天回购），1.25%，月度	无担保隔夜（拆借）利率	±100BP	1周1次
新西兰	资金目标利率，1.75%，1年8次	无正式目标（隐含隔夜）	+50BP，－100BP	每天
挪威	关键政策利率（存款利率），0.5%，6周1次	无正式目标（隐含隔夜）	±100BP	根据市场情况而定
瑞典	回购利率，－0.5%，1年8次	无正式目标（隐含隔夜）	±75BP	1周1次
英国	官方利率（自愿协议储备，2009年5月之前），0.25%，月度	无正式目标（隐含隔夜），QE	±25BP	1周1次
美国	联邦基金目标利率，0.75%～1%，1年8次	无担保隔夜（拆借）利率	+50BP，0BP	每天
中国香港	联系汇率，基本利率（挂钩FED），1.5%，季度	1美元=7.8港元	贷款便利[5]	根据市场情况而定

续表

发达经济体				
国家（地区）	基准政策利率、水平及调整频率	操作目标利率	利率走廊区间	公开市场操作频率
新加坡	篮子汇率稳定，拍卖利率，0.2%，1年2次	NEER	±50BP[6]	根据市场情况而定
丹麦	贴现利率，0，月度	1欧元=7.46038克朗(±25BP) 无正式目标利率（隐含隔夜）	+5，−65BP[7]	1周1次
瑞士	三月瑞士法郎Libor区间，−1.25%～−0.25%，季度	三月瑞士法郎Libor波动区间	贷款便利[8]	每天

新兴市场和发展中经济体				
国家	基准政策利率、水平及调整频率	操作目标利率（汇率）	利率走廊区间	公开市场操作频率
巴西	雷亚尔利率（联邦债券质押隔夜融资）11.25%，1年8次	有担保隔夜（质押）利率	±80BP	每天
秘鲁	政策利率目标，4.25%，月度	无担保隔夜（拆借）利率	n. a.	n. a.
哥伦比亚	政策利率（1天回购），7%，月度	无担保隔夜（拆借）利率	±100BP	每天
墨西哥	隔夜市场利率目标，6.5%，1年8次	无担保隔夜（拆借）利率	无	每天
土耳其	政策利率（7天回购），8%，月度	有担保（回购）隔夜利率	日间+125，−175BP；日末+375，−800BP	每天
俄罗斯	关键利率（7天回购或7天存款拍卖），9.75%，1年8次	无正式目标（隐含隔夜）	±100BP	1周1次
阿尔巴尼亚	政策利率，1.25%，按年初计划	无正式目标（隐含隔夜）	±100BP	n. a.
罗马尼亚	政策利率（7天回购），9.75%，1年8次	无正式目标（隐含隔夜）	±150BP	n. a.

续表

新兴市场和发展中经济体				
国家	基准政策利率、水平及调整频率	操作目标利率（汇率）	利率走廊区间	公开市场操作频率
匈牙利	关键政策利率（3月存款），0.9%，月度	无正式目标（隐含隔夜）	0，－95BP[9]	1周1次
乌克兰	关键利率（14天存款），13%，1年9次	无担保隔夜（拆借）利率	±100BP	每天
格鲁吉亚	7天融资利率，6.75%，1年8次	无担保隔夜（拆借）利率	±150BP	1周1次
亚美尼亚	再融资利率（7天回购），6%，月度	无担保隔夜（拆借）利率	±150BP	1周1次
摩尔多瓦	基础利率（14天回购），9%，月度	无正式目标（隐含隔夜）	±300BP	1周4次
阿塞拜疆	再融资利率（1～7天回购），15%，季度	无正式目标（隐含隔夜）	±300BP	1周1次
塞尔维亚	政策利率（2周回购/1周逆回购），4%，月度	无正式目标（隐含隔夜）	±150BP	1周1次
埃及	政策利率（7天主要OMO），15.25%，1年8次	无担保隔夜（拆借）利率	±50BP	n. a.
南非	7天回购利率，7%，1年6次	无正式目标（隐含隔夜）	±100BP	1周1次
加纳	货币政策利率（MPR），23.5%，1年6次	无正式目标（短期市场利率）	无	1周1次
尼日利亚	货币政策利率（MPR），14%，1年6次	储备货币数量[10] 无正式目标（隐含隔夜）	+200，－500BP	1周1次
摩洛哥	政策利率（7天业务），2.25%，1年4次	无正式目标（隐含隔夜）	±100BP	1周1次
印度	1天回购利率，6.25%，1年6次	无正式目标（隐含隔夜）	±25	每天
马来西亚	隔夜利率目标，3%，1年6次	无担保隔夜（拆借）利率	±25	每天
印度尼西亚	BI利率（1天回购/7天逆回购），6.5%/4.75%，月度[11]	无担保隔夜（拆借）利率	+25，－175	1周1次

续表

新兴市场和发展中经济体				
国家	基准政策利率、水平及调整频率	操作目标利率（汇率）	利率走廊区间	公开市场操作频率
泰国	1 天回购利率，1.5%，1 年 8 次	有担保（回购）隔夜利率	±50BP	1 周 1 次
菲律宾	1 天回购利率，3%，1 年 8 次	无正式目标（隐含隔夜）	±50BP	1 周 1 次

资料来源：BIS（2009）；Sellin 和 Sommar（2014）；各经济体中央银行网站。

注：本表为各经济体 2017 年 3 月的最新情况。

1. 国际金融危机之前，捷克利率走廊为对称的 ±100BP，之后 2009 年 12 月调整为非对称利率走廊安排（+100，-75），之后逐步调整并在 2012 年 11 月调整为（+20，0），但在 2017 年 8 月恢复了非对称的利率走廊安排。2021 年 10 月以来恢复了 ±100BP 对称利率走廊安排。

2. 欧元区在成立之初采用 ±100BP 的对称隔夜存贷款便利安排，为应对 2008 年国际金融危机影响一度将利率走廊区间缩小至 ±50BP，并于 2009 年 5 月和 2013 年 5 月分别将利率走廊区间缩小至 ±75BP 和 ±50BP，但随着政策基准利率的下降从 2013 年 11 月开始一度实行非对称利率走廊安排，在 2014 年 6 月对存款利率实行负利率之后恢复对称利率走廊安排，并在 2015 年 12 月再次实行非对称利率走廊安排。

3. 冰岛在 2014 年 5 月之前实行对称的 ±100BP 利率走廊安排。

4. 国际金融危机爆发后的 2008 年底，日本银行曾引入对超额准备金支付利息的存款便利制度，利率走廊区间为 ±20BP，但 2008 年 12 月开始按政策目标利率水平支付存款利息，在 2016 年 2 月采用负利率政策之后实行三级补偿安排，对一定数量的准备金实行负利率，其他数量准备金按不同计算数量分别实行零利率和 0.1% 利息补偿；2016 年 9 月，日本银行宣布引入控制收益率曲线（Yield Curve Control）的质化和量化的货币宽松政策（QQE），在保持 -0.1% 的政策利率目标利率的同时，通过购买日本国债使十年期债券收益率基本维持在零附近的水平。

5. 国际金融危机后，香港金管局于 2008 年 9 月推出外汇掉期和回购业务，并于 2009 年 3 月将其修订纳入公开市场操作框架，以基本利率向金融机构提供隔夜流动性支持；基本利率是用于计算经贴现窗口进行回购交易时适用的贴现率的基础利率。目前，基本利率等于当前美国联邦基金利率目标利率区间的下限加 50BP，或隔夜及 1 月香港银行同业拆息的 5 天移动平均数的平均值，以较高为准。

6. 2013 年 12 月之后新加坡并未进行此项操作，之后每月调整利率走廊区间和存贷款便利利率水平，货币市场隔夜利率基本在利率走廊中间水平波动，2017 年 3 月存贷款利率走廊上下限分别为 0.54% 和 1.54%。

7. 在国际金融危机之前，丹麦实行 ±15BP 的利率走廊安排，只是在 2012 年 7 月实行负利率政策之后，才采取了非对称利率走廊安排。

8. 瑞士国家银行以无息方式向金融机构提供用于清算的交易日内（Intraday）的流动性支持；以市场隔夜平均利率（SARON）+50BP 利率向金融机构提供贷款便利；2015 年 1 月实行负利率政策之后，对银行准备金实行分级补偿安排，对一定数量的准备金实行负利率，超出规定数量准备金利息为零。

9. 2015 年 9 月之前，匈牙利中央银行以政策利率为中心实行 ±100BP 对称的隔夜存贷款便利安排，但之后随着政策利率下降，开始逐步实行不对称的利率走廊安排。

10. 尼日利亚目前仍以货币数量目标制为主，但 2006 年改革货币政策框架，更重视市场机制的作用，在操作中更加重视短期利率目标；2015 年 11 月之前，实行 ±200BP 的对称利率走廊安排。

11. 2016 年 8 月 19 日，印度尼西亚中央银行为了加强货币政策传导引入 7 天（逆）回购利率（也就是中国所称的用于回收流动性的"正回购"利率）；尽管印度尼西亚中央银行明确表示，作为 BI 的补充，新的政策利率及其调整并不意味着货币政策立场的变化，但在此之后 1 天 BI 在 6.5% 水平上未做调整，但 7 天 BI 则由当时的 5.25% 连续下调两次至 2017 年 3 月的 4.75%，而且公开市场操作目标也明确将货币市场隔夜利率与 7 天 BI 相符。

由表8.7可见，美国、欧元区、日本、英国等的主要中央银行都是以货币市场隔夜利率作为政策操作目标。根据Borio（1997）对当时发达经济体货币政策操作的梳理，14个经济体中有11个经济体是以隔夜利率作为操作目标，但其他以30～90天市场利率作为操作目标的3个经济体（比利时、荷兰和英国）目前都已转向以隔夜市场利率作为操作目标。事实上，包括美联储在内的很多国家的中央银行传统上都曾采用较隔夜更长期限的短期市场利率（主要是30天或90天）作为操作目标（或同时采用多个操作目标），这更多地反映了中央银行避免过于严格的政策调整，或避免市场完全预期到政策变化，从而保持操作的灵活性和主动性的政策倾向，而这又与当时传统凯恩斯主义相机抉择的指导思想密不可分。有关利率期限结构预期理论的分析表明，这种做法实际上是次优的政策选择，与规则主导下简洁透明的操作目标相冲突。

尽管欧央行、英格兰银行和日本银行都开展了中央银行资产负债表扩张的量化宽松非常规政策，日本银行甚至在2016年9月正式宣布开启以收益率曲线为操作目标的政策，但市场隔夜利率始终是各国最主要的政策操作目标，这与日本央行上一轮零利率和量化宽松货币政策时的做法是一致的，数量目标仅是第二位的操作目标（Bindseil，2004）。即使是以汇率为操作目标（丹麦、新加坡）或货币局安排的经济体（中国香港），在利率走廊机制的配合下，隔夜市场利率仍是中央银行日常政策操作中非常关注的变量。在发达经济体中，只有瑞士曾经以报价的3个月期瑞士法郎Libor区间作为操作目标，而这与其作为小型开放经济体更关注与汇率关系更为密切的3个月期利率水平密切相关。新西兰等国的中央银行在日常操作中也非常关注3个月期市场利率的变化[①]，这主要是由于汇率渠道在小型开放经济体中的作用更为重要。

虽然新兴市场和发展中经济体货币政策仍以准备金等数量操作为主（Van't dack，1999；Buzeneca and Maino，2007），但随着金融市场深度的不

① 参见：http：//www.rbnz.govt.nz/statistics/key－graphs/key－graph－90－day－rate。

断提高，越来越多的经济体采用了以利率目标为主的市场化货币调控模式。特别是，即使是经历大的危机之后，越来越多的经济体采用了（弹性）通胀目标制（如印度、俄罗斯），全面理顺货币政策决策流程和货币操作模式，引入了利率走廊安排，加强市场利率的引导，成功实现了货币政策框架的现代化转型。而且，即使是对于很多实行货币数量目标制的新兴市场和发展中经济体，相较于准备金等数量目标而言，稳定短期市场利率并将其作为日常最主要的操作目标的优势更为明显，更有助于畅通政策传导（Maehle，2020）。因此，尼日利亚等实行货币数量目标制的国家，也都构建了利率走廊机制，非常重视短端市场利率在货币政策操作中的作用。

（三）隔夜利率作为货币政策最主要操作目标：基于中国货币市场的分析

20 世纪 90 年代中期，我国成立了统一的银行间同业拆借市场和债券市场，作为中央银行公开市场操作的场所，为 1998 年取消信贷规模直接管理并转向以数量为主的间接货币政策调控模式，创造了非常有利的必要条件，银行间市场同业拆借和质押式回购成为货币市场最主要的交易品种，也是中央银行公开市场操作影响最为直接的金融产品。

不过，一方面，受金融市场发育程度等因素影响，在以银行信贷为主的间接融资结构下，货币市场资金业务主要是为了弥补银行传统信贷业务资金缺口，货币市场资金业务交易期限都相对较长。无论是同业拆借市场还是债券质押式回购市场，在市场运行之初主要是以 7 天及以上期限交易为主，并未开展隔夜期限的市场交易。另一方面，在严控金融风险、规范市场发展等政策导向下，银行同业市场成立之初主要是以传统的银行存款类金融机构为主。具有网点规模优势的国有商业银行和股份制商业银行是资金净融出方，城市商业银行和农村信用社等机构是资金净融入方，但无论是资金净融出方还是净融入方，金融机构进行资金交易的流动性管理主要仍是服务于更长期限的信贷业务资金需求，货币市场交易和流动性管理相对简单，更短期限的隔夜流动性交易的市场供求都不活跃。

由此，市场习惯于7天期限的货币市场交易。2000年引入作为市场利率定价基准的回购定盘利率时，由于缺乏隔夜质押式回购交易而仅公布7天和14天定盘回购利率。7天回购定盘利率被市场高度认可，即使是引入货币市场基准利率体系Shibor以来，其在利率衍生品定价中仍发挥着重要基准性作用（自2007年正式引入Shibor以来，以Shibor为参考利率的利率互换占全部交易的比重仅在2012年达到最高的50.01%，2021年仅为12.4%）。同时，我国在1998年重启人民币公开市场操作时，主要是开展7天、14天及更长期限的回购交易，从未进行过隔夜期限的公开市场业务。可见，受市场交易惯性的影响，7天货币市场交易利率通常被认为是具有基准性作用的期限利率。

虽然历史上我国货币市场以7天及以上期限交易为主，但随着金融市场的深化发展和金融机构流动性管理水平的提高，隔夜逐渐成为货币市场交易的主体期限。特别是，作为利率市场化改革的重要基础设施，2007年初我国正式引入货币市场基准利率体系Shibor，并在同年7月正式发布《同业拆借管理办法》，将市场参与者从10类增至包括信托公司、金融资产管理公司、金融租赁公司、汽车金融公司、保险公司、保险资产管理公司等16类金融机构，涵盖了所有银行类金融机构和绝大部分非银行金融机构。银行同业市场参与者资金需求更加灵活多元，隔夜交易由此成为同业拆借市场和质押式回购市场最主要的交易期限。由图8.2可见，近年来隔夜市场交易占比始终都在80%左右，是7天货币市场交易的6倍左右，已成为同业拆借和质押式回购交易最主要的交易期限。我国金融机构流动性管理主要是以隔夜资金供求为主，这与理论和国际经验是一致的。因此，以利率为主的价格型货币调控，也应以隔夜市场利率作为操作目标。

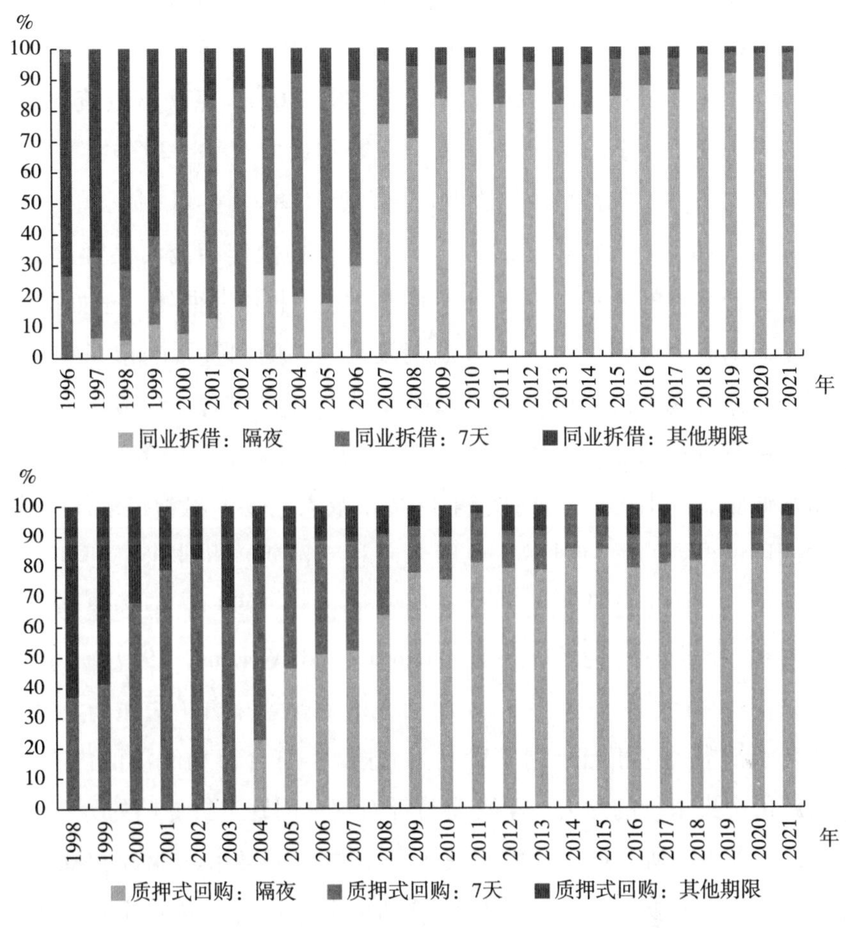

图 8.2　银行间市场同业拆借和质押式回购交易期限结构

三、隔夜利率作为货币政策操作目标：相关问题的讨论

（一）收益率曲线操作目标、中期政策利率引导与时变期限溢价

国际金融危机后，美国、欧元区、英国、日本等主要发达经济体的中央银行都采取了大规模量化宽松和资产负债表扩张政策，长期收益率实际

上是内生决定的，降低中长期利率刺激增长也是各国央行的主要目标（Borio and Zabia，2018）。但是，2016 年 9 月，日本银行宣布采用控制收益率曲线（Yield Curve Control）的 QQE 政策，在实行 -0.1% 的短端政策利率的同时，购买国债使十年期收益率基本维持在零附近的水平，2021 年 3 月，澳大利亚联储也实行了收益率曲线控制政策，但在 2021 年 11 月正式退出。很多中央银行（如英格兰银行和欧央行）公开市场操作和流动性管理的期限都相对较长，其目的之一也是影响（但非决定）收益率曲线。正如前所述，预期理论意味着中央银行可以通过短端政策利率的调整影响市场中长期利率水平，从而实现产出物价等货币政策最终目标；同时，与市场参与者类似，中央银行也可以通过观察利率期限结构（收益率曲线的斜率）变化，预测未来通胀、产出走势并评估当前的货币政策立场。尽管很多研究表明，根据预期理论得到的远期利率（也即未来利率预期）并非未来即期利率的无偏估计量，从而拒绝纯预期理论（Hardouvelis，1994），但如果考虑到时变溢价因素，预期理论仍是成立的（Tzavalis and Wickens，1997）。事实上，如果中央银行直接决定（盯住）长期利率，也就意味着中央银行将决定市场利率期限结构（这相当于利率管制），这既不符合市场经济的内在要求，也可能超出中央银行的能力。第九章将针对这一问题进行专门的分析。

目前，国内有研究认为，由于我国商业银行金融市场业务和存贷款业务存在分割，有必要探索通过中期政策利率引导银行存贷款定价，也即在短端市场利率调控的同时，盯住中长期市场利率，采取以收益率曲线为操作目标的价格调控方式，MLF 和 PSL 在很大程度上就隐含了这样的政策意图。但是，一方面，长期以来，我国一直以银行信贷间接融资为主，即使债券市场规模已位列全球第二，人民币信贷仍是社会融资规模中最主要的部分，包括外汇贷款、委托贷款等以银行为媒介的社会融资规模存量占比高达近 85%；另一方面，也是更主要的，我国采取了放开金融市场利率并对存贷款利率进行利差管制的渐进利率市场化策略，由此形成了金融市场及信贷市场的二元分割和利率双轨制，金融机构产品定价普遍采用资金市场 FTP 和存贷款 FTP 两种完全并行的定价策略。虽然利率双轨制影响了利率传导机制的效率，但利率传导机制仍然是畅通有效的，针对我国信贷传导渠道的经验研究也支持了作为货币政策传导基准利率渠道的有效性。而且，随着存贷款利率管制的基本放开，我国商业银行已开始探索将资金市场和存贷款市场两条 FTP 曲线合并为完整统一的一条产品定价曲线，商业银行完全有能力以央行短端目标利率为基准进行产品定价和风险管理，从利率定价和利率传导机制的角度来讲，以市场短端利率为主的货币价格调控转型的必要条件日趋成熟。

虽然理论上中长期利率对投资消费决策影响更大，但泰勒规则形式的实证结果表明，利率期限越长，其与产出缺口的回归系数越小（Taylor，2013），这很可能与时变期限溢价有关。央行仅盯住最短端的隔夜利率，主要是其受到预期和期限溢价等因素的影响最少，而中长期利率是由市场预期和时变期限溢价决定的，中央银行很难掌握期限溢价的变化情况，同时引导中长期利率将扭曲市场预期和均衡定价。

与美国的数据类似，针对中国收益率曲线的经验研究表明，我国利率期限结构具有明显的时变期限溢价特征，经期限溢价修正后，远期利率包含了未来即期利率变动的信息，利率期限结构的远期利率预测作用及预期理论在中国仍然是成立的（李宏瑾，2013）。之所以在针对我国隔夜和 7 天市场利率协整关系和预期理论检验分析中，选择 2014 年以来的样本，主要是因为考虑到时变期限溢价因素。20 世纪 90 年代中期以来，我国逐步减少信贷直接控制并在 1998 年转向以数量为主的间接货币调控，在 2002 年末走出通货紧缩后，除了国际金融危机的短暂影响外，经历了长达十余年的流动性过剩，直至 2012 年资本账户首次出现逆差，基础货币投放渠道发生明显改变并在 2013 年开展了 SLF 等流动性管理工具创新。因而，尽管时期划分并不一定非常准确，这里仍以样本期最长的同业拆借利率为货币市场利率样本，对不同阶段隔夜和 7 天利率的协整关系和预期理论进行检验。

由表 8.8 可见，1996 年 7 月以来全部样本期，隔夜和 7 天同业拆借利率存在确定的协整关系，但回归结果的常数项是显著的，这说明弱预期理论仍是成立的。类似地，1998 年 1 月至 2008 年 9 月、2010 年 1 月至 2021

年12月、2010年1月至2013年12月，以及2014年1月至2021年12月，存在着弱预期理论关系。在通货紧缩和国际金融危机前的流动性过剩时期，纯预期理论是成立的。国际金融危机后的2010年1月至2012年12月纯预期理论仍然成立，但仅在5%的显著性水平下才不能拒绝协整变量等于1的原假设，而在货币市场波动的2013年，隔夜和7天利率虽然存在协整关系，但协整变量在1%的显著性水平下拒绝等于1的原假设，因而预期理论可能并不成立。类似地，国际金融危机应对期间的2008年9月至2009年12月，以及疫情暴发以来的2020年1月至2021年12月，预期理论也未通过检验，这很可能是市场波动导致的时变期限溢价因素的影响。另外，弱预期理论成立的不同样本期内，协整方程的常数项并不完全一致，这也表明各样本期的期限溢价并不完全相同。因而，我国应以隔夜利率作为货币政策操作目标，对中期政策利率引导的理论和政策探索更为慎重。

表8.8　隔夜和7天Chibor预期理论检验（7天Chibor为因变量）

样本期	α	β（O/N）	R^2	S. E.	$\beta=1$ Wald检验（χ^2）	残差 ω 平稳性PP检验
1996. 7—2021. 12	0. 5191*** (0. 0776)	1. 0013*** (0. 0206)	0. 9584	0. 4541	0. 0043	-7. 4966***
1998. 1—2008. 9	0. 3981*** (0. 1233)	0. 9382*** (0. 422)	0. 8953	0. 4022	2. 1468	-6. 3121***
2010. 1—2021. 12	0. 6378*** (0. 1605)	1. 0539*** (0. 0634)	0. 8377	0. 3991	0. 7247	-5. 6526***
1998. 1—2002. 12	0. 0239 (0. 1124)	0. 9982*** (0. 0437)	0. 9606	0. 3280	0. 0017	-8. 5532***
2003. 1—2008. 9	0. 0160 (0. 2219)	1. 1996*** (0. 1348)	0. 6612	0. 3744	2. 1899	-4. 8198***
2008. 9—2009. 12	0. 0679 (0. 0426)	1. 1872*** (0. 038)	0. 9910	0. 0687	30. 64***	-3. 7158***
2010. 1—2013. 12	0. 5018** (0. 2083)	1. 0953*** (0. 0753)	0. 8677	0. 3488	1. 6031	-4. 5867***

续表

样本期	α	β（O/N）	R^2	S. E.	$\beta=1$ Wald 检验（χ^2）	残差 ω 平稳性 PP 检验
2010. 1—2012. 12	0. 2679（0. 1955）	1. 1796***（0. 0919）	0. 8909	0. 3563	3. 8161*	-3. 9995***
2013. 1—2013. 12	1. 1958***（0. 0581）	0. 936***（0. 0199）	0. 9528	0. 2297	23. 32***	-2. 7203**
2020. 2—2021. 12	1. 8205***（0. 3367）	0. 3597**（0. 1710）	0. 3384	0. 1639	14. 0289***	-2. 6737*

（二）基准政策利率的选择和公开市场操作期限

美国等以市场利率目标作为基准政策利率的做法，政策操作更加透明，也更容易通过市场利率与目标水平的偏离评估货币政策态势和立场，这相当于对货币决策者施加了可置信约束，有利于增强货币政策的可靠度和有效性。英格兰银行、欧央行等以不同期限操作利率作为基准利率的做法，很大程度上与中央银行公开市场操作的历史和金融市场结构有关。而且，中央银行并不明确操作目标水平而是选择业务操作利率，往往也有保留必要的操作灵活性、提高市场流动性管理和利率引导能力的意图（Borio，1997）。因而，以目标利率水平作为基准政策利率的国家，货币市场隔夜利率与目标水平的偏离往往更小，而以各种操作业务利率作为基准政策利率国家，中央银行操作灵活性和市场影响力更大（Sellin and Sommar，2014；Bindseil，2014，2016）。

不过，各国基准政策利率的选择主要是与各国中央银行的历史和金融市场发展程度密切相关，而且会根据货币政策调控的需要不断变化（Sellin and Sommar，2014）。例如，随着金融机构逐步转向成本定价法，马来西亚原来的 3 个月期限贷款利率上限及政策推荐贷款利差（prescribed lending spreads）作为基准政策利率的有效性和市场基准性越来越差，马来西亚中央银行最终在 2004 年 4 月废除了贷款利率管制，引入隔夜市场利率目标作为新的政策利率，商业银行根据政策目标利率进行信贷产品定价（Ho，

2008）。2008 年 2 月前，韩国采用类似于美国的无担保的隔夜市场利率目标作为基准政策利率。但是，由于中央银行和金融机构都过分关注隔夜操作目标利率水平，韩国货币市场主要交易都集中在隔夜，其他期限的市场交易相对缺乏，因而韩国中央银行放弃利率目标并转向中央银行与金融机构主要业务利率作为基准利率（Base Rate，7 天回购利率作为基准政策利率）①。不过，在新的政策框架下，操作目标仍是隔夜利率与 7 天回购利率水平一致。而且，韩国中央银行及很多以更长期限操作业务作为基准政策利率的中央银行，都实行了对称的利率走廊安排，因而其隐含的政策操作目标利率仍是市场隔夜利率。韩国中央银行以 7 天回购利率作为基准政策利率，而作为操作目标的无抵押的市场隔夜利率与之相符，相当于考虑了信用溢价因素。类似地，由前面表 8.7 可见，以操作业务作为基准政策利率国家的中央银行的操作期限通常也很短，一般不会超过两周。

从目标利率水平来看，如果中央银行同时开展不同期限的公开市场操作，那么，理论上，货币市场短期利率应等于以预期数量和期限为权重的各种业务操作和存贷款便利业务利率的加权平均（Gray and Talbot，2006；Sellin and Sommar，2014；Bindseil，2014，2016）。显然，在货币市场供求比较稳定的条件下（即存贷款便利的概率为零）同时开展不同期限的公开市场操作，中央银行应当在各期限操作数量关系上保持稳定，只有这样才能够使货币市场短期隔夜利率平稳运行。但是，显然，与其他金融机构的流动性管理类似，中央银行对最短端的隔夜市场流动性的管理和预测更加准确，其他更长期限的流动性缺口的不确定性更大。因此，如果为了弥补市场各期限流动性缺口，那将与各期限业务操作数量稳定和货币市场短期隔夜利率稳定的目标相违。从业务操作规模来看，为了弥补相同的市场流动性缺口，在流动性缺口的滚动管理下，中央银行市场操作按业务数量的加权平均期限天数（如 5 天）所需要的业务操作数量也应是隔夜公开市场操

---

① Bank of Korea（BOK），2008，“Reform of Monetary Framework”，http：//eng. bok. or. kr，Jan. 18th.

作业务的数量（即5倍）（Gray and Talbot，2006）。可见，公开市场操作期限越短，操作业务品种越简单，越有利于货币市场短期目标利率的稳定。

从利率期限结构来看，如果中央银行同时进行多个品种和期限的公开市场操作，那么中央银行必须很好地管理各业务利率的期限结构，因而利率期限结构与通胀预期密切相关，对期限结构的管理也反映出中央银行对未来通胀等变量的判断和货币政策立场的变化，这对市场稳定具有非常重要的影响。在市场通胀预期和中央银行利率期限结构管理并不一致的情况下，中央银行不得不开展大量业务操作，以确保收益率曲线目标的实现，或者由于市场期限溢价的变化而导致市场流动性和利率水平更加不稳定，损害货币政策操作和政策调控的有效性。因而，各国也都逐渐过渡为仅主要开展短端期限的公开市场操作并将其作为基准政策利率。

因此，虽然英格兰银行和组成欧央行的很多国家中央银行历史上开展过很多品种和期限的公开市场操作，但为了避免复杂操作给利率水平和市场预期（期限溢价）带来的不必要干扰，更明确地表达货币政策立场，有效传递调控政策意图，提高货币政策有效性，这些国家的中央银行在提高货币政策透明度的同时，都逐渐仅集中于最能代表货币政策立场的短期业务操作并将其利率作为基准政策利率。就我国来看，在流动性效应和预期效应的作用下，中国人民银行通过公开市场操作等方式对货币市场利率具有很强的引导能力。在流动性过剩时期，中央银行票据发行利率对货币市场短端利率就发挥着非常重要的基准性作用。随着流动性环境和基础货币投放渠道的变化，中国人民银行于2012年开始重启以流动性投放为主的逆回购业务，至少从2015年开始逐步恢复每周两次的7天逆回购常规操作，并于2016年2月完善公开市场操作机制为每个工作日操作，7天逆回购利率替代央票利率开始发挥基准政策利率作用。不过，正如上面所指出的，以市场利率目标或以业务操作利率作为基准政策利率，各有利弊。而且，随着经济金融市场发展和货币调控的需要，每个国家基准政策利率也会发生相应的变化。无论是政策目标利率，还是业务操作利率，中央银行的政策操作目标利率都是市场最短端的隔夜利率与基准政策利率水平相符。对于价格型货币调控来说，作为操作目标的短期市场利率才是最为重要的问题，基准政策利率的选择只能是第二位重要的问题，主要是与各国的历史、金融市场实际及决策者的偏好密切相关（Sellin and Sommar，2014）。

（三）政策操作目标利率品种选择

1. 报价利率、定盘利率，还是其他

除了隔夜期限作为政策目标利率以外，选择何种货币市场隔夜利率仍是货币决策者和金融市场非常关注的问题。由表 8.7 可见，2019 年之前，只有考虑汇率因素的瑞士选择 3 个月期 Libor 报价利率，但随着国际货币市场基准利率改革，瑞士也以隔夜利率目标作为基准政策利率。各国之所以不选择以报价为主的利率，主要是因为报价利率并非市场实际成交的利率，仅是基于报价体系计算的利率，无法完全反映市场的真实交易，容易受到人为操纵发生扭曲，与中央银行货币操作真实意图相违。虽然中国人民银行利用体制优势对报价行进行严格考核，可以在很大程度上避免利率操纵等 Libor 丑闻案的弊端，但如果确立以隔夜 Shibor 为操作目标，将会对报价行的报价行为带来人为的干扰。Shibor 作为货币市场基准利率体系，主要是作为利率市场化的重要基础设施，弥补市场三个月期以上中长端交易不足，完善短期市场收益率曲线，满足利率衍生品定价基准，这与 1980 年代 Libor 的推出背景是一样的。类似地，隔夜定盘利率也不适合作为操作目标，这可能导致中央银行过分重视（干预）特定时点的交易，忽视对整体市场交易和利率水平的关注。

可测性、可控性及与最终目标的相关性是评价操作目标的重要标准（Mishkin，2009），市场代表性、基准性、稳定性、无风险性则是评价货币市场基准利率的重要方面（李宏瑾、项卫星，2014）。货币市场利率具有良好的可测性，作为货币市场主体的银行间市场是以机构投资者为主的场外市场，流动性较强、风险较低。虽然国债收益率是无风险利率，但目前我国短期国债存量仍相对较小，国债二级市场交易相对并不活跃，特别是往往缺乏最短端的隔夜现券交易，国债收益率曲线大多是根据不同期限实际

交易数据进行拟合或插值的方式获得，而无论哪种估值方法都存在一定的弊端。因此，与并非基于真实交易的报价利率类似，从可测性的角度来说，不宜以隔夜国债收益率作为操作目标。同样，从可测性和风险的角度来讲，现券交易和票据市场利率也不适合作为操作目标。

2. 同业拆借利率、质押式回购利率，还是隐含利率目标

由表8.7可见，各经济体大多以无担保的同业拆借利率作为政策利率操作目标，但也有很多经济体以有担保的产品利率或回购利率作为操作目标，这同样与各经济体金融市场发育程度、历史演进以及国际金融危机后监管政策的变化有关。美联储曾对是否要以包括欧洲美元市场的隔夜无担保市场利率（OBFR）、回购利率、政策利率（准备金付息利率）等作为新的操作目标进行讨论，但由于各种利率相关性很强，央行完全有能力引导其水平，对货币政策传导的影响差异不大，更主要的是出于市场习惯和政策沟通的考虑，美联储仍以联邦基金利率作为操作目标（Egelhof, et al.，2016）。从市场代表性来看，银行间同业拆借市场和质押式回购是最主要的产品，也是我国货币市场最重要的代表性利率（见图8.3）。虽然近年来交

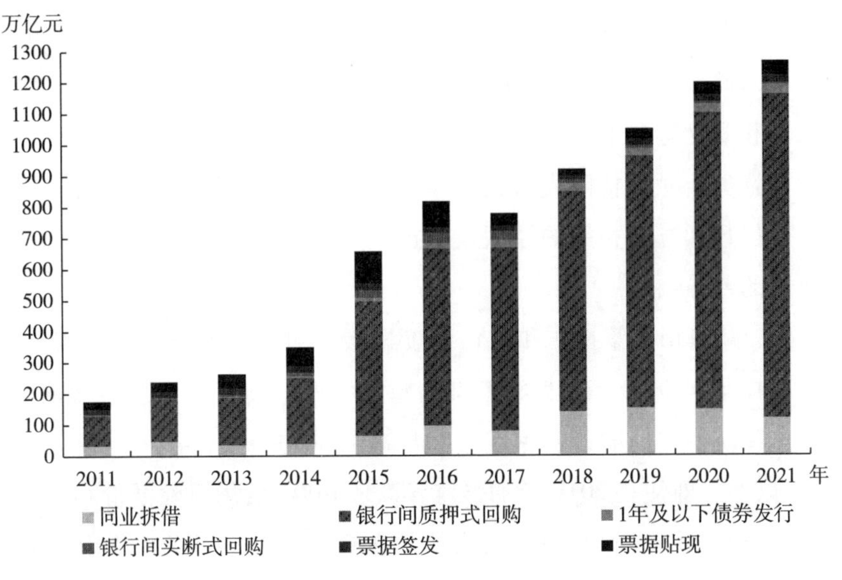

图8.3　我国货币市场主要产品交易概况

易所回购业务迅速发展，但其市场参与主体主要是非存款类金融机构，存在很多监管套利等风险，市场仍待进一步规范发展并与银行间市场统一，在市场代表性、无风险性及与货币操作的关联性等方面，并不适合作为操作目标利率。因而，我国价格型货币调控下的操作目标，应在隔夜银行间同业拆借利率和质押式回购利率间进行选取。

表 8.9　隔夜（存款类金融机构）同业拆借和质押式回购利率均值、中位数和方差相等性检验

IB001、R001（样本期：2003.3—2021.12）				IB001、R001、DIB001、DR001（样本期：2014.12—2021.12）			
数字特征	检验方法	自由度	*P* 值	数字特征	检验方法	自由度	*P* 值
均值相等性	Anova F Welch F	(1450) (1488.918)	0.8816 0.8816	均值相等性	Anova F Welch F	(3336) (3186.663)	0.9300 0.9316
中位数相等性	Adj. Med. χ^2 Kruskal - Wallis	1 1	0.9828 0.9825	中位数相等性	Adj. Med. χ^2 Kruskal - Wallis	3 3	0.9973 0.7615
方差相等性	Levene Brown - Forsythe	(1450) (1450)	0.5907 0.5822	方差相等性	Levene Brown - Forsythe	(3336) (3336)	0.9991 0.9993

在与物价产出等变量的相关性方面，正如利率传导机制分析所表明的，隔夜利率是对整个金融体系和货币政策传导最为关键的价格变量，能够有效影响货币政策最终目标（Taylor，1995）。同业拆借利率和质押式回购利率的水平和变化趋势非常接近，两者并没有显著的差异，即使是信用等级更高的存款类金融机构隔夜拆借利率和质押式回购利率，都无法拒绝序列均值、中位数和方差相等的原假设，这表明四个序列在水平和波动方面并没有显著的差异。

另外，从货币政策操作和评估角度来看，可控性和稳定性对政策目标利率的选择非常重要。由表 8.9 和图 8.4 可见，隔夜（存款类金融机构）同业拆借和质押式回购的利率水平和标准差基本一致，各序列相关系数均在 0.92 以上，即使是 2017 年加强监管以来 R001 信用风险溢价和波动明显上升，其与其他隔夜利率的相关系数仍在 0.9 以上。可见，货币政策操作目标采用隔夜的同业拆借利率或质押式回购利率并没有太大的区别。在货币价格调控模式下，如果中央银行意图明确货币政策操作目标，加强对货币市场利率引导，为货币政策提供可置信的政策约束，那么仍应当明确宣布选择何种利率作为操作目标。从市场代表性来看，隔夜质押式回购交易量远远大于同业拆借，明确以隔夜质押式回购利率作为操作目标更符合我国金融市场的实际。

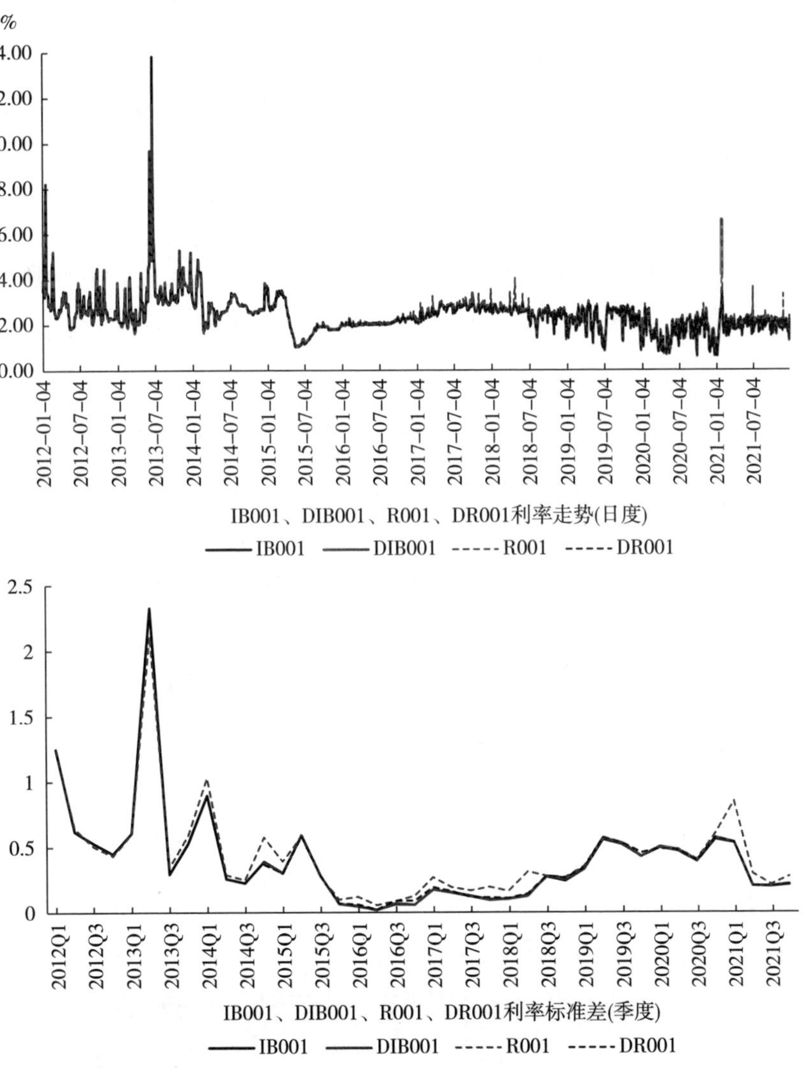

图 8.4　隔夜（存款类金融机构）同业拆借利率和质押式回购利率走势及标准差

当然，如果仍希望获得更多的操作灵活性，更主动地参与金融市场，那么也可以不宣布操作目标利率，但应明确新的短端基准政策利率水平，构建完善对称的利率走廊机制，提高政策操作的透明度和可靠性。采用哪种方式，最终仍将取决于我国金融市场发展的实际和决策者最终的政策偏好。不过，由于我国已明确表达了盯住 DR007 的政策意图。因此，为加强政策透明度，保持政策连续性，我国应明确具体的操作目标利率，而非隐含的操作利率目标。由此，货币政策是以隔夜质押式回购利率（R001），还是以隔夜存款类金融机构质押式回购利率（DR001）作为操作目标，仍需要进一步讨论。

3. R001 还是 DR001

质押式回购利率有债券质押作为担保，信用风险更低，但质押债券的品种比较复杂，各类债券风险性质不尽一致。因而，从风险的角度来看，在市场正常运行时期基于信用交易的同业拆借利率与质押式回购利率差别不大。不过，我国的银行间市场参与主体并不仅是存款类金融机构，还包括证券公司、基金等非存款类金融机构（也即俗称的“非银行金融机构”），这类机构风险偏好更强，持有高等级债券抵押品相对较少，在市场中主要是资金融入方，信用风险相对较高，资金交易的利率波动相对较大。为此，2014 年末，我国开始公布存款类金融机构同业拆借和质押式回购利率，作为更稳定的市场利率指标，存款类金融机构质押式回购利率也逐渐成为央行意图引导的市场基准利率。

在市场运行正常时期，DR 与 R 的信用利差在理论上应该是稳定的，市场利率与主要政策利率的偏离程度也应当是稳定的。例如，美国联邦基金市场不同类型金融机构（目前，联储体系成员与非联储体系成员市场利差大致稳定在 10～15 个基点；美联储为了加强对非联储成员的利率引导，在 2013 年 9 月启用固定利率的足额隔夜逆回购工具，将交易范围扩大至非联储体系成员，进一步加强了市场利率下限约束）。但是，随着我国逐步强调 DR007 作为政策操作目标，DR007 与 R007 的偏离越来越大。特别是，在

2017 年以来金融去杠杆和加强监管政策影响下，由之前 10 ~ 20 个基点逐步扩大，最高达近 400 个基点（见图 8.5）。甚至，2019 年 6 月末以来，DR001 多次下探至 1% 以下，当年 7 月 2 日盘中交易 DR001 与超额准备金利率（0.72%）还首次出现倒挂。正是在监管等政策冲击下，货币市场分

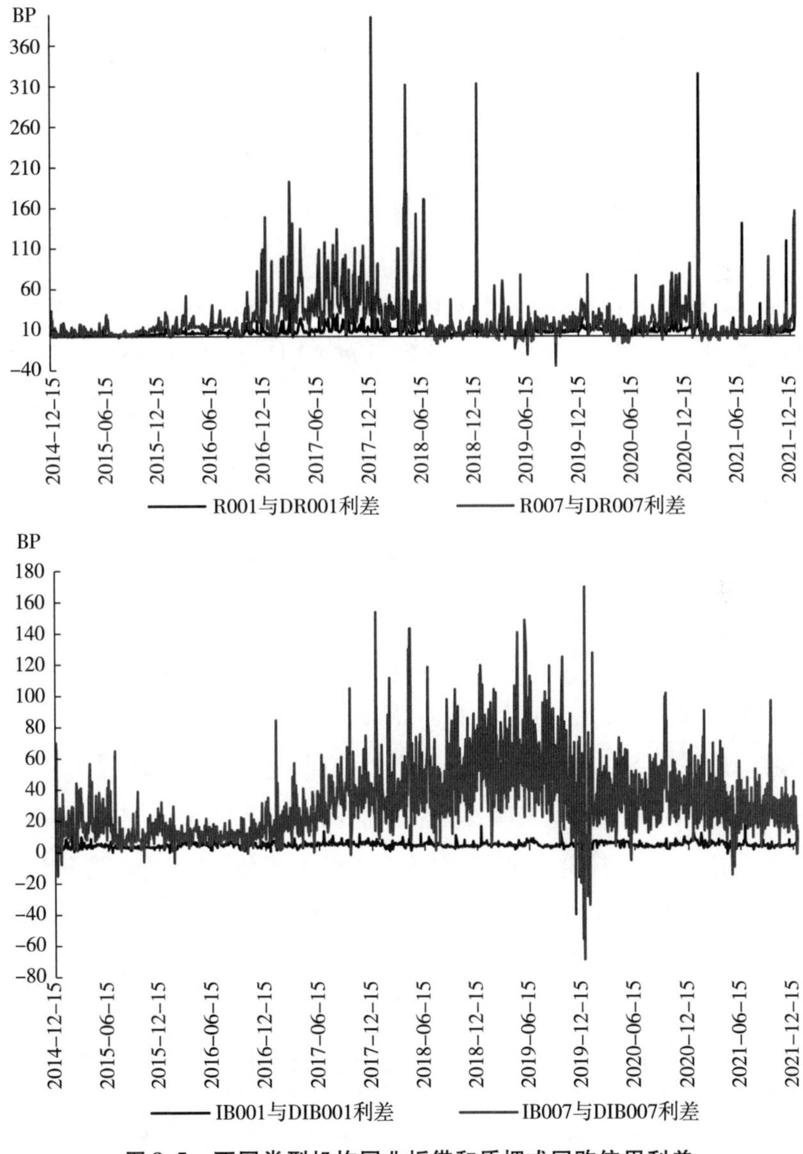

图 8.5　不同类型机构同业拆借和质押式回购信用利差

割和不同类型金融机构间的信用溢价明显扩大。随着资管新规等监管政策逐步落地，不同类型机构的信用溢价也将收敛并稳定在正常水平。而且，观察同业拆借和质押式回购利率可以发现，隔夜期限信用利差总体上均明显小于7天利差，这也表明货币政策应盯住市场隔夜利率而非7天利率。

虽然从稳定性的角度来看，货币政策盯住更稳定的DR似乎更为合适，但包含各类机构交易的货币市场总体利率水平也并非始终高于存款类机构交易利率水平。从机构货币市场融资净融出、净融入情况来看（见表8.10），非银行金融机构参与的质押式回购交易至少占全部交易的1/4（2014年甚至一度接近50%，2021年仍高达近40%），而非银行金融机构参与的同业拆借交易占比更高（2017年达到最高的80.4%之后，2021年仍高达70.8%），R与DR利差明显扩大在一定程度上表明非银行金融机构在我国货币市场中的重要性越来越大。

应当看到，非银行金融机构也是货币政策向实体经济传导的重要渠道，在价格调控模式下货币政策以R001作为操作目标，更符合我国金融市场的实际情况。即便是选择以DR为操作目标，也应加强与监管政策的协调配合，保持R与DR利差在合理水平上基本稳定。否则，一旦由于外生冲击市场不同品种短期利率利差扩大，将不可避免地影响货币政策传导效率。由于货币市场融资存在较强的利率刚性，货币市场收紧和利差扩大将使很多非银行金融机构不得不大量非生产性地囤积流动性或金融去杠杆，从而降低利率政策传导效率，这不利于实体经济发展。2018年以来，小微民营企业融资难问题进一步加剧，很大程度上就与金融去杠杆和加强监管密切相关[①]。针对欧元区的分析也表明，受欧债危机冲击等因素影响，不同的货币市场隔夜利率大幅波动并出现明显分化，损害了银行对企业的信贷能力，贷款利率显著上升，降低了货币政策传导效率（Altavilla, et al., 2019; Corradin, et al., 2020）。2019年9月美国货币市场波动也充分说明了这一点，第十章将对此做进一步的分析。

---

① 参见张晓晶、常欣、刘磊：《去杠杆进程报告2018》，国家金融与发展实验室，www.nifd.cn，2019年3月12日；姚洋：《从去杠杆到稳杠杆》，《财经》2019年第30期。

表 8.10　货币市场净融出、净融入情况及非银行金融机构市场融资占比　　单位：亿元，%

项目		2012	2013	2014	2015	2016	2017	2018	2019	2020	2021
回购净融入	中资大型银行	-1384382	-1140561	-1782411	-4161829	-5160695	-3543336	-4020942	-4858801	-6878278	-5323962
	中资中小型银行	637279	365893	647693	1496858	954436	362301	-1077231	-1497493	-2274846	-3639664
	外资机构	47320	38839	85843	233753	206364	134272	177231	236988	195513	181884
	其他机构	699786	735828	1048876	2431219	3999893	3046765	4920945	6119308	8957612	8781744
	其中：证券基金	311043	385845	679963	820879	1262554	1067205	1613605	2078579	2655904	3234935
	其中：保险	127825	147205	206702	178721	-23263	-63508	153886	203339	295380	307720
	非银行金融机构占比	31.7	46.7	49.7	24.0	24.8	31.3	34.7	35.9	32.2	39.5
拆借净融入	中资大型银行	-195835	-104790	-152110	-389191	-588319	-410619	-695986	-739117	-1051595	-725311
	中资中小型银行	27979	-70923	-98892	-92002	21901	40268	96958	-90152	133726	41779
	外资机构	20527	13408	5337	70861	12364	12184	-22654	-57156	-59332	-63396
	其他机构	147329	162306	245666	410333	554056	358169	621681	886427	977201	746929
	其中：证券基金	86407	104474	183573	248068	433903	287906	470406	657464	692728	527631
	其中：保险		25	456	152	178	136	1960	729	1780	958
	非银行金融机构占比	44.1	59.5	73.3	51.6	73.8	70.1	65.7	74.3	62.5	67.0

注：其他机构包括城市信用社、农村信用社、财务公司、信托投资公司、金融租赁公司、资产管理公司、社保基金、证券、基金、保险、理财产品、信托计划、其他投资产品等。这里，2016 年和 2017 年回购业务非银行金融机构融资占比数据按照证券基金、保险净融入额绝对值与“当年各类净融出银行融出额绝对值 + 保险净融出额绝对值”之比计算而得，其他非银行金融机构融资占比数据按照证券基金、保险净融入额绝对值与当年各类净融出银行融出额绝对值之比计算而得，为并不全面的估算数据。

（四）有关货币市场利率波动（目标水平偏离）的再讨论

如果说，利率水平是货币决策战略层面最为关键的内容，直接决定着中央银行产出物价等最终目标的有效实现，那么隔夜市场利率的波动及其与目标水平的偏离则是货币操作战术层面的核心，体现了中央银行货币政策操作的有效性和政策意愿。作为货币政策传导的第一步，稳定的隔夜市场利率是向中长期利率顺畅传导必要（即使并不一定是充分）的基础性条件（Linzert and Schmidt, 2008），而市场短期利率的波动又是时变期限溢价的重要原因（Cassola and Morana, 2006），降低市场短端利率波动有助于减少长期利率的期限溢价并加强长短期利率的均衡稳定关系（也即无法拒绝预期理论）（Carpenter and Demiralp, 2011）。因此，中央银行必须确保期限最短的隔夜市场利率与目标水平相符，通过各种政策工具手段最小化隔夜目标利率的波动（Sellin and Sommar, 2014；Bindseil, 2016）。同时，金融市场上存在着很多以隔夜利率为定价基准的金融衍生产品，隔夜利率的过度波动意味着金融市场功能和机制上存在问题，中央银行未能很好地弥补市场的缺陷（Ho, 2008；Allen, et al. , 2009）。为此，中央银行都非常关注市场短端隔夜利率的波动情况，即使是很多以货币数量目标制和数量调控为主的国家（如2000年之前的瑞士），货币市场利率稳定（而非水平）也是货币政策非常重要的操作目标，我国也不例外。

不过，货币市场利率波动并非完全没有价值。毕竟，利率波动本身就创造了套利和交易的机会，适度的隔夜市场利率波动有助于金融市场的健康发展（Ho, 2008；Kroeger, et al. , 2018）。过度关注隔夜市场利率目标并严格控制利率波动，致使货币市场其他期限交易缺失，也是韩国将政策目标利率由隔夜利率目标转向7天回购的重要原因。另外，正如前面所指出的，以市场利率目标作为操作目标的国家，利率波动要往往小于以央行操作业务作为基准政策利率且并不明确操作目标的国家。不过，针对英国货币市场利率波动的经验分析表明（Ayuso, et al. , 1997），货币市场利率与政策目标水平的偏离通常并不是持久的，市场隔夜利率的波动属于白噪声过程，对中长期利率的影响有限；不能由于英国货币市场短端利率波动较美国更大，就认为英国的货币政策传导渠道不如美国更顺畅有效。Osborne（2016）针对英国的经验分析再次表明，虽然2006年改革货币操作框架启用自愿储备协议并采用平均准备金考核方法及2009年引入利率走廊下限极大降低了货币市场利率的波动，但隔夜市场利率波动对与实体经济密切相关的长期利率的波动影响很小（但在2006年之前的零准备金时期仍有一定的作用），而且对与衍生品定价重要基准的3个月Libor波动没有任何影响。

一方面，如果货币政策利率目标水平设定存在偏误，同时货币操作严格盯住利率目标水平有效控制利率波动，中央银行将难以有效实现物价产出等最终目标并有可能引发金融危机。例如，2001年以来，以美国为代表的主要发达经济体政策利率长期偏离于泰勒规则所揭示的正常水平。特别是，由于过低利率水平的“利率压抑”（Rate Compression）减少了市场交易的机会成本和套利机会（也即流动性陷阱）（Hilton，2005），以政策目标利率作为基准政策利率的美国联邦基金利率长期稳定在偏低水平，在预期理论下导致影响实体经济的长期利率走势发生了明显的偏移，从而导致长短期利差背离的所谓“格林斯潘之谜”（Smith and Taylor，2007，2009），这在很多经济学家看来是导致国际金融危机重要原因（Taylor，2007；Nikolsko－Rzhevskyy，et al.，2014）。类似地，日本在2001—2006年的“零利率”和量化宽松政策期间（Ho，2008），以及国际金融危机后的超低（零）利率和量化宽松等非传统货币政策下，市场活跃度和利率波动大大下降（Bech and Monnet，2013）。正是由于市场利率在偏低水平下过于稳定，市场参与者对收益率变化特别敏感，一旦货币政策转向加息或政策宽松立场可能发生变化，市场交易和利率波动也将出现剧烈的变化，这在2013年“削减恐慌”（Taper Tantrum）和美国货币政策正常化过程中表现得非常明显（BIS，2016）。另一方面，如果市场利率持续高于或低于政策利率目标水平，这表明中央银行政策目标利率水平的设定存在偏误，通过观察市场利率与目标水平的偏离可以及时纠正货币决策的失误（Valimaki，2008）。例如，在国际金融危机后，欧元区市场利率持续低于主融资利率，直至2011年4月欧元区隔夜市场利率（EIR）逐步接近于基准政策利率，欧央行随之开启了加息政策，但随着希腊债务危机发酵和恶化，欧元区隔夜市场利率大幅下挫并持续接近存款便利利率水平，欧央行不得不在采取量化宽松和长期再融资等非传统政策的同时，大幅降低 MRO 利率。可见，虽然中央银行非常关注市场利率的稳定，但货币市场隔夜利率波动仍具重要的价值，对利率波动的容忍度与货币决策水平密切相关，并受一国金融市场发展实际和决策偏好的影响，这对我国基准政策利率和操作目标的选择具有非常重要的启示意义。

四、当前中国利率操作框架存在的主要问题

2012 年以来，我国资本流动方向出现了明显的变化，流动性过剩局面和基础货币投放渠道发生了根本的转变，2013 年还出现了货币市场波动。为此，中国人民银行进行了大量政策工具创新工作，完善金融机构存贷比考核并推行准备金平均考核办法，在优化再贷款分类体系的同时创设 PSL、MLF 等弥补基础货币缺口，探索发挥常备借贷便利（SLF）利率作为利率走廊上限的作用，将每周两次的常规公开市场操作扩展至每个工作日操作，在宏观审慎政策和 MPA 框架下定向降准，开展信贷质押再贷款和央行内部评级试点，这些措施极大地加强了中央银行市场流动性管理和利率引导的能力。虽然在各种创新政策工具的作用下，市场利率运行逐步趋于平稳，但货币市场利率波动明显上升，这其中既有金融去杠杆、加强监管等政策的作用，也在很大程度上表明我国货币政策利率操作框架存在一定的缺陷。

一是在尚未明确新的基准政策利率及其目标利率水平的条件下，公开市场操作仍主要着眼于弥补市场流动性缺口，利率平稳操作目标仍从属于数量操作目标。虽然 2016 年以来各期《中国货币政策执行报告》隐含地表明，银行间市场（存款类金融机构）7 天质押式回购利率与公开市场 7 天逆

回购利率相符，这意味着其可能成为货币政策的利率操作目标，但毕竟我国并未明确宣布利率操作目标及政策目标水平，因而7天逆回购利率无法完全反映货币政策立场。而且，市场利率水平（无论是隔夜还是7天）和最频繁的7天逆回购政策业务操作利率与SLF利率所构成的市场利率上限及超额准备金构成的市场利率下限之间并不是均衡的对称关系，市场只能在事后判断政策意图。更主要的是，目前我国公开市场操作仍然采用利率价格招标方式，在中央银行确定数量的基础上由市场发现价格，政策的着眼点仍主要在于市场的流动性数量，而非针对利率价格目标的数量招标模式①，因而公开市场操作和中标利率的变化也主要反映了市场资金供求而非政策立场的变化②。但是，由于央行多次隐含地表明7天（存款类金融机构）质押式回购利率作为操作目标的政策意图，市场往往将公开市场操作业务和市场利率的变化解读为中央银行政策立场的变化，我国也多次出现过为了稳定利率而央票发行流标现象。因此，尽管从数量上看公开市场操作加大了流动性管理的操作力度，但市场利率稳定的目标并未很好实现。

二是同时开展多种公开市场操作，中长端政策利率干扰了市场预期和期限溢价，加剧市场利率波动。2016年8月和9月，我国在以7天期逆回购为主开展公开市场操作的基础上，重新开启了暂停近半年的14天和28天逆回购业务。2017年10月还启用了旨在熨平财政季节性扰动的2个月期逆回购。与以往仅是在春节等流动性季节时点上弥补常规7天逆回购而进行的临时性操作不同，我国一度持续同时进行7天、14天、28天和63天逆回购业务。虽然政策意图主要是引导市场利率随经济基本面和通胀走势变化适度提高，并在一定程度上防范金融机构期限错配和流动性风险，但14天逆回购业务利率与7天逆回购利率的利差并未发生变化，在重启28天逆回购时还将28天逆回购中标利率下调了5个基点，这与市场通胀预期不符，

① 《公开市场操作的价格招标与数量招标》，《中国货币政策执行报告》（2003年第4期）。

② 《有关负责人就公开市场操作中标利率相关问题答记者问》，www. pbc. gov. cn，2017年3月16日。

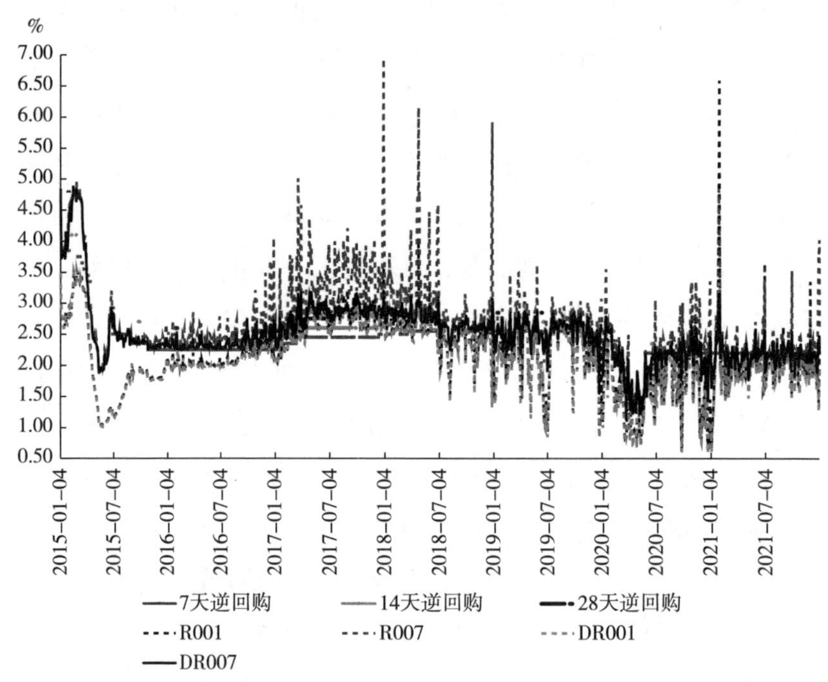

图 8.6　主要期限公开市场操作利率和市场回购利率

干扰了市场预期和期限溢价，市场利率也出现了较大的波动。甚至，即使是在 2017 年市场通胀预期有所抬头并已上调公开市场操作业务中标利率水平的情况下，并未调整各期限公开市场操作的利率期限结构，直至 2019 年末和 2020 年初疫情暴发后，才开始同步下调 7 天和 14 天逆回购利率。虽然通过更长期限的公开市场操作向市场投放流动性，能够在特定时点跨越税期、节假日和监管考核期，及时填补市场资金供求缺口，降低金融机构短期融资到期滚续的压力，适度减少期限错配，但这要求中央银行持续开展足够规模的业务操作，长端业务操作与短端业务操作应具有与期限相匹配的规模关系（Gray and Talbot，2006）。不过，从数量来看，除了 2017 年 1 月春节期间外，公开市场操作仍以传统的 7 天逆回购操作为主。同时，由于并未很好地考虑通胀走势因素，“稳定市场预期，维护货币市场利率平稳运行”目标并未很好地实现。可见，旨在“削峰填谷”的公开市场操作主要是熨平内外多种因素对流动性的扰动，仍是针对流动性缺口的数量目标，市场利率稳定和中短端政策利率的收益率曲线操作效果并不理想。

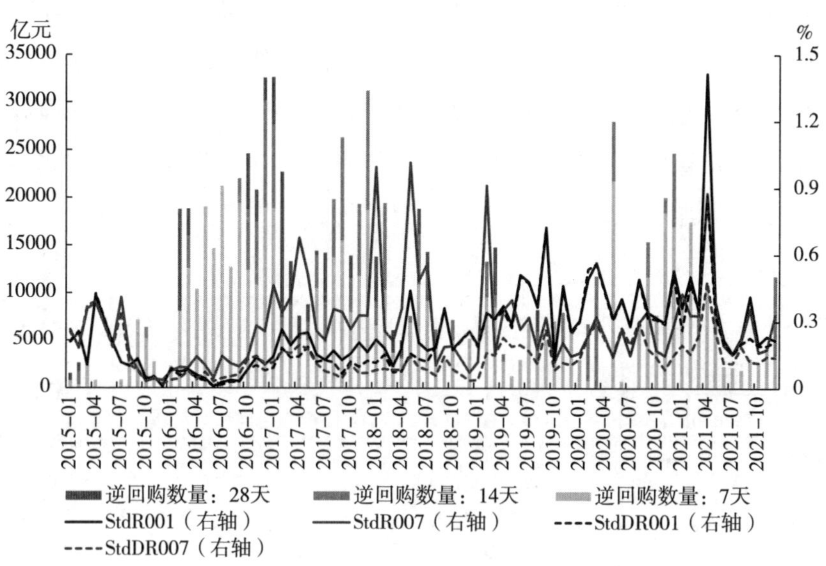

图 8.7　各期限公开市场操作数量和市场回购利率标准差

三是创新性流动性管理工具操作透明度有限，不同期限业务利率倒挂，严重扭曲了市场预期和交易行为。当前，作为流动性创新管理工作的 SLF、MLF 的操作对象都是符合宏观审慎要求的法人金融机构和政策性金融机构，只是 SLF 在创设之初未包含作为我国货币市场主要资金融出方的大型商业银行，再贷款创新工具 PSL 则主要针对政策性银行，而且 SLF、MLF 和 PSL 的操作规则并不明确，询价招标过程并不完全透明，非存款类市场参与者往往被排除在操作之外，市场理解政策意图难度较大，对预期的引导作用有限。

更主要的是，三种创新性政策工具在功能定位存在一定的交叉，根据工具设计的初衷，SLF、MLF、PSL 分别着眼于短期、中期和中长期调控目标，受政策定位及操作对象影响，三种工具利率水平存在差异。但是，就价格水平来看，SLF、MLF、PSL 的利率水平依次递减，出现明显的“倒挂”。2021 年末，隔夜的 SLF 利率仍较 1 年期 MLF 利率高 10 个基点（见图 8.8）。而且，MLF 和 PSL 都有一年期的业务操作，两者利差仍存在倒挂，这极有可能引发套利风险。尽管 PSL 主要用于特定用途特定利率的贷款，其使用情况需要检查评估，但完全掌控资金的具体流向难度较高。自 2017 年 2 月开始，我国还取消了两家政策性银行及一家开发性金融机构运用抵押补充贷款资金发放的贷款适用范围的限制，仅采取备案管理方式，资金套利的可能性进一步提高。

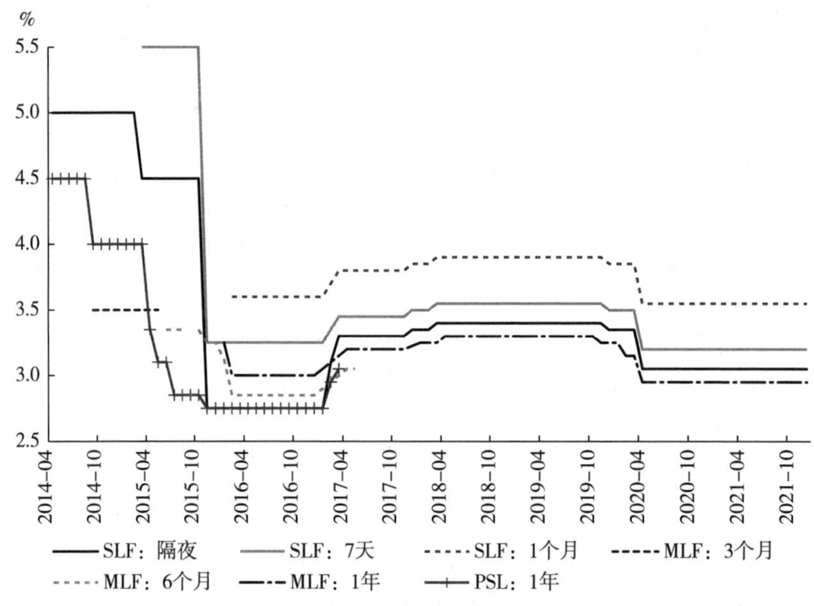

图 8.8　主要创新性工具利率倒挂

四是政策因素导致的市场分割进一步加剧，套利等因素异化了货币市场融资结构，市场价格发现和资源有效配置的基本功能严重受损。理论上，有着质押担保信用风险更小的质押式回购利率水平应较信用交易的同业拆借利率水平更低，但由前面图 8.4 可见，自 2016 年第四季度以来，质押式回购利率无论是水平还是波动，都要明显大于信用交易的同业拆借利率，而这也正是公开市场操作和 SLF、MLF 等流动性创新管理工具开始

"锁短放长"的时期。应当说，受市场违约事件、加强MPA考核和监管趋严等政策影响，市场风险偏好明显上升，质押式回购利率较信用交易的拆借利率水平和波动受到冲击的暂时性上升是可以理解的。但是，由于持续隐含地表达以市场（存款类金融机构）7天质押式回购利率作为政策操作目标，以高等级债券为主的质押式回购交易越来越重要，SLF、MLF和PSL等创新性政策工具要求以债券或高等级信贷资产进行抵押，这在一定程度上导致质押式回购交易面临抵押品数量约束，推高了利率水平和波动，类似的问题也困扰着依然实行量化宽松的欧央行和日本银行①。而且，《中国货币政策执行报告》对政策目标利率的表述由银行间市场质押式回购利率逐渐转向强调存款类金融机构质押式回购利率，虽然这在很大程度上是出于市场利率走势与政策意图不一致而进行的修订性表述，但也反映了将银行间市场不同类型机构人为分割的政策导向，并被金融市场过分解读②。特别是，由前面图8.6可见，公开市场操作7天、14天和28天逆回购利率在很长一段时期内都低于市场7天利率。虽然公开市场操作和债券市场采取一级交易商和做市商制度有利于确保央行资金安全，有助于市场价格发现，提高市场效率，这一安排与美国等主要发达经济体的经验类似，但国际金融危机表明，范围过窄的交易对手方使中央银行仍面临资金安全的挑战，不得不使用新的政策工具有效开展流动性管理（Cheun, et al., 2009）。

目前，我国50家左右的公开市一级交易商与上万家银行间市场参与主体在数量上仍极不匹配，特别是存在大量资金融入需求的小微金融机构难以通过公开市场操作获得流动性支持。市场利率（特别是质押式回购利率）水平和波动的上升，提高了特定金融机构套利交易的可能，进一

① 钟正生：《降准逻辑再审视》，《中国金融》2017年第7期；伍戈：《货币供应新方式：远虑与近忧》，财新网，2017年3月10日；叶桢：《QE的末路：欧洲和日本距离"无债可买"只剩几个月了》，华尔街见闻网，2017年5月19日；钟正生、夏天然：《日元空头注意：警惕日本央行的"悄然转身"》，莫尼塔宏观研究，2017年5月19日。

② 鲁政委：《DR：全球利率基准探索的重大创新》，兴业银行研究报告，2016年11月15日。

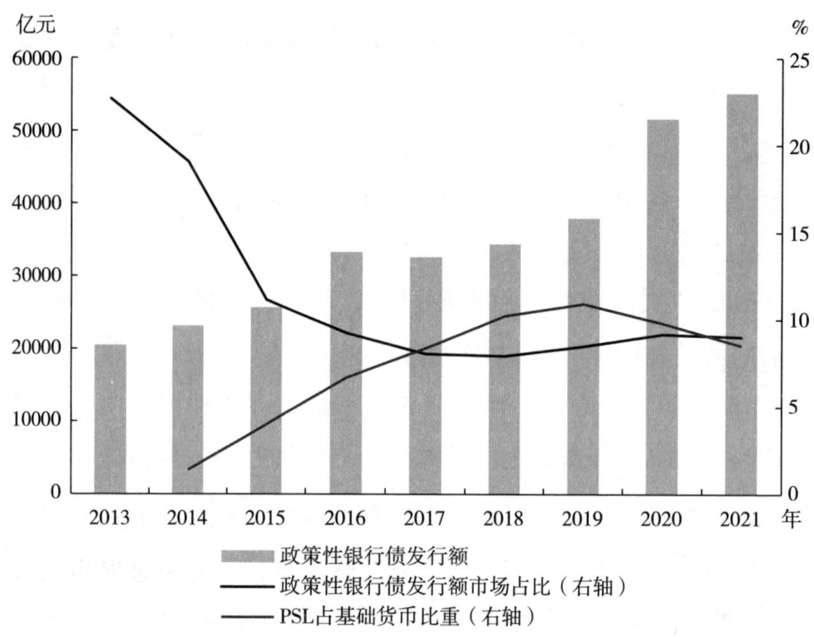

图 8.9　政策性银行债发行情况与 PSL 余额占基础货币的比重

步放大了人为的市场分割，严重损害了金融市场价格发现和资源有效配置的基本功能①。由于可以获得利率更低且稳定的 PSL 资金来源，政策性银行无须通过公开市场操作或 SLF、MLF 获得资金，甚至通过传统的政策性银行债筹资动力也不足。自 2014 年引入 PSL 以来，政策性银行债券一级市场发行占比明显下降，由之前的 20% 以上降至 2018 年最低的不到 8%，直至 2019 年我国开始缩减 PSL 操作规模并从 2020 年 2 月起停止新增 PSL 操作，政策性银行债发行占市场的比重才回升至 9% 以上。可见，引入 PSL 之后政策性银行与其他金融机构在央行资金可得性方面的市场分割进

① 正是由于人为导致的不同类型机构分割进一步加剧，市场还出现了所谓“影子央行”和大行充当基础货币搬运工的观点，公开市场操作 + MLF 或公开市场操作 + PSL 也被认为是新的流动性调控新框架。参见：《央行确立流动性调控新模式：PSL + 逆回购上位》，《上海证券报》2017 年 5 月 11 日；冯煦明：《资金空转背后的“影子央行”：大银行充当基础货币搬运工》，澎湃新闻，2017 年 5 月 10 日。

一步加剧。

另外，货币市场融资结构的变化也能够明显反映出市场分割和套利等因素的不良影响。长期以来，除了2013年受货币市场波动的影响，国有商业银行、政策性银行及开发性金融机构、股份制银行作为我国货币市场资金融出的主体分列资金净融出的前三位，但2016年以来，我国货币市场融资结构出现明显的变化：在货币市场资金净融出方排名上，2016年政策性银行反超大型商业银行，成为货币市场最大的资金净融出方；在资金净融出数量上，2013—2015年大型商业银行与政策性银行资金净融出额差距均不超过10万亿元，但在2016年，政策性银行资金净融出额超出大型商业银行42.3万亿元。2016年，我国货币市场并未出现大规模的流动性紧张局面，政策性银行资金净融出量出现变动的时期，正与PSL余额大幅增长相吻合。

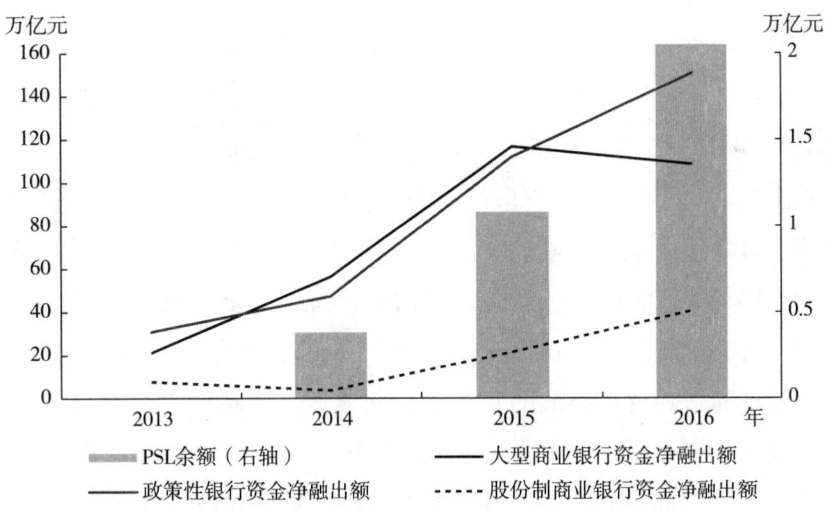

注：大型商业银行、政策性银行和股份制银行货币市场净融出额数据来自《中国货币市场》刊载的历年《银行间市场运行报告》，2017年以来的年度报告不再公布各类型机构货币市场资金融出融入情况。

图8.10　不同类型机构货币市场资金净融出情况和PSL余额

五是短期流动性管理呈现向长期化倾向，结构性信贷政策干扰并扭曲了总量货币政策调控。一般来说，无论是以价格还是以数量作为操作目标，中央银行都可以通过公开市场操作等流动性管理工具实现货币数量或价格目标，但只有当货币数量或市场利率处于均衡水平时，才可能同时实现货币“量”与“价”的目标，否则只能在货币量与价之间进行取舍而不可兼得。受长期存款利率上限管制及仍保留存贷款基准利率等因素影响，我国市场利率仍低于物价产出稳定相符的均衡实际利率水平，以数量为主的政策惯性也导致货币调控更关注货币数量而非价格目标。由于国际资本流动和流动性格局的根本性变化，常规的短期公开市场操作（7 天逆回购）和常备借贷便利无法有效弥补中央银行外汇占款（储备）下降导致的基础货币缺口。不过，在 2017 年以来监管政策趋严的政策压力下，依赖短期资金加杠杆并投放中长期项目的同业业务资金需求缺口进一步上升。为此，我国流动性管理和公开市场操作呈现出明显的资金长期化操作倾向，这也是 2016 年下半年以来加大中长期 MLF、PSL 操作力度、重启 14 天和 28 天逆回购并开展 2 个月逆回购、进行“锁短放长”政策操作的主要背景。但是，无论是商业银行还是中央银行，流动性管理需求和供给主要集中在短期（特别是隔夜）交易，针对货币市场中长期资金需求和基础货币长期缺口操作并不符合短期（主要是隔夜）流动性管理的本质要求。针对国际资本流动对中央银行资产负债表的压力，既需要通过宏观审慎政策缓解市场流动性缺口压力，更需要通过加大汇率弹性、完善汇率形成机制等措施，通过购买国债作为基础货币投放的新渠道，从根本上提高我国货币政策的自主性和有效性，第十章将对此进行专门的分析。

MLF 和 PSL 都是中央银行对存款类金融机构的债权，虽然并不属于再贷款工具，但与流动性再贷款和信贷政策支持再贷款功能非常接近。疫情以来创新的很多直达实体经济的结构性工具，本质上仍是对再贷款（再贴现）的操作方式创新（刘国强，2020）。2014 年引入 MLF 很大程度上是为弥补基础货币缺口的应对措施（张晓慧，2015），在提供流动性的同时发挥中期政策利率的作用，引导商业银行降低贷款利率和社会融资成本，支持实体经济增长。创新性政策工具的结构性功能主要是发挥信号和结构引导的作用[①]，采取与各国常规货币政策操作方式一致的做法，以利率调控为主通过公开市场购买国债投放基础货币，才是我国货币调控模式改革的政策方向[②]。但是，中长期利率目标和特定领域信贷支持容易导致不同政策工具利率的套利和扭曲，宏观总量的货币政策不可避免地受到结构性信贷政策的干扰。而且，近年来在世界百年未有之大变局和疫情冲击背景下，我国加大了结构性货币政策创新和政策支持力度，通过各种直达方式对特定部门进行定向信贷支持。

随着各种类再贷款（再贴现）的结构性工具不断强化，管理央行对银行的债权工具成为基础货币投放的最主要方式，也是当前健全现代货币政策的重要举措之一，但这与1998年转向以数量为主的间接货币调控模式之前的基础货币投放都属于央行债权，两者并无本质区别[③]，中央银行很可能迫于各方信贷需求的倒逼压力削弱货币政策的有效性，与以利率为主的货币价格调控模式转型的改革要求背道而驰。而且，央行指向明确的再贷款行政色彩较浓，本质上属于信贷政策工具，再贷款（再贴现）是典型的直达型货币政策工具的观点，仍存在认识上的误区。毕竟，货币政策本质上是总量政策，结构调整主要是靠信贷政策，需要各部门协调配合（张晓慧，2015；周小川，2020）[④]。因此，笔者认为，今后仍要按照第七章提出的，明确货币价格调控模式下中央银行短端基准政策利率，以新的短端基准政策利率为中枢理顺中央银行政策利率体系，优化（简化）各类结构性工具并将其明确为信贷政策，通过价格杠杆更好地促进经济结构优化，顺利实现以利率为主的货币价格调控模式转型。

---

① 《定向降准》，《中国货币政策执行报告》（2014年第2期）。

② 易纲：《人民币的国际化使用》，《上海发展研究基金会研讨实录》2015年第69期。

③ 2014年3月，中央银行对金融机构债权占总资产的比重达到历史最低的6.5%，而外汇占款占总资产的比重则达到历史最高的83.3%，在此之后两者分别逐步调整至2021年末的33.6%和52.9%，均与2003年进入流动性过剩初期的水平基本相当。

④ 另请参见周小川：《“货币政策及金融改革”答记者问》，www. pbc. gov. cn，2012年3月12日。

五、完善货币价格调控模式的相关技术性准备工作

在价格型货币调控模式下，中央银行必须运用各种政策手段，针对根据物价和产出缺口等情况而设定的政策目标利率水平开展货币政策操作。虽然隔夜货币市场利率波动仍具有非常重要的价值，但与主要国家的情况相比，我国市场利率波动仍相对较大，货币市场利率波动较大也是我国利率传导机制效率较低的重要原因。如何有效开展利率操作，减少市场利率波动，成为当下货币政策操作框架改革的重要内容。国际金融危机之前，各国大多采取了公开市场操作与利率走廊相结合的利率操作框架，公开市场操作频率越高、双边利率走廊安排和较窄利率走廊区间，以及对存款准备金进行利息补偿并采取滞后期平均准备金考核方式、加强政策沟通和透明度，可以使货币市场利率与中央银行目标水平偏离更小，更有利于中央银行利率引导（Bindseil and Jablecki，2011）。第十章将对利率政策操作模式进行专门的分析。在向以利率为主的货币调控方向转型过程中，除了亟须明确隔夜政策目标利率水平、理顺中央银行政策利率体系、改进准备金等货币政策工具管理方式、完善公开市场操作机制、提升货币决策水平外，还应在以下几方面加强技术性准备工作。

一是健全合格抵押品制度框架，合理权衡市场利率引导效率与风险的关系。除了现券买入外，为确保货币政策操作的主动性、安全性、公平性和时效性，主要发达经济体央行在通过回购操作向市场提供短期流动性的同时，都要求交易对手方提供符合条件的抵押品，利率走廊模式的广泛采用进一步加强了抵押品在中央银行利率操作中的重要性（Sellin and Sommar，2014）。特别是，国际金融危机爆发后，在进行资产负债表扩张的量化宽松非常规政策同时，各国中央银行都扩展了抵押品范围，并针对抵押品机制的完善及在货币政策操作中的作用进行了大量深入的研究（Bindseil，

2014, 2016)。通常来说，抵押品标准应当透明，价值可准确评估，对抵押品范围进行过多严格限制将会增加抵押对象的限制和市场扭曲，不利于市场风险的分散，因此与更窄的合格抵押品范围相比，更为广泛的抵押品且在正常市场条件下（由于可用抵押品较多）不一定被频繁使用的合格抵押品安排，更有利货币市场发展和市场利率的稳定（Chailloux, et al., 2008）。国际金融危机期间，合格抵押品范围窄的美国货币市场交易较抵押品更宽的欧元区出现明显下降，充分说明了这一点（Cheun, et al., 2009）。

当然，合格抵押品范围也应平衡好安全性、收益性和市场公平性的关系。抵押品机制源于最后贷款人（LOLR）功能的流动性安排，在货币市场发生波动时，中央银行应向仍稳健经营且有足够优质抵押品的金融机构以足够高的利率提供贷款，以排除非紧急资金需求（也即所谓的白芝浩原则）。与 LOLR 不同的是，在正常时期合格抵押品机制是以提高利率操作效率为主要目标，但过于宽泛的抵押品范围可能增加抵押品资金安全性、收益性和市场公平性的平衡难度，有可能扭曲金融市场结构（Bindseil, 2014; 2016）。而且，国际金融危机之后，各种政策创新和抵押品范围的扩大相当于 LOLR 让位于非常规货币政策，模糊了危机救助与常态货币政策应有的界限，因而很多中央银行在危机后都进一步明确 LOLR 的危机救助流动性与日常利率政策目标的常规流动性管理的区别，对两种不同业务目标采取不同标准的抵押品安排（Sellin and Sommar, 2014; Bindseil, 2014, 2016）。另外，如何对中央银行不同业务操作采取相应的合格抵押品，如何确定合理的折扣率、保证金安排和抵押品发行人的对象，以确保不同风险属性抵押品的资金安排性和交易的公平性，避免市场扭曲和套利，都是健全合格抵押品制度框架非常重要的内容（Bindseil, 2014, 2016; BIS, 2015）。

国际金融危机之前，除了中央银行之外很少有人关注抵押品问题（Bindseil, 2016）。与之类似，受我国金融市场广度深度及公开市场操作经验的限制，只是随着创新性政策工具的广泛使用，我国才逐步涌现有关抵押品问题的专门讨论（蓝虹、穆争社，2014；纪敏等，2015）。不过，自 1998 年重启人民币公开市场操作以来，公开市场操作对象和抵押品范围就一直是货币政策操作非常重要的内容，针对中央银行持有国债现券短缺的限制，在推动债券发行利率市场化的同时，中国人民银行将政策性金融债等高等级债券纳入交易对象并以其为标的开展回购业务（戴根有，2003）。目前，我国公开市场操作和创新性政策工具主要是以高等级利率信用债作为抵押品，为弥补小微金融机构抵押品数量不足，中国人民银行于2014年开始进行信贷资产质押再贷款和央行内部评级试点工作，逐步完善评估体系、风险控制、托管方式等安排①。但是，抵押品约束问题主要表现在中央银行作为最后贷款人的流动性救助当中，国际金融危机之后各国也都扩大了抵押品范围，在日常的货币政策操作的公开市场业务中，仍以高等级债券为主。目前，常规公开市场逆回购操作和SLF、MLF、PSL等创新性工具的大量使用，在一定程度上导致金融市场交易主体的大中型金融机构面临抵押品数量约束。虽然中央银行可以通过扩宽抵押品和信贷资产范围缓解这一问题，但流动性分层的公开市场操作安排能够有效解决这一问题，针对不同操作业务的合格抵押品设定具有很强的政策导向意义和结构效应。毕竟，中央银行对信贷投向的企业行业信息掌握并不比市场更有效，这很可能扭曲金融资源配置，英国2012年开始的融资换贷款计划（FLS）政策直接效果不佳就是直接的例证（Harimohan，et al.，2016）。毕竟，当前的抵押品数量约束在很大程度上是由于各种创新性政策的人为扭曲造成的。虽然各种创新性政策工具取得了一定效果，但信贷评级非常复杂（特别是对于小微金融机构），更适合于央行发挥最后贷款人功能的流动性救助或小微银行SLF操作，但应设置合理的折扣率，政策操作成本与成效需要全面评估。货币政策创新的“守正出奇”还是要遵循守正优先的原则，过分强调“出奇”依赖创新性手段，最终将使政策无效。

二是完善中央银行交易对手方管理方式，适当扩大并丰富一级交易商

① 《推广信贷资产质押再贷款和央行内部评级试点　完善央行抵押品管理框架》，《中国货币政策执行报告》（2015年第4期）；《货币政策担保品管理框架的构建和完善》，《中国货币政策执行报告》（2017年第4期）。

数量和类型。中央银行交易对手方是央行按照一定的标准筛选，确定可在公开市场业务中与央行直接进行交易的金融机构，在央行日常的货币政策操作和最后贷款人的流动性救助中发挥着非常重要的作用。理论上，如果金融市场是完全的，那么交易对手方的资格标准对中央银行业务操作而言并非重要的影响因素。但正是由于市场不完全，央行交易对手方的选择对央行能否有效引导市场利率并促进金融市场稳定至关重要。央行交易对手方相当于中央银行与其他金融市场主体的媒介，交易对手方数量和结构决定着央行与市场机构的力量对比关系，将直接影响央行公开市场业务操作（如不同类型招标方式）的结果。因此，交易对手方的选择将直接影响货币政策传导、金融市场效率和金融稳定。如果市场竞争充分透明高效，中央银行交易对手方范围对央行操作影响不大。不过，如果市场竞争不充分，交易成本较大且市场交易易受冲击（如监管扰动）并不稳定，那么中央银行应当选择更广泛的交易对手方，扩大交易对手方的数量和规模有利于减少央行市场操作的交易成本。而且，交易对手方对隔夜市场交易的流动性管理需求应当更为广泛，这样更有利于形成合理的市场价格，更有助于操作目标利率向隔夜市场利率的传导（Bindseil, 2014；2016）。

从国际经验来看，各国央行对合格交易对手方的筛选标准差异较大，主要与各国金融市场发展的历史和金融市场结构有关。美联储的公开市场业务交易对手方（一级交易商，Primary Dealers）筛选标准比较严格，包括机构业务能力、市场表现、财务状况、监管合规情况、操作保障机制、内控制度以及提供市场信息和政策评估能力等多个方面，交易对手方范围相对较窄，目前仅为二十余家机构，大多为证券公司、投资银行等非银行金融机构。欧央行的交易对手则非常广泛，欧元区所有满足最低准备金要求的金融机构均可参与欧央行以标准化招标方式开展的公开市场操作，但在进行微调操作以及外汇掉期等交易时，欧央行或各成员国央行也会视情况增加对交易对手的筛选条件，缩小交易对手范围。不过，国际金融危机和疫情暴发后，美联储很多流动性救助工具的交易对象范围较广，这有效稳定了金融市场。而且，为稳定市场利率下限的隔夜逆回购（ON RRP）业务交易对手方主要是非银行金融机构，数量也远远超过了一级交易商。

1997 年中国人民银行发布《公开市场业务暨一级交易商管理暂行规定》，在 1998 年重启人民币公开市场操作业务时，建立了公开市场业务一级交易商制度。考虑到当时金融机构经营状况，主要采用美国模式，从市场机构中选择少数优秀成员作为央行合格交易对手方，参与央行公开市场操作并承担货币政策传导等职责。2004 年，我国建立了一级交易商考评调整机制，按照参与公开市场业务情况、债券一级市场承销情况、二级市场交易情况及执行和传导货币政策情况设置考评指标体系，对各家一级交易商按年进行评估，择优筛选，有进有出。根据“先确定各类金融机构比例，再取各类机构排名居前者”的原则确定公开市场业务一级交易商。在此之后，很多创新性货币政策工具也都在一级交易商范围内进行调整，例如 MLF 的交易对象就是公开市场业务一级交易商中宏观审慎评估（MPA）达标情况较好的商业银行。为适应市场发展和形势变化，进一步增强一级交易商筛选的有效性和针对性，2018 年 3 月中国人民银行更新了一级交易商考评指标体系，设置了传导货币政策、发挥市场稳定器作用、市场活跃度及影响力、依法合规稳健经营、流动性管理能力等七大方面、三个层次共计 32 项考评指标。新的考评指标体系覆盖面明显扩大，有利于全面准确评估金融机构履行公开市场业务一级交易商职责的能力和表现，也反映了央行对一级交易商在宏观审慎评估、分层传导流动性、疏通利率传导机制、熨平市场波动等方面的最新要求，有助于督促一级交易商切实履行自身职责，促进货币政策调控目标的实现。目前，我国的一级交易商数量已由最初的十几家基本稳定在 50 家左右。虽然从数量来看一级交易商仅是我国全部金融机构的很小一部分，但都是各类型机构中经营较好机构，也是市场最为活跃的交易主体和资金融通方，能够在流动性分层体系下有效传导货币政策。

我国一级交易商量的筛选主要体现了“高标准、少而精”的原则，这与 2000 年前后中国金融体系状况密切相关。而且，过多且复杂的一级交易对手方也增加了央行筛选和监管成本，我国很多中小金融机构也缺乏充足的合格抵押品，因此，对一级交易商严格考核非常必要。不过，也应看到，在一级交易商中，大型银行、政策性银行和部分股份制银行、城商行、农商行都是传统的资金融出方，对中央银行资金需求有限，往往只是为了一级交易商考核而与央行开展市场业务，很多符合考核标准的金融机构难以进入一级交易商范围。而且，传统资金需求型金融机构在一级交易商中的数量占比较低，2021 年非银行金融机构仅为头部三家企业，未包含信托保险资管等类型机构。另外，一级交易商的管理和考核透明度仍待加强。虽然根据考评体系，每年更新一级交易商名单，但对机构退出的原因未及时说明，容易引起市场不必要的猜测，干扰市场平稳运行。随着我国金融市场的深化发展和监管能力的增强，金融市场机构数量和类型日益丰富。因此，可考虑略微放松一级交易商考核标准，以便符合条件的机构参与公开市场业务；适当扩大一级交易商数量，由目前 50 家左右扩展至 100 家左右；增加中小银行和非银行金融机构等传统资金需求型机构占比，丰富一级交易商机构类型；在调整一级交易商名单时，及时发布相关信息对调整的原因进行必要解释，更好引导市场预期。

三是优化中央银行资产负债表结构和货币政策工具体系，加强外生流动性冲击监测。在当前资本流动方向和基础货币投放渠道发生根本改变的当下，中央银行重新获得主动供给和调节流动性的功能，公开市场操作扩展为每个工作日进行操作，进一步增强了市场利率引导的能力（张晓慧，2015）。不过，目前我国利率管制的完全放开和货币价格调控转型在一定程度上受到汇率形成机制、资本账户开放和人民币国际化等领域的改革的制约，未来我国仍可能面临较大的外生流动性冲击。在汇率具有足够弹性且政策利率接近均衡水平时，中央银行通过公开市场操作和利率走廊机制等常规调控手段就可以实现基础货币和资产负债表的灵活调整，满足金融市场的流动性需求和经济活动的货币需求。针对新增外汇储备作为基础货币投放渠道的长期永久性缺口变化，逆回购、MLF、PSL 等均属于具有固定期限的对冲操作，并未从根本上解决基础货币投放渠道问题，反而可能由于货币内外数量和价格的扭曲而导致对冲操作规模越来越大，但效果却越来越差，这非常类似于流动性过剩时期的央票对冲操作效果逐渐下降[①]。因此，今后在根本性继续深化汇率形成机制改革的同时，还要在政策操作上探索相应的长期性业务手段，大力开展国债现券买断业务，以政策利率为主要目标，在法律允许的框架下通过二级市场现券买断，有效弥补流动性和基础货币缺口。同时，结合准备金、国库现金管理等政策工具的调整，实现央行资产负债表结构优化、流动性管理和基础货币投放新渠道的有机结合，在提高市场利率引导能力的同时，进一步夯实中央银行权益资本数量，通过打造规模适度、结构合理、操作灵活、风险可控的可持续健康的中央银行资产负债表，为货币价格调控模式转型创造有利条件（徐忠，2017）。

在日常的流动性管理方面，IPO 资金冻结造成的流动性冲击，可以随着公开市场发行制度的改进逐步缓解，而且与节假日季节性冲击类似，IPO 的信息是公开透明的，中央银行完全有能力做好市场利率的流动性管理。除了货币政策无法控制但可预期的外生流动性冲击外，货币政策操作是否公开透明也将对市场流动性带来较大的影响。例如，虽然目前我国已将公开市场频率增加至每个工作日操作，而且 2015 年以来主要以 7 天逆回购进行流动性管理，但 2016 年第四季度以来，部分工作日仅开展 14 天或 28 天公开市场操作而暂停 7 天逆回购业务，甚至在特定时期很长一段时间暂停逆回购操作，也未进行必要的说明，这都可能加大不确定性，干扰市场预期。同时，虽然中央银行能够相对全面地掌握节假日现金需求和财税资金变化，但市场往往并不完全掌握这些信息，这在很大程度上给市场带来了不必要的流动性冲击[②]。另外，作为货币政策的重要管理手段，MPA 目标过于多元

① 例如，在 2003 年中央银行票据发行之初，仅发行不到 8000 亿元的票据就可以净对冲近 4000 亿元的流动性。2009—2011 年，尽管年度央票发行总量高达 4 万亿元左右，但由于票据到期规模巨大，反而向市场净投放资金，这背离了发行央票的初衷。正是由于公开市场操作等手段效率日益下降，中央银行不得不更加依赖准备金等数量手段，并在特定时期对金融机构的信贷规模进行干预（2007 年第四季度和 2010 年）。

② 例如，2017 年 5 月 2 日，公开市场业务交易公告表示，由于上月末临近日终财政支出力度加大，银行体系流动性总量处于适中水平，当日不开展公开市场操作，但当天隔夜 Shibor 仅较上一个交易日回落不到 1 个基点，市场利率在之后数个交易日持续攀升。

而使其评估结果无法根据市场变化和政策调控需要灵活调整，对不同类型金融机构的评估结果并不一定稳健。更主要的是，MPA 的操作细则指引并不完全公开透明，这在一定程度上也会干扰市场的预期。今后，应以利率政策调控为最主要目标，明确 MPA 调整标准，增加政策调整规则和透明度，更好引导市场预期。

四是以利率调控为目标，改进国库现金管理方式。与季节性节假日现金需求、IPO 等中央银行可预期的情形相比，金融市场和中央银行往往并不准确掌握财政库存现金和税款缴存相关信息，这将对货币市场流动性和市场利率造成较大的外生冲击，很多经验研究也表明了这一点（付英俊、李丽丽，2017）。2017 年，我国还针对财政扰动开展了两个月期逆回购操作业务。近年来，随着营改增、加强地方债务管理等改革的深入开展，我国财税制度发生明显变化，以往财税运行规律发生了明显的改变。为了避免财政存款剧烈波动对货币市场流动性和中央银行政策操作的干扰，很多发达国家都对政府账户的过度波动采取罚息措施，或将政府存款账户管理与隔夜货币市场相结合（Van't dack，1999）。财政库存资金的流动性、安全性、最小化现金持有成本和便捷低成本融资的管理目标，可以与作为政府银行和肩负经理国库职能的中央银行货币政策有机结合。加拿大中央银行等中央银行采用的国库现金管理与货币政策操作和国债管理相配合的方式，值得我国借鉴。

在 20 世纪 90 年代引入大额支付系统后，加拿大中央银行改进了财政存款管理方式，以政策利率为基准每天向清算系统主要参与者拍卖分配政府存款，在管理清算头寸的同时向金融机构提供适当的流动性支持，这样也减少了公开市场操作的规模和频率，只是偶尔进行公开市场操作，有效实现市场利率引导（Engert，et al.，2008；李海、王奇，2010）。今后，应加强货币价格模式转型与国库现金管理改革的有机协调，在既定中央银行利率目标之下，通过包括中央银行在内的金融机构对国库现金每天开展连续拍卖，在确保国库现金存款利率处于中央银行利率目标范围区间的同时，实现国库资金收益与中央银行利率调控的有机平衡。

五是改进信贷政策管理方式，加强结构化信贷政策与价格型货币政策的协调配合。由于中国货币当局面临的约束更为复杂，货币政策多目标制具有一定的合理性，除币值稳定并以此促进经济增长的法定目标外，中国人民银行还肩负着充分就业、国际收支平衡的年度目标和推动金融业改革发展的动态目标（周小川，2016）。尽管货币政策各个目标的重要性并不相同，不同时期也会有所侧重，但货币政策的多目标难免重叠并相互干扰容易引发相机抉择倾向，因而价格稳定始终是我国最重要的货币政策目标。宏观总量货币政策无法有效促进特定领域薄弱环节发展的目标，这更多地属于结构化信贷政策的范畴，也是信贷政策支持再贷款和 PSL 最主要的目标。不过，毕竟各类再贷款对中央银行资产和基础货币数量及价格都有着非常重要的影响。

为避免信贷政策工具对市场流动性和利率的干扰和扭曲，可以考虑根据经济发展的实际需要确定中央银行结构性信贷资金数量限额目标，在结合宏观审慎政策要求加强对中央银行信贷资金使用监管的同时，加强信贷政策操作的透明度，理顺信贷政策操作的流程并简化操作频率，以政策目标利率为基准对不同用途和期限的中央银行信贷资金进行合理定价，切实发挥利率市场化条件下中央银行基准政策利率的作用，优化信贷资金效果评估体系，引入市场化资金分配机制，进一步加强结构化信贷政策与宏观总量货币政策的协调配合，更好地促进经济协调健康发展。

第九章　收益率曲线控制、扭曲操作与中期政策利率

2015 年 10 月基本放开存贷款利率管制后，我国仍保留了存贷款基准利率作为改革的过渡措施。在探索常备借贷便利（SLF）利率发挥利率走廊上限的作用、运用逆回购公开市场操作加强市场利率引导的同时，还意图发挥再贷款、中期借贷便利（MLF）、抵押补充贷款（PSL）等工具对中长期流动性的调节作用及中期政策利率的功能，引导和稳定中长期市场利率，通过央行利率政策指导体系引导和调控市场利率①。中期政策利率成为完善货币价格调控模式转型的重要措施。有研究也认为，由于我国商业银行金融市场业务和存贷款业务存在分割，有必要探索通过中期政策利率引导银行存贷款定价，在短端市场利率调控的同时，调控中长期市场利率，也即中央银行同时盯住短端市场利率和中长期利率的“收益率曲线控制”政策（YCC）。

自 20 世纪 80 年代中期各国普遍采用“单一目标、单一工具”货币政策框架以来，中央银行主要是以隔夜市场利率作为操作目标，中长期市场利率只是作为重要的监测指标受到广泛关注。2016 年 9 月，日本银行宣布引入“控制收益率曲线的质化量化宽松政策”（QQE with Yield Curve Control），在 -0.1% 隔夜政策目标利率基础上，通过灵活购买不同期限日本国债，将十年期国债收益率基本维持在零附近水平，同时采用通胀超调承诺

① 《有关负责人就降息降准以及放开存款利率上限答记者问》，www.pbc.gov.cn，2015 年 10 月 26 日。

(Inflation - Overshooting Commitment)，承诺持续宽松直至通胀回升至2%以上且稳定在2%上方。虽然国际金融危机后各国中央银行在政策操作手段上进行了大量创新，开展了包括量化宽松、前瞻性指引和“负利率”等在内的大量非常规货币政策，但隔夜利率仍是各国最主要的操作目标，日本银行的YCC政策显得非常激进。不过，在现代中央银行历史上，日本银行的YCC政策并非无例可循。早在1942年，美联储与财政部达成利率控制协议，实行了长达近十年之久的控制收益率曲线的货币政策。美联储还在1961年进行过旨在降低长期收益率（但并未明确具体操作目标）的扭曲操作（Operation Twist，OT）。国际金融危机后，美联储于2011年和2012年开展了类似的两轮期限扩展计划（Maturity Extension Program ，MEP），又称扭曲操作2（OT2）。然而，半个多世纪前美联储控制收益率曲线的先驱性探索在当时并未明确对外公布（Humpage，2016）。日本银行YCC的激进举措，是中央银行自诞生以来的首次正式政策试验。

继日本银行之后，为应对疫情冲击，澳大利亚储备银行（RBA）于2020年3月19日宣布采用YCC政策，在将基准政策利率（资金目标利率）降至0.25%的同时，将3年期国债收益率维持在0.25%左右，成为继日本银行之后第二个公开实行YCC政策的中央银行。不过，澳大利亚的YCC政策仅维持了不到两年。2021年11月2日，鉴于其他市场利率已随通胀率上升和失业率下降的可能性提高而发生变动，收益率目标在压低总体利率结构的有效性已经下降，澳大利亚联储正式宣布退出YCC政策。应当看到，美国、日本、澳大利亚以收益率曲线作为操作目标的货币政策实践，大多以战争和经济危机为背景。从现代中央银行不到两百年的历史来看，这类政策实践非常罕见，而且历次政策效果仍存在一定的争议，其政策经验是否适用于中国仍需要深入分析，这对当前中国货币价格调控模式转型具有非常重要的借鉴意义。

一、以收益率曲线作为操作目标的政策实践

作为“政府的银行”和“银行的银行”，现代中央银行鼻祖英格兰银行和很多欧洲国家的中央银行都曾肩负着政府债务管理和向金融市场提供流动性的职能，有着在金融市场开展各种期限业务操作的悠久传统（Gray and Talbot，2006）。第一次世界大战等战争期间包括美联储在内的中央银行都大力协助本国政府发行国债（Sproul，1964），流动性资产比例和债务管理在20世纪80年代中期之前一度被英格兰银行作为控制银行信贷的重要手段（Allen，2012）。长期以来，各国中央银行都非常关注各期限收益率的变化情况。不过，中央银行在开展较长期限操作的同时，主要仍是通过短端隔夜利率引导和影响（而非决定和盯住）中长期市场利率水平，往往是以市场价格接受者的角色参与市场交易（Gray and Talbot，2006；Bindseil，2014，2016），这与以收益率曲线作为操作目标和扭曲操作的政策存在本质上的不同。

在第二次世界大战期间，英国政府将长期国债（金边债券，gilts）收益率设定在3%，在战争结束后工党政府执政时的1945—1947年，英国一度实行“超级廉价资金政策”（ultra-cheap money policy），人为将中长期国债收益率设定在2.5%的低水平，进行利率管制。由于利率水平过低，政府债券的久期明显缩短，英格兰银行被迫购买了大量长期国债，政府资金来源的稳定性明显下降。英国财政部不得不优先考虑“稳健融资”（sound financing）而非超级廉价的融资，最终在1947年取消了2.5%的长期国债利率管制。不过，英格兰银行当时并不拥有利率决策权，英国的收益率曲线控制主要是由财政部主导。尽管英格兰银行对收益率目标设定与财政部一直存在分歧，但在与财政部密切配合的传统下（特别是在第二次世界大战后还被工党政府国有化），英格兰银行在日常操作中采取了支持政府债券价格的政策（Government Bond Price-supporting Policy），这主要是出于国债发行管

理的职责而配合政府的国债利率管制政策，而非主动进行收益率曲线控制。而且，在1947年放弃超级廉价资金政策和国债利率管制后，英格兰银行直至1948年仍净购买了大量金边债券。直至1971年，英格兰银行在日常操作中都始终高度关注收益率曲线的变化，为平滑收益率曲线进行了大量国债购买操作，这主要与其作为“政府的银行”管理国债发行职能有关（Allen，2012；Bartsch，et al.，2020）。直至1997年英格兰银行才获得利率决策权，从而获得真正意义上的政策独立性。因而，英格兰银行并非实行严格意义上的收益率曲线控制政策，仍是以短端利率作为操作目标进行货币价格调控。

（一）1942—1951年美联储盯住收益率曲线的货币政策

与英国类似，第二次世界大战期间美联储采取不公开的收益率曲线控制政策，主要是为了满足政府的战争融资需求。不过，至少从罗斯福新政以来，美联储的利率政策就受到财政部日益频繁的干扰。例如，1935年初，美国财政部担心利率上升将影响其债务管理敦促美联储稳定债券利率，美联储不得不承诺稳定市场波动，并在历史上第一次购买了长期国债；1937年，在财政部的压力下，美联储采取了类似于扭曲操作的方式，出售1.5亿美元的短期国库券和0.5亿美元的中期国债并购买了2亿美元的长期国债[①]。为了应对第二次世界大战在欧洲爆发对收益率产生的上行压力，美联储进一步增加了长期国债购买，1939年持有的长期国债首次突破了10亿美元（为13.51亿美元，较1938年增加了5.1亿美元）。随着战争的迫近，美联储与财政部的合作日益加强，但两个部门对如何避免利率上升对财政和债务成本的影响观点并不一致。财政部认为，通过向银行体系注入大量

① Meulendyke（1998）对美联储成立以来财政部的干预进行了详细描述。2016年4月FOMC秘书处公开的2003年6月货币政策备忘录（Chaurushiya and Kuttner，2003）详细介绍了美联储1946—1951年控制收益率曲线政策情况。本部分大量参考了这一材料及Eichengreen和Garber（1990）、Kuttner（2006）、Humpage（2016）、Garbade（2020）。另外，Hetzel和Leach（2001）对1951年美联储与财政部达成协议（Accord）复杂激烈的博弈过程进行了详细说明。

储备压低短期利率，是降低长期利率最好的方式。但是，由于同时压低短期和长期利率将引发巨大的通胀压力，美联储更倾向于提高短期利率，通过直接买断长期国债压低长期利率，这样可以将长期利率稳定在2.5%，并可将其作为政策目标利率。

正如本书第二章提到的，早在第一次世界大战期间，美联储就通过购买国库券并为以国债为抵押的机构提供优惠再贴现利率和优惠折扣率的方式，压低长期利率水平，为政府战争筹款创造良好的融资环境。在美国加入第二次世界大战后不久，美联储和财政部最终于1942年3月达成妥协。长期国债收益率目标为2.5%，7~9年期国债收益率目标为2%，9个月至1年期政府债券收益率目标为0.875%，3个月期国库券收益率目标为0.375%。根据Garbade（2020）的研究，当时美国16年期国债利率为2.5%，10年期国债利率为2%。尽管美联储反对财政部注入储备的计划，但在当时市场利率仅略高于0.25%的情况下，最终仍接受盯住0.375%的3个月国库券利率目标。同时，可能也是更主要的，在美国正式加入战争之前，长期国债收益率已降至2%左右，即使是正式宣战后收益率明显上升，但长期国债的市场利率仍未突破2.5%。不过，与当前日本由于经济低迷才采用收益率曲线控制政策不同，美国在加入第二次世界大战前刚刚走出经济衰退，其他国家受到战争的影响，大量出口和资本流入使美联储面临很大的通胀压力。因而，出于私人部门套利导致政策失效的担忧，美国财政部和美联储均未明确对外宣布盯住收益率曲线的政策，只是明确了0.375%的短期政策利率目标，并且更倾向于强调针对银行储备（超额准备金）的操作。

但是，在政策实施后不久，金融市场就迅速洞察到了美联储的操作策略，并使其在1943年中期面临非常大的压力（Chaurushiya and Kuttner, 2003; Rose, 2021）。为了有效控制收益率曲线以及战争的需要，美国实行了严格的战时价格管制。同时，由于短期利率被明确锁定在0.375%，私人部门长期资产配置需求大幅增加，美联储支持长期国债的压力明显下降。1942年3月至1945年8月，美联储共购买了200亿美元的政府债券（约为同期政府债券发行的10%），其中130亿美元是1年期以下的短期国库券（约为同期国库券发行的87%）。不过，第二次世界大战结束后，物价上升使得控制收益率曲线政策再次面临巨大压力。收益率曲线的形状不可能独立于利率和债务管理政策而固定下来，为调控修正收益率曲线形状，中央银行可能需要大规模市场操作（Garbade，2020）。1948年，美联储持有的长期国债甚至突破了100亿美元，其投资组合出现了严重的期限错配。

为此，美联储从1946年开始逐步松动政策并倾向于提高短期利率，以引导金融机构收缩信贷。尽管美国财政部并不情愿，但1947年通胀形势异常严峻（高达18%），美联储终于开始提高短期利率。由于短期利率上升，长期国债收益率也面临着巨大的上升压力，美联储不得不购买大量长期国债以实现2.5%的长期利率目标。1948年底，美联储持有的长期债券从不到10亿美元上升至将近110亿美元，占总投资组合的50%。不过，美联储短期利率调整仍需要得到财政部的认可，通胀周期和利率期限结构扭曲的矛盾始终存在，两个部门一直围绕利率决定权进行激烈博弈。朝鲜战争爆发后，通胀大幅攀升进一步加深了两者的分歧。最终，由于“财政部债务管理目标与联储通胀管理目标的冲突”，1951年3月4日，美联储和财政部达成协议（Accord），美联储不再设定长期利率目标，重新获得了利率决定权。

（二）1961—1963年美联储的扭曲操作（OT1）

协议（Accord）的达成使美联储摆脱了财政部对货币决策的干预，1951年3月4日也被认为是美联储货币政策的“独立日”（Hetzel and Leach，2001）。自20世纪20年代初“发现”公开市场操作以来，美联储就始终倾向于购买短期债券，在操作中更关注货币市场短期利率。但是，由于早期美联储货币政策经常受到财政部的干扰，为了应对通货膨胀需要将利率提高到足够水平，这会经常与财政部发生冲突。因此，在1942年盯住收益率曲线政策之前，美联储越来越倾向于淡化利率的重要性，转而强调数量（各层次的银行准备金或货币信贷总量）在货币政策操作中的重要性。特别是，作为对将近十年调控长期利率的一个自然反应，在重新获得利率决定权之后，美联储公开市场操作采取了明确的“专司国库券”政策（bills only policy），美联储在政策操作中仍非常重视货币市场利率（至少是利率稳定）。而且，为了避免与财政部的公开冲突，在1951年达成“协议”后很长一段时期里，美联储仍不愿意明确短期市场利率目标，甚至不愿公开承认其具有控制短期利率的能力，而是采用各种数量指标作为货币政策操作目标（Bindseil，2004）。

虽然根据国际经济研究局（NBER）的数据[①]，美国经济在1961年3月就已走出了1960年4月以来的衰退，但在1961年初经济复苏的基础仍非常薄弱。1961年1月新上任的肯尼迪政府倾向于采用扩张性的财政和货币政策刺激经济。但是，当时欧洲利率已远高于美国利率，美国面临很大的资本和黄金外流压力，这将进一步威胁布雷顿森林体系。不过，由于消费投资主要受中长期利率的影响，资本流动和汇率则主要受短期利率影响，因此，虽然一度勉强和犹豫，但由于确实看不出新政策会带来什么大的危险，1961年2月美联储在利弊权衡之后，最终放弃了专司国库券的操作政策，再次与财政部合作通过公开市场操作尝试控制收益率曲线，开展扭曲操作。美联储并不改变自由储备操作目标（也即货币市场利率水平稳定），主要是通过出售短期国库券并购买同等数量的中长期国债，以此压低长期利率水平。

但是，美国的扭曲操作在当时就被认为并不成功。以Modigliani和Sutch（1966，1967）为代表的大量经典研究表明，扭曲操作对长期利率几乎没有任何显著的影响。虽然Swanson（2011）基于最新的事件研究法（Event Study）认为，扭曲操作对长期利率的作用仍非常显著（6个事件窗中有4个是显著的），但也不得不承认政策对长期利率的影响仍非常有限，长期国债收益率仅下降了15个基点，政府支持机构长期债券收益率下降13个基点，而企业长期信用债仅下降2~4个基点。美国财政部采取了延长债务久期政策，大量发行长期国债，财政部债务久期由1960年的41个月延长至

① 参见：http：//www.nber.org/cycles/cyclesmain.html。

1963年的55个月（Meaning and Zhu，2012），这大大抵消了美联储置换长期国债的政策效果（McCauley and Ueda，2009）。虽然美联储仍开展长短期资产期限置换的操作，但政策态度并不积极，操作数量也不激进①。随着1963年下半年联邦基金利率和通胀压力明显上升，美国财政部最终不再向美联储施加购买长期国债的压力（Meulendyke，1998），OT1黯然退场。美国不得不从20世纪60年代中期开始承受滞胀泥潭和布雷顿森林体系解体的痛苦。

（三）2011年和2012年美联储的期限扩展计划（MEP，OT2）

国际金融危机后，在迅速将联邦基金利率降至零下限区间的同时，美联储在2008年11月和2010年11月连续开展了两轮大规模量化宽松货币政策（QE1和QE2），分别购买了1.73万亿美元和6000亿美元各类金融资产。不过，尽管美联储通过膨胀资产负债表成功稳定了金融市场，2010年9月NBER也宣布美国经济在2009年6月走出了2007年12月开始进入的，也是自第二次世界大战以来持续时间最长的经济衰退，但两轮量化宽松政策分别于2010年4月和2011年6月到期后，美国经济并未得到根本改观，失业率仍高达9%以上。为此，美联储对包括以收益率曲线为操作目标、前瞻性指引、汇率政策、参与金融市场交易、刺激信贷等各种非常规宽松货币政策工具的可行性，进行了全面深入的讨论（Bowman，et al.，2010，2011）。在收益率曲线控制方面，除了对具体的利率调控期限、目标约束强度、政策操作策略等具体技术细节进行讨论外，美联储还深入分析了以收益率曲线为操作目标的政策与QE资产购买计划的关系，对两者的利弊进行了全面比较，在总结1942—1951年盯住收益率曲线的经验后指出，如果宣布长期政策利率目标，那将不得不进行大规模资产购买操作，央行资产负债表规模很可能面临无限膨胀的风险。因此，美联储最终仍决定采用量化

① 根据Meulendyke（1998），美联储在整个操作期间共置换了88亿美元的长期国债，在美联储内部，长短期债务置换的扭曲操作政策被称作“微移操作”（Operation Nudge）。

宽松政策（Bowman, et al.，2010；Bernanke，2016）。

作为对 QE2 结束后的政策补充，美联储在 2011 年 9 月启动了类似于扭曲操作的期限扩展计划，2011 年 10 月至 2012 年 6 月，美联储将从市场购买总额为 4000 亿美元期限在 6～30 年的美国中长期国债，同时出售等量的 3 年期以下国债和国库券。这一次扭曲操作也被称作再投资政策（Reinvestment Policy），美联储持有国债的久期也将由 6 年 3 个月延长至 8 年 4 个月。在第一轮 MEP 计划结束后，2012 年 6 月，美联储又增加了 2670 亿美元的操作额度，将政策期限延长至 2012 年底。美联储试图通过购买减少美国长期国债的市场供给，压低中长期利率，以此引导金融市场中长期利率下降，为经济复苏创造更为宽松的货币金融环境。

与 OT1 相比，OT2 是在零利率下限条件下进行的，这意味着降低长期收益率的政策可以免于 20 世纪 60 年代短期市场利率上升的干扰。总体上看，OT2 也确实有效降低了市场长期利率，基于事件研究法和时间序列的大量经验研究表明，两轮 MEP 操作显著降低了美国 10 年期国债收益率（Borio and Zabai，2018），有效缓解了企业的融资约束（Foley－Fisher，et al.，2016）。但是，与 OT1 类似，Ehlers（2012）指出，财政部大量发行长期债务的策略在很大程度上抵消了 OT2 的政策效果。Meaning 和 Zhu（2012）的估算表明，在国债发行规模不变的情况下，MEP 政策可将 10 年期国债利率降低 85 个基点，但由于国债发行规模远超美联储长期债务置换数量，MEP 最终仅将 10 年期国债下降了 17 个基点。Hamilton 和 Wu（2012），Bonis 等（2017）的经验研究也表明，MEP 仅使 10 年期国债下降 22 个基点或 28 个基点。可见，OT2 收益率曲线扁平化的政策效果仍相对有限，美国经济和通胀表现依然远逊预期，美联储不得不在 2012 年 9 月再次开启量化宽松政策（QE3）。

（四）2016 年 9 月以来日本控制收益率曲线的 QQE 政策

日本银行是最先开展非常规货币政策的中央银行，为应对通货紧缩于 2001—2006 年就实行了零利率和量化宽松政策。2013 年 4 月开始，日本银行进一步采取了更为宽松的质化量化宽松政策，在零政策目标利率的同时，采取以基础货币作为操作目标的货币政策，并在2014年10月将基础货币每年增长60万亿~70万亿日元的目标上调至80万亿日元，日本银行持有的国债余额每年增长由50万亿日元上调至80万亿日元。不过，由于产出和通胀表现不理想，日本银行在2016年2月正式引入负利率政策。事实上，早在QE2结束后不久的2011年8月，美联储就针对能否突破零利率下限采用负利率政策进行了专门的讨论（Carpenter，et al.，2011）。不过，由于零利率下金融市场收益率曲线已被整体压低，采用负利率政策需要对美联储的政策操作体系进行较大调整，负利率对经济和金融市场的影响并不确定，而且负利率政策本身也存在政策的边界，因此美联储当时并未采用这一政策选项。应当说，日本银行引入负利率政策还是比较谨慎的，也是当前发达经济体中最后一个采用负利率政策的中央银行。然而，虽然持续三年多的QQE政策有效提升了经济活力和金融条件，通胀预期也有所改善，但2%的通胀目标仍尚未实现，经济表现仍落后于政策预期，金融机构行为也发生了明显变化。为此，日本银行在2016年9月发布了包括负利率在内的QQE政策对经济活动和物价走势影响的“全面评估”政策报告①。

在“全面评估”中，日本银行肯定了量化宽松政策和负利率政策显著降低长期利率的作用，但也指出，由于长期收益率水平往往与数量操作下中央银行的期望水平并不一致，而且在2016年2月推出负利率政策以来，债券收益率曲线进一步下降，但进一步降息对实体经济的拉动作用大大减弱。为此，日本银行于2016年9月明确宣布采用“控制收益率曲线（Yield Curve Control）的QQE政策”，在保持-0.1%的短端政策利率的同时，购买国债使十年期收益率基本维持在零附近的水平。同时，虽然美联储出于资产负债规模的考虑仅实行了软目标约束的扭曲操作政策，但由于日本银

① 参见2016年9月21日日本银行发布的“Comprehensive Assessment：Developments in Economic Activity and Prices as well as Policy Effects since the Introduction of Quantitative and Qualitative Monetary Easing”及其背景文件，以及当年10月和11月发布的有关通胀预期形成、自然利率估算和大规模宏观经济模型政策评估等三个技术附录，www.boj.or.jp。

行已经进行了数量庞大的资产购买，较好地控制了长期收益率曲线，而且每次议息决策能够有效引导市场预期，这有利于把控中央银行资产膨胀的节奏，因而虽然在理论、经验和操作技术细节等方面仍需要深入的研究，但日本银行最终仍决定开展以收益率曲线作为操作目标的政策实验①。

虽然日本银行对调控收益率曲线政策的历史经验及理论进行了全面梳理，决策者一再表示收益率曲线控制政策取得了明显的效果，收益率曲线表现平滑，金融环境高度宽松，通胀动能正向着2%的政策目标靠近②。不过，在2016年9月日本明确推出控制收益率曲线政策之初，市场对政策的解读就存在很大的分歧③。自2014年日本扩大QQE规模以来，日本银行就面临着可以购买的国债债券数量的限制（Iwata, et al. , 2016），这也是2016年7月日本银行将刚刚在2015年12月扩容至3.3万亿日元规模的ETF进一步扩大至6万亿日元的主要背景。可见，以收益率曲线为操作目标的货币政策，主要是为了缓解日本银行无债可买的政策困境，在维持收益率曲线目标的同时可以减少国债购买，这实际上开启了悄然退出的政策（Fudea－Samikawa and Takano, 2017）。尽管日本银行一再表示，当前并不适宜讨论货币政策正常化的问题④，但2017年以来日本银行购买国债的速度明显放缓，每月购买国债3.5万亿日元，远低于过去几年6万亿日元的平均水平，收益率曲线也表现出一定的陡峭态势，10年期国债收益率已由2016年11月前的负值转为略高于零。2016年3月卸任的日本货币政策委员会委员Shirai（2017，2020）多次指出，控制收益率曲线实际上就是为了

---

① Kuroda, H. , 2016, "Quantitative and Qualitative Monetary Easing (QQE) with Yield Curve Control", *Speech at the Brookings Institution*, Otc. 8th.

② Amamiya, M. , 2017, "History and Theories of Yield Curve Control", *Keynote Speech at the Financial Markets Panel Conference to Commemorate the 40th Meeting*, Jan. 11th.

③ Bernanke, B. , 2016, "The Latest form the Bank of Japan", www. brookings. edu/blogs/ben－bernanke, Sep. 21st.

④ Kuroda, H. , 2017, "Outlook for Economic Activity and Prices and Monetary Policy", *Speech at a Meeting Held by Research Institute of Japan*, May, 10th; Iwata, Kikuo, 2017, "Japan's Economy and Monetary Policy", *Speech at a Meeting with Business Leaders in Aomori*, June, 22nd.

纠正负利率政策（过度压低市场利率）的副作用，缓解国债流动性过度挤占和日本银行无债可买的困境，但控制收益率曲线的政策效果仍是不确定的；由于量化宽松和负利率政策实际作用很小，应进一步提高长期收益率目标区间并缩减资产购买规模。为此，日本央行行长黑田东彦不得不回应表示，80 万亿日元是债券购买的宽泛指引，债券购买低于或高于指引都是正常的，现阶段不应讨论货币政策正常化或退出刺激计划①。

日本诉诸 YCC 实际上是 QQE、负利率等政策效果不佳，在经过深入评估之后不得已的政策选择②。尽管由于经济深层次结构性问题，日本的通胀水平远未及政策目标，YCC 持续多年，但日本国债的收益率水平、波动以及市场活跃度，都出现了明显的下降。在无风险套利的盈利驱动下，日本 10 年期国债收益率存在内在的上行动力。为此，日本银行在 2018 年 7 月宣布将允许 10 年期日本国债收益率波动幅度由之前 ±0.1% 容忍波动区间扩大一倍至 ±0.2%，希望改善债券市场运作并允许市场参与者根据经济和价格条件来更自由地设定收益率水平③。尽管在 2021 年 3 月结束的最新一轮政策评估中，日本银行充分肯定了收益率曲线控制的 QQE 政策对 GDP、CPI 的积极作用，但也不得不承认利率过低对金融机构盈利的负面影响（Kawamoto, et al., 2021）④。为此，日本银行于 2021 年 3 月 19 日决定 10 年期国债收益率仍维持在零附近的同时，将目标范围扩大至 ±0.25%。可见，日本银行的 YCC 政策在操作方面不断进行微调，以更好地发挥市场机制的作用。

（五）2020 年 3 月至 2021 年 11 月澳大利亚的收益率曲线控制政策

由于危机后主要发达经济体复苏进程并不理想，美联储前主席伯南克

---

① Kuroda, H., 2017, "Speech at Monetary Policy Release", Bank of Japan, June, 16th.

② Kuroda, H., 2016, "'Comprehensive Assessment' of the Monetary Easing and 'QQE with Yield Curve Control'", *Speech at a Meeting with Business Leaders*, Osaka, Sep. 26th.

③ Kuroda, H., 2018 "Monetary Policy Release", *Bank of Japan*, Jul., 31st.

④ Kuroda, H., 2021, "Further Effective and Sustainable Monetary Easing", *Speech at the Kisaragi-kai Meeting in Tokyo*, Mar., 30th.

（Bernanke）和耶伦（Yellen）都曾建议，收益率曲线控制政策可以成为央行新的工具选项①。自2018年11月美联储开展货币政策框架评估以来，美联储时任副主席克拉里达（Clarida）和理事布雷纳德（Brainard）等货币决策者都明确表示过对YCC政策的支持②。面对疫情冲击，澳大利亚储备银行（RBA）于2020年3月19日宣布采用收益率曲线控制政策。2020年6月召开的联邦公开市场委员会（FOMC）会议纪要中指出，RBA的收益率曲线控制模式是前瞻性指引的有益补充，最适合当时的美国。不过，几乎所有与会者也都表示，YCC政策的成本和收益仍存在很多疑问，美联储主席鲍威尔（Powell）也多次表示YCC的效果并不确定③。随着美联储在2020年8月转向平均通胀目标制以及2021年初以来美国通胀压力持续上升，美联储将重点关注更广泛的金融状况，而非仅仅是债券收益率④，YCC逐渐淡出了美联储的讨论。

与此同时，尽管RBA主席洛威（Lowe）在2021年2月初的年度第一次议息会议首次明确了加息条件，即通胀持续回升至2%～3%的目标区间，就业明显改善且劳动力市场恢复紧张、工资强劲上涨（而且，直至10月RBA历次议息会议都始终认为2024年前不会满足这一条件），但Lowe进一步说明，将在2021年晚些时候评估是否仍将盯住2024年4—11月到期的国

① Bernanke, B., 2016, "What Tools Does the FED Have Left?", *Brookings Blog*, Mar., 24th; Yellen, J., 2018, "Comments on Monetary Policy at the Effective Lower Bound", *Brookings Papers on Economic Activity*, 49 (2): 573 – 579.

② Clarida, R., 2019, "The Federal Reserve's Review of Its Monetary Policy Strategy, Tools, and Communication Practices", *Speech at the 2019 U. S. Monetary Policy Forum*, Feb., 22nd; Brainard, L., 2019, "Federal Reserve Review of Monetary Policy Strategy, Tools, and Communications", *Speech at the 2019 William F. Butler Award New York Association for Business Economics*, Nov., 26th; Brainard, L., 2020, "Monetary Policy Strategies and Tools When Inflation and Interest Rates are Low", *Speech at the 2020 U. S. Monetary Policy Forum*, Feb., 21st.

③ Powell, J., 2019, "Data – Dependent Monetary Policy in an Evolving Economy", *Speech at 61st Annual Meeting of the National Association for Business Economics*, Otc. 8th; Powell, J., 2020, "Semiannual Monetary Policy Report to the Congress", *Testimony before he Committee on Banking, Housing, and Urban Affairs, U. S. Senate*, Jun. 17th.

④ Powell, J., 2021, "What's Up with the Economy?", *Interview at the WSJ Jobs Summit*, Mar., 4th.

债收益率，暗示将调整收益率曲线政策①。2021 年 10 月 28 日，RBA 决定不再买入 2024 年 4 月到期国债，澳大利亚国债遭到市场抛售，国债价格大幅下跌，特别是短期收益率迅速飙升，10 月 29 日，2 年期和 3 年期国债收益率分别升至 0. 685% 和 1. 17% 的年内高点②，自 9 月 30 日以来已分别累计上涨 65 个基点和 93 个基点，创 1994 年以来的最大月度涨幅，市场普遍预期 RBA 将放弃 YCC 政策。2021 年 11 月 2 日，RBA 议息会议决定，鉴于其他市场利率已随通胀率上升和失业率下降的可能性提高而发生变动，收益率目标在压低澳大利亚总体利率结构方面的有效性已经下降，宣布放弃 2024 年 4 月到期国债收益率 0. 1% 的目标，正式退出 YCC 政策。Lowe 还进一步表示："虽然可能要到 2024 年才会加息，但目前看来或许在 2023 年提高资金利率目标也是有道理的，……，未来调整资金利率的时间的确存在不确定性"③，这为 RBA 货币政策转向紧缩埋下了伏笔。

1. 澳大利亚收益率曲线控制政策的主要背景

在主要发达经济体中，澳大利亚的经济表现一直非常突出，自 1990 年代初以来的近三十年间，几乎没有出现过经济衰退④。即使是面对"百年一遇金融海啸"的国际金融危机冲击，澳大利亚经济增速也仅是小幅下降，但季度 GDP 仍保持了 1. 5% 以上的正增长，就业市场恶化程度有限。作为较早实行通胀目标制的国家，澳大利亚物价涨幅在中期内很好地保持在 2% ~3% 的政策目标区间。与美国、英国、欧元区等发达经济体相比，澳大利亚经济对金融的依赖较小，以国内四家大型银行为主要支撑的银行业，在金融体系中发挥着主导性作用。审慎监管和消费者保护并重的双峰制监管体系，有力保障了澳大利亚金融体系的稳健运行，国际金融危机期间银

① Lowe, P. , 2021, "Statement by Philip Lowe, Governor: Monetary Policy Decision", *RBA*, Feb. , 2nd; Lowe, P. , 2021, "The Year Ahead", *Speech at the National Press Club of Australia*, Feb. , 3rd.

② 数据来源：澳大利亚联储网站。在不做特殊说明情况下，本部分数据皆来自澳联储网站、Wind 数据库。

③ Lowe, P. , 2021, "Today's Monetary Policy Decision", *Reserve Bank of Australia*, Nov. , 2nd.

④ Lowe, P. , 2020, "COVID, Our Changing Economy and Monetary Policy", *Speech at Committee for Economic Development of Australia*, Nov. , 16th.

行不良贷款率仅小幅上升，仍保持在2%左右的较低水平。由此，在应对国际金融危机冲击时，RBA并未采取美联储、英格兰银行、欧央行等央行的超低（零）利率政策和量化宽松（QE）等非常规货币政策，仅是在危机爆发后于2008年10月8日创设长期回购工具（Long-term Repo，LTR），通过延长回购操作期限、放宽抵押品要求的方式，为金融体系提供流动性支持，主要仍依靠降息的传统货币政策工具应对危机冲击。随着财政货币等刺激政策作用的发挥和国际大宗商品市场复苏，澳大利亚经济表现明显好于其他主要发达经济体，并在2009年10月正式加息，成为国际金融危机后首个加息的G20国家。

不过，受欧债危机、主要发达经济体复苏进程缓慢等因素影响，澳大利亚不得不在2011年底开始持续降息，但从2016年8月至2019年6月，RBA的基准政策利率仍保持在1.5%的较高水平。由于美国特朗普政府上台后全球经贸环境持续恶化、全球经济增速放缓和各国贸易摩擦加剧[①]，2019年澳大利亚经济表现更加疲弱，第二季度GDP同比增速降至2001年以来最低的1.4%。尽管失业率前高后低由年初1月的5.45%逐步降至年末12月的4.84%，但通货膨胀的表现并不乐观，第四季度CPI为全年最高的1.8%，远低于2%～3%的政策目标水平。为此，RBA从2019年6—10月分三次将资金利率目标累计下调75个基点。但是，连续降息未能有力提振经济，2019年11月澳大利亚制造业PMI由上个月的51.6降至48.1，这是6月降息后PMI连续4个月位于景气区间后，再次跌入荣枯线以下。

鉴于货币政策传导存在一定的时滞，2019年10月以来澳大利亚就业、居民收入和商品零售等指标仍表现良好，RBA预测2021年经济增速将升至3%左右，失业率降至5%左右，工资上涨也将助推通胀上升接近2%，因而RBA在2019年末仍决定继续观察而不改变货币政策立场[②]。同时，为回应

---

① Tsiaplias, S. and J. Wang, 2020, "The Australian Economy in 2019 - 20", *Australian Economic Review*, 53 (1): 5 - 21.

② Lowe, P., 2019, "Statement by Philip Lowe, Governor: Monetary Policy Decision", *RBA*, Dec., 3rd.

市场继续降息和转向量化宽松政策的预期，2019 年 11 月 Lowe 基于美欧等发达经济体 QE 政策的经验指出①，尽管非常规货币政策有效缓解了金融市场的紧张程度，但 QE 等非常规政策的积极效果并不令人信服，QE 和负利率政策改变了经济体系的激励机制，扭曲了银行信贷配置，助推了僵尸企业蔓延，加剧了杠杆和资产泡沫膨胀，降低了资源配置效率，模糊了货币政策与财政政策的清晰界限，延缓了实体部门的结构性改革。Lowe 还强调，澳大利亚经济基础良好，金融体系健康稳健，负利率政策并不适用，更何况负利率抑制了银行放贷意愿，损害了保险公司和养老金的盈利能力，降低了居民消费信心。

国际金融危机以来，尽管与美欧等发达经济体类似，澳大利亚的自然利率水平明显下降，但仍保持了相对较高水平（McCririck and Rees，2017；Guttmann，et al.，2020）。由于自然利率的持续下降，美联储、欧央行等央行无法将通胀预期有效锚定在 2% 的政策目标水平②，但 RBA 并未面临这样的困境，仍存在较大的正常货币政策空间，无须像美欧那样调整货币政策框架。因此，Lowe 指出③，RBA 根本不需要开展量化宽松政策，只有当资金利率降至 0.25% 的超低水平情况下，QE 才将成为央行的一个政策选择，但在此之前 RBA 将不会考虑 QE。而且，即使如果（强调如果，也即可能性不大）采取 QE，RBA 也将重点关注政府证券，在二级市场上购买政府债券，没有意愿购买私人部门资产，澳大利亚距离 QE 的门槛依然很远，至少近期不会采用。

2. 疫情应对的收益率曲线控制政策

与国际金融危机爆发前经济运行处于潜在产出增速和通胀政策目标之

① Lowe, P., 2019, "Unconventional Monetary Policy: Some Lessons from Overseas", *Speech at Australian Business Economists*, Nov., 26th.

② Clarida, R., 2020, "The Federal Reserve's New Framework: Context and Consequences", *Speech at the Brookings Institution*, Nov., 4th; Lagard, C. and L. Guindos, 2021, "Opening Remarks and Q&A at the Monetary Policy Strategy Review Conference", *European Central Bank*, Jul., 8th.

③ Lowe, P., 2019, "Unconventional Monetary Policy: Some Lessons from Overseas", *Speech at Australian Business Economists*, Nov., 26th.

上不同，澳大利亚经济在疫情暴发前处于相对疲弱的状态（Lim，et al.，2021）。RBA 本预计 2019 年下半年的宽松货币政策能够刺激经济增长，但疫情的严重性远超出各方的预期。RBA 在 2020 年 2 月初的年度第一次议息会议仍然乐观认为，自 2018 年开始的全球经济放缓将趋于结束并会出现小幅反弹，预测 2020 年和 2021 年经济增速将上升至 2.75% 和 3%，失业率将降至 5% 以下，通胀也将维持在 2% 附近①。随着 2020 年 2 月末疫情在全球扩散，澳大利亚不可避免地陷入三十年来的第一次经济衰退。为此，在 2020 年 3 月 3 日的例行议息会议将基准政策利率下调 25 个基点至 0.5% 之后，RBA 于 3 月 18 日召开特别议息会议并在次日宣布了应对疫情的一揽子货币刺激方案：一是将资金利率目标下调至 0.25%；二是通过二级市场（而非直接）购买国债和州政府债券，将 3 年期国债收益率目标设定在 0.25% 左右，正式实行 YCC 政策；三是为银行体系设立 900 亿澳元的定期融资计划，以更好地支持中小企业；四是将银行在 RBA 存款资金存款利率（利率走廊下限）设定为 0.1%，这主要是由于 RBA 的利率走廊区间为 ±25 个基点，为避免银行体系流动性过剩甚至出现零利率情形，因而对其在 RBA 的结算资金进行一定的补偿。需要指出的是，RBA 并未调整利率走廊上限利率，由此形成了非对称的利率走廊。

与美国、日本相比，澳大利亚的 YCC 政策仅是盯住中期利率，利率目标期限更短，仅盯住 3 年期国债收益率，主要有三个方面的考虑②。一是 3 年期国债是澳大利亚金融市场重要的交易品种。与美国 10 年期国债的市场基准性作用类似，3 年期国债收益率可以有效影响经济活动的很多借贷利率水平。二是对基准政策利率更好地进行前瞻性指引。根据利率期限结构预期理论，长期利率相当于短期利率的加权平均。因而，设定 3 年期国债收

① Lowe, P., 2020, "Statement by Philip Lowe, Governor: Monetary Policy Decision", *RBA*, Feb., 4th.

② Lowe, P., 2020, "Responding to the Economic and Financial Impact of COVID – 19", *RBA*, Mar., 19th; Debelle, G., 2020, "Monetary Policy in 2020", *Speech at Australian Business Economists*, Nov., 24th.

益率目标符合 RBA 的预期，也即基准政策利率将在当前水平维持至少三年时间。三是更长期限的收益率影响因素更加复杂，很大程度上超出了 RBA 的能力范畴。RBA 实际上隐讳地指出，作为对国际市场依赖程度较高的小型开放经济体，美国 10 年期国债收益率对澳元汇率和 10 年期澳大利亚国债收益率有着非常显著的影响（Pol，2021）。澳大利亚的长期国债收益率主要受全球因素驱动，因此 RBA 更倾向于更长期限的国债收益率仍由市场决定。

3. 从收益率曲线控制到量化宽松政策

由于 Lowe 在特别议息会议前不久的 2019 年 11 月曾明确指出，资金利率降至 0. 25% 是央行采用量化宽松的前提条件，因而很多市场参与者都认为 YCC 政策实际上就是量化宽松。但是，Lowe 在特别议息会议之后明确指出①，尽管为了实现 3 年期国债收益率目标，RBA 将在二级市场大量购买各种期限的高等级政府债券，资产负债表将不可避免地膨胀，但 RBA 的重点并非数量目标，并未像美联储、欧央行等其他央行那样设定购债的具体数量和时间表，而是重点关注货币信贷价格，通过降低基准利率水平为经济提供低成本融资支持；RBA 将尽可能地开展任何数量的资产购买，以更好地实现价格目标，但需要购买多少国债，什么时候进入市场，将完全取决于市场条件和价格。由此，RBA 明确排除了 QE 的可能。事实上，在特别议息会议之前，RBA 副主席德贝尔（Debelle）在对澳债券市场操作的讨论中就表示②，债券操作从价格的角度考虑比从数量的角度考虑更容易，如果一段时期内将无风险收益率的前端保持低位，这更像是降息政策。在基准政策利率距触及 QE 的有效利率下限（Lowe 明确的 0. 25%）仅有 25 个基点之时，这实际上是 RBA 对有可能采取的非常规政策进行的最强烈的暗示，也即将采用以价格为目标的 YCC 政策，而非大规模资产购买的量化宽松政策。

---

① Lowe，P.，2020，“Responding to the Economic and Financial Impact of COVID－19”，*RBA*，Mar.，19th.

② Debelle，G.，2020，“The Virus and the Australian Economy”，*Speech at the Australian Financial Review Business Summit*，Mar.，11th.

可见，在实行 YCC 政策之初，RBA 对 QE 仍采取了坚决抵制的态度。

在疫情暴发后的金融动荡时期，RBA 进行了包括州政府债券在内的大规模资产购买。2020 年 3—5 月，RBA 共购买了各种期限（包括 10 年期）共计 513.5 亿澳元的中长期债券（其中，国债占比为 78.4%），3 年期国债收益率由政策前的 0.5% 左右迅速降至 0.25% 附近，这是相当强的政策刺激①。随着刺激政策的逐渐显现及疫情好转，澳大利亚经济在 2020 年中开始复苏反弹，第三季度 GDP 环比增速高达 3.6%（尽管当季同比增速仍为 -3.9%，但较第二季度 -6.4% 的同比增速已明显好转），金融市场功能也得到了有效恢复。2020 年 5 月 6 日至 8 月 5 日的三个月，RBA 甚至未开展购买长期债券的操作，但 3 年期国债收益率并未明显偏离 0.25% 的政策目标，RBA 资产负债表也未快速扩张，这也是 RBA 盯住中期利率的 YCC 方式获得美联储青睐的重要原因。

不过，从货币操作角度来看，尽管金融市场趋于平稳，3 年期国债收益率在 0.25% 目标附近波动，但 RBA 主要是购买更长期限国债压低 3 年期国债收益率，2020 年 8 月之前购买的 2024 年 4 月到期国债数量仅为 17.8 亿澳元②。从货币决策角度来看，疫情持续反复使得包括澳大利亚在内的各国经济不确定性加大，澳大利亚失业率在 2020 年下半年始终在 7% 左右居高不下。为此，澳大利亚联储不得不再次依赖宽松货币政策，2020 年 8 月开始恢复购买了共计 100 亿澳元的中长期债券，只是不再购买州政府债券。尽管 RBA 在 2020 年 9 月仅购买了 20 亿澳元国债，但由于复苏不确定不平衡加剧③，3 年期国债收益率大多在 0.25% 目标之下，并从 10 月中旬开始降至 0.13% 左右，RBA 在 10 月也未进行国债购买。

---

① Debelle, G., 2020, "Monetary Policy in 2020", *Speech at Australian Business Economists*, Nov., 24th.

② 占澳联储同期买入中长期国债的 4.4%，占澳政府发行的 2024 年 4 月到期国债的 2.6%。各期限国债发行数据来自澳大利亚负债政府债务管理的金融管理办公室网站，https://www.aofm.gov.au。

③ Lowe, P., 2020, "The Recovery from a Very Uneven Recession", *Speech at Citi's 12th Annual Australia and New Zealand Investment Conference*, Oct., 15th.

正是在这一背景下，2020 年 11 月 3 日，RBA 宣布了新一轮货币刺激政策，在将基准政策利率和 3 年期国债收益率目标降至 0.1%、银行存款利率（利率走廊下限）降至 0 的同时，不得不诉诸数量手段，宣布债券购买计划（Bond Purchase Program）在未来 6 个月购买总计 1000 亿澳元 5～10 年期国债和州政府债券（比例为 8:2），正式采用量化宽松政策（QE1）。2021 年 2 月年度第一次议息会议，RBA 决定在当年 4 月 QE1 到期后，增加 1000 亿澳元中长期债券购买额度（每周购买 50 亿澳元，QE2）。2021 年 7 月 6 日议息会议，RBA 决定在 9 月 QE2 到期后，每周购买 40 亿澳元中长期债券直至 11 月中旬（QE3）。2021 年 11 月 2 日议息会议，RBA 决定取消收益率曲线控制政策的同时，延长每周购买 40 亿澳元中长期债券直至 2022 年 2 月中旬（QE4）。2022 年 2 月 1 日，RBA 决定结束债券购买计划，连续四轮的量化宽松政策正式结束。

收益率曲线控制政策主要是着眼于价格目标，而量化宽松政策主要是着眼于数量目标，以此降低中长期融资成本（并没有具体的价格目标）。因此，Lowe 在 2020 年 11 月实施量化宽松政策后指出①，RBA 将通过量价目标的政策组合降低收益率曲线水平，以有效降低融资成本和汇率水平，促进经济复苏，1000 亿澳元债券购买计划与之前的 YCC 政策是分开的，任何为实现收益率曲线目标而进行的债券购买将不包括在 1000 亿澳元债券的额度之中。不过，尽管 QE 压低中长期国债收益率有助于实现 YCC 的价格目标，为实现 3 年期国债收益率目标 RBA 将无限量购买国债，而且央行资产购买也将促使私人部门调整资产组合，从而进一步影响其他资产价格、国际资本流动和汇率水平，数量目标对于价格目标是很好的补充，但从实际操作来看，实际情况可能恰恰相反，RBA 逐渐将政策重心转向量化宽松。2021 年 1 月及 2021 年 3—9 月，RBA 并未针对 2024 年 4 月到期的国债开展任何操作，主要购买大量中长期政府债券扩张资产负债表。由此，市场对

---

① Lowe, P., 2020, "COVID, Our Changing Economy and Monetary Policy", *Speech at Committee for Economic Development of Australia*, Nov., 16th.

RBA 收益率控制政策不可避免地持有很强的怀疑态度①。然而，2021 年 6 月末以来，3 年期国债收益率明显上升，9 月末开始较 0.1% 的政策目标始终高 10 个基点且利差持续扩大，10 月中旬利差已扩大至 50 个基点以上。尽管 10 月 22 日 RBA 不得不再次购买 10 亿澳元 2024 年到期国债，但仍无法扭转市场利率持续上升势头，最终不得不放弃了 YCC 政策。2022 年 6 月，RBA 对为期一年半的 YCC 政策进行的评估也承认②，尽管大部分时期 RBA 都实现了控制 3 年期国债收益率的政策目标，但 2021 年底的政策退出是无序的，与债券市场波动及市场的混乱有关，这也对 RBA 的政策声誉造成了一定的损害。

二、收益率曲线控制政策面临的主要问题及反思

以收益率曲线作为操作目标的政策实践非常少见，而且要么出于政策效果的担忧而不愿公开，要么由于效果不佳政策持续时间不长，作为中央银行首次正式公开的调控收益率曲线的政策实践，日本银行在一开始就面临巨大的争议，政策前景并不乐观。从中央银行为数不多的调控收益率曲线政策实践来看，有很多问题值得深刻反思。

（一）战争和危机特定背景下，各国央行不得已的政策选择

无论是明确的盯住收益率曲线，还是扭曲操作，都是在战争或经济陷入深度危机的背景下实施的，这当然与经济学家的政策建议密不可分。针对 1926 年英国不合实际地恢复第一次世界大战前平价的金本位制所引发的恶果和全球“大萧条”，凯恩斯（1930）就强烈主张中央银行购买各种期限

---

① 事实上，虽然 2020 年 5 月初至 8 月初 RBA 并未开展国债购买，但由于 2020 年 7 月中旬以来 3 年期国债收益率大幅上升，较 0.25% 的政策目标一度高出 4.5 个基点，RBA 才不得不在 8 月再次购买国债。

② RBA，2022，“Review of the Yield Target”，Jun.，21st.

的政府债券。针对可能引起的竞争性贬值和全球金本位稳定，凯恩斯多次呼吁当时新成立的BIS协调各国中央银行同时降低长期利率，以避免货币贬值风险，BIS对此主张也给予了积极的肯定（Tily，2012；Breedon and Turner，2016）。罗斯福政府上台后不久，在致罗斯福总统的公开信中，凯恩斯（1933）强烈建议美联储将持有的短期债务置换为长期国债，以压低长期国债收益率，刺激经济增长。不过，无论是英格兰银行，还是美联储，当时都没有采纳凯恩斯的建议，仍然主张由市场力量决定长期收益率，但凯恩斯的主张无疑影响了美国财政部对美联储日益频繁的干预倾向，并在参加第二次世界大战后最终采取了盯住收益率曲线的货币政策。

受20世纪90年代中后期日本经济陷入长期衰退、东亚和其他的新兴市场和发展中经济体金融危机及美国互联网泡沫的崩溃等一系列事件影响，各国中央银行在2000年前后不得不面临如何应对通货紧缩这一信用货币条件下从未遇到的难题。特别是，2001年日本开启零利率和量化宽松货币政策后，很多学者都对零利率非常规货币政策及其政策效果进行了大量研究（Eggertsson and Woodford，2003）。正是在这一背景下，美联储等中央银行针对以收益率曲线为操作目标的货币政策和扭曲操作进行了全面的经验总结，并针对零利率条件下可能的货币政策进行了深入的研究（Chaurushiya and Kuttner，2003；Bernanke，et al.，2004；McGough，et al.，2005）。2002年Bernanke在一次有关“通货紧缩”的演讲中明确提出，面对通缩危机时，美联储可以公开宣布中长期收益率曲线目标，无限制地购买相应期限国债以确保利率上限的有效性；如果相应期限国债数量不足，可以转向购买其他期限的国债。但是，国际金融危机期间，在对量化宽松、收益率曲线控制等各种可能的政策选择进行利弊权衡后，美联储最终仍仅采取了更为温和的扭曲操作，政策效果的不确定性是阻碍各国中央银行明确采用调控收益率曲线政策非常主要的因素①。Bernanke在对日本货币政策的反思中也不

① Bernanke，B.，2002，“Deflation”，*Speech at the National Economists Club*，*Washington DC*，Nov. 21st.

得不承认①，自己对采用包括收益率曲线控制政策在内的对抗通缩和危机的非常规政策手段认识过于简单和乐观。凯恩斯（1933）在提出通过扭曲操作压低长期收益率建议时也指出，“这样的措施可能仅在几个月有效，这非常重要”，也就是说，中央银行应抓住危机爆发的时间窗口积极迅速地采取行动，只有这样政策才是有效的。

除了政策效果的考虑外，更为重要的问题是，调控收益率曲线的政策仅是出于战争或经济不正常时期的危机应对措施。作为一个与之等价的逆否命题，中央银行应仅盯住短期市场利率，让市场决定中长期利率水平，才更符合经济正常时期的情形。因此，即使不考虑政策效果，危机期间包括收益率曲线控制在内的各种非常规货币政策，不应与正常时期以短期利率作为最主要操作目标的常规货币政策相混淆。危机期间的做法和经验，对经济金融仍处于正常轨道的经济来说，没有任何值得借鉴的意义。

（二）与财政部门的政策协调、财政赤字货币化和中央银行独立性

美国盯住收益率曲线和OT1的历史表明，经济基本面和通胀压力拉升短期利率是冲击政策效果最主要的经济因素。为了抑制通胀需要提高短期利率，这将带动长期利率上升，中央银行直接管理收益率曲线将不可避免地面临与财政部门的利益冲突（Chaurushiya and Kuttner，2003）。而且，财政部门延长债务久期的冲动也是政策失效最主要的政策原因。控制收益率曲线或扭曲操作主要是通过中央银行购买长期国债减少金融市场的无风险长期债券供给，市场对长债需求的相对增加将拉升长期债券价格，从而实现压低长期收益率的目标。不过，财政部大量发行长期国债将严重影响中央银行量化宽松和长短期债务置换的政策效果。第二次世界大战期间，尽管短期利率被长期锁定在0.375%的较低水平，但长期利率始终在2.5%的

① Bernanke，B.，2017，“Some Reflections on Japanese Monetary Policy”，*Speech at the Bank of Japan*，May 24th.

较高水平徘徊，战争的“胜利贷款”（Victory Loan）是很重要的因素（Kuttner，2006）。作为一种战争融资手段，胜利贷款等同于政府负债，直至1945年12月之前，投资者可以按既定价格无限购买财政部的这类负债发行，这相当于政府负债供应增加，实际上推高了长期债券收益率。Meaning和Zhu（2012）针对QE1和QE2的经验分析表明，与MEP类似，财政部大量发行长期债务分别将10年期美国国债利率推高了27个基点和14个基点，最终10年期国债收益率分别净下降43个基点和121个基点。Greenwood等（2014）也表明，QE政策降低了美国长期利率137个基点，但国债久期的拉长则促使利率上升了48个基点。类似地，Iwata和Fudea－Samikawa（2013）也发现，日本国债久期的上升抵消了日本银行的量化宽松政策效果。

虽然量化宽松和扭曲操作原理非常简单，只要加强中央银行与财政部门的协调配合就能够有效增强政策效果，但出于融资成本的考虑，财政部门总是倾向于在利率偏低时期发行更多的债务，拉长债务的久期，中央银行与财政部门的协调必然是十分脆弱。而且，加强政策协调的主张也可能增加中央银行与财政部利益冲突，威胁中央银行的独立性①。更何况，中央银行压低长期收益率的政策相当于为财政部提供低息融资，货币政策实际上由财政政策主导，中央银行将不得不屈从于政治压力而为财政融资，这很有可能投放过多的货币并推升通货膨胀，并进一步降低财政负担，这其实就是将财政赤字货币化（Blommestein and Turner，2012）。澳联储YCC和QE政策，很大程度上是为了满足财政刺激支出对低成本融资的需求。澳大利亚政府继2020年3月出台176亿澳元财政刺激计划后，于当年7月开始的新财年又出台了1846亿澳元赤字的财政刺激预算，2019/2020财年和2020/2021财年财政赤字占GDP的比重分别高达4.36%和9.95%，预计2021/2022财年赤字率仍将高达8.46%。

① Powell, J., 2014, "Remarks on 'Government Debt Management at the Zero Lower bound'", *Speech at Panel Discussion on Debt Management in an Era of Quantitative Easing*, Sep. 30th.

央行压低长期收益率政策在很大程度上就是为了降低政府融资成本，持债规模和期限很容易超出央行控制。从相对量来看，尽管 2021 年第三季度末 RBA 的资产规模占 GDP 比重由 2020 年第一季度的 8.46% 升至 14.34%，仅增加不到 6 个百分点，远不及同期美联储同期增加的 11.99%；而且，在 2008 年第四季度第一轮量化宽松后，美联储资产规模占 GDP 的比重直至 2013 年第三季度才增加了 6 个多百分点（由 15.33% 升至 22.08%）。从绝对量来看，澳联储 2021 年 10 月末资产总计高达 5937.8 亿澳元，是 2020 年 2 月末的 3.3 倍，而美联储同期资产规模仅膨胀了 2.1 倍，RBA 资产膨胀速度远快于美联储，这也是美联储不再考虑 YCC 的原因之一。而且，大量经验研究表明，从产出通胀等货币政策最终目标来看，非常规货币政策效果并不理想（Borio and Zabia，2018）。受各经济体（特别是欧元区和日本）体制性的障碍，无法有效通过深刻的结构性改革和财政政策促进经济增长，中央银行承担了过多的政策目标和政治负担，直接购买政府债券等政策进一步扭曲了经济和政策结构（Hoogduin and Wierts，2012），中央银行很可能由于政治压力隐藏其真实的产出目标并不得不随着调整权衡各个目标，或者中央银行其实根本不存在一致性的政策规则或央行成员决策并无统一的模型或方法等（Issing，2014）。中央银行面临的目标和约束越来越多，这将严重损害货币决策的独立性。

（三）对私人部门容易形成挤出效应，不利于经济复苏

由于投资消费等实体经济活动与中长期利率关系更为密切，中央银行量化宽松和资产期限结构调整压低长期利率的政策，主要是为了降低期限溢价，提高货币政策传导效率，进而刺激经济增长（Carlstrom，et al.，2017）。不过，作为一个相当于财政赤字化的政策，政府部门（包括财政和中央银行）规模的迅速扩张不可避免地对私人部门经济活动产生挤出效应。1942—1951 年以收益率曲线作为操作目标的历史经验表明，国债利率上限政策将影响私人部门的负债利率，当中央银行大量购买国债导致市场无法获得足够的无风险债券时，企业的信用风险利差将进一步扩大，这在第二

次世界大战结束后通胀压力较大的 1947 年表现得非常明显（Chaurushiya and Kuttner, 2003），这将挤出私人部门债券投资，扭曲利率的合理定价，不利于金融市场的深化发展和市场效率的提高（Humpage, 2016）。Ross（1966）针对 1960 年代美联储扭曲操作的分析表明，由于短期支出对利率弹性大于长期支出的利率弹性，短期利率提高导致的投资下降将大于长期利率降低所增加的投资，因此扭曲操作实际上抑制了投资和产出。

大量经验研究表明，影响中长期利率的政策对货币传导机制的作用并不确定。国际金融危机后政策利率与贷款利率的关系和银行借贷传导机制发生了明显的变化，虽然大量资产购买有效压低了长期无风险利率，但对信用债券利率的影响并不确定（Swanson, 2017），企业风险溢价上升和银行惜贷导致政策利率与贷款利率的利差进一步扩大，压低长期无风险利率无法有效改善信用利差（Salachas, et al. , 2017）。Turner（2014）指出，虽然收益率曲线的扁平化和长短期利差缩小还将减少金融市场期限套利的机会，从而迫使部分金融市场套利资金流入实体经济，但是由于长期无风险国债收益率被大大压低，与经济活动密切相关的风险溢价反而可能上升，长期利率过低将导致资产价格膨胀，这将推高借款者的资产抵押品的价格，不利于金融稳定；如果一味通过数量手段压低长期利率并忽视市场对政策的反应，政策效果就会大打折扣，并会增加未来政策操作的成本和难度。面对国际金融危机后持续恶化且不确定性迅速增加的经济环境，经济主体对风险表现出极端地厌恶，对政府债券等无风险资产的需求迅速上升（Hall, 2016），不愿意投资预期收益率较高且风险较大的项目。Bean 等（2014）的估算表明，投资风险偏好的大幅上升和无风险资产收益率的下降使得风险溢价上升了 100 个基点，经济主体对未来经济前景过于悲观，严重抑制了投资和经济的增长（Turner, 2016）。

虽然澳央行直接锁定了 3 年以内国债价格，但市场决定的更长期限国债收益率迅速上升，收益率曲线更加陡峭。2018 年下半年以来，澳大利亚 10 年期国债收益率与 3 年期国债收益率利差均稳定在 60 个基点以下，但从 2020 年 3 月开始，由于 3 年期国债收益率被人为压低锁定，中长期国债收益率迅速上升，10 年期国债收益率与 3 年期国债收益率利差明显扩大，较年初至少高 20 个基点。中长期国债收益率居高不下，不利于降低经济的整体融资成本。而且，疫情以来，尽管澳大利亚收益率曲线短端与美欧等主要发达经济体类似，均降至超低（零）利率水平，但长期国债收益率要高于其他国家，这增加了澳元资产的吸引力，给澳元汇率带来了明显的上行压力。特别是，在美元名义有效汇率指数达到有数据以来最高水平的 2020 年 4 月，澳元兑美元汇率仍呈明显升值态势。很多国际投资者纷纷转向与澳经济结构和汇率风险相似的新西兰，这不利于澳大利亚的经济复苏。正是在这样的背景下，澳大利亚才不得不转向量化宽松，通过资产负债表扩张压低中长期融资成本和汇率水平。

尽管日本央行实行 YCC 在很大程度上是为了缓解央行无债可买的困境，这也被认为实质上是掩护量化宽松退出的紧缩性政策，但截至 2021 年末，日本银行持有的各类政府债券高达 521. 1 兆日元，占全部市场存量的 50% 以上，特别是持有 3 ~7 年期国债存量占比将近 70% 。日本银行大量购买国债对私人部门的挤出效应和国债市场流动性冲击等负面影响不容忽视。美国的经验也表明，中央银行大量购买国债可能导致市场无风险债券需求无法得到有效满足，企业信用风险利差反而可能进一步扩大，这将抑制私人部门债券投资，扭曲债券市场定价机制，不利于金融市场深化发展和效率提高。类似地，2021 年 10 月，RBA 持有的中长期国债由 2020 年 2 月末的 141. 8 亿澳元迅速上升至 2505. 9 亿澳元，占市场存量的比重高达 31. 9%（其中，2021 年 10 月持有的 2024 年 4 月到期国债 208. 9 亿澳元，占市场存量的 30. 7%）。RBA 从无到有，目前已成为国债二级市场的重要参与者，2021 年第二季度 RBA 国债二级市场交易额占全部市场的比重由 2020 年第一季度的 4. 5% 迅速上升至 9. 4% 。2020 年 3—6 月澳大利亚 3 年期 A 级企业债与 3 年期国债信用利差由年初的 80 个基点以下迅速上升至 120 个基点以上（其中，3 月升至最高的 172. 65 个基点），直至 7 月仍高达 107. 01 个基点，之后才逐步回落至正常水平。

（四）经济复苏与金融稳定等多重约束下，政策有序退出面临考验

量化宽松和扭曲操作政策下，各国中央银行主要是购买长期债券，这与国际金融危机之前主要以短期市场操作存在明显的不同，中央银行资产期限错配的加剧使其面临的风险暴露进一步加大。与汇率目标制不同的是，中央银行完全有能力通过无成本负债维持本国中长期收益率目标，这使得其政策退出变得更为困难（Kuttner，2006）。一旦经济开始强劲复苏，在通胀压力下中央银行不得不开启加息和货币政策正常化，这不可避免地推高长期债券收益率，这本身就意味着中央银行资产的缩水，大量投资损失很有可能侵蚀中央银行的资本金，增加了决策的难度（Sims，2016）。如果中央银行由此延缓了货币政策正常化的进度，很有可能由于通胀压力而不得不导致政策超调，而过快加息又很有可能引发新一轮经济低迷。对于养老金、保险公司等很多金融机构而言，长期利率的上升将严重影响其资产净值和清偿能力，甚至有可能导致类似于因利率期限错配而引发的储贷协会（S&L）危机的全行业风险。因此，有序退出盯住收益率曲线政策并对投资损失补偿，对货币政策和金融市场都是非常重要的问题。

1951 年，美联储与财政部达成“协议”后，对于银行和保险公司持有的固定利率长期国债，财政部将投资者持有的 2.5% 长期债券置换为 29 年期不可流通的 2.75% 债券，同时金融机构可选择将其转换为 1.5% 的 5 年期国债。也就是说，财政部通过债务置换的方式，独自承担并吸收了市场投资者的损失（Chaurushiya and Kuttner，2003）。虽然在危机期间中央银行量化宽松和大规模资产负债表有助于危机期间的货币政策传导和金融稳定（Duffie and Krishnamurthy，2017），但随着中央银行宽松政策的退出，金融市场定价体系和正常的期限溢价也将逐步恢复，这都会对长期收益率走势产生明显影响，中央银行与市场的沟通及与财政部门的协调配合至关重要（Turner，2014）。

从疫情前美联储的货币政策正常化进程来看，在联邦基金利率足够高

于零利率下限之前，美联储一直保持了资产规模的稳定，财政政策是在美联储货币决策中需要考虑的非常重要的因素①。为了防止再次出现 2013 年由于意图调整中央银行资产负债表而引发的市场大幅波动和长期利率上扬的“削减恐慌”，美联储针对资产负债表规模与长期利率的关系进行了大量深入的研究，在 2017 年正式开启缩表进程。但是，由于全球经济增长放缓及行政当局的影响，美联储不得不提前结束货币政策正常化进程，在疫情冲击下不得不再次开展规模更大、力度更强的宽松非常规政策。尽管在财政货币双扩张下，2021 年以来美国通胀压力急剧上升，但美联储一度始终坚持通胀是“暂时”的，直至年底才正式决定政策转向。事实上，正是在严峻的通胀压力下，2021 年以来除巴西、俄罗斯等众多新兴市场经济体外，韩国、挪威、捷克等发达经济体也纷纷加息开启政策转向，加拿大也正式结束量化宽松。特别是，与澳大利亚经济关系更为密切的新西兰，在 2021 年 10 月 6 日将基准政策利率上调 25 个基点至 0.5%，进行了 7 年以来的首次加息。由此，在通胀目标制的政策约束下，RBA 最终于 2021 年 11 月 2 日正式宣布取消收益率曲线控制政策，在美联储之前加入了全球刺激政策退出的央行阵营。不过，RBA 主席 Lowe 在承认低估了通胀严重性的同时，指出物价上涨加速改变了通胀状况，暗示可能将在 2024 年之前提前加息②。同时，Lowe 还明确排除了 2022 年加息的可能性，指出尽管五十多年的经验表明，当前百分之二点多的通胀率和百分之四点多的失业率是非常理想的状况，但这是在大规模刺激政策下取得的，经济仍面临很多不确定性，预测 2022 年和 2023 年核心 CPI 分别为 2.25% 和 2.5%，仍符合 2% ~3% 的政策目标区间。

---

① Brainard, L., 2017, “Transitions in the Outlook and Monetary Policy”, *Speech at the John F. Kennedy School of Government*, *Harvard University*, Mar. 1st.

② Lowe, P., “Recent Trends in Inflation”, *Speech at the Australian Business Economists*, Nov., 16th, 2021.

（五）永久性套利机会导致大量资金在金融体系空转，通胀压力导致政策难以维系

尽管 YCC 以价格作为操作目标，但实际上隐含着央行必须稳定不同期限收益率的波动，以确保更好地实现价格目标，这扭曲了不同期限收益率风险收益状况，从而形成了永久性套利机会。金融市场投资者可以借入大量短期低成本资金，持续投资于收益率更高的长期债券，通过滚动套息策略可以持续获得无风险收益，收益率曲线越陡峭，持续无风险套利收益越大。特别是，政府为刺激经济大量发行国债，进一步加大了收益率曲线的斜率和无风险套利机会，这损害了金融市场的价格发现功能。由于存在着永久的无风险套利机会，金融市场行为和市场定价被人为扭曲，致使大量资金在金融体系空转而未真正流入实体经济。事实上，早在 1942—1951 年美国未公开宣布的收益率曲线控制时期，市场参与者很快就理解了美联储的操作策略。类似地，针对日本收益率曲线控制政策的研究表明，日本银行的 YCC 政策创造了金融机构可以持续利用的套利机会，这相当于日本银行对金融机构的财富转移，而据估计在 YCC 政策实施后的 28 个月期间，这类财富转移规模高达 5823.2 亿日元（Jarrow and Lamichhane，2020）。

正是由于财政赤字货币化和央行资产负债表持续扩张，在经济逐步好转后各国都面临着严重的通胀压力。正是由于“财政部债务管理目标与联储通胀管理目标的冲突”，美联储才在 1951 年正式获得利率决定权。2021 年以来，与经济的强劲复苏同步，澳大利亚也陷入了全球性通胀上升的旋涡，第二季度 CPI 高达 3.8%，为 2008 年国际危机以来的最高，第三季度 CPI 仍高达 3%，这已超出了 RBA 的通胀目标水平。以美元计价的澳大利亚大宗商品价格上涨幅度更大，2021 年 7 月同比一度高达 64.4%，10 月仍高达 40.6%。与美欧等市场利率已随着通胀上升和失业率下降而上行波动加大类似，2021 年开始（特别是下半年以来）澳大利亚各期限中长期国债收益率上行压力明显，甚至即使是 QE 之后，2021 年 10 年期国债收益率整体上仍明显高于 2020 年水平，10 月 29 日甚至一度蹿升至 2.09% 达 2019 年 3

月 8 日以来的最高点，RBA 压低长期利率和盯住中期收益率曲线的政策效果明显下降。日本主要是由于老龄化严重的结构性问题，物价上涨压力一直不大，才维持了数年的 YCC 政策。不过，2021 年以来，日本的通胀压力明显加大，日本银行的货币决策者多次表达了对通胀的担忧。例如，2021 年 12 月，日本央行副行长雨宫正佳在演讲中指出，日本的通胀压力正逐渐加大，更多企业正在将成本上升转嫁给消费者；行长 Kuroda 随即也指出，由于原材料成本上涨，日本消费者通胀可能已经接近 2% 的目标，这是其迄今为止发出的最明确的信号，表明全球物价上涨的压力已经蔓延至日本①。2022 年 3 月美联储疫情以来首次加息后，日元与美元利差上升加大了日元贬值和通胀的压力，日本央行不得不面临持续与日元空头进行更激烈的市场博弈。

三、中央银行在收益率曲线控制中的作用：实证与规范

国际金融危机后，美国、欧元区、英国、日本等主要经济体的中央银行都采取了大规模量化宽松货币政策，中央银行资产负债表规模大幅扩张，在流动性效应下长期收益率实际上是内生决定的，降低中长期利率刺激经济增长也是非常规货币政策的主要目标（Borio and Zabia，2018）。而且，各国中央银行充分认识到加强与公众沟通、提高货币政策的透明度的重要性，通过前瞻性指引等手段加强预期引导，提高货币政策有效性。例如，2003 年 8 月到 12 月，FOMC 在政策声明中连续表达了“委员会相信宽松政策会维持相当长的时期”的意图，目的在于减弱未来短期利率上升的预期，从

① Amamiya, M., 2021, "Japan's Economy and Monetary Policy", Speech at a Meeting with Local Leaders in Tokushima, Dec., 8th; Kuroda, H., 2021, "Monetary Policy and Firms' Behavior", Speech at the Meeting of Councillors of Nippon Keidanren, Dec., 23rd.

而可以不通过直接市场操作干预的方式降低长期利率。因此，Bernanke 指出①，尽管日本银行购买国债的数量明显下降，但以收益率曲线作为操作目标的货币政策实际上是政策操作框架由数量目标（每年购买 80 万亿日元国债）转向价格目标（国债收益率曲线），日本银行完全能够在顺利实现价格目标的同时减少国债购买数量。

然而，虽然中央银行完全有能力调控中长期利率水平，大量针对国际金融危机后的经验研究也支持了这一点，但这仍然属于实证研究的范畴②。为更好地实现产出通胀等最终目标，中央银行应如何设定政策利率目标水平，是否应当以收益率曲线作为操作目标，这实际上属于规范研究的范畴。2001 年以来以美联储为代表的主要发达经济体央行政策利率长期偏离于泰勒规则所揭示的正常水平，特别是 2003 年 6 月以来联邦基准利率目标在 1% 历史最低水平长达 1 年之久，这是导致长短期利率走势背离“格林斯潘之谜”的重要原因之一（Greenspan Conundrum，Greenspan，2005；Smith and Taylor，2007，2009），也是引发国际金融危机的重要货币原因（Nikolsko - Rzhevskyy，et al.，2014；Teryoshin，2017）。过低的利率只能促使人们更倾向于加大杠杆并承担更多的风险，从而强化货币政策传导的风险承担渠道（Borio and Zhu，2008）。为此，2014 年以来 BIS 年报多次对非常规宽松货币政策的副作用提出了警告，很多经济学家都强烈主张（Cochrane and Taylor，2016），在金融市场基本稳定后就应着手加息和货币政策正常化。类似地，虽然从实证的角度来说，中央银行可以通过资产负债表规模和结构的调整引导甚至控制收益率曲线，但中央银行是否应当进行这种政策操作仍须进一步探讨。

① Bernanke，B.，2017，“Some Reflections on Japanese Monetary Policy”，*Speech at the Bank of Japan*，May 24th.

② Amamiya，M.，2017，“History and Theories of Yield Curve Control”，*Keynote Speech at the Financial Markets Panel Conference to Commemorate the 40th Meeting*，Jan. 11th.

四、收益率曲线控制政策的理论基础及其商榷

毫无疑问，至少国际金融危机以来，抑制中长期利率和收益率曲线控制的政策效果明显，从政策操作角度来看，中央银行成功地将长期国债收益率保持在较低水平（CGFS，2019）。但是，全球经济复苏的进程远远落后于各方预期，中央银行在实证层面的成功并不意味着非常规货币政策符合规范研究的标准，收益率曲线控制政策的理论基础并不可靠，仍待商榷。

（一）储备头寸说

储备头寸说是货币数量调控重要的理论基础，本书第二章已对此进行了全面阐述。储备头寸说更关注市场流动性和货币数量在货币政策中的作用，因而有意无意地忽略了利率期限结构的讨论。例如，传统的凯恩斯理论的 IS - LM 模型只是通过数量和利率负相关的流动性效应讨论货币需求（LM 曲线），利率和货币数量负相关流动性效应很容易以数量的方式表述利率政策（Disyatat，2008），但并没有讨论利率的期限问题。甚至，Mankiw 等（1984）认为，IS 曲线主要是对应于影响储蓄投资的长期利率，而 LM 曲线主要是对应于影响金融市场流动性的短期利率。

传统凯恩斯理论基于垂直的货币内生论，主要通过货币乘数调节进行货币政策调控。与凯恩斯不同，以弗里德曼为代表的货币主义者认为货币乘数是长期稳定的，主张通过公开市场操作调控基础货币数量和广义货币数量。由此，不同期限公开市场操作及对相应期限利率的影响并不是政策操作最主要的问题。甚至，弗里德曼（1982）不主张对季节性的流动性波动开展以稳定市场利率为目标的防御性公开市场操作，尽管这不可避免地造成市场利率的剧烈波动（Levin and Meulendyke，1982）。因此，在以基础货币数量作为操作目标的货币数量目标制下，长期利率调控并不存在任何理论上的障碍。国际金融危机后，实施资产购买的量化宽松政策并压低长

期利率的做法，非常符合弗里德曼的政策主张（Nelson，2013；Olivo，2016）。

（二）利率期限结构的市场分割理论

1. 利率期限结构市场分割理论和经时变期限溢价修正的预期理论

如果金融市场存在一定的分割，不同投资者对不同期限债券存在完全不同的投资偏好，那么中央银行就可以同时对不同期限债券进行市场操作，分别影响不同期限债券的市场供求，从而同时实现短期和长期利率的操作目标，这就是所谓的利率期限结构的市场分割理论或优先偏好理论（Market Segmentation/Preferred Habitats）（Malkiel，1987）。由于监管要求和机构投资策略等原因，金融市场存在着很多偏好特定类型风险和期限金融资产的投资者（如保险公司、养老金），这也是负利率政策可行的很重要的原因（Bech and Malkhozov，2016）。虽然市场分割理论早在 20 世纪 50 年代就被提出，但很难区分市场参与者套利交易对特定期限债券的偏好，特别是随着金融市场广度和深度的发展、技术进步和金融管制放松，市场分割理论无法得到经验研究的有效支持并逐渐被人们淡忘，而考虑时变期限溢价因素的预期理论成为当前广为接受的利率期限结构理论（Gurkaynk and Wright，2012）。

在有效市场假设下，市场参与者能够有效通过套利机制挖掘信息并实现均衡价格，投资者对未来利率的预期与收益率曲线形状密切相关。在无套利机制的作用下，投资任何期限债券，投资者取得的单一时期预期回报率都相同，也即市场整体上的利率预期（根据当期利率期限结构所得到的远期利率）与未来即期利率相同。收益率曲线形状主要反映了市场对未来通货膨胀和经济增长预期的变化，长短期利率存在长期均衡的协整关系。但是，大量经验研究拒绝了利率期限结构的远期利率预测功能，利率期限结构的纯预期理论往往并不一定成立。除预期理论外，对流动性偏好的补偿意味着长期利率水平要高于短期利率，这就是利率期限结构的流动性偏好理论。不过，流动性偏好理论无法解释收益率曲线可能出现的倒挂情形。由于经济和通胀预期等不确定因素导致流动性的期限偏好并不稳定，经时变期限溢价修正的预期理论仍然成立（Tzavalis and Wickens，1997）。因此，当前主流的理论认为，长期利率是由对未来短期利率的预期和（时变）期限溢价共同决定的（Gurkaynk and Wright，2012）。本书第八章对中国银行间市场同业拆借利率的实证分析，也支持了这一点。

2. 利率期限结构视角下的收益率曲线控制政策

1942 年 3 月，美联储对外宣布 3 个月期国库券利率 0.375% 目标的同时，还将 10 年及以上长期国债利率上限设定为 2.5%，这一盯住收益率曲线的政策在第二次世界大战期间运行良好，与战时价格管制下稳定的通胀环境密不可分。根据利率期限结构预期理论，如果不考虑期限溢价因素，在 0.375% 的短期利率目标下所隐含的 10 年期国债收益率仅为 1.604%，30 年期国债收益率也仅为 2.013%，因此美联储购买长期债券的压力并不大。不过，当时金融市场长期国债收益率都接近 2.5% 的目标上限水平，主要是由于金融市场对盯住收益率曲线政策持续时间的预期并不确定，存在着未来短期利率上升的预期。第二次世界大战结束后，通胀压力上升使美联储不得不为了长期利率目标上限而大量购买长期国债（Kuttner，2006）。

由于预期理论表明长短期利率存在长期均衡的协整关系，短期利率较高时，将长期利率压在较低水平的扭曲操作效果注定不佳。特别是，在通胀预期推高短期利率预期情况下，联邦基金利率上升压力将通过套利机制传导至长期利率。虽然 20 世纪 60 年代美国的扭曲操作规模充足（占 GDP 的比重与 QE2 基本相当）（Swanson，2011），但由于市场参与者并不存在严格的市场分割，扭曲操作最终失效，利率期限结构预期理论仍得到了很好的支持（Modigliani and Sutch，1966，1967）。可见，短期利率和通胀预期（即未来短期利率）稳定，才是将长期利率维持在较低水平的关键所在。

事实上，国际金融危机之后，包括 OT2 在内的量化宽松和资产负债表扩张等政策，仍是为了更好地实现超低（“零”或“负”）政策利率目标，与2001—2006年日本的“零利率”政策类似，数量操作和较低的长期利率仍是属于第二位的政策操作目标（Bindseil，2004，2016；Borio and Zabia，2018）。除了必要的数量操作支撑外，美国OT2决策也是以预期未来通胀较低为前提，并反映出对未来经济增长悲观的预期。纽约联储（FEDNY）基于理性预期理论的利率期限结构宏观经济预测模型表明，国际金融危机后，美联储的两轮扭曲操作决策时期，市场预期的未来一年左右美国经济陷入衰退概率都达到阶段性高点[①]，这与1961年2月决定开展OT1时美国刚刚走出衰退并开始进入新一轮经济扩张周期完全不同。另外，很多研究表明，美联储的量化宽松和资产负债表扩张有效地压低了市场的期限溢价，由此长期利率保持在较低水平，刺激了就业和通胀的复苏（Bonis，et al.，2017；Davig and Smith，2017）。不过，由于影响期限溢价的因素非常复杂，中央银行很难完全控制期限溢价的变化。Haldane等（2016）就发现，虽然各国的量化宽松政策有效压低了期限溢价，显著改善了金融市场和经济增长环境，但在不同的经济和金融流动性条件下，美国的QE政策效果并不完全相同。事实上，Woodford（2005）很早就指出，控制和调整长期利率容易引起短期利率的剧烈波动，与其通过控制中长期利率改变未来利率预期，不如直接承诺未来短期利率水平，加强利率决策的透明度，避免人为干预市场利率。

正是意识到美国金融市场具有良好的广度和深度，投资者对市场价格非常敏感，并不存在严重的市场分割，为避免资产负债表失控，美联储最终只是采用扭曲操作而非直接的收益率曲线控制政策（Bernanke，2016）。不过，国际金融危机以来，各国央行大规模量化宽松和资产负债表扩张政策使得经济学家们再次关注市场分割理论的有效性（Gurkaynak and Wright，2012）。尽管这些研究仍主要是分析资产购买对长期利率影响的效果（Fontaine and Garcia，2012），但危机期间市场分割理论再次引起各方关注，也使

① 参见：https：//www.newyorkfed.org/research/capital_markets/ycfaq.html。

其成为包括收益率曲线控制在内的非常规货币政策非常重要的理论基础①。特别是，与美国不同的是，2001—2006 年“零利率”和量化宽松政策时期，日本银行就已经成为国债市场非常重要的参与者，2013 年 QQE 政策以来，日本银行在国债市场已具有决定性的影响地位。日本银行已持有了约一半的日本国债，很多机构（养老金、保险公司）并非出于收益的考虑而持有国债，其对国债的价格敏感性越来越小。如果不考虑日本银行等具有特定期限偏好投资者持有的国债，日本政府的国债净供给对长期利率具有非常显著的影响，这表明日本国债市场深度有限，存在一定程度的市场分割。因此，日本银行在对 QQE 进行全面政策评估后，最终仍决定采用收益率曲线控制政策。

（三）自然收益率曲线估算

1. 货币理论和政策中的自然利率

20 世纪 80 年代中期以来，各国逐渐摆脱了储备头寸说的影响并放弃了货币数量调控，普遍采取了仅盯住短端隔夜政策利率并（隐含）遵循泰勒规则的决策模式。在泰勒规则中，名义利率应在通胀和均衡实际利率基础上，根据产出和通胀缺口情况进行调整。均衡实际利率就是由 Wicksell（1898）提出的自然利率。随着各国货币政策重新转向利率调控及有关泰勒规则讨论的深入开展，自然利率逐渐引起各方的关注，Woodford（2003）在新凯恩斯主义基础上提出并倡导新威克赛尔（Neo-Wicksellian）框架，成功地复兴了 Wicksell（1898）的思想，使经济学家们进一步深刻认识到自然利率在宏观经济分析和货币理论中的重要性。

自然利率就是与资本回报率相符、资本供求（储蓄和投资）相等并保持物价中性的利率，对经济均衡和利率决策具有非常重要的作用，利率缺

① Kohn, D., 2009, “Interactions between Monetary and Fiscal Policy in the Current Situation”, *Speech at the Conference on Monetary – Fiscal Policy Interactions*, *Expectations*, *and Dynamics in Current Economic Crisis*, *Princeton University*, May, 23rd.

口（现实中的实际利率与自然利率之差）不仅是经济运行的“指示器”，还能够体现中央银行的政策立场，为货币政策制定和评价提供重要依据。现实中，各国的利率决策也大多反映了自然利率的思想。特别是，国际金融危机之后，主要经济体是否陷入以低速增长和持续低利率为特征的“长期性停滞”（Secular Stagnation），成为各方争论的焦点（Summers，2014）。无论是在美联储加息和货币政策正常化进程中，还是欧洲央行等开展的超低（零或负）利率政策，主要中央银行都非常关注自然利率的作用。与此同时，国际金融危机之后，大规模量化宽松和资产负债表扩张政策有效压低了中长期利率水平。由于面临着零利率下限或负利率下限，传统的隔夜政策利率已无法有效反映货币条件和中央银行的政策立场，对自然收益率曲线的估算既可以有效评价非常规货币政策，也为控制收益率曲线提供重要的理论依据。

2. 自然收益率曲线估算

当前有关自然利率的讨论及其估算主要是指隔夜水平的政策目标利率，而非自然收益率曲线①。不过，与潜在产出、自然失业率等不可观测的自然率变量估算相比，自然利率长期以来一直被认为仅是一个理论上的抽象并很难估计，直至20世纪末，才逐渐涌现出大量有关自然利率的估算研究。从估算方法来看，主要包括单纯的时间序列趋势统计分析法、金融市场信息法及结构化模型或半结构化模型方法，各种方法都是根据自然利率某一方面的含义和特征进行的估算，各有利弊（李宏瑾、苏乃芳，2016）。单纯的时间序列趋势法以货币政策长期中性为假设前提，并不考虑利率与通胀、产出缺口等变量的理论关系；类似地，金融市场信息法主要是以利率期限结构预期理论为基础，往往假定期限溢价为零或不变，很少考虑经济均衡条件。所以，在国际金融危机巨大冲击下，这两种方法的估算将存在较大的偏差（Laubach and Williams，2016）。近年来，采用这两种方法的估算研

① Yellen, J., 2015, “The Economic Outlook and Monetary Policy”, *Speech at the Economic Club of Washington*, Washington, D. C, Dec. 2nd.

究比较少见。当前，有关自然利率的估算主要采用由 Neiss 和 Nelson（2003）提出的结构性模型 DSGE 方法及由 Laubach 和 Williams（2003）提出的基于新凯恩斯主义半结构模型的状态空间模型法（LW 方法）。DSGE 法和 LW 法都是在 Woodford（2003）提出的新威克塞尔框架下，根据自然利率的经济均衡条件或一般均衡模型描述的利率、通货膨胀、产出缺口等经济变量关系，对自然利率进行的估算。根据这两种方法估算的自然利率已成为中央银行货币决策和自然利率评估的重要参考依据（Wieland，2018）。

由于各国中央银行通过量化宽松政策有效压低了与投资、消费等实体经济变量更为紧密的中长期利率，为了更好地评估货币政策宽松程度，Brzoza-Brzezina 和 Kotlowski（2014）首次尝试利用 LW 法估算自然收益率曲线。首先，根据 Nelson 和 Siegel（1987）提出的多项式样条拟合方法，利用债券市场实际交易数据估算收益率曲线的水平（level）、斜率（slope）和曲度（curvature），从而得到收益率曲线。然后，根据 LW 法的半结构化模型方法，通过利率与产出、通胀等变量的关系，估算具体期限利率的自然利率水平，进而得到自然收益率曲线。对美国自然收益率曲线的估算表明，中长端利率缺口（3 个月）与隔夜利率缺口存在非常显著的相关关系（相关系数为 0.57），而且中长端利率缺口能够更好地反映经济的走势和货币政策态势。特别是，2007 年第三季度以来，隔夜利率缺口始终为正（隔夜的联邦基金实际利率高于隔夜自然利率），这意味着货币政策偏紧，但由于零利率下限，隔夜利率已没有政策调整的空间。不过，美联储进行了大规模量化宽松政策，从收益率曲线缺口来看，2009 年第三季度以来，利率缺口开始转变为负缺口（收益率曲线低于自然收益率曲线），这表明货币政策保持了宽松的政策立场，因而自然收益率曲线能够更好地评估危机期间美联储的货币政策。借鉴 Brzoza-Brzezina 和 Kotlowski（2014）的研究，Imakubo 等（2015）对日本自然收益率曲线进行了估计，对零利率下日本货币政策（2001—2006 年的量化宽松政策和 2013 年以来的 QQE 政策）进行了更为合理的政策评估，并为日本收益率曲线控制政策提供了重要的决策参考。

3. 自然收益率曲线估计的不稳健性

从收益率曲线估计方法来看，目前主要分为由 Nelson 和 Siegel（1987）、Svensson（1994）提出的 NS 或 NSS 多项式样条拟合方法，以及由 Steeley（1991）、Fisher 等（1995）等提出的样条插值法（如 Hermite 插值法）（BIS，2005）。NS 或 NSS 方法比较适合发育比较成熟、具有一定广度和深度的发达经济体债券市场，被大部分发达经济体的中央银行所采用。不过，作为参数化模型方法，NS 或 NSS 仍是以单一的模型形式拟合具体的期限参数值，交易异常点对拟合方法的效果有着很重要的影响。样条插值法并不依赖具体的模型设定，只要是无套利的固定收益交易，即使存在一定的市场分割，这一方法仍然适用，应用的灵活性和适应性强，不仅适用于成熟的发达经济体债券市场，也适用于新兴市场和发展中经济体。中国就采用 Hermite 插值法估计收益率曲线，美国财政部和日本中央银行也采用插值法估计收益率曲线①。而且，日本银行的研究表明，Steeley（1991）插值法是最适合日本收益率曲线的估计方法，能够更好捕捉持续宽松货币政策期间，零息国债收益率曲线的全部有效信息（Kikuchi and Shintani，2012）。可见，从估计方法来看，Brzoza-Brzezina 和 Kotlowski（2014）、Imakubo 等（2015）采用的 NS 方法并不一定是编制两国国债收益率曲线最合适的方法，特别是，由于金融危机冲击引发的市场异常交易和长期量化宽松对交易行为的扭曲，插值法更适合编制收益率曲线。

Brzoza-Brzezina 和 Kotlowski（2014）、Imakubo 等（2015）均采用半结构化的 LW 方法估算不同期限利率的自然利率，从而得到自然收益率曲线。尽管由于理论上的优势，LW 和 DSGE 模型是目前估计自然利率的主流方法，但这两种方法同样可能由于遗漏变量或模型设定问题而导致估计结果并不准确。作为结构性模型，DSGE 估计方法虽然具有能够全面反映经济特征的理论优势，但 DSGE 模型结构非常复杂，容易出现模型设定错误（Pescatori

---

① 参见 BIS（2005）对主要发达经济体收益率曲线编制方法的总结以及“Treasury yield curve methodology”，Office of Debt Management，Department of the Treasury，February，26th，2009。

and Turunen, 2016)，且一旦出现模型设定错误，将会导致估算结果出现较大偏差，例如错误刻画经济特征，缺少对外开放部门或金融体系，或并未完全描述政策特征，遗漏金融监管政策影响（Wieland, 2018）。因而，在现实决策分析中，往往需要综合考虑不同结构性模型的估计结果。虽然作为半结构化模型的 LW 方法假设条件和理论约束都要明显少于 DSGE 模型，估计更多依赖数据的趋势性信息，结果更为平滑①，但在利用时间序列统计技术（如 Kalman 滤波法）估计自然利率时，仍主要依赖利率与产出、通胀等主要变量的理论关系，当存在结构化模型刻画错误或遗漏重要变量时，仍可能出现较大的偏差（Cukierman, 2016）。

即使不考虑结构化模型设定或遗漏变量等问题，LW（2003）在最初提出这一方法时就承认，由于估计主要采用 Kalman 滤波估算方法，这本身就存在着很大的不确定性。LW（2003）采用新凯恩斯主义的 IS 曲线和 Philips 曲线作为测量方程，在状态方程中包括欧拉方程所揭示的自然利率与消费者时间偏好、技术进步等变量的关系，其中家庭时间偏好、技术进步等均服从随机过程。LW（2016）采用同样的方法将数据进行了更新，结果表明，国际金融危机后自然利率水平持续下降，这主要是由于家庭时间偏好等逆风因素的影响。但是，LW（2016）估算的标准差高达 2.3%，这表明其估计结果并不是非常稳健的。Beyer 和 Wieland（2019）利用同样方法重复了 LW（2003）的工作，并分别以国民总收入（GNI）替代 GDP、采用不同初值的线性方法估计潜在产出缺口等方式，对 LW 方法的稳健性检验表明，LW 法估算结果存在很大的差异，自然利率存在很大的不确定性，结果非常不稳健。与隔夜自然利率估计类似，各期限自然收益率的估计都会面临模型结构设定偏误、遗漏变量、存在较大不确定性等不稳健的问题。另外，由于时变期限溢价因素的影响，现实的收益率曲线与自然收益率的收益率曲线缺口也将是一个时变的量。由于产出通胀预期、货币政策等都是

① Mester, L., 2015, "Comments on 'The Equilibrium Real Funds Rate: Past, Present, and Future'", *Speech at the 2015 US Monetary Policy Forum*, New York, February 27th.

影响期限溢价的重要因素，收益率曲线缺口所包含的信息更为复杂，不同期限利率缺口方向很可能并不完全一致，这都将影响对货币政策的合理评估，更无法作为收益率曲线可靠控制的理论基础。

五、对中国货币价格调控模式转型的政策启示

从历史上看，现代中央银行自诞生以来始终高度关注短期利率调控。特别是，20 世纪 80 年代以来，隔夜利率被认为是最好的货币政策操作目标，成为各国最主要（甚至是唯一）的政策目标和调控手段，这已成为各国中央银行在货币政策操作框架方面的重要共识，即使是国际金融危机后仍是如此。美国、日本、澳大利亚等国的经验表明，收益率曲线控制政策的有效实施仍存在很多问题。从已有的政策来看，战争和危机背景下的非常规举措并不适用于经济正常情形，压低长期利率相当于财政赤字货币化，不利于货币财政政策的协调并可能损害中央银行独立性，容易挤出私人部门投资，不利于经济的复苏和增长，中央银行政策有序退出更加困难，永久性套利还将损害金融市场价格发现功能，最终在通胀压力下不得不退出收益率曲线控制政策。从操作层面来看，作为金融市场最大的市场参与者，中央银行完全有能力控制收益率曲线，但从规范研究的角度来讲，收益率曲线控制政策仍需要深入研究。货币数量调控的储备头寸说、利率期限结构的市场分割理论和自然收益率曲线估算，是调控收益率曲线重要的理论基础。但是，内生货币供给的水平理论表明，信贷和货币供给是由货币需求内生决定的，中央银行只能以利率（而非数量）作为操作目标和政策手段，由此各国自 80 年代以来逐渐摆脱了储备头寸说的影响，重新转向以利率为主的货币调控；收益率曲线主要受预期和时变期限溢价影响，市场分割理论并未得到经验上的有力支持；短端隔夜自然利率估算存在很大的不确定性，自然收益率曲线估算也是非常不稳健的，不能作为货币政策的可

靠参考依据。无论是历史经验，还是理论基础，收益率曲线控制政策都存在严重的缺陷。

长期以来，受货币传导机制、金融体系发育程度和计划经济思维的影响，1998 年放弃信贷直接控制后，我国采取了以数量为主的间接货币调控模式。类似地，正是出于货币政策调控手段和金融机构利率定价及风险管理能力等方面的考虑，在存贷款利率管制基本取消并向货币价格调控模式转型过程中，我国也更倾向于加强调中长期政策利率的调控作用，通过央行利率政策指导体系引导和调控市场利率。不过，经过二十多年的发展，我国金融市场具备了足够的市场广度和必要的市场深度，金融机构已具备了较强的市场化利率定价和风险管理能力，利率传导机制日益畅通有效，已基本具备了向以利率为主的货币价格调控模式转型的必要条件。应当认识到，包括收益率曲线控制政策在内的非常规政策手段，主要是在国际金融危机巨大冲击下由于零利率下限问题而开展的政策创新。随着经济的强劲复苏和根本性好转，在加息和货币政策正常化过程中，逐步收缩中央银行资产负债表规模并优化资产结构，以隔夜利率作为最主要（甚至唯一）操作目标，再次成为包括美联储在内的所有中央银行的共同方向。因此，以隔夜利率作为最主要（甚至是唯一）政策目标利率这一国际金融危机之前的常规货币调控模式（也是各国中央银行货币政策框架的共识），应是我国价格型货币调控模式改革的政策方向。

第十章　中央银行的利率操作框架：理论、国际经验及中国的政策选择

在利率“放得开、形得成”以及明确“调什么”之后，中央银行如何有效引导市场利率与政策目标水平相符（也即利率“怎样调”）成为利率“调得了”的关键。由于货币决策和货币操作的长期分离，对利率操作框架（或利率调控模式）的研究一直并非人们关注的重点。而且，正如本书第八章指出的，各国货币政策操作实践（如政策目标利率的选择、公开市场操作频率等技术性安排）往往与各国金融市场发展的历史密切相关，并会随着经济金融形势的变化而变化。特别是，在 20 世纪 80 年代中期以来的“单一目标、单一工具”框架下，各国中央银行主要是通过政策目标利率来反映货币政策立场，通过公开市场操作与利率走廊相结合的模式引导货币市场隔夜利率（操作目标）与政策目标相符，从而影响金融市场条件并实现货币政策最终目标。中央银行的市场交易并不代表货币政策立场的变化，只是为了调整银行在央行的存款头寸规模，更好地引导操作目标利率水平而并不直接影响市场其他价格（而是通过隔夜操作目标利率间接影响市场其他价格），公开市场操作规模或借贷便利数量的变化，仅仅反映货币政策操作的技术性因素，这也就是货币政策框架“两分法”分离原则的具体体现。

不过，正如本书第二章指出的，如果中央银行同时兼顾多重操作目标，央行市场交易很容易被误解为货币政策立场的变化，这将侵蚀货币决策与货币操作的分离原则。类似地，如果央行公开市场操作愈加倾向于相机抉择方式，货币市场利率波动较大并持续偏离政策目标水平，由于货币市场隔夜利率（操作目标）是货币政策传导的逻辑起点，那么央行市场操作也

不会被市场认为仅是流动性管理的技术性调整。第八章的分析表明，国际金融危机之后，各国央行在盯住货币市场隔夜利率的同时不得不诉诸量化宽松政策兼顾数量操作目标，央行资产负债表规模和结构的变化也在很大程度上体现了货币政策立场的变化，这实际上模糊了货币决策与货币操作的界限（Cap，et al.，2020）。因此，本章将对危机前后各国利率调控模式进行深入研究，以期为完善中国利率操作框架提供可靠政策借鉴。

一、流动性效应、预期效应与中央银行利率引导

（一）流动性效应与流动性之谜

货币的数量与价格是一枚硬币的两面，因而理论上流动性与市场利率应存在显著的负相关关系，也就是所谓的“流动性效应”（liquidity effect）（B. Friedman and Kuttner，2011）。作为金融市场最大的参与者，中央银行完全有能力通过调节市场流动性实现政策利率目标，流动性效应是央行利率引导最为重要的理论基础。19 世纪主要工业化国家建立中央银行的背景，很大程度上就是出于保证金融系统的流动性、维护金融健康发展和发挥最后贷款人的考虑。法定准备金制度建立的出发点也是为了保证金融机构的支付能力和流动性。正是由于流动性效应非常直接显然，中央银行利率操作问题也长期未得到理论界的足够重视。

然而，尽管理论和政策实践方面对央行以利率为主的货币价格调控模式的重要性已取得一致共识，但毕竟合意的利率水平和利率操作规则仅仅是具有“规范性”的含义（Taylor，1993），并未解答中央银行是如何引导市场利率的，也即“实证性”的范畴。更为重要的是，作为中央银行利率调控的传统理论基础，很多经验研究都对流动性效应提出了质疑，包括货币总量的不同层次流动性指标与各种市场名义利率之间，要么呈现显著的正相关关系，

要么负相关不显著，或者基于VAR框架的脉冲响应结果与理论不符，这又被称为“流动性之谜”（Liquidity puzzle），Kelly等（2011）全面列举了1980年代以来有关“流动性之谜”的代表性经验研究成果，这严重威胁了中央银行通过公开市场操作等手段调节流动性引导利率的理论基础。

不过，计量方法问题（如VAR模型的脉冲响应识别）（Christiano，et al.，1999），或是流动性指标的测量误差（Kelly，et al.，2011），都会导致“流动性之谜”的结果，一旦处理好这些问题，流动性效应就会得到很好的支持。事实上，对市场流动性进行预测并采取针对性操作一直是中央银行公开市场操作的核心内容，对市场利率引导有着非常重要的意义。Furfine（2000）对美联储日常公开市场操作和联邦基金利率市场情况进行过非常细致的分析。在采用恰当的流动性指标并进一步考虑准备金考核期等市场流动性影响因素后，Carpenter和Demiralp（2008）发现，无论是日度数据还是月度数据都很好地支持了流动性效应。

（二）弱化的流动性效应与预期效应

虽然经验研究并不能够否认流动性效应，但人们也发现20世纪80年代以来，流动性效应较之前明显地变弱了（Carpenter and Demiralp，2008），这主要与70年代理性预期革命以来中央银行对市场预期认识的变化及政策的相应调整密切相关。90年代以来，各国中央银行充分认识到加强与公众的沟通、提高货币政策透明度对提高货币政策效果的重要性。为了有效引导市场预期，使政策操作达到事半功倍的效果，各国纷纷改进货币决策程序，加大信息披露的力度，在政策制定和实施过程中密切关注市场预期的变化，提高货币政策执行效果，其中新西兰储备银行最具有代表性。

在经历金融危机和通货膨胀危机冲击之后，作为第一个实施通胀盯标制的国家，新西兰储备银行的“公告操作”在利率引导上取得了出色的成绩，一度被认为是一种新的货币政策操作模式（Open mouth operations）（Guthrie and Wright，2000）。实际上，公告操作是在中央银行政策已经建立可靠性的基础上且以具备引导市场利率能力为前提的，其作用的发挥主要是通过“告示效应”（announcement effect）（Demiralp and Jorda，2002）。仅是公开市场操作或告示操作都无法完全解释市场利率的变化（Thornton，2004），传统公开市场操作的流动性调节对于利率引导仍十分重要，公告操作与传统货币政策手段具有极强的互补性，实际上是中央银行加强沟通和透明度的具体表现（Siklos and Bohl，2007），随着货币政策透明度的提高，预期效应在市场利率中的作用越来越明显，公开市场操作也发生了相应的改变（Carpenter and Demiralp，2006）。B. Friedman and Kuttner（2011）甚至认为，传统的流动性效应已不再发挥作用，告示效应和预期效应成为中央银行利率引导的主要机制。

事实上，正是由于中央银行取得了足够的可靠性和可信度，才能够通过与市场沟通的“公告操作”使预期效应发挥作用，中央银行也才会不需要过多的流动性干预就实现利率目标。因而，不能够由于流动性效应的减弱就认为流动性机制不发挥作用（Reddy and Shaffer，2007），更何况对流动性效应的检验本身就面临着模型识别和变量测量误差等技术上的问题。Kopchak（2011）通过构建一个超额储备和公开市场操作的理论模型，利用卡尔曼滤波方法识别流动性效应，发现与传统回归等方法相比，市场操作具有更强的流动性效应。Judson 和 Klee（2012）则通过对市场操作的细致考察，发现流动性效应是银行交易日结束头寸的函数，而且联储加大政策透明度的措施（在预期作用下）使得流动性效应在公开市场委员会（FOMC）议息会议前进一步扩大了。Borio 和 Zabia（2018）、CGFS（2019）对国际金融危机之后各国央行流动性救助政策效果进行了全面梳理并指出，各国非常规流动性救助和量化宽松政策使得市场利率明显下降，有效缓解了金融市场条件。

二、稀缺准备金条件下的中央银行利率引导

本书第五章的分析表明，在以利率为主的货币价格调控模式下，法定

存款准备金制度主要是发挥辅助流动性管理功能。法定准备金要求导致市场流动性存在结构性稀缺，这有利于流动性预测和市场预期引导，增强利率政策操作效果。即使是实行零准备金要求的国家，也要求金融机构在央行的清算账户保留一定数量的清算头寸（如澳大利亚），或实行自愿准备金数量要求（如英国），从而达到与法定准备金制度类似的效果。在稀缺准备金条件下，中央银行资产负债表规模往往有限，为弥补准备金缺口或清算账户要求的货币市场同业拆借交易非常活跃，中央银行流动性管理可以有效引导市场利率接近政策目标水平，具体可分为公开市场操作和利率走廊两种模式。

（一）公开市场操作模式

根据商业银行储备头寸管理和中央银行流动性管理（再贴现借款）机制，Poole（1968）建立了一个考虑市场流动性需求随机冲击的理论模型，说明了流动性管理在银行储备头寸和利率形成中的重要作用，这对联邦基金利率的形成进行了很好的理论刻画，也为中央银行通过公开市场操作进行流动性管理和利率调控提供了理论基础，对货币市场利率的理论研究也以 Poole（1968）为研究的起点，并得到了大量经验研究的支持（Hamilton，1996；Borio，1997）。

以公开市场操作为主的利率调控模式，主要是以国际金融危机之前的美联储为代表。美联储根据金融机构日均存款情况计算法定存款准备金水平，并以此对金融机构的法定准备金水平进行考核，这样对储备头寸的管理成为影响流动性和市场利率的重要手段。同时，美联储作为同业拆借市场的最大的参加者，对市场流动性状况进行密切跟踪和预测，围绕政策利率目标开展操作。Taylor（2001）曾对美联储公开市场日常操作进行过非常详细的分析。如果其利率水平低于商业银行间市场利率水平，商业银行之间的拆借就会转向商业银行与美联储之间，因为向美联储拆借的成本低，整个市场的拆借利率就将随之下降。反之，如果美联储意图提高拆借利率，在市场资金比较短缺的情况下，联邦基金利率本身就承受上升的压力，所以它必然随着美联储的拆借利率一起上升；在市场资金比较宽松的情况下，美联储意图提高拆借利率，向美联储拆借的商业银行就会转向其他商业银行，但美联储可以在公开市场上开展逆回购业务或抛出国债，吸纳商业银行过剩的超额准备，造成各银行头寸紧张，迫使联邦基金利率与美联储的拆借利率同步上升。美联储有这样干预市场利率的能力，经过多次反复操作，就会形成合理的市场预期。只要美联储提高其拆借利率，整个市场就会闻风而动，进而美联储能够直接宣布联邦基金利率的变动。这样，联邦基金市场利率便成为美联储货币政策与宏观经济联系的桥梁。通过公开市场操作，联储完全可以使联邦基金利率与联邦基金目标利率相一致，从而实现货币政策目标。

（二）利率走廊模式

2008 年之前，美联储的货币操作框架一个最明显的特征就是缺乏对金融机构准备金存款的利率补偿机制，商业银行尽可能地保留最低头寸以免遭受机会成本损失。不过，准备金要求形成的市场流动性结构性稀缺仍存在很大的不确定性，中央银行为弥补市场流动性缺口的公开市场操作往往依赖主观判断而具有相机抉择的特征。而且，由于声誉效应很少有银行愿意通过再贴现窗口获得央行流动性支持，这样市场利率很容易受到意想不到的外生冲击，对公开市场操作流动性管理的要求较高。

随着技术的进步，特别是 20 世纪 90 年代以来实时大额支付体系的发展，很多国家中央银行利率操作框架都发生了明显改变。以新西兰、加拿大、澳大利亚、英国及欧元区等的中央银行实行了明确的存贷款便利制度（deposit and loan facilities），也即“利率走廊机制”（interest rate corridor，或称利率的“渠道体系”，channel system）。中央银行可以按照高于目标利率水平的贷款便利利率向金融机构提供流动性，或以低于目标利率水平的存款便利利率向金融机构在中央银行的存款头寸支付利息，这样目标利率就被锁定在存贷款利率走廊区间，中央银行无须过于频繁地进行公开市场操作和流动性干预就能够实现利率引导的目标。在利率走廊机制下，中央银行资产负债表的变化（实际上就是流动性效应）并非是引导利率的必要条件，即使基础货币不发生变化也可以有效引导利率（Woodford，2000）。公开市场操作和基础货币仅是作为货币市场支付手段的补充，就能够有效引导货币市场利率（Rochon and Rossi，2011）。建立存贷款便利机制，采用利率走廊机制并结合公开市场操作，调节市场流动性，有效引导市场利率趋向政策目标水平，取得了良好的效果，这一利率操作模式也几乎成为各国中央银行的一个主流选择。特别是，国际金融危机以后，无论是理论界还是决策层，都对利率走廊模式更加重视，关于利率走廊操作模式的讨论也多了起来，公开市场操作与利率走廊相结合成为各国利率调控的主流模式（Goodhart，2009；Kahn，2010）。

需要指出的是，在稀缺准备金条件下，利率走廊下限低于政策目标利率是公开市场操作与利率走廊相结合的利率操作框架非常重要的前提条件。只有央行对金融机构进行足够的不完全利息补偿，在套利机制作用下，金融机构才会有动力为寻求更高收益而与市场机构（而非央行）交易。由于市场交易存在一定的成本，如果存款利率下限区间过窄或为零，金融机构之间的交易溢价无法得到有效补偿，中央银行将成为市场流动性的唯一提供者。澳大利亚的实践也支持了这一点。在实行利率走廊模式之初，澳大利亚储备银行仅将存款利率区间设为 10 个基点，但结果却发现银行更不愿意在市场中拆借资金，因而最终将存款利率区间扩大为 25 个基点（Woodford，2001b）。2008 年 10 月美联储提前为银行准备金付息之初，其利率水平也低于联邦基金目标利率 75 个基点，直至 2008 年 11 月才按联邦基金目标利率水平对准备金利率付息。对（超额）准备金支付利息，很重要的考虑就是超额存款准备金利率可以作为市场利率下限，从而避免出现零利率情形。不过，如果将存款利率下限设定在目标利率水平，那么中央银行就可以同时控制利率和储备数量，这是仅依靠流动性的传统模式无法做到的。尽管金融机构由此更愿意保留超额储备，从而有利于缓解量化宽松政策下的通胀压力（Keister and McAndrews，2009；B. Friedman and Kuttner，2011），但这也使央行资产负债表迅速扩张，利率调控模式也由稀缺准备金条件下的公开市场操作与利率走廊相结合模式，转向充足准备金条件下的地板体系（Floor System）（Cap，et al.，2020），后面将对此进行分析。

（三）不同模式利率引导效果比较

公开市场操作和利率走廊机制是国际金融危机前中央银行利率操作的两种主要模式，不同操作框架下技术性安排不同，央行市场利率引导的效果也存在一定的差异，这成为很多研究者关注的问题。Berentsen 和 Monnet（2009）发现，中央银行可以通过调节利率走廊区间（而非目标水平）就可以实现货币政策目标。在此基础上，Martin 和 Monnet（2011）通过对公开市场操作模式和利率走廊模式所建立的一般均衡模型分析指出，在存贷款便利条件下针对商业银行准备金的数量操作模式将不再有效，在给定通胀水平的前提下（即货币政策以通货膨胀作为唯一目标），利率走廊机制可以比单纯的公开市场操作模式获得更大的社会福利，将两种机制结合则可以取得更好的政策效果，而且无论是在哪种政策框架下，都应对准备金进行利息补偿。与之类似，Nautz 和 Schmidt（2009）对美国联邦市场基金利率和货币政策的经验分析表明，通过加强中央银行沟通和货币政策的透明度，美联储的利率控制能力大大加强，但准备金要求的降低确实加大了市场利率的波动，而对准备金利息的补偿则可能改善利率引导效果。Nautz 和 Scheithauer（2011）进一步得到类似结论，在对美国、英国、欧元区和瑞士等的货币政策考察的基础上，他们通过对不同安排下的准备金要求、公开市场操作和利率走廊机制安排的利率引导效果进行经验分析，发现对存款准备金进行利息补偿、采取滞后期的准备金考核方式、加强政策沟通和透明度、公开市场操作频率越高、利率走廊模式以及实行较窄的利率走廊区间等制度安排，货币市场利率与中央银行目标利率的偏离更小，更有利于货币当局的利率引导。

另外，在利率走廊模式下，利率走廊区间的大小对利率引导和货币政策效果有着很大的影响。Berentsen 等（2010）在银行可以将政府债券作为无风险抵押物并向中央银行融资的流动性冲击动态一般均衡模型中证明，由于政府债券抵押使用成本几乎为零，在没有税收限制时，存款利率与目标利率相等符合社会福利最优的原则。但是，没有税收限制的条件过于严格。Curdia 和 Woodford（2011）通过对标准的新凯恩斯主义模型的扩展分析指出，如果将存款利率下限设定为零，中央银行就需要有能力增加税收以支付存款准备金的利息；然而，在存在税收摩擦时，存款利率区间是否为零将使央行能够影响资金的分配，从而可以改善社会福利。因此，存款利率下限低于目标利率才符合最优货币政策的要求。Bindseil 和 Jablecki（2011）基于一个简单随机模型和对危机前后欧央行的经验分析表明，利率走廊区间越大，市场资金交易和货币市场利率的波动也更大。不过，在诸如国际金融危机这样的系统性危机条件下，缩小存款利率走廊区间有利于促使中央银行提供更多的流动性，稳定金融市场和经济。因而，欧央行在 2009 年 5 月将利率走廊区间由 200 个基点缩减至 150 个基点，正是为应对危机而采取的政策。

中央银行贷款和存款的收益与成本应当匹配，因而传统上各国目标利率通常设定在存贷款利率区间的中间位置，这也被称作政策利率的均衡情形（Woodford, 2001b）。不过，Whitesell（2006）指出，金融机构往往要将高质量的债券（通常是国债）作为抵押才能获得中央银行的资金支持，因而这种均衡情形的存贷利率区间实际上并不是对称的。鉴于国际金融危机后各国货币政策框架的变化和中央银行流动性管理及利率操作面临的挑战，Goodhart（2009）指出人们应加强不对称存贷款利率区间的研究，至少在走出金融危机之前，这可能成为一个灵活而又微妙的货币政策工具。

（四）一个公开市场操作与利率走廊相结合的利率调控理论模型

Poole（1968）开创了货币市场利率决定机制的理论研究。在其基础上，Henckel 等（1999）最早对利率走廊机制下的流动性和货币市场利率决定问题进行了理论分析。在此之后，很多学者都针对中央银行流动性管理和市场利率决定等问题建立模型，从不同方面说明了利率走廊模式下的货币市场利率形成和中央银行利率引导的机理。这里，主要是根据 Gaspar 等

(2004) 和 Whitesell (2006) 的研究，先考虑一个利率走廊模式下的利率决定模型，并以此说明货币市场利率及中央银行利率引导问题。Whitesell (2006) 直接考虑了一个对称的利率走廊模式。借鉴 Gaspar 等 (2004) 建立的基本框架，利用 Whitesell (2006) 的随机冲击分析思路并通过模型推导，给出货币市场利率决定模型及对称利率走廊条件。与 Poole (1968) 及很多学者的研究类似，关于货币市场利率的理论模型主要是考虑一个流动性冲击下的局部均衡问题，中央银行通过再贷款（再贴现）手段对市场进行流动性管理，从而影响市场利率水平。在此基础上，引入中央银行日常流动性操作，也就是通过现券买卖或回购等方式管理市场流动性，可以发现灵活的公开市场操作更有利于流动性管理和利率引导。同时，如果将借款利率下限设为零，那么 Poole (1968) 的研究可以视为本书模型的一个特例。

考虑一家代表性银行 j，在交易日 (T) 开始时用于清算的储备头寸为 a^j。银行持有 a^j 既可以是为了满足中央银行的准备金（或支付头寸）要求，也可以在银行同业拆借市场拆出 b^j（当 $b^j < 0$ 时表明该行从同业市场上借入）。假定当天银行同业市场隔夜拆借利率为 i，中央银行提供隔夜贷款保机制和自动存款便利机制，银行可以直接以惩罚性利率 i^l 获得资金，也可以 i^d 利率将资金存入中央银行账户。假定在当天期终时按准备金（或支付头寸）要求，该行账户的目标头寸应为 d^j，银行既可以通过同业拆借市场借入（拆出）相应金额，也可以通过中央银行平衡头寸，这样理论上应该有 $a^j - b^j = d^j$。但是，由于经济形势和货币市场情况瞬息万变，银行不可能在一天结束时就预计好当天头寸的情况，而是实际上面临着不确定性的冲击，设其为 λ^j，且 λ 连续并服从概率密度为 $f_\lambda^j(\lambda^j)$ 的分布，由于冲击（不确定性）是外生的，其头寸商业银行只能向中央银行借款（存款）。假定银行是风险中性的，那么在同业市场中银行 j 面临的问题就是：

$$\max_{b^j} \pi^j = ib^j - c^j \tag{10.1}$$

c^j 是银行通过中央银行存贷便利机制的净成本，而 c^j 最终形式取决于银行在日终时的净头寸情况，而这又依赖于 λ 的分布，c^j 的具体形式可以写成：

$$c^j = i^l \int_{-\infty}^{d^j+b^j-a^j} (d^j + b^j - a^j - \lambda^j) f_\lambda^j(\lambda^j) d\lambda^j + i^d \int_{d^j+b^j-a^j}^{\infty} (d^j + b^j - a^j - \lambda^j) f_\lambda^j(\lambda^j) d\lambda^j$$

显然，当不确定性冲击 $\lambda^j < d^j + b^j - a^j$ 时，银行将向中央银行支付 $i^l \times (d^j + b^j - a^j - \lambda^j)$ 的成本，而第一个积分则表明了向中央银行借贷的期望成本。反之，当银行拥有多余的资金时，也即冲击头寸 $\lambda^j > d^j + b^j - a^j$，银行将获得 $i^d \times (a^j + \lambda^j - d^j - b^j)$ 的收益，也即负的成本 $- i^d \times (d^j + b^j - a^j - \lambda^j)$，这样第二个积分号代表的就是存款期望收益（负期望成本）。商业银行的问题是要在同业市场上拆出多少数量的 b^j，以使其利润最大化，这样将（10.1）式对 b^j 求一阶条件可以得到：

$$i = i^l \times F_\lambda^j(d^j + b^j - a^j) + i^d \times [1 - F_\lambda^j(d^j + b^j - a^j)],$$

$$\text{也即}\frac{i - i^d}{i^l - i^d} = F_\lambda^j(d^j + b^j - a^j),$$

这样就可以得到银行 j 在同业市场的净资金供给 b^j 为

$$b^j = a^j - d^j + (F_\lambda^j)^{-1}\left(\frac{i - i^d}{i^l - i^d}\right) \qquad (10.2)$$

通过（10.2）式可以看到，金融机构的流动性供给 b 是货币市场利率 i 的递增函数，当利率走廊区间（即 $i^l - i^d$）扩大时，代表性银行所能够提供的流动性将会减少，市场利率与存款便利利差（即 $i - i^d$）将扩大，从而会促进银行提供更多的流动性。假定所有银行面临的外生冲击都服从同样的分布函数，且银行体系是完全竞争的，于是可以将所有银行的情况进行加总，而在均衡条件下，各个银行加总的清算系统余额应为零，这样就会得到如下关系（以大写字母代表加总的情况）：

$$0 = A - D + (F_\lambda)^{-1}\left(\frac{i - i^d}{i^l - i^d}\right) \qquad (10.3)$$

由此可以解得银行同业市场的均衡利率为

$$i = i^d + (i^l - i^d) \times F_\lambda(D - A) \qquad (10.4)$$

这样，就得到了银行同业市场拆借利率与中央银行利率目标之间的关系。在稀缺准备金的流动性结构性稀缺条件下，银行体系日终的总目标头寸 D 一般都大于日初总头寸 A，也即 $(D-A)>0$，而市场流动性冲击的分布函数 $0\leqslant F_{\lambda}\leqslant 1, i^{l}-i^{d}$。与 Woodford（2001b）类似，当 $F_{\lambda}=\dfrac{1}{2(D-A)}$ 时，货币市场利率 i 等于政策目标利率（即市场利率处于利率走廊中间水平），也即

$$i=i^{T}=\frac{i^{l}+i^{d}}{2} \tag{10.5}$$

其中，i^{T} 代表中央银行货币政策目标利率，这也就是利率走廊模式下中央银行利率引导的均衡形式。

而且，如果将借款利率下限设为零，那么 Poole（1968）的研究可以视为本书模型的一个特例。（10.4）式中，如果存款利率为零，则有：$i=i^{l}\times F_{\lambda}(D-A)$。类似地，当 $F_{\lambda}=\dfrac{1}{(D-A)}$ 时，有

$$i=i^{T}==i^{l} \tag{10.6}$$

这也就是仅在中央银行流动性贷款操作模式下（仅存在贷款便利和利率走廊上限，而没有存款便利和利率走廊下限），中央银行利率引导的均衡形式。显然，中央银行再贷款（再贴现）利率就是利率操作的目标，即 Poole（1968）所描绘的 1994 年之前美联储的利率引导情形。

假设中央银行针对市场利率开展公开市场操作，管理市场流动性，那么可以将中央银行作为资金市场参与者的一方，只是对中央银行交易没有最低储备（清算）头寸的要求。设中央银行向市场注入（吸收）的资金数量为 C，将（10.2）式进行加总，（10.3）式就会变为

$$C=A-D+(F_{\lambda})^{-1}\left(\frac{i-i^{d}}{i^{l}-i^{d}}\right) \tag{10.7}$$

这样，就会得到公开市场操作与利率走廊相结合模式下的市场利率：

$$i=i^{d}+(i^{l}-i^{d})\times F_{\lambda}(D+C-A) \tag{10.8}$$

如前所述，稀缺准备金条件下一般都是 $(D-A)>0$。中央银行可以通

过冲销干预回收市场流动性，从而使（$D+C-A$）>0。这样类似地，在利率走廊模式和仅以公开市场操作模式下，货币市场利率和政策目标利率均衡条件分别为 $F_{\lambda}=\frac{1}{2(D+C-A)}$ 和 $F_{\lambda}=\frac{1}{D+C-A}$，有 $i=i^{T}=\frac{i^{l}+i^{d}}{2}$ 和 $i=i^{T}=i^{l}$。

由于不确定性冲击是外生的，其分布函数取决于经济形势、货币市场以及支付系统的特性，同时 A 和 D 也是外生给定的，那么中央银行就可以通过主动调节 C 的数量实现市场利率趋向于目标利率水平。显然，公开市场操作越灵活，越有利于及时预测并发现市场均衡水平，越有利于利率政策操作。

另外，模型并没有考虑市场预期的因素。不过，交易结束前的流动性冲击服从于均值为零，方差为 σ_{λ}^{2} 的正态分布是一个合理的假设（Whitesell，2006）。显然，中央银行重视市场预期，采取加强与公众沟通并提高透明度的货币决策，能够有效减少市场流动性冲击的波动，这样市场利率的波动也将大大减少［即 $\partial\sigma_{i}/\partial(i-Ei)>0$］，而这将有利于市场利率的稳定和中央银行的利率引导。

三、国际金融危机以来充足准备金条件下的中央银行利率引导

为了加强政策透明度并便于政策沟通，BIS 货币委员会（Market Committee，MC）于 2007 年 12 月对主要经济体货币操作框架技术细节进行了全面总结，发布了首份“货币政策框架和央行市场操作”报告，2009 年 5 月对报告进行了更新，以反映国际金融危机以来的新变化（BIS，2009）。根据这份报告，在国际金融危机之前，各国主要是采用公开市场操作与利率走廊相结合的利率操作框架。国际金融危机爆发后，主要发达经济体央行都采取了超低（零）利率政策，在有效利率下限（ELB）条件下通过量化

宽松等非常规手段膨胀资产负债表，这在成功恢复金融市场功能并促进经济复苏的同时，也使银行体系流动性持续面临结构性过剩，这与危机之前的准备金稀缺条件完全不同。危机前的利率调控模式难以有效引导市场利率，很多国家进一步加强存款便利利率在利率引导中的作用，由对称的利率走廊模式转向充足准备金安排（Ample Reserve）或地板体系（Floor System）的利率操作框架。2019 年 10 月，BIS 货币委员会发布了最新一期“货币政策框架和央行市场操作”报告（BIS，2019），2020 年还对各国疫情以来的新变化进行跟踪。国际金融危机以来，美联储、欧央行、英格兰银行、日本银行和瑞士央行等主要中央银行利率调控模式都由利率走廊转向了地板体系，疫情暴发后加拿大、澳大利亚、新西兰也采用了地板体系的利率调控模式（Baker and Rafter，2022）。不过，利率调控的地板体系也并非国际金融危机以来的新现象，挪威和新西兰都有过相关政策实践。

（一）国际金融危机前负债驱动的地板体系

挪威和新西兰都是小型开放经济体，挪威还是重要的能源出口国。随着国际能源市场企稳向好，挪威在 2000 年前后开始面临流动性相对过剩；在全球经济“大缓和”的推动下，21 世纪初以来新西兰流动性环境总体宽松，两国都为了更好管理市场流动性和调控利率进行了不断探索。不过，除了市场流动性条件的变化外，两国还出于各自的考虑分别转向了地板体系利率调控模式。

1. 挪威利率调控框架变迁与地板体系

挪威金融市场并不发达，与德国类似，挪威央行长期以来主要是通过央行贷款（而非公开市场操作）方式为金融机构提供流动性支持，央行贷款利率发挥着基准政策利率的作用。1991 年，挪威央行开始对银行在清算账户一定数量资金支付利息，最初存款利率较贷款利率低 200 个基点，之后利差随着政策调控不断调整，存款利率的作用越来越重要，逐步取代贷款利率成为挪威央行基准政策利率。挪威央行贷款对抵押品要求并不严格，

20 世纪 90 年代才开始对贷款银行加强抵押品约束，在 1993 年引入完全抵押的隔夜流动性支持贷款，但之后对此又进行过调整，允许银行最多可获得抵押品 1.5 倍的贷款。1997 年 2 月，挪威央行才开始从事回购业务，为金融体系提供流动性支持。不过，回购业务与信用贷款的流动性支持工具使得挪威央行面临很大的信用风险。为此，1999 年 9 月，挪威央行引入固定利率抵押贷款，进一步强化了常备借贷便利安排。挪威央行一直负责管理外汇储备和政府石油基金，政府资金账户变化成为银行体系最大的流动性扰动因素，2000 年前后银行体系主要面临结构性过剩。为此，挪威政府和中央银行分别通过发行财政票据（Treasury Bills）或为银行提供各种期限固定利率存款（Fixed-rate Deposits）的方式回收市场流动性，但这些操作都是采用相机抉择的方式进行，除对清算账户部分资金进行利息补偿外，并未建立正式的存款便利安排（Kilen，1999；Kran，2001）。

2001 年在正式实行通胀目标制的同时，为避免政府账户频繁变化的干扰，更好平滑市场流动性并有效引导市场利率水平，挪威央行对银行准备金按基准政策利率进行补偿，正式采用地板体系的利率操作模式。虽然实行地板体系之后，货币市场利率波动明显下降，但银行在中央银行账户积累了大量流动性。过去外汇买卖和政府资金变化等是市场流动性的最大干扰因素，但在采用地板体系后，这一因素对市场流动性的作用不再明显。不过，银行参与货币市场交易（特别是无担保的信用拆借市场）的意愿也出现了明显下降，扭曲了市场价格机制，这不利于央行利率决策和有效利率传导。国际金融危机后，鉴于银行流动性进一步累积及其对货币市场交易的负面影响，2011 年 10 月，挪威对银行的清算头寸实行分级补偿安排（quota system/tiering regime），由地板体系转向利率走廊调控模式（Bernhardsen and Kloster，2010；Akram and Christophersen，2011）①。

① 另请参见：Gjedrem，S.，2010，“The Central Bank's Instruments”，*Speech at the Centre for Monetary Economics（CME）/BI Norwegian School of Management*，Sep.，10th.；Norges Bank，2011，“Box：The System for Managing Bank Reserves”，Monetary Report，No. 3；Norges Bank，2021，“Norges Bank's Liquidity Policy”，*Norges Bank Papers*，No. 3.

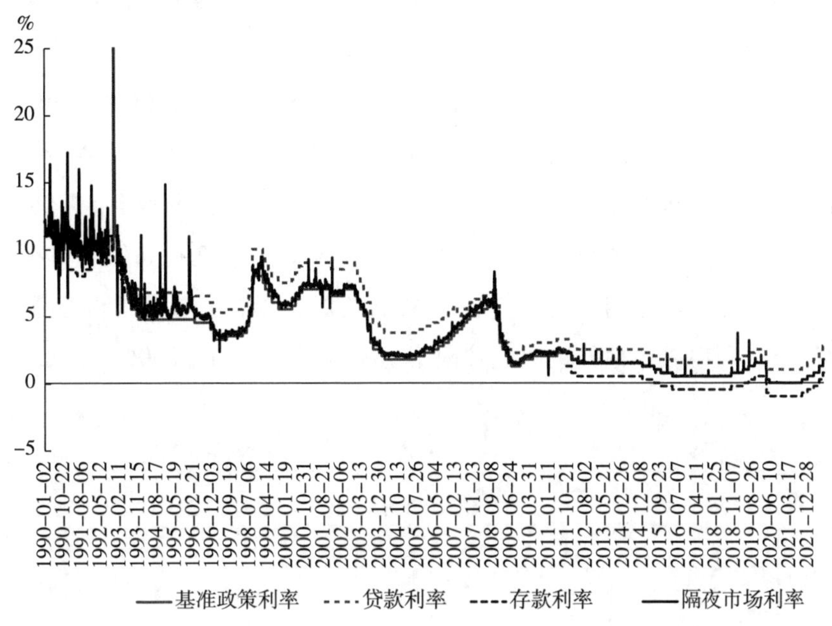

1993 年 6 月 13 日之前，基准政策利率为隔夜贷款利率；1993 年 6 月 14 日以来，基准政策利率为存款利率；2011 年 10 月 19 日以来，基准政策利率为规定数量存款存款利率；2011 年 10 月 3 日之前，货币市场隔夜利率为报价利率 NIBOR，之后为隔夜平均利率（Nowa）；由于 1992 年 9—12 月挪威银行危机期间货币市场隔夜利率波动较大，未报告这一期间隔夜市场利率情况。

图 10.1　挪威利率体系和货币市场隔夜利率（日度数据）

（数据来源：Norges Bank）

2. 新西兰地板体系政策实践

长期以来，新西兰联储主要是通过公开市场操作来引导市场利率。在采用通胀目标制之后，随着政策透明度和可靠性的增强，预期效应在央行利率引导中发挥了更大的作用（公告操作）。在采用大额实时支付系统后不久，新西兰于 1999 年建立了 ±25BP 对称利率走廊的利率调控模式。不过，由于存在贷款便利且贷款利率区间较窄，银行保留自身隔夜清算资金余额的意愿下降，倾向于依赖新西兰储备银行流动性工具来满足支付和结算需求，银行间拆借交易规模下降，本外币融资成本经常分化。尽管 21 世纪初以来新西兰市场流动性总体宽松，但在日常流动性管理中，新西兰储备银行经常要为特定机构提供流动性支持。虽然金融机构在获得央行流动性支持时也需要向央行提供抵押品，但大量市政债、公司债抵押品使得新西兰储备银行承担了过多信用风险。为此，新西兰储备银行在对流动性管理框架进行评估之后，于 2006 年 7 月启动“资金提升”计划（Cashing-up Program），至当年 10 月以每次 5 个基点的幅度调升存款便利利率，直至按照资金目标利率（基准政策利率，OCR）对银行在央行清算账户资金提供利息，同时调升利率走廊上限至政策利率之上 50 个基点，以期提高银行体系流动性，通过金融机构之间的交易（而非新西兰储备银行）满足个别机构的流动性需求，利率操作框架也由此转向了地板体系（Nield，2006）[①]。

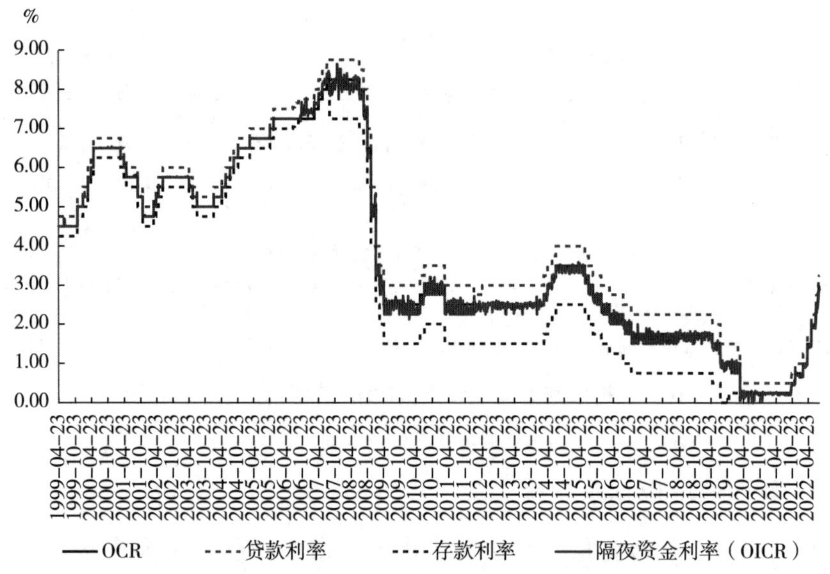

图 10.2 新西兰利率体系和货币市场隔夜利率（日度数据）

（数据来源：Reserve Bank of New Zealand）

在新的利率操作框架下，银行在新西兰储备银行的清算头寸规模大幅上升，积累了大量流动性，但货币市场交易则明显下降，通过机构之间交

① 参见：RBNZ，2006，“Review of the Reserve Bank of New Zealand's Liquidity Management Operations：A Consultation Paper”，March；RBNZ，2006，“Reform of the Reserve Bank of New Zealand's Liquidity Management Operations”，June.

易满足市场流动性需求的目标并未实现。2007 年 3 月，新西兰储备银行自 2005 年底以来首次将资金目标利率提高 25 个基点进入加息通道，但银行清算账户头寸仍累积了大量资金，机构之间的货币市场交易仍非常有限。为此，2007 年 8 月新西兰储备银行对银行清算头寸实行了分级补偿安排，对超过清算账户规模资金按低于基准政策利率 100 个基点付息，但贷款便利利率仍高于基准政策利率 50 个基点，从而转向了非对称的利率走廊调控模式。在此之后，新西兰国内的银行间同业交易大幅上升，货币市场再次活跃起来，即使是国际金融危机期间，也成功应对了市场流动性冲击（Nield，2008；Cassino and Yao，2011；Parekh，2016）。直至疫情暴发后，2020 年 3 月在将资金目标利率降至 0.25% 历史最低水平的同时，新西兰储备银行实行大规模量化宽松政策并取消了分级补偿安排，对所有清算账户资金按资金目标利率付息，再次转向地板体系利率调控模式①。

3. 负债驱动的地板体系

需要指出的是，挪威和新西兰采用地板体系利率调控模式，主要是通过完善央行负债（银行清算和准备金账户）和流动性管理框架，以更好地平滑市场流动性并有效引导市场利率。虽然在采用地板体系时，挪威和新西兰都面临着不同程度的流动性过剩，但政府账户资金频繁波动是挪威央行流动性管理面临的最大干扰因素，挪威央行很难预测准备金需求和市场流动性缺口，新西兰储备银行则是为了解决高质量抵押品不足对银行清算账户（央行负债）的影响。可见，两国采用地板体系的利率调控模式，都是为了更好地解决央行负债存在的问题，因此也被称作负债驱动的地板体系（Liability-Driven Floors）（Zobel and Doyle，2016）。不过，由于货币市场

---

① 为引入新的支付系统，2012 年 1 月 30 日至 2012 年 4 月 30 日新西兰贷款便利利率曾由 OCR + 50BP 短暂调整为 OCR + 25BP；2020 年 2 月 24 日新一代支付系统运行后，贷款便利利率由 OCR + 50BP 降至 OCR + 25BP；2019 年 11 月 14 日存款便利利率由 OCR − 100BP 调整为 OCR − 75BP，2020 年 3 月 16 日存款便利利率调整为 OCR − 25BP，2020 年 3 月 20 日取消存款分级补偿安排并按 OCR 付息。另请参见：RBNZ，2020，"The Reserve Bank is Committed to Ensuring Smooth Market Functioning"，Mar.，20th.

交易下降和银行体系囤积了大量流动性，挪威和新西兰都放弃了地板体系并转向对准备金分层付息的利率走廊模式。

（二）国际金融危机以来货币市场的新变化与银行体系流动性囤积

与挪威、新西兰为稳定央行负债而实施地板体系不同，国际金融危机爆发后主要发达经济体央行利率调控转向地板体系的操作框架，主要是由于实施量化宽松等非常规货币政策（瑞士主要是对外汇市场的大规模干预），央行资产规模过度扩张导致市场流动性供给和银行体系准备金过于充裕，因此也被称作资产驱动的地板体系（Asset-Driven Floors）（Zobel and Doyle, 2016）。同时，各国采用地板体系的利率调控模式，在很大程度上也与危机后货币市场的结构性变化密切相关。同时，国际金融危机后金融机构风险偏好明显下降，货币市场发生深刻结构性变化，再加上国际金融监管改革新要求，金融机构更倾向于在央行账户保留更多头寸，这也是各国转向地板体系的重要背景。

1. 货币市场参与者风险偏好下降与同业拆借市场萎缩

货币市场既是金融机构流动性管理的重要场所，也是中央银行开展货币政策操作的主要平台。长期以来，中央银行与货币市场关系密切相互促进，货币市场结构和效率直接影响货币政策传导的有效性，中央银行业务操作也对货币市场平稳运行发挥着至关重要的作用，Jobst 和 Ugolini（2016）对 1815—2008 年各国货币市场与货币政策共同演进的历史，进行了全面梳理。国际金融危机之前，各国货币市场主要由存款类金融机构（银行）及其他金融机构（非银行金融机构）构成，主要包括无担保的同业拆借、有担保的回购及短期票据融资等业务，市场交易活跃，透明度较高，竞争比较充分，货币市场不同业务品种利率的关联性非常紧密。因此，各国央行通常仅盯住货币市场中最为重要的一种利率作为操作目标。在危机之前，大多数央行以无担保的隔夜拆借利率作为操作目标（如美国、日本、澳大利亚等）；或央行并不明确具体操作目标，但市场通常都将隔夜拆借利率作为隐含的操作目标（如欧央行）；也有部分国家根据本国金融市场实际情况而选择盯住隔夜回购利率（如加拿大）。

国际金融危机爆发后，基于信用的拆借交易市场份额明显下降，有担保的回购等资金交易份额明显上升。一方面，由于主要发达经济体央行采取量化宽松等非常规政策，货币市场流动性过于充裕，原本需要通过同业拆借弥补准备金（或清算）缺口的流动性需求明显下降，市场交易大幅萎缩。例如，21 世纪初，欧元区无担保的同业拆借日均交易额约为 320 亿欧元，2007 年和 2008 年上升至约 480 亿欧元，但 2009 年以来市场日均交易额明显下降，2017 年降至 70 亿欧元；而且，市场交易集中度明显提高，1999—2009 年，市场交易前五大银行的合计份额占比约为 51%，2010—2015 年上升至平均 72%，2017 年则进一步上升至 88%。与欧元区同业拆借市场类似，美国联邦基金市场日均交易额在 2009 年达到近 4000 亿美元的高点后，降至 2021 年底的 700 亿美元左右[①]。

另一方面，由于国际金融危机爆发和金融市场持续动荡，金融机构风险偏好明显下降；与此同时，针对危机中暴露出来的抵押品缺乏和交易机制弊端，各国都对货币市场（特别是回购市场）进行了针对性的改革，再加上美国货币市场报价利率改革转向有担保的隔夜回购市场利率等因素，危机后有担保的回购交易迅速上升。美国回购市场中最主要的传统三方回购市场以国债为抵押（Tri-Party/Treasury）的日均交易额由 2010 年初的约 5000 亿美元在 2017 年 6 月首次跃升至 1 万亿美元以上，2021 年 8 月开始上升至 2 万亿美元；三方回购的一般担保品市场以国债为抵押（GCF/Treasury）的日均交易额较 2011 年初的约 4000 亿美元有所下降，2017 年一度降至

① ECB, 2018, "Report by the Working Group on Euro Risk - free Rates", December, Revised March 2019; Schrimpf, A. and V. Sushko, 2019, "Beyond LIBOR: A Primer on the New Benchmark Rates", *BIS Quarterly Review*, (March), 29 - 52。不做特殊说明情况下，美国货币市场数据来自纽约联储网站。

仅400多亿美元，至2021年底回升至不到2000亿美元①。类似地，欧元区有担保交易占货币市场份额由2003年初的约55%上升至2019年底的90%以上（De Fiore，et al.，2022）。

2. 危机后国际金融监管改革与银行流动性囤积

国际金融危机以来，同业拆借市场重要性明显下降，不仅与流动性充裕和银行同业拆借融资需求下降有关，也与危机后的国际金融监管改革密不可分。银行更倾向于在央行保留更多头寸，市场实际可供拆出的资金供给和银行拆入资金的意愿都出现明显下降，银行远超过实际支付需求的流动性囤积导致同业拆借市场进一步萎缩。危机爆发后，由巴塞尔委员会牵头开展了新一轮全球监管改革。在资本充足度监管和强调监管与市场纪律作用的基础上，2010年9月通过的《巴塞尔协议Ⅲ》在强化资本质量、提高最低资本充足率要求的同时，引入流动性覆盖率（LCR）、杠杆率（LR）等新的量化监管指标，这体现了全球银行风险治理兼顾微观审慎与宏观审慎的新思路。新的国际监管协议总体上使金融体系更加稳健，面对新冠疫情冲击各国金融体系总体稳健，不仅顺利渡过了经济衰退，美国及很多国家的银行资本金和盈利能力都已恢复并有所提高，这主要得益于危机后的国际监管改革②。不过，这也使金融机构进一步加大了对央行的依赖，很多新监管要求对货币市场、货币政策操作和货币政策传导都产生了深远的影响。

LCR要求银行持有高质量流动性资产（HQLA），国债、在央行的存款

---

① 美国回购市场主要以三方回购市场为主，其中传统三方回购市场（TGCR）由纽约梅隆银行和摩根大通银行作为第三方并负责清算（2016年7月摩根大通宣布退出这一市场并在2018年底停止其三方回购清算业务）；一般担保品回购市场（GCFR）由美国固定收益清算公司（FICC）在1998年推出并担任第三方且负责清算；2010年5月起纽约联储开始系统发布三方回购市场监测数据。美国双边回购市场比较分散，FICC及很多大型银行都从事双边回购交易，但尚无全面的市场监测数据统计。参见：BIS，2017，“Repo Market Functioning”，*CGFS Papers*，No. 59，January；巫和懋、李欣：《金融危机与批发融资市场：美国的金融改革与对中国的启示》，《新金融评论》2018年第5期。

② BIS，2021，“Covid and Beyond”，in *Annual Economic Report 2021*，1－38，June.

都可以计量为 HQLA。虽然危机后各国政府发行了大量国债，但本书第九章的分析表明，量化宽松、收益率曲线控制等非常规政策不可避免地对私人部门带来市场挤出效应，因此银行更倾向于长期持有更大规模的在央行的头寸，以更好地满足 LCR 要求，这间接地减少了短期同业资金的拆出数量，降低了同业拆借市场的活跃度。LR 指标可能增加银行扩张资产负债表的成本，从而间接降低了银行的资金融入需求。附加杠杆率、附加资本要求等指标，还进一步降低了系统重要性银行拆出资金的意愿。大额风险暴露限制（LEL）对于有担保的回购交易影响不大，但对基于信用的同业拆借业务则有很重要的影响。净稳定融资比率（NFSR）在增强银行资金稳定性的同时，也降低了银行对短期信用拆借的融资需求。上述这些监管措施，都会对同业拆借市场带来一定的不利影响。另外，美国针对存款保险制度、货币市场基金、回购市场等领域的改革，也同样影响了金融机构开展无担保拆借业务的意愿。CGFS（2015）、Li 等（2016）对上述监管措施对货币市场、货币政策的具体影响进行了详细分析。

正是在量化宽松和加强监管等政策的共同作用下，国际金融危机以来货币市场摩擦明显加大。尽管金融机构都更青睐于有担保的回购交易，但这也加大了市场的抵押品需求。而且，杠杆率等监管指标是按时点进行考核的，间接加大了银行季末国债资产配置需求，加剧了国债抵押品供求变化，导致金融机构在季末出现粉饰资产负债表的行为（Window Dressing），进而加剧了各个货币市场分割和利率分化，甚至由于抵押品限制和利率融资刚性，回购利率水平和波动在很多时候都明显高于借用交易的拆借市场利率，这损害了货币政策传导效率（Duffie and Krishnamurthy，2017）。当然，也应看到，尽管危机后拆借市场利率与回购市场利率分化加大，但货币市场各品种利率仍存在非常紧密的关系。而且，中央银行通过适当的流动性操作，能够有效缓解各市场的利率分化，抵消监管政策的不利影响（Klee and Nosal，2016；Corradin，et al.，2021）。因此，虽然危机后同业拆借市场代表性明显下降，出于市场交易习惯和政策沟通的考虑并经过审慎评估之后，美联储等央行仍选择继续以无担保的隔夜拆借利率作为操作目标（Egelhof, et al. , 2016）。不过，正是由于流动性过剩和货币市场的结构性变化，美联储等主要发达经济体央行的利率调控模式都转向地板体系，以更好地引导市场利率水平。

（三）地板体系的运行机制和理论模型

1. 地板体系利率调控的运行机制

理论上，货币的数量和价格相当于一枚硬币的两面，价格的变化将引发数量调整，数量变化也将导致价格的反应。在流动性结构性稀缺条件下，为了实现既定利率价格目标，中央银行主要是日常对预测流动性缺口进行预测并通过公开市场操作弥补流动性缺口，从而引导市场利率接近于政策目标水平。在利率走廊安排下，银行可以在既定的高于（低于）政策目标利率水平下获得央行隔夜资金支持（利息补偿），市场利率被有效控制在利率走廊区间内波动，从而有效稳定了市场预期。在流动性全面过剩条件下，由于银行体系准备金过于充裕，利率相对于流动性数量变化的弹性大幅下降（甚至趋近于零），央行传统的流动性操作无法有效影响市场利率，只能维持充足资本金数量，进一步强化存款利率的作用，引导市场利率与存款利率水平相符。

从机理上看，银行针对存款便利利率的持续无风险套利机会是地板体系发挥作用最为重要的机制。由于央行对银行在央行的存款支付一定的利息，市场中大量非银行金融机构无法得到央行付息，这些机构愿以低于存款便利利率的水平向银行拆出资金（只要可以获得正的利息收益），银行将拆入的资金存入央行账户，在获得持续无风险套利收益的同时，也使市场利率接近于存款便利利率。如果存款便利利率大于零，银行体系的套利机制可以在很大程度上避免出现零利率情形；如果存款便利利率为零，这实际上就相当于公开市场操作模式；如果存款便利利率为负，银行将尽可能不在央行账户保留超额准备金，但如果市场利率低于存款利率，在套利机制作用下银行还会将资金存在央行账户以避免更大损失，因此存款便利利率仍可发挥市场利率下限的作用。2014 年 6 月，欧央行首次将存款便利利

率降至 -0.1% 并在当年 9 月将存款利率下调至 -0.2%，尽管基准政策利率（主要再融资利率，MRO）仍在零以上，但仍被认为实行了负利率政策（见图 10.3），其原因就在于此。

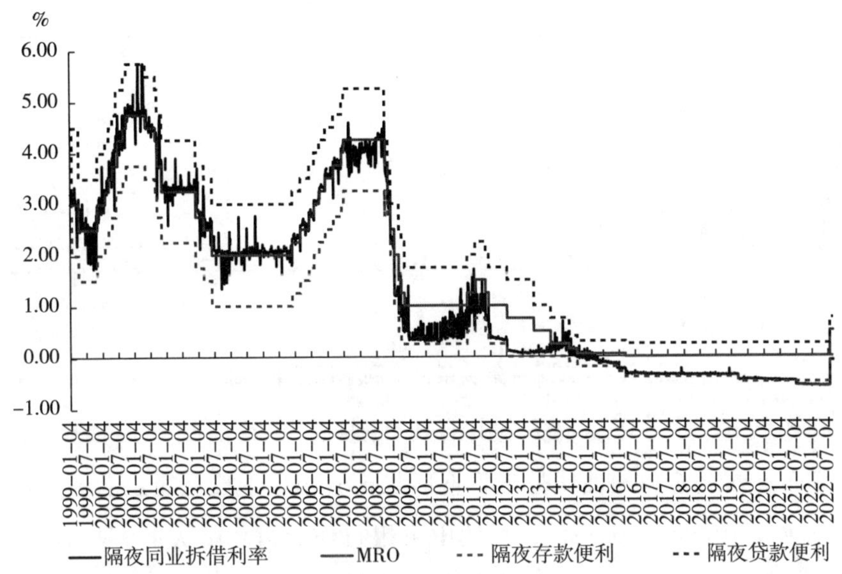

2021 年 6 月 30 日之前，货币市场隔夜利率为无担保拆借利率（EONIA），之后为欧元短期利率（ESTR）。

图 10.3　欧元区利率体系和无担保隔夜拆借利率（日度数据）

（数据来源：ECB）

由此可见，在准备金充足的流动性过剩条件下，无论是否实行法定存款准备金制度，各国银行在央行的准备金（清算头寸）规模都远远超过了规定要求的水平。货币市场利率面临较大的下行压力，公开市场操作与利率走廊相结合的利率调控模式难以有效引导市场利率水平。市场利率将持续低于政策目标水平并与存款利率水平接近，原本作为市场利率走廊下限的存款便利利率在引导市场利率水平方面发挥了更大的作用，存款利率也成为事实上的基准政策利率。甚至，美联储还曾探讨将基准政策利率（联邦基金利率目标）转向准备金付息利率的可行性（Egelhof, et al.，2016）。这里，借鉴 Ihrig 等（2015，2020），通过图例说明充足准备金条件下地板体系的利率调控机制。图 10.4 是对地板体系的一般性说明，并结合美国的实际情况进行描述。

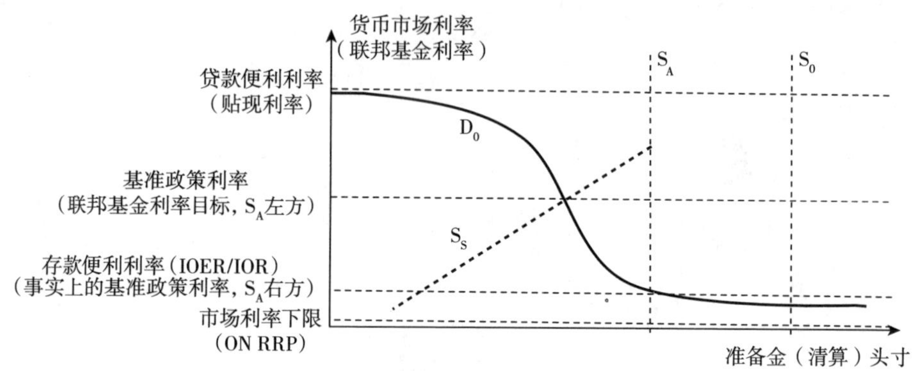

图 10.4　充足准备金条件下利率调控的地板体系

在超低利率水平下，准备金供给具有刚性，供给曲线 S_A 右面是充足准备金情形，准备金供给曲线呈现垂直形状，S_A 相当于最低充足准备金规模；在 S_A 左面是稀缺准备金条件，虽然中央银行作为市场最大的参与者，理论上完全有能力确定银行体系的准备金供给数量，很多央行研究者（如 Ihrig 等，2015，2020；Baker and Rafter，2022）都将 S_A 左面的准备金供给也设定为一条垂直的曲线，但考虑到操作成本以及央行流动性缺口预测可能存在的偏差，中央银行的准备金供给理论上应向右上倾斜①，随着流动性逐步过剩增加准备金供给（S_S 右移）并在 S_A 处开始呈现垂直形状。在充足准备金条件下，流动性过剩使得准备金（基础货币）价格接近于超额存款准备金利率。很多无法获得中央银行存款利息的金融机构，将以低于存款便利利率的水平向银行拆出资金，在持续套利机制作用下，银行也有动力吸收非银同业存款，从而在一定程度上避免市场利率由于流动性数量过度过剩而出现零利率情形。不过，由于国际金融监管改革，银行吸收同业拆借资金

① 特别是很多并未明确操作目标利率的央行或 20 世纪 80 年代之前仍兼顾多重操作目标的央行。当然，如果央行以隔夜市场利率作为首要操作目标且盯住市场利率水平的意愿越强烈，央行的准备金供给越倾向于一条垂直的曲线。

的意愿大大下降，因而市场利率也可能出现超低（甚至为零或负）的极端情形。另外，图 10.4 是对一般情形的利率调控模式进行描述，地板体系并不一定在超低（零，甚至为负）利率的条件下实施，只要央行有意愿供给准备金即可（如危机前的挪威和新西兰）。

2. 地板体系的理论模型

Quiros 和 Mendizabal（2012）很早就讨论了一个非对称性质的利率走廊模型，说明中央银行可以通过调节贷款走廊区间来控制金融机构的准备金需求，或通过调整利率走廊区间稳定市场利率，利率走廊区间和中央银行存贷款利率不对称程度可以成为货币政策的一个手段。很多学者（Armenter and Lester，2017；Afonso，et al.，2019；Fuhrer，et al.，2021；Nakamura，2021）也都对充足准备金条件下利率调控的地板体系和货币市场利率形成机制，进行了理论刻画。

尽管地板体系下央行利率调控机制发生了明显变化，但流动性效应仍是央行利率引导最为重要的理论基础（Syrstad，2012），稀缺准备金条件下的利率调控理论模型同样可以适用于刻画地板体系。这里，考虑央行公开市场操作情形，观察（10.8）式：

$$i = i^d + (i^l - i^d) \times F_\lambda(D + C - A) \tag{10.8}$$

在稀缺准备金条件下，$(D + C - A) > 0$，而在充足准备金条件下，$(D + C - A) < 0$。而且，由于流动性过剩和市场利率接近于零（甚至为负）的超低水平，而理论上利率水平与利率波动显著负相关意味着金融市场面临的流动性冲击概率趋近于零，也即 $\lim\limits_{A \to +\infty} F_\lambda = 0$。因此，可有：$i = i^d$，这就是地板体系下的利率调控模式，市场利率趋向于存款便利利率。

（四）当前主要经济体央行地板体系的具体安排

由于金融市场发展历史、交易习惯和央行利率操作安排并不完全相同，各经济体利率调控的地板体系具体技术细节仍存在一定的差异。具体而言，欧央行、澳大利亚央行仍然采用利率走廊安排，只是在流动性过剩条件下实行非对称的利率走廊安排，在超低（甚至为零或负）利率和流动性过剩条件下，市场利率低于政策目标利率并接近存款利率水平。与非对称的利率走廊模式不同，英格兰银行、加拿大央行、新西兰储备银行按基准政策利率水平对所有银行在央行账户资金进行补偿，市场利率大多维持在略低于基准政策利率（及存款利率）的水平。另外，瑞士和日本在国际金融危机之前均未实行存款便利安排①，但目前两国都对银行在央行存款实行分级补偿安排，对一定数量准备金按政策目标利率水平实行负利率，对超出规定数量准备金实行分级补偿，以减少金融机构承受的负利率政策负担②。

与主要发达经济体央行相比，美联储的利率操作框架则比较特殊。由于长期以来的声誉效应，贴现窗口利率一直未能很好地发挥市场利率上限功能，即使是国际金融危机之后仍是如此（Ennis and Klee，2021），美联储在国际金融危机之前也不对准备金付息，因而危机之前美联储并未建立利率走廊模式而主要通过公开市场操作调控市场利率。国际金融危机之后，美联储利率调控的地板体系主要通过针对银行机构的超额准备金利率（IOER）和针对非银行金融机构的隔夜逆回购的套利机制。不过，美联储在 2018 年之前按联邦基金利率目标上限为准备金付息，美国货币市场还存在大量非银行金融机构，IOER 并未发挥市场利率下限功能。为了更好地加强对非联储成员的利率引导和市场利率下限约束，美联储在 2013 年 9 月开始启用并于 2014 年正式推出用于吸收市场过多流动性的隔夜逆回购协议便利（ON RRP），将市场操作的交易对手范围扩大至非联储体系成员，ON RRP 利率成为实际的联邦基金市场利率下限。可以说，美联储的政策利率体系过于复杂，不可避免地存在一定的缺陷，这也是导致 2019 年美国货币市场波动的重要原因，后面将对此进行专门说明。

---

① 日本在 2008 年 10 月曾对准备金存款付息并实行 ±20BP 对称利率走廊安排，但 2008 年 12 月在将政策目标利率降至 0.1% 超低水平的同时，使存款利率与政策目标利率水平相同，从而转向了事实上的地板体系。

② 2022 年 9 月之前，瑞士对超过规定数量准备金按政策利率水平支付负利息，规定数量及以下规模的准备金利息为零；日本则实行三级补偿安排，按计算规则对不同数量的准备金分别按政策目标利率水平、0 和 0.1% 付息。

表 10.1　当前主要经济体央行地板体系的具体安排

经济体	基准政策利率及其水平	操作目标利率及其水平	利率走廊区间
欧元区	主要再融资利率，MRO，0.5%	无正式目标（隐含隔夜拆借利率，ESTR），-0.09%	+25BP，-50BP
澳大利亚	资金利率目标，1.85%	银行间隔夜拆借利率，1.81%	+25BP，-10BP
英国	官方银行利率，1.75%	无正式目标（隐含隔夜拆借利率，SONIA），1.69%	+25BP，-0BP
加拿大	隔夜利率目标，2.5%	有担保隔夜（资金）利率，2.48%	+25BP，-0BP
新西兰	资金利率目标，3%	无正式目标（隐含隔夜资金利率，OICR），2.90%	+25BP，-0BP
瑞士	政策利率目标，-0.25%	有担保市场隔夜利率（SARON），-0.20%	+50BP，分级补偿（-0BP，+25BP）
日本	隔夜利率目标，-0.1%	银行间隔夜拆借利率，-0.041% 10 年期国债利率，0.235%	+40BP，分级补偿（-0BP，+10BP，+20BP）
美国	联邦基金利率目标区间，2.25%~2.5% 贴现率和 SRF 为 2.5%，准备金利率为 2.4%，ON RRP 为 2.3%	联邦基金利率，2.33%	+0BP，按上限分别为-10BP、-20BP

注：本表反映了 2022 年 8 月最后一个交易日的情况，数据来自各央行网站。

四、地板体系的优点、面临的主要问题及未来的发展方向

（一）地板体系对央行利率调控框架的影响及其优点

在流动性过剩和充足准备金条件下，存款便利利率对于地板体系的利率调控至关重要，银行可通过在央行的存款进行套利，从而更好地引导市场利率水平。韩国、印度等国家都在 2007 年开始引入存款便利安排，美联储也在 2008 年危机爆发后提前对银行准备金付息。在充足准备金条件下，

各国央行更加依赖存款利率下限进行市场利率引导，这对利率调控的技术性安排产生了深远的影响，在很多经济学家看来也是地板体系的主要优点。

一是很多国家央行都缩小了利率走廊区间，采用非对称的利率走廊安排，从而更好地引导市场利率水平。由于流动性过剩，市场利率会持续低于政策目标水平，有效利率下限（ELB）意味着即使是在实行负利率政策的国家，存款便利利率的下降幅度也将受到限制。因此，很多国家央行都缩窄了原有的利率走廊宽度，甚至采取非对称的利率走廊安排，降低存贷款便利利率且存款走廊区间大于贷款走廊区间①，以更好地引导货币市场利率水平（Cap，et al.，2020）。例如，欧央行将危机前±100BP的利率走廊收窄，2009年5月收窄至±75BP，2013年5月再次收窄至±50BP，2013年11月首次采用非对称利率走廊安排。2021年末，欧央行基准政策利率为零，存款便利利率为-0.5%，贷款便利利率为0.25%。

二是市场利率波动性明显下降，中央银行利率操作更为简单。由图10.4可见，在稀缺准备金条件下，如果初期市场利率偏离政策目标水平，中央银行需要通过市场操作扩大或减少准备金和流动性供给，使准备金供给曲线S_S右移或左移，从而使市场利率与政策目标水平相符。在充足准备金条件下，流动性充裕降低了市场利率波动，本书第三章针对中国的理论和实证分析也表明，利率水平与波动呈现显著的负相关关系。只要准备金供给曲线位于S_A的右侧，中央银行没有必要频繁预测外生流动性冲击，无须开展任何市场操作②；超额准备金规模越大，保持隔夜利率稳定所需进行公开市场操作的频率越低（Afonso，et al.，2020）。危机后很多国家（如日本、美国、瑞士、巴西）的央行都减少了公开市场操作的频率，由每日操作改为根据需要进行操作（Cap，et al.，2020）。

三是可以有效区分利率决策与为应对大规模流动性冲击的流动性操作，

① 存款走廊区间大于贷款走廊区间主要体现在欧元区、丹麦、匈牙利等实行负利率政策经济体，澳大利亚则是一个明显的例外。

② Logan，L.，2017，"Implementing Monetary Policy"，*Speech at the Money Marketeers of New York University*，May，18th.

有利于增强货币政策自主性和有效性。在危机期间，各国央行都充分发挥最后贷款人的作用，向金融体系注入大量流动性确保金融市场稳定。在金融市场恢复稳定之后，地板体系有助于流动性救助政策的退出。为避免通胀风险，中央银行不得不提高政策利率水平，在稀缺准备金框架下，收紧货币政策可能导致银行体系流动性紧张，加剧金融脆弱性，从而可能延缓加息决策进程。在地板体系下，银行持有充足的高质量流动性资产，货币市场弹性明显增强，银行体系流动性需求能够得到有效满足，从而降低了利率操作对货币决策的干扰，这在一定程度上使由于量化宽松而日渐模糊的货币决策与货币操作界限得以清晰明确①。

四是充分考虑到了非银行金融机构的作用，更有利于市场化利率形成并提高利率政策传导效果。银行围绕存款便利利率与非银行金融机构进行持续无风险套利，是地板体系发挥作用最主要的机制。而且，对准备金分级付息也是确保有效实施负利率政策的重要前提。虽然这在一定程度上增加了货币操作的复杂程度，但也使很多原本无法参与中央银行市场操作的非银行金融机构在基础货币价格和市场利率形成中发挥了更大的作用。由于非银行金融机构在市场中的作用越来越重要，地板体系让更多交易对手参与多元利率体系的传导过程，这将有利于货币政策的有效传导②。而且，危机后由于量化宽松在一定程度上导致抵押品稀缺，央行通过扩张资产负债表可以确保准备金安全资产的充足供应，这也有利于促进金融稳定，提高利率政策传导效率③。

（二）地板体系面临的主要问题

从地板体系的调控机理来看，央行庞大的资产负债表和银行体系保持

---

① Coeure, B., 2013, "Where to Eixt To?", *Speech at the 15th* Geneva Conference on the World Economy, *May*, *3rd*.

② Potter, S., 2015, "Money Markets and Monetary Policy Normalization", Speech at the Money Marketeers of New York University, Apr., 15th.

③ Constancio, V., 2017, "The Future of Monetary Frameworks", *Speech at the Higher Institute of Economics and Management*, Lisbon, May, 25th.

充足准备金是其政策有效实施的前提，但流动性过剩和充足准备金条件并非国际金融危机以来的新现象。在危机之前，由于更加关注汇率目标或政府存款资金扰动等原因，很多实行零准备金要求的小型开放发达经济体（瑞典、新西兰）和新兴市场经济体（如中国）都面临着流动性过剩问题。为更好地实现利率调控目标，新西兰和挪威对银行在央行清算账户不同数量资金采取分级付息的方式，对超过规定数量资金按照利率走廊下限付息；瑞典及包括中国在内的很多新兴市场经济体，则是通过冲销干预的方式吸收过剩流动性（Zobel and Doyle，2016）。无论哪种方式，中央银行仍完全可以通过公开市场操作与利率走廊相结合的方式，有效引导市场利率水平。国际金融危机以来和疫情暴发之后，仍有很多国家仍坚持利率走廊模式并未转向地板体系，这主要与地板体系存在的问题密切相关。

一是地板体系意味着央行基础货币发行数量超出市场自发流动性管理的需要，这模糊了货币决策与货币操作的界限，加大了货币政策正常化的难度。当经济受到系统性危机冲击并陷入深度衰退时，中央银行的首要目标是稳定金融市场并刺激经济复苏。各国央行也都认识到资产负债表扩张可能存在的副作用，但在危机条件下这只能是退而求其次的政策选择（BIS，2019）。不过，虽然中央银行量化宽松等资产负债表扩张政策在稳定金融市场、促进经济复苏等方面发挥了不可替代的重要作用，但持续低利率和非常规货币政策促进产出的效果并不理想，反而加剧了资产泡沫风险。因此，很多经济学家都强烈主张，在金融市场基本稳定后就应着手进行货币政策正常化（Cochrane and Taylor，2016）。

从货币操作的角度来看，尽管在超低（零或负）利率时期央行操作成本较小，但随着货币政策正常化和利率持续上升，地板体系的操作成本将迅速上升。特别是，缩表还将降低央行盈利水平，这将导致地板体系难以维系。随着央行货币政策正常化和市场环境的变化，流动性过度过剩的充足准备金条件也将发生明显变化，地板体系有效运行的前提将发生根本性转变。虽然地板体系在理论上可以区分央行利率决策与流动性操作，但市场流动性需求并不一定非常稳定，在外生冲击下，图 10.4 中向下倾斜的准备金需求曲线可能瞬间扩大而右移至 S_A 的右侧，央行原本充足的准备金供给可能难以满足市场需求，特别是在央行缩表和准备金数量下降过程中，市场流动性可能更加脆弱，这反而会制约央行货币政策正常化进程。尽管美国经济即将进入历史上最长的扩张周期，但 2019 年初美联储仍暂停了加息缩表进程，8 月货币政策全面转向，美国货币市场在 2019 年 9 月中旬反而出现了大规模市场波动，美联储不得不在国际金融危机十多年之后重新开展了隔夜回购操作，在当年 10 月初重启购买国库券计划，开展“不是 QE 的扩表政策”，才最终渡过市场恐慌。

二是地板体系需要中央银行同时兼顾并平衡好货币的“量”与“价”，货币操作更加复杂。与危机之前的公开市场操作与利率走廊相结合模式相比，地板体系在操作上貌似更为简单而被货币政策操作者青睐，甚至纽约联储前主席达德利（Dudley）主张在正常时期也应保留地板体系利率操作框架①。不过，流动性过剩和准备金充足是地板体系良好运行的前提，在实际操作中，货币操作者需要更加关注市场流动性和准备金数量的变化。但理论上，只有当货币数量或市场利率处于均衡水平时，才可能同时实现货币“量”与“价”的目标，否则只能在基础货币的数量与价格之间进行取舍而不可兼得。与利率价格目标相比，均衡货币数量更难测算和观察，数量目标的可控性也往往较差，这都加大了货币操作的难度。2018 年开始纽约联储通过问卷调查方式评估银行体系所需要的最低准备金数量，将其作为地板体系利率引导的重要参考依据②。

不过，充足准备金数量本质上非常复杂，不同时期充足准备金数量可能并不一致，问卷调查获得的准备金数量信息更是存在很大的不确定性（Logan，2019；Andros，et al．，2019），不足以作为地板体系利率调控的可靠决策支撑。2018 年 9 月和 2019 年 8 月美联储的调查表明，美国银行体系

① Dudley，W．，2018，“Important Choices for the Federal Reserve in the Years Ahead”，Speech at Lehman College，Apr．，18th.

② Logan，L．，2019，“Observations on Implementing Monetary Policy in an Ample - Reserves Regime”，*Speech at the Money Marketeers of New York University*，Apr．，17th.

的最低合意准备金需求规模分别为6500亿~9000亿美元和7120亿~9190亿美元，两次调查银行准备金规模分别占1月和8月全部银行体系准备金的75%和70%[①]。毕竟，银行体系准备金总量规模充足并不代表个体机构准备金数量充足（Afonso，et al.，2021），2019年9月初美国银行体系的准备金规模高达1.4万亿美元，远高于调查揭示的最低合意准备金规模，但货币市场仍出现了剧烈波动，美联储不得不在2019年10月明确宣布将充足的准备金维持在高于2019年9月初水平之上。

三是地板体系下中央银行成为货币市场最大参与者，扭曲了货币市场交易行为，降低了资金配置效率和市场活跃度。虽然地板体系下中央银行公开市场操作规模和频率较危机前明显下降，但央行为准备金付息是地板体系发挥作用的前提，这是货币市场价格形成不可或缺的重要环节，因而准备金付息也是央行操作的一部分。如果考虑到付息准备金的业务规模，那么危机后地板体系下的央行业务规模，远远大于危机前相机抉择公开市场操作和存贷款便利的业务规模。中央银行成为货币市场最大的参与者，这扭曲了市场资金供给，银行在央行账户持有大量资金而并未投放至实体经济，金融资源配置效率大大下降，存在明显的分配效应并损害了社会福利（Taylor，2016b，2018；Selgin，2018；Williamson，2019）。正是由于在实行利率走廊之初过窄的利率走廊区间（±10BP）对货币市场供求的扭曲，澳大利亚才最终将利率走廊区间扩大至±25BP（Woodford，2001b）。

而且，银行针对存款便利的持续套利机会导致存款准备金规模可能持续发散。一旦非银行金融机构资金被银行体系完全吸收，市场利率就会面临向上压力，央行不得不继续投放流动性或调整政策利率水平以减少套利机会，这意味着货币操作将倒逼货币决策作出调整，进而打破货币政策的“两分法”。当然，正如上面指出的，国际监管体系改革后，银行并不愿意主动扩大同业负债，美联储对货币市场调查也表明，美国国内银行在各个货币市场（联邦基金市场、回购市场和欧洲美元市场）的市场活跃度都出

① 参见：https：//www.federalreserve.gov/data/sfos/sfos-release-dates.htm。

现了明显下降。为了满足新的监管要求，国内银行的资金拆借也由过去期限更短的流动性管理转向更长期的三个月以上资金交易；国债回购利率的市场代表性明显高于联邦基金利率，但由于抵押品约束和粉饰资产负债表效应等因素影响，回购市场利率异质性和波动明显加大（McGowan，2016）。

四是地板体系在一定程度上降低了货币政策透明度，央行政策沟通面临更加严峻的挑战。虽然准备金规模对地板体系非常重要，但与量化宽松政策的明确数量目标相比，日常实际操作中的准备金数量目标非常模糊（Hamilton，2020），这降低了货币政策透明度，对央行政策沟通提出了更高的要求。特别是，对于为应对突发事件（如疫情冲击）而进行的政策操作，市场参与者无法明确区分银行体系准备金数量变化是货币政策操作的纯粹技术性调整，还是货币政策立场的改变（Cap，et al.，2020）。因此，很多央行在通过前瞻性政策指引明确未来利率政策路径的同时，加大了对货币操作信息的披露。例如，2015 年 12 月美联储首次加息开始货币政策正常化以来，在公布 FOMC 会议声明的同时都公布货币政策操作说明（implementation note），以便市场更好地理解美联储货币政策立场和操作层面的变化①。

不过，对于政策沟通的具体方式（包括前瞻性指引的分类）及透明度有效性等方面，仍存在很大争议（Kool and Thornton，2015）。不断修订未来利率路径的前瞻性指引，市场参与者会对央行措词更加敏感，这并不是稳健可靠的沟通策略，最终可能使央行面临时间不一致性问题，陷入过度透明的“陷阱”（Bernstein，2014）②。如果为提高透明度而频繁表达政策意图，但缺乏传统政策操作手段的支持或对政策操作细节解释不清，这只能算作一种“廉价”的政策宣示，最终难免导致预期管理失败（Duffy and Heinemann，2021）。例如，2021 年 3 月，美联储意外宣布不再延长疫情应

① 参见：https：//www. federalreserve. gov/faqs/new - implementation - note - and - how - does - it - differ - from - the - fomc - postmeeting - statement. htm。

② Shin，H.，2017，“Can Central Bank Talk Too Much?”，*Speech at the ECB Conference on Communications Challenges for Policy Effectiveness，Accountability and Reputation*，Nov. 14th.

对以来的补充杠杆率（SLR）减免措施，一度导致市场出现较大波动，美国国债收益率曲线更加陡峭①。

（三）后疫情时期的利率操作框架：货币政策正常化与地板体系

虽然挪威、新西兰很早就开展过利率调控地板体系的政策实践，但国际金融危机之后量化宽松和央行资产负债表扩张改变了准备金稀缺条件，再加上危机后市场参与者风险偏好下降和加强监管导致的银行流动性囤积等结构性变化，主要发达经济体央行利率操作框架也由利率走廊模式转向地板体系。不过，在经济加快复苏和严峻通胀压力下，各国货币政策正常化进程将明显加快。一方面，中央银行为银行支付的存款利率将明显提升，为了保留足够规模准备金所承担的操作成本大幅上升，这将削弱央行维持地板体系的能力和意愿；另一方面，准备金规模也将随着加息缩表而下降并向最低规模（S_A）收敛，即使不考虑 S_A 的不确定性问题，在这一过程中市场利率波动也将明显加大，从而降低利率政策传导效率，这在美国2015年开始的货币政策正常化过程中表现得非常明显（Duffie and Krishnamurthy，2017）。

毕竟，利率调控的地板体系仍属于货币操作的范畴，本质上应服从于货币决策的需要。美联储在有关货币政策正常化的早期讨论中，就倾向于未来货币操作框架回归利率走廊模式，而非延续地板体系。很多央行货币操作者也都指出，在货币政策正常化过程中要根据经济金融形势的变化，评估是否要保留地板体系②。不过，尽管各国在货币政策正常化过程中都实行了不同程度缩表的量化紧缩（Quantitative Tightening，QT）政策，但央行

---

① 参见熊启跃、赵雪情、邹子昂：《美联储SLR豁免条款调整的影响及对银行业的对策建议》，《中银研究宏观观察》2021年第15期（总第338期）。

② FOMC, 2011, "Minutes of the Federal Open Market Committee", Apr., 26 – 27th; Salmon, C., 2015, "Remarks on the Sterling Monetary Framework (SMF) Annual Report", *Speech at the Money Markets Liaison Committee Meeting*, Jul., 13th; Hauser, A., 2019, "Waiting for Exit", *Speech at the European Bank for Reconstruction and Development*, Jul., 17th.

资产负债表仍将在很长一段时期内保持较大规模（以占 GDP 的比重衡量），金融体系流动性过剩局面难以在短期内得到根本改观。因此，即使是在加息缩表的货币政策正常化过程中，为确保货币市场利率稳定，各国央行仍将继续维持地板体系的利率调控模式，同时加强市场流动性监测和评估，根据实际情况决定是否回归到传统稀缺准备金的利率走廊模式（Baker and Sally Rafter，2022）①。

不过，只要条件允许，央行完全有条件回归传统利率走廊的利率操作框架，瑞士就是非常突出的例子。在严峻通胀压力下，瑞士于 2022 年 6 月开启加息货币政策转向之后就开始着手调整利率操作框架。与其他发达经济体均开展了量化宽松政策不同，瑞士国民银行主要是对外汇市场大规模干预导致其资产负债表规模过度膨胀。为此，2022 年 9 月瑞士国民银行将基准政策利率（SNB 政策目标利率）由 -0.25% 上调至 0.5%，在走出负利率政策的同时，将规定数量准备金按 0.5% 的基准政策利率水平付息，超过规定数量的准备金并不付息（0），这实际上恢复到了危机前的完全公开市场操作模式。为了确保市场利率与政策目标水平相符，瑞士央行还通过定期回购（term repos，每日操作，期限一周）和发行央票（SNB Bills，每周操作，期限数周不等）等方式，开展吸收准备金操作（Reserve Absorption Operations），从而吸收过多的流动性并将市场利率维持在政策目标水平附近②。2022 年 12 月 15 日，瑞士央行决定将基准政策利率上调至 1%，次日开始将规定数量准备金按政策目标利率水平补偿，规定数量之外的准备金按照 0.5% 进行补偿，从而由地板体系正式转向 ±50BP 的对称利率走廊安排。

① Kent, C., 2022, "From QE to QT", *Speech at KangaNews DCM Summit*, May, 23rd. 另请参见：BOC, 2022, "Bank of Canada Provides Operational Details for Quantitative Tightening and Announces that It Will Continue to Implement Monetary Policy Using a Floor System", Apr., 13th; RBNZ, 2022, "Reserve Bank Optimising New Zealand's Monetary Policy Framwork for the Future", May, 6th.

② Maechler, A. and T. Moser, 2022, "Return to Positive Interest Rates: Why Reserve Tiering?", *Speech at Money Market Event*, Nov., 17th.

应当看到，目前实行地板体系的央行大多为世界货币国家央行（美国、欧元区、英国、日本都采用了地板体系，瑞士法郎、加拿大元和澳大利亚元在国际储备货币中也占有非常重要的地位），仅以监管改革和市场流动性条件变化作为坚持地板体系的理由似乎并不充分。瑞典在实行负利率政策之后，仍通过发行央行票据、开展逆回购业务等方式回收流动性，确保市场流动性的结构性稀缺，通过公开市场操作与利率走廊相结合的传统模式有效引导市场利率（Zobel and Doyle，2016；Cap，et al.，2020），即使是疫情之后仍是如此①。

早在2009年7月，瑞典就曾对银行在央行存款实行负利率，但由于基准政策利率（回购利率）仍为正且坚持流动性稀缺的利率走廊模式，瑞典货币市场利率仍在零以上，2010年9月瑞典银行停止负的存款便利利率，危机后瑞典银行短暂的负存款便利利率在当时也未被认为是实行负利率政策。而且，在2014年6月欧央行实行负存款利率之后，瑞典银行在2014年7月也实行了-0.5%的存款利率，但瑞典仍将基准政策利率（回购利率）维持在零以上（0.25%），货币市场隔夜利率也始终保持在零以上。甚至，2014年10月瑞典将回购利率降至零并将存款便利利率降至-0.75%，货币市场利率仍保持在零以上，直至2015年2月瑞典将回购利率降至-0.1%，瑞典货币市场隔夜利率才降至零以下。

（四）货币操作框架的理想模式：坚持地板体系，还是回归利率走廊

自17世纪中央银行成立以来，金融市场操作一直是中央银行连接政策与现实的窗口。虽然由于市场安排和货币操作理念的不同，各国货币操作框架并不完全一致，在很多领域仍存在明显的分歧，但危机前各国央行对理想的货币操作框架设计，仍取得了很多重要的共识。当然，国际金融危

① Sveriges Riksbank，2022，"The Riksbank is Making the Operational Framework More Flexible"，*Press Release*，Mar.，22nd.

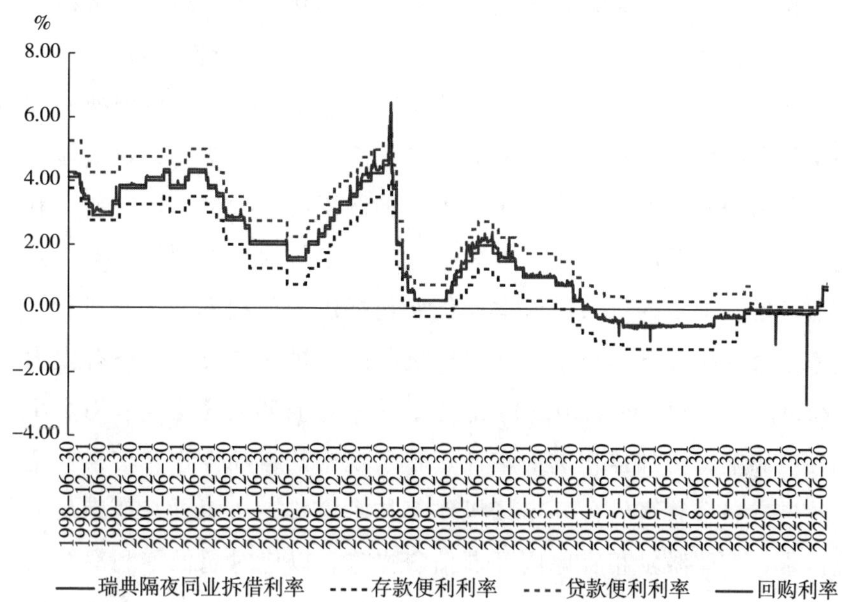

2020 年 7 月 3 日之前货币市场利率为斯德哥尔摩银行同业拆放利率（Stibor），2021 年 9 月 1 日之后为 SWESTR。

图 10.5　瑞典政策利率体系和隔夜货币市场利率（日度数据）

（数据来源：Riksbank）

机的爆发表明，2007 年之前的货币操作框架仍需要改进（Bindseil，2016）。受危机冲击及加强监管、技术进步等因素影响，各国金融体系发生了巨大变化，货币操作框架并不会随着经济金融条件的改善而完全回归到危机前的原貌。不过，毕竟货币操作框架评估仍可遵循一定的标准。欧央行金融市场部 Bindseil（2014，2016，2018）对危机前各国央行对货币操作框架的主要共识、危机前后货币操作模式的变化和经验、货币操作框架评估标准和危机后货币操作框架的理想模式等问题进行了深入研究，本章附录总结了宾德塞尔（Bindseil）的主要观点。

虽然利率调控的地板体系运行良好，利率波动明显下降，央行货币操作也更为简便，但这以央行持有大量资产（及相应充足数量的准备金）为前提，实际上扭曲了准备金需求和市场资金供给，降低了银行间市场的活跃度。相较于地板体系，打造简洁透明、自动化、普适高效的货币操作框架，至少存在着可以减少央行对市场的干预、降低央行操作对市场的扭曲、活跃金融市场、避免声誉负面影响等优势，这符合货币操作框架的理想模式，也是危机后各国货币操作框架的共同努力方向。毕竟，地板体系下央行资产负债表和准备金规模过于庞大，抑制了同业拆借市场交易，利率上升也将使地板体系成本巨大。国际金融危机之前的货币操作框架仍是重要的参照基准，未来的货币操作框架仍要包括以隔夜利率为操作目标、对称的利率走廊安排等基本要素，这与危机前的安排在本质上并没有太大区别（Bindseil，2018；Selgin，2019）。但是，中央银行需要考虑监管对金融机构流动性的影响，增加操作的简洁性、基于规则的自动操作、增强普适性并大力改进准备金管理、公开市场操作等技术安排，从而更好地满足超额准备金需求，按照激励相容原则开展信贷操作，以应对超低零利率等极端情形，更好地适应国际金融危机以来金融环境的新变化（Bindseil，2018）。

事实上，美联储历史上也曾发生过危机情形下准备金过剩的情况，并在正常时期恢复了正常准备金规模。1942 年起，美国实行了长达近十年的收益率曲线控制政策，致使金融体系流动性过于充裕。1950 年代初，由于准备金充足且银行持有大量美国国库券，联邦基金市场几乎没有交易。1954 年，随着美联储开始收紧货币政策，银行准备金头寸明显下降，联邦基金市场才重新活跃（Anbil and Calson，2019）。政策利率体系与央行资产负债规模密切相关（Arce，et al.，2018），正是由于美联储的利率走廊区间并非对称且区间过窄，扭曲了银行准备金需求和市场资金供给，致使美联储账户的准备金数量过于“充足”。2019 年以来，美联储转向强调充足准备金操作框架，在很大程度上缘于其并不合理的利率决策和政策利率体系（如政策利率长期低于规则所揭示的水平导致美联储资产规模过于庞大），以及金融市场人为分割等政策扭曲（Grossmann-Wirth，2019；Filardo，2020），尽管美联储一直不承认这一点（Ihrig，et al.，2020）。在严峻通胀压力下，2021 年末美联储不得不结束量化宽松并在 2022 年开启加息缩表。很多经济学家都主张取消或降低对（超额）准备金的利息补偿，建立真正意义上的对称利率走廊安排（Marquez, et al., 2012；Carlson and Lackman, 2018；Ireland, 2020），这也符合简洁透明的货币操作框架理想模式（Bindseil, 2016；2018）。

五、2019 年 9 月美国货币市场波动与美联储利率操作框架存在的主要问题

2019 年 1 月，美联储 FOMC 会议宣布将转向充足准备金框架的利率操作模式，正式承认其由危机前稀缺准备金的利率走廊模式转向地板体系。不过，就在美联储意图强化充足准备金利率操作框架过程中，2019 年 9 月美国货币市场出现大幅波动，回购市场隔夜利率快速上行，盘中一度飙升至 10%，9 月 17 日担保隔夜融资利率（SOFR）大幅上行至 5.25%，联邦基金有效利率（EFFR）突破 2.25% 的目标区间上限至 2.3%，隔夜一般抵押品回购利率相对于 EFFR 的溢价甚至超过了危机期间的水平，这一度令市场担忧美联储失去了对短期利率的控制。为引导利率回归目标区间，在时隔国际金融危机后十年之久的 2019 年 9 月 17 日，美联储重新开展了隔夜回购操作（Overnight Repurchase Agreement Operation），允许一级交易商从美联储获取流动性，当天实际接受证券金额达 531.5 亿美元，资金短缺的局面得到了暂时缓解，但仍未得到根本性扭转。为此，2019 年 10 月 11 日，美联储宣布从 10 月 15 日起重启每月 600 亿美元的购买国库券计划，且至少延续至 2020 年第二季度；同时，将持续隔夜回购操作直至 2020 年 1 月。美联储在公告中强调此次扩表是为帮助管理流动性，更好地实施货币政策的“技术性措施”，与量化宽松（QE）不同，其并不代表货币政策立场的变化，因而也被称作“不是 QE 的扩表政策”。美联储对货币市场波动的原因进行了深入分析，认为主要是由于国债发行和税收缴款导致的银行体系准备金不足和监管等因素导致的回购交易中介成本上升（Afonso, et al.,

2021）。但是，美国货币市场波动和美联储被迫扩表的新措施，也反映了其利率操作框架和货币决策体系存在的深层次缺陷（Filardo，2020；Malz，2020）。

（一）美国货币市场波动和美联储扩表的直接原因

国际金融危机后，监管规则对银行从事回购交易进行了更严格限制，在一定程度上削弱了银行参与该业务的动机。摩根大通首席执行官杰米·戴蒙（Jamie Dimon）表示，摩根大通有足够的流动性和意愿向回购市场输入资金（回购协议利率飙升至远高于摩根大通在美联储开立的活期存款账户利率，将资金投入回购市场能够获利），但碍于流动性监管要求无法开展相关业务[①]。除了监管因素外，由于企业缴税、美国国债发行结算、财政部一般账户余额上升和美联储的超额准备金下降等因素的共同作用，2019 年 9 月 16 日美国回购市场压力骤升，最终导致市场短期资金利率失控。此次美联储扩表的技术性调整，也是在这一背景下展开的，主要目的是熨平货币市场的剧烈波动。

在加息缩表政策作用下，美国银行体系的准备金在货币市场波动之前已经偏低。2017 年 10 月，美联储正式开始缩减资产规模（主要是国债和 MBS），美联储资产负债表的负债部分也相应出现了缩减。2019 年 9 月，美国银行体系准备金规模已经降至 1.4 万亿美元，较 2014 年 8 月的最高水平减少了近 1.5 万亿美元。与此同时，美联储资产规模下降速度远不及准备金，2019 年 9 月美联储资产规模仅较缩表前最高的 4.5 万亿美元下降 0.6 万亿美元。尽管美联储意识到了准备金减少的潜在负面影响，并在 2019 年 7 月降息 25 个基点的同时，停止了资产负债表缩减，但在银行体系准备金数量相对不足的情况下，由于超额准备金水平弹性下降，任何对短期资金的边际需求都可能直接导致市场流动性紧张和利率上升。

国债发行和税收缴款因素叠加冲击市场流动性。一方面，2019 年 9 月

① James Dimon on Q3 2019 Results-Earnings Call Transcript. https：//seekingalpha. com.

16 日是很多企业和个人当季联邦税收截止日。在几天的时间里，这些纳税人从银行和货币市场共同基金账户中取出了 1000 多亿美元，这些资金进入了财政部专户，从而减少了银行体系的准备金。另一方面，随着财政赤字的增加，财政部通过偿还到期证券和发行更多的新证券增加了大量长期债务，购买这些新债券的买家（主要为一级交易商）通过在回购市场将债券用作隔夜贷款的抵押品来为购买债券进行融资。2015 年以来，美国财政部在联邦储备账户中持有的现金余额规模不断扩大，余额的波动性也随之加大，由此导致的准备金减少和波动加大可能会降低大型银行的现金缓冲能力，降低其在回购市场放贷的意愿（Avalos，et al.，2019）。回购市场主要的现金出借方为银行及货币市场基金，叠加税收结算效应，使得整个回购市场的流动性进一步减少。随着越来越多的借款人在回购市场寻找资金，2019 年 9 月 16 日回购利率开始上升，9 月 17 日上午盘中一度高达 9%，回购市场压力开始向联邦基金等其他市场蔓延，因为这些市场的银行可以选择追逐回购市场的高回报率。此外，当银行因缴税或发行国债而遭遇大规模资金外流时，它们可能会寻求通过在联邦基金和其他市场隔夜借款来弥补资金，从而在边际上增加这些市场的利率上升压力。2019 年 9 月 16 日，联邦基金利率达到了 FOMC 目标区间的上限 2.25%，9 月 17 日高达 2.30%。事实上，上述情形在历史上曾多次发生过。纽约联邦储备银行 2018 年公开市场操作年报披露，由于国债供给增加，2018 年 12 月隔夜回购利率曾超过联邦基金目标利率上限 10 个基点；当年最后一个交易日，因国债大量结算，交易商存货剧增，叠加典型的年末资产负债表管理效应，导致隔夜回购利率急剧上涨 50 个基点。

（二）当前美联储利率操作框架存在的主要缺陷

在 2019 年 8 月美联储提前停止缩表计划、市场普遍预期降息背景下，9 月中旬以来美国联邦基金市场利率频繁上涨，联邦基金有效利率（EFFR）频繁突破政策目标上限。纽约联储 9 月 17 日起开始自 2008 年以来的首次大规模干预，通过定期和隔夜回购向市场投放大量资金，主动扩张资产负债表。

表面来看，2017 年缩表政策以来银行体系准备金规模偏小、国债和税收缴款因素叠加、加强流动性监管等因素，共同导致了当前美国市场流动性紧张和利率飙升，但这种解释未触及问题的根本。毕竟，国债和税收缴款因素完全可预期，纽约联储在应对流动性季节冲击方面经验丰富，加强监管的边际冲击也不会如此巨大。2019 年 10 月市场流动性和利率恢复平稳后，美联储仍对货币政策进行技术性调整，很大程度上说明其利率操作框架存在深层次问题。

一是超额准备金利率（IOER）过高，原本作为利率走廊上限的存款便利利率成为市场利率上限。2006 年美国国会允许美联储从 2011 年起对银行准备金进行利息补偿，国际金融危机的爆发加速了这一政策的进程。美联储为准备金付息主要是为了减少银行资本金税负担，构建与其他国家类似的利率走廊下限（Meyer, et al. , 2008），在 2008 年 10 月初政策实施时联邦基金利率目标为 1.5%，贴现率为 1.25%，超额准备金利率为 0.75%，法定准备金利率（IORR）为 1.4%，但在 10 月 23 日将 IOER 上调至 1.15%，但在 10 月 29 日将联邦基金利率目标下调至 1% 的同时，将 IORR 和 IOER 分别降至 0.9% 和 0.65%，直至 11 月 5 日才将 IORR 和 IOER 均上调至 1%。可见，美联储最初的利率走廊框架并非对称，而且对法定准备金也未进行完全补偿。为防止金融市场恐慌蔓延并出现零利率情形，才将准备金利率调整至与联邦基金利率目标水平一致。不过，2008 年 12 月 16 日，美联储将联邦基金利率目标由 1% 降至 0 ~ 0.25% 目标区间，IOER 与目标上限相同。由此，在套利机制的作用下，EFFR 仍处于联邦基金目标利率区间之内，不会突破下限而出现零利率情形。IOER 设定在联邦基金利率目标区间上限，实际上成为市场利率上限，而非传统意义对称利率走廊安排下的市场利率的理论下限（Hamilton, 2020）。针对非银行金融机构的 ON RRP 则实际上发挥着利率走廊下限的功能。

然而，在货币政策正常化进程中，仍将 IOER 设定为 EFFR 目标区间上限，使得存款便利利率区间过窄且偏高，商业银行更倾向于将资金存入联储账户以获得稳定且较高水平的超额准备金利息收益，这将扭曲货币市场资金供给。不过，随着美联储加息和货币政策正常化的推进，货币市场利率倾向于不再紧跟 IOER 调整并表现出明显的上升压力。为此，2018 年 6 月至 2019 年 9 月，美联储对 IOER 连续进行了四次技术性调整，IOER 由与 EFFR 目标区间上限重合调整至与之相差 20 个基点，但仍高于联邦基金目标利率下限 5 个基点，以期缓解市场利率上行压力，更好将其引导至 EFFR 目标区间之内①。不过，降低准备金利息减少了联邦基金市场的套利机会，IOER 与联邦市场基金利率利差随之消失，这对银行超额准备金头寸产生了显著的影响，美国回购市场利率也开始持续突破 IOER 水平（Hamilton, 2020）。

EFFR 和 SOFR 仍出现超预期的飙升，这表明 IOER 对市场利率的"引力"已经减弱②。IOER 和 SOFR 之间的利差也反映了准备金和国债的相对供应量（IOER 是美联储为准备金支付的利息，而 SOFR 是机构为国债融资而支付的回购利率），当 SOFR 低于 IOER 时（如 2015—2018 年初），流动性供应相对充足，以至于国债融资的隔夜收益率低于准备金利率；2018 年中开始，由于大量美国国债发行，回购利率开始显著高于 IOER，整个美国的银行体系从过去的抵押品净提供者变成净回购市场资金提供者（Avalos, et al. , 2019）。2019 年 9 月，在 1.4 万亿美元准备金账户中，美国的银行缴存法定准备金仅为 0.13 万亿美元，在 QE 使得银行超额准备金迅速超过通货成为美联储最主要的负债项目的准备金过剩情形下，IOER 仍高于联邦基金目标利率下限，限制了银行向市场投放资金的意愿（Taylor, 2016b, 2018），市场流动性和利率也因而更加敏感。

二是作为利率走廊上限的再贴现利率作用有限，市场流动性难以得到央行有效支持。正如本书第二章指出的，美联储的贴现窗口利率长期低于市场水平，存在明显的声誉效应，即使是 2003 年改革之后，仍未很好地发挥利率走廊上限的功能。次贷危机和国际金融危机表明，贴现窗口未能有效平滑市场流动性（Altig, et al. , 2016）。由于外部监管和银行内部风控流

① Logan, L. , 2019, "Observations on Implementing Monetary Policy in an Ample-Reserves Regime", *Speech at the Money Marketeers of New York University*, Apr. , 17th.

② Selgin, G. , 2019, "Fed Watchers Should Keep An Eye on the IOER – SOFR Spread", www. alt – m. org, Jul. , 25th.

程的惯性，以及2010年通过的《多德—弗兰克法案》要求美联储披露滞后两年的贴现窗口详细信息，银行仍不愿意主动通过贴现窗口获得流动性支持，贴现窗口在美联储日常利率操作中的使用频率和引导利率的作用非常有限（Ennis and Klee，2021）。2018年末美联储贴现窗口余额仅为6100万美元，2019年9月美联储贴现窗口余额仅约为1亿美元，显然并未有效发挥常备借贷便利和市场利率上限功能。

另外，国际金融危机之前，美联储主要依靠公开市场操作引导利率达到预设目标，危机前曾长期奉行专司国库券政策（Bills only Doctrine），短期国债在危机前占据美联储国债资产的相当比例。不过，随着国际金融危机后量化宽松政策实施，短期国债占比几乎为零。2019年9月市场短期回购利率和EFFR飙升之后，美联储重启临时公开市场操作（TOMOs），并提到了永久公开市场操作（POMOs）的可能性，即直接购买国库券、票据和（或）债券，再次开始增加系统中的超额准备金水平，以帮助缓解未来的资金紧张。然而，由于贴现窗口依然门可罗雀，仍然需要考虑创造一个新的短期利率上限。为此，2019年6月FOMC会议曾提出，美联储考虑创设常备回购便利工具［Standing fixed-rate repurchase agreement（repo）facility，SRF］，主要是为了实现两个目的：一是为一级交易商和规模较小的银行提供无限的日内现金融资渠道，而不是抵押品融资；二是允许拥有巨额超额准备金余额的大型商业银行，考虑用流动性无限大的美国国债回购来替代流动性无限大的准备金，而非大部分准备金。

三是作为利率走廊中枢的联邦基金利率市场代表性下降，利率走廊安排人为放大了市场利率波动，扭曲了货币市场资金供求。正如上文指出的，国际金融危机以来，美国联邦基金市场交易明显下降，回购市场代表性上升，但出于市场沟通等考虑，美联储仍以联邦基金利率为目标。不过，央行资金借贷的成本收益理论上应当匹配，作为利率走廊核心要素的中央银行政策目标利率，应当设定在存贷款利率区间的中间位置。目前，美联储仍延续危机后的政策利率目标区间，这表面上确实提高了央行利率操作效果，EFFR大多落于目标区间。但是，在疫情之前，美联储利率走廊并非对称安排，利率走廊上限区间（无论是以一级贴现窗口利率与联邦基金目标利率区间上限利差的50BP，还是以一级贴现窗口利率与IOER利差的70BP）明显宽于利率走廊下限区间（无论是IOER与ON RRP利差的10BP，还是联邦基金利率目标区间下限与ON RRP利差的5BP）（2020年初数据），再加上贴现窗口的紧急流动性救助功能有限，政策目标利率区间人为放大了利率走廊宽度，加大了市场利率波动；在疫情之后，一级贴现窗口（或常备回购便利）利率作为利率走廊的理论上限与联邦基金利率目标区间上限相同（0.25%），IOBR相当于事实上的基准政策利率仅较联邦基金利率目标区间上限低10BP（0.15%），ON RRP作为利率走廊下限则较联邦基金利率目标区间下限高5BP（0.05%）（2021年末数据），这实际上可以视作一个±5BP的对称利率走廊，这与澳大利亚采用利率走廊之初的模式类似，银行之间的交易转向与美联储的交易，信用拆借市场也因而大幅萎缩，这扭曲了货币市场供求，降低了货币市场资金配置效率，进一步导致联邦基准利率市场代表性下降。

（三）疫情以来美国政策利率体系的新进展

国际金融危机之前，美联储是少有的未建立常备存贷款便利安排的发达国家中央银行，美联储很早就借鉴各国经验，为建立公开市场操作与利率走廊相结合的利率操作框架进行大量深入研究和技术性准备工作（Meyer, et al., 2008）。2008年10月，美联储开始对准备金付息，正是借鉴各国经验打造利率走廊模式的政策尝试。但是，随着大量创新性流动性救助政策的实施，特别是2008年12月美联储将联邦基金利率目标降至0～0.25%区间，并要求纽约联储有效控制利率在零以上，银行体系准备金规模迅速上升。为此，纽约联储通过现券卖出、国债补充融资计划（Treasury's Supplementary Financing Program）等方式，进行了大量流动性冲销干预吸收市场流动性①。但是，随着量化宽松政策的实施，美联储不得不放弃维持稀缺

① Potter, S., 2016, "Implementing Monetary Policy Post-crisis", *Speech at the Workshop of Columbia University SIPA and NYFED*, May 4th.

准备金的努力，最终发挥 IOER 的作用转向地板体系的利率调控模式。

针对危机后利率操作框架的新变化，美联储也针对常备存贷款便利安排、准备金规模管理等问题进行了深入探讨。针对危机后货币市场出现的新变化，美联储内部研究很早就指出，未来利率操作框架是否要恢复到危机前稀缺准备金条件的利率走廊模式仍需要进一步讨论。由于加强监管使得银行经营更加审慎，需要持有规模更大的准备金，美联储缩表进程可能受到影响；规模巨大且波动频繁的准备金需求意味着恢复到过去稀缺准备金条件的利率操作模式更加困难（Klee and Nosal，2016；Altig，et al.，2016）。从货币操作的角度来看，危机后的地板体系的利率调控模式总体上非常有效，对准备金供求变化展现出很强的韧性，非常适应扩大资产负债表应对冲击的需要，能够满足银行准备金需求并有利于促进金融稳定。因此，目前美联储仍更倾向于坚持地板体系的利率操作框架。2020 年 1 月，美联储将准备金利率上调 5 个基点，既是为了强化准备金政策利率作为利率调控工具功能，使联邦基金利率处于联储的管理区间之内①，但实际上也是为了维持一定规模充裕的准备金数量目标。

在应对疫情冲击的同期，美联储在 2020 年 3 月取消了法定存款准备金要求，并在 2021 年 7 月将 IOER 和 IORR 合并为一个单一的准备金余额利率（IORB），意图强化 IORB 等政策利率（administered rates）对联邦基金利率的影响（Afonso，et al.，2022）②。然而，美联储始终未能将贴现窗口利率打造为真正的市场利率上限。更为严重的问题是，为鼓励金融机构贴现窗口借贷，2020 年 3 月美联储将贴现利率降至联邦基金目标利率上限水平，隔夜的一级贴现信贷（primary credit）通过每日续作方式最长可延至 90 天。但是，降低贴现利率并延长贴现期限，既混淆了贴现窗口作为流动性管理和市场利率上限与信贷政策的功能，也违背了激励相容的白芝浩原则（紧

① Powell，J.，2020，"Transcript of Chair Powell's Press Conference"，January，29th.

② Logan，L.，2021，"Monetary Policy Implementation：Adapting to a New Environment"，*Speech at the Money Marketeers of New York University*，Otc.，14th.

急流动性支持应收取更高利率以避免非紧急流动性需求和道德风险）。2021年以来，美国通胀持续高企，美联储不得不在2021年底开始削减宽松，在2022年3月正式加息开启货币政策正常进程，在2022年6月开始缩表并在当年9月加大缩表力度。鉴于上一轮货币政策正常化经验及2019年9月货币市场波动的教训，2021年7月美联储正式推出SRF①，以美国国债、机构债、机构MBS作为合格抵押品，其利率设定在高于隔夜回购市场利率的水平，作为贴现窗口的补充，发挥利率走廊上限作用。

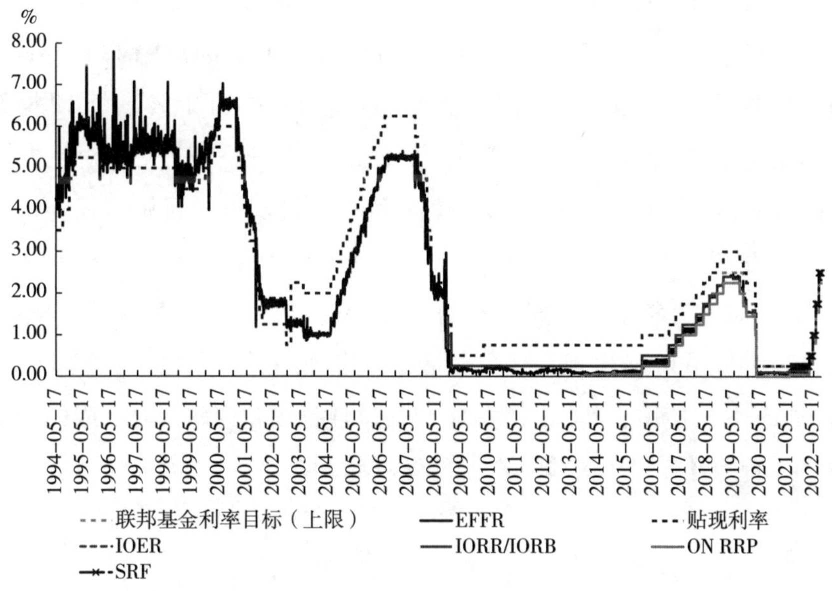

图10.6　美国政策利率体系和联邦基金利率（日度数据）

（数据来源：FED）

虽然IORB、SRF、ON RRP的政策利率已具备了利率走廊的基本形式，但这并不意味着美联储将恢复危机前稀缺准备金的利率调控模式（Afonso, et al., 2022），从SRF和ON RRP的操作方式上可以清晰地看出这一点。

① 同时，美联储还推出了针对外国货币当局流动性支持的临时回购便利安排（FIMA Repo Facility），利率为IOER+25BP。

ON RRP 和 SRF 确实在一定程度上弥补了利率走廊下限和贴现利率作为市场利率上限的不足，但这两项工具并非是采用存贷款便利的方式，而是事先设定一定额度进行操作，仍存在着相机抉择的特征。尽管 2021 年 3 月美联储将每个 ON RRP 交易对手方的额度由 300 亿美元提高至 800 亿美元，当年 5 月再次提高至 1600 亿美元，但这毕竟仍存在着数量限制。类似地，虽然 SRF 针对一级交易商和所有银行，推出 SRF 实际上是美联储为打破贴现窗口声誉效应的努力，使美联储通过限制回购市场压力向联邦基金市场的溢出，进而向银行体系提供准备金并维持 EFFR 利率水平，但目前其交易对手方范围仍然有限（截至 2022 年 5 月末，仅不到 10 家金融机构），SRF 利率也与一级贴现窗口利率相同（也即为联邦基金利率目标上限），SRF 操作仍存在总量限制（业务总限额为 5000 亿美元）。而且，SRF 交易对手方每类合格抵押品债券（国债、机构债、机构 MBS）最多可进行两次操作，每次融资限额为 200 亿美元（也就是说，每个交易对手方的最大限额为 1200 亿美元）。目前，美联储仅将 SRF 作为货币市场的流动性后备（backstop）工具，只是在货币市场出现压力、隔夜利率面临上行压力时才会间歇性地（intermittently）使用，其辅助贴现窗口流动性投放和利率走廊上限的作用仍待观察（特别是在货币政策正常化过程中）。

六、中国利率调控模式选择及需要注意的问题

（一）中国利率操作模式选择：健全公开市场操作与利率走廊相结合的利率调控模式

随着经济转向高质量发展阶段，中国未来仍将保持 5% ~6% 的潜在产出增速，完全有条件实施正常货币政策，在国际金融危机和疫情应对中始终坚持稳健货币政策，收益率曲线也保持了正常的、向上倾斜的形态（易

纲，2021），即使面对当前的经济困难，也高度警惕结构性通胀压力，坚持不搞“大水漫灌”、不超发货币①。同时，中国货币政策操作一直是在稀缺准备金条件下进行，即使是在流动性过剩期间，也通过央票发行和法定准备金调整等方式，努力维持市场的流动性结构性稀缺。2012 年以来，我国流动性过剩局面得到根本改观，这增强了央行把控和调节流动性的主动性，为以利率为主的货币价格调控转型创造了更为有利的条件。因此，中国没有必要采用地板体系的利率调控模式。健全公开市场操作与利率走廊相结合的利率调控框架，仍是货币价格调控转型的努力方向。

（二）完善中国利率调控框架需要注意的问题

我国自 1984 年建立存款准备金制度以来就一直为准备金付息，长期通过再贷款（再贴现）为金融机构提供信贷和流动性支持。可以说，自转向以数量为主的间接货币调控模式以来，我国就已具备了公开市场操作和利率走廊的基本技术条件。随着利率市场化进程的加快推进，我国还在创新并健全流动性管理工具、改进公开市场操作和准备金考核方式、完善再贷款分类体系等方面进行了大量技术性准备工作。可以说，我国已完全具备了向以利率为主的货币价格调控模式转型的必要条件。本书第七章和第八章分别针对与利率调控模式有关的夯实 Shibor 货币市场基准利率作用、深化金融衍生品市场发展、做好存贷款利率并轨、健全抵押品框架和交易对手方设置、优化货币政策工具体系、完善国库现金管理、协调货币政策与信贷政策关系等技术性问题，进行了深入分析。除此之外，为完善中国利率操作框架，我国还应注意以下几方面问题。

一是货币政策与监管政策协调仍有待优化。货币政策逆周期性与银行监管顺周期性的内在冲突，为避免中央银行作为最后贷款人过度借贷的道德风险等问题（掩盖监管失败，或过度救助容易引发通胀风险），我国也顺

---

① 《全年物价仍可实现预期目标 但应警惕结构性通胀压力》，《中国货币政策执行报告》（2022 年第 2 期）。

应20世纪90年代以来的国际潮流，2003年将银行监管职能从央行分离出来。不过，货币政策调控效果在很大程度上受制于监管政策。特别是，我国微观监管部门一度鼓励创新并关注行业发展，以监管套利为主的影子银行体系迅猛发展，制约了央行货币调控效果（徐忠，2018）。而且，中国的银行监管实践往往重准入管制、轻日常行为规范，很多监管指标都远高于《巴塞尔协议Ⅲ》的要求，管制过度与监管真空并存。特别是，2018年经济内外环境恶化与监管顺周期效应叠加，致使货币政策传导机制几乎失效[①]。而且，微观监管部门还更加关注宏观经济运行，对银行利率定价、信贷投放等提出过多监管要求，这进一步加大了金融机构监管负担，抑制了货币政策传导的有效性。

二是货币市场和债券市场仍存在人为分割。我国货币市场和债券市场采用以场外为主、以场内为辅的模式，这符合资金批发性交易的特点，也是国际通行的做法[②]。不过，两个市场准入和监管要求存在明显差异，市场价格分化明显，这在一定程度上助长了市场的监管套利，不利于金融资源优化配置。特别是，交易所市场信用风险溢价较高，但流动性需求价格刚性较强，交易所短期资金交易利率水平和波动都明显高于银行间市场，这在很大程度上干扰了市场预期和中央银行的流动性管理，市场利率分化也干扰了利率政策传导。应当看到，场内场外市场适用的市场主体特征不同，场内市场的集中竞价机制更适合小额市场参与者，批发性融资很容易导致场内市场价格大幅波动，场内场外市场分层具有一定的合理性。今后，应在规范不同类型市场参与者准入和交易规则的基础上，以金融基础设施互联互通和强化竞争为切入点，促进债券登记托管机构、不同市场交易平台与托管后台的联通，探索建立穿透式管理的多级托管体系，满足不同资金和风险偏好投资者的合理融资需求。

---

① 姚洋：《反思去杠杆》，财经网，2019年12月12日。

② 《银行间市场建设与利率市场化》，《稳步推进利率市场化报告》，《中国货币政策执行报告》（增刊），2005年1月。

三是央行政策沟通水平仍需进一步提高。国际金融危机后，量化宽松非常规货币政策和地板体系利率调控模式模糊了货币决策与货币操作的界限，对央行政策沟通带来了新的挑战，这对货币决策机制尚未健全的我国而言具有更重要的启示性意义。应当说，近年来我国在提高货币政策透明度、健全常态化政策沟通机制、完善多元化沟通方式等方面，取得了明显成效[①]。但是，在货币操作实践中，对市场超过既定政策安排的异常交易行为的解释澄清往往并不及时充分。今后，应适当增加重要信息披露频率，提高信息发布的及时性、准确性、有效性、规范性，尝试多种渠道表达央行对经济金融的判断和政策意图并逐步实现常规化、制度化，真正做到“言行一致”，提高公众获取信息的公平性，更好地提高货币政策有效性和央行公信力。

（三）货币价格调控模式转型与通过二级市场买卖国债投放基础货币

中央银行利率操作本质上是针对基础货币价格进行调控，隔夜市场利率是准备金（基础货币）市场最为重要的价格，也是当前各国央行最主要的操作目标，基础货币投放渠道对货币操作框架至关重要，这也是建设中国现代中央银行制度的重要内容。

1. 当前对金融机构债权成为基础货币投放主要渠道存在的问题

随着国际收支日趋均衡，我国市场流动性环境和以外汇储备为主的基础货币投放渠道发生根本性变化，对金融机构的债权成为基础货币投放的主要渠道。不过，中国人民银行资产结构限制了货币调控的灵活性、主动性。当前，我国已退出常态化外汇市场干预，外汇储备基本稳定，人民银行持有的国债除少部分为金融机构质押外，主要是2007年特别国债及2017年的续持，这两部分资产都将长期持有，无法灵活调整。在货币政策操作框架由以数量型为主向以价格型为主转型的当下，通过MLF等对金融机构

① 《货币政策预期管理取得明显成效》，《中国货币政策执行报告》（2021年第2期）。

债权的再贷款方式投放基础货币，在很大程度上也是针对外汇占款下降的应对性措施。

但是，MLF本质上仍属于再贷款工具，将其作为基础货币投放主要渠道存在一定的问题。一是再贷款发放仍存在一定的信用风险。虽然MLF等工具采取质押方式发放，能够提升央行资产质量，但以高等级债券和优质信贷资产作为合格抵押品，在很大程度上仍是依靠金融机构信用，存在一定的信用风险。二是以再贷款为主的基础货币投放很容易被倒逼和货币超发。20世纪90年代末我国转向以公开市场操作、准备金调整为主的数量型间接调控模式之前，主要是通过信贷规模指令性计划方式进行直接调控，再贷款是基础货币投放的主要渠道。不过，由于各地方、各专业行信贷冲动，信贷规模和再贷款计划经常被突破，中央银行往往被倒逼发放再贷款，从而形成货币超发，造成经济不稳定。虽然MLF等工具采用质押式发放，对资金用途进行严格规定，但这类工具期限固定，操作频率有限，难以做到根据实体经济需要灵活调节基础货币数量，甚至不得不滚动发放或被动扩大操作规模，以弥补基础货币需求缺口。国债市场规模较大，能够基本对冲外汇占款波动下行的影响，满足经济发展的长期货币需求；国债回购则主要用于调节市场流动性、引导市场利率。以国债为标的开展公开市场操作更加灵活，频率较高，这有助于提高货币政策操作的主动性、灵活性。三是MLF等再贷款工具可能引发经济新的结构性扭曲。MLF交易对手有限，主要是以政策性银行和大中型银行为主的一级交易商，广大中小银行无法直接获得MLF资金支持，这不利于市场竞争中性。而且，MLF等再贷款工具主要是为了支持国民经济重点领域和薄弱环节，过于依赖结构性政策容易干扰货币总量调控效果，引发经济新的结构性扭曲。

2. 在二级市场买卖国债投放基础货币面临的主要问题

国债基于主权信用，相当于无风险资产，市场稳定，价格波动较小。国债市场规模较大，能够基本对冲外汇占款波动下行的影响，满足经济发展的长期货币需求；国债回购则主要用于调节市场流动性、引导市场利率。

以国债为标的开展公开市场操作更加灵活，频率较高，这有助于提高货币政策操作的主动性、灵活性。而且，国债是金融机构普遍持有的基础性资产，买卖国债的基础货币投放方式能够面向所有经济体主体，有利于市场公平竞争。将国债业务纳入公开市场操作常备工具箱有利于深化国债市场发展，健全国债收益率曲线，为金融市场提供可靠的中长期产品定价基准。因此，通过二级市场买卖国债发行基础货币，有助于打造规模适度、结构合理、操作灵活、风险可控的健康可持续的中央银行资产负债表，促进货币价格调控模式转型，是完善货币供应调控机制的重要途径，也是各国的通行做法。不过，当前我国国债市场仍存在较多问题，制约了中央银行通过二级市场买卖国债的意愿和能力。

一是我国国债市场规模仍相对有限，央行在二级市场买卖国债容易产生市场挤出效应。按 Wind 分类标准，截至 2021 年末，我国国债余额为 23.01 万亿元，市场占比为 17.7%，仅次于地方政府债和金融机构债。不过，从新增国债发行数量来看，虽然为应对疫情和经济下行需要，2021 年国债新增发行规模高达 8.85 万亿元，创近年来新高，但市场占比仍仅为 11.1%，仅位列市场第四。作为无风险资产，国债市场需求较大，主要是作为配置类资产大多被金融机构持有到期。特别是，随着我国债券市场对外开放的加速推进，境外机构投资者对国债需求较大。截至 2021 年末，境外机构持有国债余额占比高达 10.9%，全年境外机构持有新增国债占比高达 18.6%。

二是中央银行通过二级市场买卖国债吞吐基础货币，需要在一定规则下与财政部门协调配合。中央银行通过公开市场操作买卖国债调节基础货币，是美联储、欧央行等现代中央银行的主流做法。随着我国债券市场的健全完善，人民银行也可考虑在二级市场买卖国债吞吐基础货币。不过，这并不意味着中央银行直接支持财政支出，要高度警惕财政赤字货币化倾向。在一般情况下，中央银行不能在一级市场买卖国债，这也是各国中央银行的共识。中央银行购买国债，可成为基础货币发行的渠道，历史上也是推进一些领域改革、化解风险的方式，在特殊情形下也可能是与财政部门配合应对严重外部冲击的手段，国际上也不乏先例。即使出现这种特殊情况，也要在遵循市场经济规律和国际中央银行货币发行基本共识的原则下，以激励相容的方式支持财政部门，明确政策的框架、边界和政策退出的条件。

三是中央银行无法准确掌握财政库存现金、税款缴存和国债承销等相关信息，市场流动性扰动较大。随着我国财税制度改革的不断深化，以往财税资金运行规律发生了明显变化。很多国债承销团成员无法直接获得央行流动性支持，市场流动性和利率面临较大不确定外生冲击，这在很大程度上制约了人民银行将国债纳入公开市场操作的主动性。

四是国债市场流动性较低，国债衍生品发展缓慢，市场深度有限。2021 年，我国国债现券换手率（二级市场成交与年末余额之比）仅为 1.8 倍。虽较以往有了一定提高，但与美国 10 倍以上和英国、德国等国 4 倍以上差距明显。受会计税收处理、保证金安排及信用风险等因素制约，国际通行的买断式回购在我国发展缓慢，回购业务以质押式为主，大量国债被质押冻结。由于监管、定价机制等因素制约，标准债券远期等创新工具发展不足，信用违约互换（CDS）发展缓慢。

五是我国短期国债占比较低。2021 年，1 年及以内短期国债占比达到历年最高的 37.3%，2～10 年期国债占比为 56.0%，10 年期以上占比为 15.6%，这与美国短期国债占比在最近几年都保持一半以上存在较大差距。在货币价格调控模式下，中央银行主要购买短期国债并引导市场隔夜利率水平（操作目标）与短端基准政策利率水平相符。美联储曾在很长一段时期内奉行专司国库券政策（Bills only Doctrine），国际金融危机之前，短期国债占美联储国债资产的比重基本稳定在 35% 左右。

六是国债免征利息税但对交易资本利得进行征税，削弱了其金融属性。虽然免税能够促进国债发行，但这仅限于弥补财政资金缺口的功能，降低了国债收益率与其他债券收益率的可比性（类承曜，2021）①。同时，与其他债券买卖一致，我国对国债买卖差价形成的资本利得进行征税，这进一

① 刘凡：《扩大国债收益率曲线应用，增强国债金融属性》，在债券四十人论坛的发言，财新网，2020 年 8 月 12 日。

步提高了投资者的持债意愿并降低了市场流动性，不利于国债衍生品市场深化发展和国债收益率曲线的健全完善，在一定程度上导致债券市场的收益率曲线难以发挥基准利率作用。

3. 通过二级市场买卖国债作为基础货币投放渠道的主要建议

一是减少对 MLF 等再贷款工具依赖，逐步提高二级市场国债现券买卖、国债回购业务在基础货币投放和流动性管理中的作用。一方面，将 MLF 等再贷款工具明确为信贷政策而非货币政策工具，公布其数量及与新的短端基准利率挂钩的操作规则，避免其结构性功能财政化，干扰货币政策调控；另一方面，逐步将在二级市场买卖国债纳入央行公开市场操作箱，并逐步扩大操作规模、操作范围和提高操作频率。

二是由央行主导国债承销团管理工作，将财政存款（国库现金管理）和国债发行纳入央行流动性管理框架。银行间市场既是国债发行的主要场所，也是公开市场操作的重要平台。可借鉴美联储经验，由人民银行牵头国债承销团管理，将国债承销团的非银行金融机构成员纳入一级交易商。为避免财政资金对流动性管理的过度扰动，可借鉴加拿大等国经验，将国库现金管理与货币政策操作、国债管理相结合，以短端政策利率为基准向金融机构拍卖财政存款，实现财政资金市场化收益与平滑流动性有机结合。经人大批准后，由央行根据市场流动性情况和库款状况，统一安排国债的发行计划、发行节奏和发行的期限品种，避免对货币政策的干扰，提高财政政策和货币政策的合力。

三是深化债券市场发展，扩大短期国债发行规模。完善买断式回购交易机制，探索多只债券打包交易、担保品调整等业务便利性，发展三方回购市场，放松基础利率和信用衍生品市场的不合理管制，提高国债市场流动性。适当增加短期国债发行数量，央行负责管理承销滚动发行短期国债能够满足财政部门的资金需求，既有利于短端利率调控，还能降低国债融资成本。

四是恢复征收国债利息税，提升国债的金融属性。虽然对国债利息征税会提高票面利率，但财政付息增加和税收增加相互抵消，投资者持有国债的成本基本不变，国债收益率曲线更容易被应用于金融产品定价，成为广泛接受的中长期市场基准利率，这将进一步促进投资者参与国债市场，增强国债市场流动性，扩大国债市场深度，提高国债收益率曲线在金融资产定价、金融机构资产负债管理、货币政策传导方面的重要作用。

五是建立现代中央银行会计财务制度，打造健康可持续的中央银行资产负债表。财政收支与中央银行收支具有不同性质和特点，应实现两者资金的相互隔离，严禁政府财政向中央银行透支，这是现代国家治理体系下货币政策与财政政策有效发挥作用的关键。中央银行财务实力不足将影响宏观调控和应对金融风险的能力。应建立适应中央银行履职需要的财务预算管理制度、审慎的会计标准和相应的财务缓冲机制，优化中央银行资产负债结构并夯实权益资本数量，打造规模适度、结构合理、操作灵活、风险可控的健康可持续的中央银行资产负债表。

附录 10.1　国际金融危机后货币操作框架的理想模式

近年来，Bindseil（2014，2016，2018）深入探讨了货币操作框架的评估标准和危机后理想的货币操作框架模式。这里，对 Bindseil 相关研究的主要观点进行了总结，以期为我国货币价格调控模式转型和利率操作框架完善提供有益借鉴。

一、2007 年之前中央银行货币操作框架的共识与分歧

货币操作框架（Operational Frameworks，OFs，即货币政策实施的金融工具、相关规则和实践）的模式设计应更加有效、透明和高效。如若设计不当，不仅会危及中央银行货币政策目标的实现，还会影响金融体系效率和金融稳定。

（一）2007 年之前各国央行货币操作框架的七点共识

由于不切实际的理论指导及对央行政策制定能力的高估，20 世纪 90 年代之前，各国货币操作框架过于复杂。之后，各国大力简化货币操作框架，形成了以短期利率目标为主的现代货币操作模式。在国际金融危机爆发的 2007 年之前，中央银行在货币操作框架方面至少在以下七个方面，取得了重要共识：

共识 1：在日常货币操作中，应制定一个单一且明确的操作目标。作为货币政策传导的逻辑起点和反映央行货币政策立场（Stance）的重要变量，中央银行可以每天调控而不会对其他金融市场带来波动，能够有效影响货币政策最终目标，可测性较强且由货币决策部门决定其水平。

共识 2：至少对发达经济体而言，最佳的操作目标是短期（隔夜）利率，这与 1914 年之前的模式相同。

共识 3：原则上，货币操作框架应是简单的。国际金融危机爆发阻碍了

货币操作框架的简化趋势。

共识4：货币决策（设定并分析操作目标水平）与货币操作（操作目标的实际值与目标水平接近）之间采用分置原则（两分法）。完整的两分法意味着隔夜利率是货币政策执行与其他传导机制间的唯一通道。两分法可行（且最佳）的条件是：隔夜利率与零利率下限（ELB）存在一定距离、与其他市场利率存在充分套利空间且关系稳定，金融机构可以正常进入市场。

共识5：以利率目标为主的固定数量招标公开市场操作，是央行流动性管理的标准工具（即通过调节银行准备金的稀缺程度，引导银行间短期利率）。信贷业务的操作期限最长为3个月，采用可变利率（价格招标）或固定利率（数量招标）的招标方式。

共识6：在不需要每天开展公开市场操作条件下，（发达经济体）法定准备金制度是平滑日常自发流动性冲击的工具。法定存准金利息补偿接近于目标利率（即接近市场利率水平），准备金持有期一般为一周至一个月。对于（通常拥有大量外汇储备的）新兴市场和发展中经济体，（无息的）法定存准金的货币调控功能仍是重要的。另外，很多国家的中央银行（瑞典、加拿大、新西兰、澳大利亚等）选择了每天开展公开市场操作，但没有建立存款准备金制度，同样实现了类似甚至更好的短期利率控制。

共识7：构建以目标利率为中枢、对称的常备便利利率走廊，是日常控制隔夜利率的首要方式。利率走廊的宽度反映了目标利率控制与央行避免成为货币市场中介之间的权衡。在没有法定准备金要求的国家，通常设定较窄的（±25BP）的对称常备便利利率走廊，同时每天按目标利率进行公开市场操作；在法定存款准备金制度下，通常设置较宽的对称利率走廊（±100BP），无须每天开展公开市场操作。美国的非对称利率走廊安排是个例外。

（二）2007年之前货币操作框架的主要分歧

由于货币操作理念的差异，2007年之前各国央行在以下三个领域存在分歧，这些分歧由于国际金融危机后金融市场的新变化而出现了一定的趋同，但目前仍远未达成共识。

分歧1：在信贷公开市场操作中，央行现券交易投资组合的作用和银行体系流动性缺口的最优规模。2007年之前，美联储公开市场操作仅覆盖其资产的5%左右；而欧央行这一数字约为50%。

金融体系的作用之一是为社会经济活动进行期限转换，投资者通常希望持有短期流动资产，而经济项目则需要长期融资。在一般情况下，央行可在资产负债表中持有长期资产解决这一矛盾。国际金融危机后，各国央行都加大了期限转换、宽松货币、金融稳定等功能，积极通过现券购买丰富投资组合，扩张资产负债表。不过，央行资产组合的变化并不代表货币政策立场的改变，在正常情况下，调整短期利率应该是改变货币政策立场的唯一工具。

分歧2：主权风险敞口。以美联储为代表的很多中央银行认为，可以在资产端持有大规模的政府债务，这相当于在某种程度上将央行视为政府部门的一部分，形成一个精简并且统一的官方部门的资产负债表，而且政府部门（央行）持有大量私人债务可能会扭曲私人债务工具的价格，这又被称作美英式的"政府部门"观点，央行在市场中发挥着独一无二的作用，应反映在对金融资产的偏好当中。相反，以德国（欧央行）为代表的德国式"央行独立性"观点则认为，央行应将政府视为一般债务发行者，不应过分强调政府在资产组合或担保体系的特殊地位。否则，政府可能会通过相对降低筹资成本而获得好处，大幅降低央行独立性，央行应作为一个普通投资者，保持在金融市场操作中较强的独立性。

虽然欧央行一直禀承德国式"央行独立性"观点，禁止其向政府部门提供包括间接货币信贷在内的央行信贷，但欧央行的抵押品担保操作框架的设计基于"货币政策有效传导""公平的市场交易环境""保障央行信誉水平"等原则，在主权债务危机期间对希腊、塞浦路斯实施了特殊的资产减值计划，并对其设定免评级阈值，保留了次级投资等级政府债券的可抵押性。

分歧3：抵押品和交易对手设置。第一，央行为公开市场信贷操作设定了狭窄（如美联储）或者宽泛（如欧央行）的抵押品范围。第二，各国央行在抵押品管理方面采取了集中或独立的不同模式。如美联储对信贷公开市场操作和再贴现（再贷款）窗口的合格抵押品规定并不一致，而欧央行所有央行信贷操作都具有统一的规定。第三，以欧央行为代表的很多央行与广泛的交易对手进行公开市场操作，而美联储等很多央行交易对手则圈定在较小范围。上述这些差异与各国金融市场历史和交易习惯密切相关。

危机后，金融市场的新变化使得中央银行有必要扩大交易对手方，这对金融稳定和货币政策有效传导都具有非常重要的意义，主要包括：一是中央清算对手方（CCP）。危机后，中央清算对手方（CCP）在金融市场中地位更为重要，它们本应拥有充足的流动性和资本量来抵御流动性压力，获得央行信贷支持将为其提供额外保障。欧央行主要是通过发放银行牌照并进行相应监管的方式，为中央清算对手方提供流动性支持。美联储实行范围较窄的一级交易商模式，在国际金融危机期间创设了一级交易商信贷机制（PDCF），一级交易商可以像商业银行一样向美联储借款，且担保品范围得到扩容。二是非银行金融机构。投资基金、保险公司等非银行金融机构2007年以来市场地位明显提高，承担了更大的流动性风险，很可能引发系统性风险扩散。特别是，《巴塞尔协议Ⅲ》发布之后，市场流动性环境（由于加强监管）更为紧张，这些机构需要一定的央行流动性支持。不过，向非银行金融机构提供央行资金可能稀释商业银行的作用（加速脱媒），引发其他行业的央行资金需求，因而应对其获得央行流动性支持设定更严格的条件。2018年6月以来，非银行金融机构参与更为广泛的有担保隔夜融资利率（SOFR）明显上扬并频繁突破联邦基金有效利率（EFFR）上限，美联储在2019年6月正式考虑创设针对非银行金融机构的常备逆回购便利工具（SRF）。

二、国际金融危机以来货币操作框架的经验及金融市场环境变化

尽管2007年前各国央行货币操作框架已取得了很多重要的共识，但当

时的货币操作设计仍需要改进。例如，平均法准备金考核可能引发跨期准备金资金需求，这增加了政策操作的成本和复杂程度，而过去各国央行在招标过程中的额度分配决定往往掺杂较多的人为因素，相机抉择的公开市场操作额度分配使得商业银行要同时预测其他商业银行报价行为和央行的分配行为，致使博弈过程更为复杂。因此，货币操作框架设计不会随着金融体系的逐步改善而回归到2007年的原貌。

（一）国际金融危机以来货币操作框架的主要经验

经验1：货币操作框架需要具备有力和快速解决未来潜在危机的能力。危机后增长持续低迷和通缩趋势表明，各国央行在迅速将短期利率调至有效下限、采取非常规措施方面仍然犹豫保守。未来货币政策框架的设计应注重央行有力、快捷的反应能力，以防金融危机再次发生，还应充分考虑其与某个特殊阶段需要采取的各种非常规措施的兼容性。

经验2：危机后的货币操作框架应支持降低有效下限（ELB），危机时期的政策尝试仍适用于正常时期。从技术上看，2007年之前并不被认可的“负利率”政策没有任何障碍，并可以适用于正常时期，作为给市场提供额外流动性的有效工具。同样，传统上，央行流动性管理和利率引导是以稀缺准备金和结构性的流动性短缺为前提，但危机后央行持有大规模投资组合，商业银行在央行持有大量准备金，在这种流动性过剩条件下，利率的“地板体系”运行良好，利率波动幅度明显降低，政策操作更为简便（不需要预测外生流动性冲击）。

经验3：货币操作框架应避免危机重演。银行预期获得央行作为最后贷款人的资金支持程度，将影响其在执行期限和流动性转换中的决策。2008年爆发的国际金融危机通常被解释为上述流动性转换过度的结果（道德风险）。央行能否履行好最后贷款人职责（在抵押品框架下）也将影响银行决策。在理想条件下，货币操作框架的设计可以帮助银行体系在提高流动性转换能力的同时，不会助推过度杠杆和道德风险。各国在完善抵押品框架、危机救助条件和加强流动性监管等方面进行了大量努力。

（二）国际金融危机以来金融市场环境的变化

变化1：监管因素。危机后，各国都加强了金融监管，特别是《巴塞尔协议Ⅲ》正式提出流动性风险监管，这都将提高银行在金融市场上对央行的依赖程度。套利动机的减弱，以及对准备金余额水平预测难度的加大，可能会促使央行同更广泛的交易对手方（即更广泛的市场）展开交易。

变化2：技术进步（及数字货币）。信息技术的进步将有助于央行克服在构建最佳货币操作框架的技术约束，支付等技术进步还将改变超额准备金需求或抵押品的稀缺性。对纸币需求的下降可能导致央行资产负债表收缩，或通过发行央行电子货币实现扩表的同时，导致商业银行去金融中介作用（脱媒），这都将对货币政策的操作产生明显影响。特别是，央行数字货币可能成为央行重要的负债组成部分，对货币政策传导可能产生明显影响。与货币操作的经典问题相关，即不同货币市场之间利率的差异及其对控制隔夜利率和利率传导机制的影响。不过，一方面，不同货币市场间的利差并不能称为一个问题，它既不妨碍货币政策的执行，也无碍于货币政策机制的传导。只有利差的不可预测性和大幅波动才会对货币政策的有效实施带来挑战。另一方面，非银行金融机构向央行存入资金会加速商业银行去中介化（脱媒）进程，破坏资金稳定（这与允许非银行金融机构获得央行资金的效果类似）。

变化3：短期利率长期维持在较低水平。由于危机后技术进步放缓、人口老龄化、风险偏好下降等因素，短期利率持续维持在较低水平，有效利率下限将制约货币政策操作空间，一些非常规政策可能成为长期标准化政策措施。

三、评估未来货币操作框架的指导原则

（一）有关货币操作框架理想模式的不同观点

虽然货币操作框架对明确货币政策立场、有效货币调控非常重要，但对理想的货币操作框架模式设计仍存在不同的观点：

一是相对主义。最佳货币政策操作框架取决于具体的环境，这一观点在过去的研究中被过分强调，以至于各央行间，无论是处于相似的货币市场还是不同的历史时期，随机性或与历史相关的异质性都被自然而然地合理化了。

二是不可知论。现有文献中关于货币操作框架设计的研究较少，反映各学者对深耕这一领域缺乏信心，特别是金融市场领域中存在大量多重均衡和非线性难题。不过，与经济学或其他科学领域相比，货币操作领域的复杂性似乎是可控的，并不存在致命性难题。

三是不相关论。货币政策操作过程并不重要，只有与货币立场相关的结果才是重要的，可以通过多种模式的货币操作框架来实现。对政策利率设定、货币工具种类、政策操作频次、交易对手范围和其他技术原因等的选择可能存在较大的差异，但这些差异综合反映了纯粹的历史因素和利弊权衡的结果。

（二）评估货币操作框架设计的指导原则

有关货币操作框架设计的研究都应区别于上述观点，以对设计理想的货币操作框架形成统一的思路。具体而言，评估货币操作框架主要有以下 9 个目标（标准），并可具体分为货币政策、金融政策和基本原则三大类。这是一套设计货币操作框架的事前目标，在实践中也可用作框架的事后评价标准，两者共同决定了货币操作框架。但在实践中，通常需要结合具体金融环境，在 9 个目标间进行权衡取舍。

标准 1：有效控制隔夜利率（ONR）。通过对货币政策操作目标的控制程度来考量货币操作框架的有效性，是评价货币操作框架好坏的首要和重要的标准。在正常情况下，可以通过将公开的目标利率与实际市场利率进行对比，来判断控制短期利率的能力。大量实证研究表明，在绝大多数情况下，隔夜利率与目标操作利率的系统性偏差是有限的，利差的波动也是有限的，即使出现无限波动的异常情况，仍不会传导至最短期限以外。

标准 2：支持货币政策立场和传导。货币操作框架设计的第二个货币政策目标（支持货币政策的立场与传导）也非常重要，但其重要性次于“控制隔夜利率”目标。有观点认为，隔夜利率应作为唯一的货币政策操作目标，其余的传导机制在正常情况下与货币政策执行无关，因而否认该目标的重要性。在正常时期，货币政策传导并不属于货币操作范畴，而是货币决策（宏观经济学理论）讨论的内容，货币政策传导机制仅能通过设定隔夜利率最优水平间接影响货币操作。不过，货币市场环境不可避免地受到最后贷款人制度（LOLR）、央行现券交易面临的期限、信用和流动性风险等货币操作框架其他因素的影响，这些因素至少不应干扰货币政策的立场和货币政策传导（特别是在 ELB 情形下）。

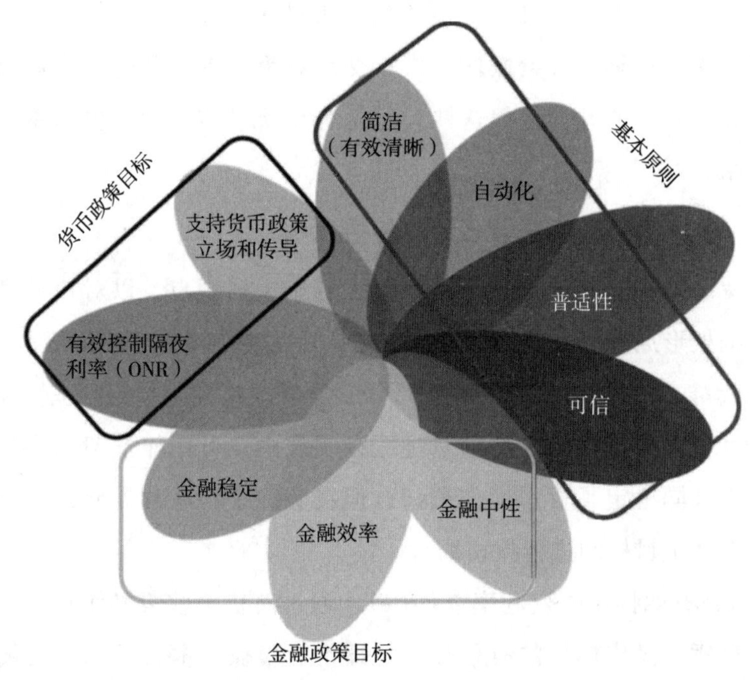

附图 10.1　设计货币操作框架的评估标准（目标）和评价标准

［资料来源：Bindseil（2016）］

标准 3：简洁（有效、清晰）。货币操作框架应避免复杂和冗余，通过少量简单的政策工具实现货币政策实施的目标。当前主流观点认为，货币操作框架应避免 20 世纪 60 年代和 70 年代流行的使用大量政策工具的“巴洛克式”风格。从这个意义上讲，简洁与有效、清晰是同一个意思。此外，复杂的货币操作框架通常是不透明的，这通常对能够充分理解市场机制或具有规模经济效益的成熟市场参与者更有利，但从社会的角度看，这种做法是无效的。因而20世纪90年代以来，货币政策实施方法相对集中透明。

标准4：自动化（严格依赖规则，避免货币政策执行中的人为因素）。自动化（即严格基于规则）要求在紧要关头对经济关系有深入理解。央行有时不得不相机抉择，但这实际上反映了央行在理解和“规划”其与市场间关系的能力不足。与宏观经济学相比，发达国家货币市场实施货币政策并不复杂，在很大程度上能够较好实现以规则为基础的货币政策执行。

标准5：普适性。理想的货币操作框架应能在不同金融和宏观环境中实现对操作目标的有效控制，并同时实现其他目标。理想情况是，货币操作框架可适用于不同层面、不同环境。各国央行常常为其框架的变化或相对其他国家货币框架的差异辩解，声称没有一种框架能够适用于所有国家，需要因地制宜地调整（“相对主义”）。不过，总体而言，发达经济体货币操作框架的大部分差异缺乏合理解释，这些差异不能仅归因于环境的不同。当然，对货币操作框架的普适性是否适用于差异悬殊的金融体系（如发达程度较低的经济体），目前尚无定论。

标准6：可信。对操作程序的正确理解有助于（从效力根源、变化特征，到最终状态）明晰央行对货币环境的关键作用。可信的含义，可以理解为能够被货币经济学专家、微观经济学家、金融市场专家、银行家和央行从业人员等不同群体所信服和认可。

标准7：金融效率（就中央银行收入与风险承担而言）。为实现既定目标，央行持有大规模资产（与纸币发行、法定存款准备金和资本有关）应获得适当的收益回报。如果两种框架实现的政策目标程度相同，但第一种框架的收益回报较高，那么第二种框架就不符合金融效率要求。实际上，从政策角度看，央行在资产选择上空间较大，因为央行准备金的稀缺程度（及因此产生的价格、隔夜利率）可以实现边际调控或在既定边际水平上通过不同金融工具加以控制。金融风险承担也可用于评估央行资产选择效率：

预期收益应考虑风险因素，充分反映不存在流动性风险、投资期限长、可能不需要高超敏捷的信贷风险管理能力等央行特征。

标准8：金融中性（包括政府风险敞口）。由于央行（潜在的）资产规模及其在市场流动性短缺时的重要作用，在选择货币操作框架（包括抵押品框架）和中央银行资产构成时，应避免“扭曲”金融资产的相对价格，这涉及2007年前关于货币操作框架德国式的“央行独立性”观点与美英式“政府部门”观点的分歧及金融偏好的不同。就金融中性而言，包括对政府风险敞口的态度，目前每家央行都亟须对持有的哲学原则进行评估，但不可否认的是某些观点只有在特定的央行背景之下才更具意义。

标准9：金融稳定和金融市场功能。良好的货币操作框架应支持金融稳定，激励银行建立稳健安全的资金运作模式，促进（而非损害）各金融市场正常运转。中央银行信贷业务关键在于以下五个方面：一是合格抵押品资产的种类和折扣率；二是与央行进行融资操作的交易对手方选择；三是央行向银行提供再融资的规模和频率；四是央行提供“紧急流动性援助”（ELA）操作或“市场范围内的”援助速度；五是央行在证券市场进行现券交易并作为“最后做市商”的执行力。上述问题关键在于区分事前和事后行为。在事前，如果银行和债务人预期央行会积极提供支持，这一积极预期或有助于推动金融系统向社会提供期限和流动性转换服务，但却可能导致过度杠杆化和风险估计不足。在事后，支持性措施将有助于维护金融稳定，避免诸如在危机中的大规模违约和资本受损等经济损失，但事后支持性措施可能适得其反，即过度保护生产率低下或结构不健全的银行和企业，导致“僵尸化”经济。

因此，维护金融稳定的理想货币操作框架，应发挥央行在系统性危机中的积极作用，同时尽可能避免市场参与者产生过度预期（并转化为过度杠杆）。但在具体实践中，央行主要面临两个挑战：一是什么是“过度”杠杆；二是如何防止金融机构对央行的事后支持产生过度预期，并采取相应行为。应对第二个问题的一种解决思路是采用“建设性模糊”（constructive ambiguity），虽然这种方法也存在一些弊端。应对上述两个问题的另一种解决思路（至少在理论上）是实施《巴塞尔协议Ⅲ》，尤其是流动性和杠杆率监管，明确了何谓“过度”杠杆和流动性转换，约束了银行的“过度”行为。不过，货币操作框架必须适当平衡对最后贷款人制度（LOLR）的依赖，以维护金融稳定和效率，不能把所有责任都推给监管。

与事前确保金融市场稳定密切相关，货币操作框架的设计不能破坏活跃银行间市场和资本市场的激励机制，这要求央行削减在金融体系中的中介作用，相应地持有较小规模的资产负债表，向市场以净值提供基础货币等价物。活跃的银行间市场非常重要，有利于测量短期利率，准确反映货币政策目标的实现程度，促进银行同业相互监督，从而有助于金融稳定，避免频繁向央行申请再贷款。从这个意义上说，一个活跃的货币市场可以避免央行的“银行中介”作用，以及由此产生的风险敞口。

（三）小结

以上九条评估标准的可测性差别很大，在多数情况下，利用上述目标和标准来评估现有货币操作框架的具体体制，似乎仍过于直接。央行对具体参数的选取将影响各目标间的权衡关系。例如，央行需要在有效控制操作目标（标准1）与保持货币市场活跃性（标准9）之间、在精简性（标准3）与普适性（标准5）之间，进行权衡取舍。因此，央行应对不同目标分别赋予权重，以便在既定环境下得到最优的货币操作框架设计方案。

尽管“地板体系”降低了利率波动幅度，但这以央行持有大量资产（及相应充足数量的准备金）为前提，实际上扭曲了准备金需求和市场资金供给，降低了银行间市场的活跃度。与“地板体系”相比，按照上述九条标准，打造简洁、自动化、普适性、高效的货币操作框架，至少可以有如下优势：一是避免资产负债表冗余，进而减少了央行对金融市场的干预程度；二是不需要大规模资产组合现券买卖，降低了央行行为对市场的扭曲；三是活跃银行间市场交易，增强市场价格发现和资源配置功能；四是央行对众多商业银行日常信贷操作，可以避免声誉效应对商业银行的负面影响（有效发挥市场利率上限的对称利率走廊功能）。

第十一章　总结及政策建议

一、总结

货币政策既是一门科学，也是一门艺术。作为全球最大的新兴市场和发展中转轨经济体中央银行，中国货币当局面临的约束异常复杂，不仅考验着决策者的智慧，更磨砺着改革者的决心。在 1998 年初步完成现代化转型转向以数量为主的间接货币调控模式之后，尽管我国的货币决策者很早就指出，货币的数量调控和价格调控是一个相互作用的过程，在货币调控实践中时刻注意货币“量”与“价”的平衡。然而，经济中预算软约束、市场不健全、监管不完善等现实问题的存在，往往使得利率传导渠道不畅，货币政策有时不得不依赖数量手段，这既是客观上受制于市场发育不足的无奈之举，在很大程度上也与计划经济惯性思维的主观因素密切相关。但是，由于未考虑微观主体激励问题，指令性的数量调控往往效果不佳，价格机制的作用则往往超出常规想象（周小川，2020），这也是“卢卡斯批判”所揭示的情形。

当然，理论往往是灰色的，并不会由于常青的实践而日新月异。国际金融危机之后，理论界和决策层都对“单一目标、单一工具”货币政策框架进行了深刻反思，但很多问题仍未取得足够的共识。非常规货币政策长期效果并不理想，在很大程度上表明危机应对的创新性政策理论基础可能并不牢靠。显然，理论的创新发展往往是螺旋式而非线性的，理论的真正进步也需要耐心等待，甚至不惜后退以积蓄力量。中央银行要在不断应对现实挑战的创新实践中，始终坚持正本清源，明确职能定位和政策方向，只有这样才能更好地履行中央银行的核心职责和使命。从这个意义上讲，理论之树永恒常青！

然而，每当经济面临下行压力时，我国往往会出现经济增长方式和政策应对取向的争论，过去长期依赖的政策手段和思维模式又会重新抬头，市场导向的改革也不一定会一帆风顺，甚至很可能被意外中断。不过，即使是大数据也无法弥补计划经济的固有缺陷。越是在艰难时期，越是要坚持市场化、法治化、国际化的理念，正确处理好政府与市场的关系，让市场在资源配置中发挥决定性作用，在市场失灵时更好地发挥政府的引领作用[①]。1996 年我国就已正式开启利率市场化改革，但迄今为止仍处于深化改革阶段，依然需要拨开迷雾，明确改革的具体路径。中国的央行不得不在繁重的宏观调控任务与推进改革中艰难前行，很多时候不得不寓改革于调控之中。毕竟，存贷款利率完全放开和货币价格调控模式转型，既是金融要素市场化改革攻坚的重要内容，也是建设现代中央银行制度、推进金融治理体系和治理能力现代化的重要一环。面对日益复杂的内外经济环境，更需要理论研究者和决策层坚定信心，坚持既定改革目标，积极进行技术性准备，努力抓住有利时机，大力推进中国货币政策框架的现代化转型，这也是本书研究的主要内容。

第一章“引言：由以数量为主向以价格为主的货币调控模式转型”，在简要回顾我国利率市场化改革进程基础上，对中国货币调控框架变迁进行了系统梳理。在利率管制时期，我国主要通过信贷规模管理和现金发行计划调控货币信贷。20 世纪 90 年代初随着社会主义市场经济制度建立，我国在稳步推进利率市场化的同时，逐步缩小信贷规模控制，取消现金发行指令性指标，公布货币数量统计并将其作为中间目标，最终以 1998 年取消信

---

① 张晓慧：《宏观政策要适当靠前，加大逆周期调节力度》，《CF40 研究周报》2022 年第 632 期。

贷规模管理并重启人民币公开市场业务为标志，我国货币政策由直接控制转向以数量为主的间接调控模式，这也是中国货币政策框架现代化转型的开端。随着流动性过剩格局的根本改观和利率市场化加快推进并基本完成，传统货币数量调控有效性明显下降，亟须转向以利率为主的价格调控模式，这也是当前中国货币政策框架现代化转型的主要方向。但是，当前存贷款利率真正完全市场化并轨和以利率为主的价格调控模式转型改革进展相对缓慢。以市场化利率形成和调控机制为核心，围绕利率“放得开、形得成、调得了”，对中国货币价格调控模式转型的改革路径进行深入研究，具有非常重要的意义。

第二章“货币政策两分法、操作（中间）目标与货币调控模式”，对货币政策框架、货币调控模式的具体含义、划分标准及货币数量调控的理论根源及政策背景进行了深入分析。货币政策是有关货币政策目标、工具和传导机制的总和，由战略层面的货币决策和战术层面的货币操作两部分组成。长期以来，货币决策与操作的分离早已成为各国央行的主流共识。货币调控模式实际上属于货币政策操作的范畴，而非货币决策。随着货币政策传导机制研究的深入发展，主要中央银行都放弃了中间目标的操作模式，有关货币调控模式的讨论主要是指操作目标。操作目标作为货币政策实施战术层面的重要内容，是货币政策影响金融市场体系和实体经济活动的逻辑起点，对于反映货币当局政策立场，有效传递央行决策信息并引导市场预期，顺利实现产出、物价等货币政策最终目标至关重要，也是划分货币调控模式的最主要标准。利率政策一直是现代中央银行最主要的货币调控模式，但各国之所以开始采用数量型货币调控模式，在很大程度上与储备头寸说和美国联邦储备体系特殊的成立背景及体系架构密切相关。当前中国货币政策的现代化转型，就是指货币操作框架由以数量作为中间目标和操作目标向以利率作为操作目标的价格调控模式转型。

第三章“中国货币调控的‘量’‘价’平衡：理论与实证”，深入研究了中国兼顾数量和价格的货币政策调控的机理。基于货币数量论和货币效用模型的理论分析表明，货币数量规则与利率价格规则理论上存在等价关系，通过构建数量与价格混合型货币政策规则，能够更好地理解调控模式转型时期中国“量”“价”混合型货币政策。相关推论表明，正是由于数量和价格混合型货币规则，在利率低于均衡水平的利率管制情形下，中国的货币超发并未引发恶性通胀；修正的泰勒原理表明，利率调整幅度小于通胀变化仍能够实现物价稳定，对中国的实证分析支持了相关理论推论。通过状态空间模型对货币数量和利率与物价、经济增长等货币政策最终目标的动态系数和权重的估算表明，利率与物价、产出的动态系数和权重明显高于货币数量，价格变量作为货币政策操作中间变量与最终目标的关系越来越紧密，这为我国货币政策由以数量为主转向以利率为主的价格调控模式转型，提供了可靠的实证研究支撑。

第四章至第十章对利率“放得开”“形得成”“调得了”进行了深入分析。第四章“中国的隐性利率双轨制与贷款利率并轨”指出，由于仍公布存贷款基准利率并将其作为货币调控和利率管理的重要手段，商业银行存贷款定价一直以基准利率为主要参考，在存贷款利率管制基本放开的当下，我国仍存在着隐性利率双轨制。理论和实证分析表明，现有隐性利率双轨制使银行的存贷款利率低于完全放开管制的市场化水平，压低了已经放开的金融市场利率水平；中央银行完全有能力通过调节短期货币市场市场利率影响存贷款利率水平，但利率管制程度越大，存贷款利率对市场利率敏感度越低，准备金数量调控手段削弱了货币价格调控的有效性。2013 年以来，我国为存贷款利率并轨进行了大量技术性准备，但贷款市场报价利率（LPR）改革和强化存款基准利率压舱石的政策导向，与利率完全放开相距甚远。虽然预算软约束、金融市场发育程度和汇率形成机制改革进展缓慢都制约了存贷款利率放开，但这些因素并非是利率完全市场化并轨的根本性障碍，中国仍需要探索存贷款利率完全放开和市场化利率并轨的政策路径。

正是由于利率双轨制的存在，中国货币政策不得不依赖数量调控，法定准备金制度在我国货币数量调控中具有重要的地位。为此，第五章“存款准备金制度起源、功能演进及中国的政策实践”，从法定准备金制度起源出发，全面梳理了法定存款准备金制度由最初的支付清算和货币信贷数量调控，到当前货币价格调控模式下辅助流动性管理的功能演进过程。21 世纪初以来，很多新兴市场和发展中经济体还将法定准备金制度与宏观审慎政策相结合。在对中国法定准备金政策实践全面回顾基础上，指出在深化利率市场化改革的当下，我国法定存款准备金制度仍存在着准备金率相对较高、管理框架过于复杂且透明度较差、政策目标过多、利率体系扭曲等问题。今后，应进一步优化包括法定存款准备金在内的货币政策工具体系，为顺利实现货币调控框架转型做好必要的技术性准备。第六章“金融创新、金融脱媒与信用货币创造”，基于考虑准备金率的传统货币乘数理论，构建了考虑金融创新和金融脱媒情形的信用货币创造模型，分别对货币基金和银行表外理财数据进行实证分析，发现金融创新和脱媒使得传统以银行存款为媒介的信用货币创造机制更为复杂，进一步扩大了货币乘数边际效应。而且，影子银行扩张也使金融市场流动性需求上升且更不稳定，加大了存款类金融机构与非存款类金融机构的信用利差，与被压抑的存贷款利率水平显著负相关。可见，随着金融创新的加快推进和金融市场的深化发展，货币供给的可控性和可测性更加困难，货币政策亟须向价格型调控转型。

第七章“利率并轨、市场化利率形成和传导机制”，针对市场化利率形成和传导机制进行深入分析。在利率市场化的货币价格调控模式下，商业银行主要以中央银行基准政策利率和市场基准收益率曲线作为定价基准，根据具体产品的期限和风险程度合理开展存贷款定价，具体可分为最优惠利率定价模式和金融市场基准收益率曲线定价模式，前者主要适于零售性质业务，产品相对简单，主要针对利率风险管理能力较弱的中小客户，后者主要适用于批发性融资，主要针对有能力管理利率风险的大型客户。不过，随着金融市场的深化发展，很多零售性质贷款定价不再参考最优惠利率，而是转向金融市场基准利率，金融市场基准收益率曲线对银行存贷款利率定价的基准性作用越来越重要。考虑期限溢价和信用风险溢价因素的 Granger 因果分析表明，我国短端利率向长期贷款利率的传导机制畅通有效，具备了向货币价格调控模式转型的基本条件。

金融市场基准利率建设对市场化利率形成和传导具有非常重要的意义。Libor 丑闻案爆出后，各国针对基于报价的货币市场基准利率（IBORs）进行了全面改革，2021 年末已基本完成。各国新的货币市场基准利率均是与货币操作目标利率期限相符的隔夜利率，能够很好地反映基准政策利率变化，尽可能涵盖非银行金融机构等各类市场交易者，大多以回购利率为主强化无风险性并由中央银行进行管理，这对中国 Shibor 货币市场基准利率改革和货币价格调控模式转型具有重要的启示性意义。当前，我国信用同业拆借市场份额下滑，Shibor 市场代表性和基准性明显下降；我国尚未明确新的短端政策目标利率，加大了市场利率波动，影响了货币政策有效传导；多个性质类似的基准利率并存，损害了市场价格发现和资源配置功能；金融市场仍存在过多的人为干预和管制，利率衍生品市场发育不足。为此，今后可考虑改变报价方式和利率形成机制，对于具有足够实际交易支撑的短端 3 个月以下 Shibor，可考虑采用交易量最大的质押式回购利率，或对拆借、回购利率按一定数量和风险权重加权平均，对于实际交易较少的中长端 Shibor，在完善金融监管、继续做大同业存单市场的同时，理顺同业拆借市场和同业存单市场监管和交易规则，考虑引入“瀑布法则”参考多个层级的市场实际交易，运用插值技术和专家判断，提高中长端利率基准性。同时，适时简并不再公布已有主要关键市场利率，大力取消不合理市场准入限制，加快定价基准转换和存贷款利率并轨。

印度贷款利率并轨的经验教训表明，存贷款利率并轨是否成功与利率市场化进程和货币价格调控模式转型密切相关，应按照基准利率性质和基本特征实施改革，明确新旧基准替代时间表，同步推进贷存款利率并轨。2019 年，进一步改革贷款市场报价利率形成机制，取代贷款基准利率成为银行新的贷款利率定价基准，但 LPR 形成机制改革和贷款利率并轨，与各国通行的做法仍有很大差别，存在很多问题：LPR 与中期政策利率挂钩，市场化形成机制有待进一步完善；LPR 作为报价利率体系并不透明；由于存在事实上的存款利率上限约束，市场利率向 LPR 的传导效率有限；LPR 金融市场应用范围有限，价格发现功能不足。在此基础上，对存贷款利率市场化并轨的改革路径提出了具体政策建议。

第八章至第十章对货币价格调控模式下央行政策目标利率选择和利率调控模式（“调得了”）进行了深入分析。在货币价格调控模式下，中央银行新的政策操作目标利率选择（利率“调什么”）至关重要。为此，第八章“货币价格调控模式下的中央银行政策目标利率”，根据利率期限结构预期理论、国际金融危机前后隔夜利率作为操作目标的国际经验及我国货币市场发展的实际情况，对中国以隔夜期限作为政策利率目标期限的合理性进行了深入分析。由于时变期限溢价，中央银行不应以中长期利率作为操作目标或实行收益率曲线控制政策；基准政策利率和公开市场操作业务在期限上都应是短期，以更有利于引导隔夜市场利率；在操作目标利率品种上，宜采用最具有代表性的 R001，或 DR001 但要保持其与 R001 利差在合理水平上基本稳定；市场利率与政策目标水平偏离仍具有一定的价值，可以活跃市场交易，评估利率决策的合理性。当前，我国尚未明确新的基准政策利率及其目标利率，公开市场操作仍主要着眼于弥补市场流动性缺口，利率平稳操作目标仍从属于数量操作目标；同时开展多种公开市场操作，中长端政策利率干扰了市场预期和期限溢价，加剧市场利率波动；创新性流动性管理工具操作透明度有限，不同期限业务利率倒挂，严重扭曲了市场预期和交易行为；政策因素导致的市场分割进一步加剧，套利等因素异化了货币市场融资结构，市场价格发现和资源有效配置的基本功能严重受损；短期流动性管理呈现向长期化倾向，结构性信贷政策干扰并扭曲了总量货币政策调控。第八章还针对健全央行抵押品框架和交易对手方设置、优化货币政策工具体系、改进国库现金管理方式、加强结构化信贷政策与货币政策的协调配合等与完善货币价格调控模式相关技术性准备工作，进行了深入分析。

当前，我国 LPR 与 MLF 利率挂钩，在强化 DR007 作为短端操作目标的同时，通过中期政策利率引导银行存贷款定价，这相当于收益率曲线控制政策，在各国央行政策实践中非常罕见。为此，第九章“收益率曲线控制、扭曲操作与中期政策利率”，在对第二次世界大战以来美国三次调控收益率曲线，日本 2016 年 9 月以来的收益率曲线控制政策以及 2020 年 3 月至 2021 年 11 月澳大利亚的最新政策实践的背景、实施过程、政策效果进行全面梳理的基础上，指出以收益率曲线作为操作目标的货币政策仍存在很多问题，需要进行深刻的反思：战争和危机背景下的经验并不适用于经济正常情形；调控收益率曲线政策相当于财政赤字货币化，不利于政策协调并威胁中央银行独立性；容易对私人部门形成挤出效应，不利于经济复苏；经济复苏与金融稳定等多重约束下，政策有序退出面临考验；永久性套利机会导致大量资金在金融体系空转，通胀压力导致政策难以维系。即使中央银行完全有能力控制收益率曲线，但是否应当进行这类操作的规范研究上仍需深入讨论。货币数量调控的储备头寸说、利率期限结构的市场分割理论和自然收益率曲线估算，是收益率曲线控制政策的理论基础。但是，内生货币供给的水平理论表明，信贷和货币供给是由货币需求内生决定的，中央银行只能以利率（而非数量）作为操作目标；收益率曲线主要由预期和（时变）期限溢价影响，市场分割理论并未得到经验上的有力支持；自然收益率曲线估算并不稳健。无论是历史经验，还是理论基础，以收益率曲线作为操作目标的货币政策都存在严重的缺陷。

最后，第十章“中央银行的利率调控框架：理论、国际经验及中国的政策选择”，对中央银行利率操作框架（利率“怎样调”）进行了深入分析。流动性效应是中央银行利率调控的理论基础，随着各国货币政策透明度和可靠性的提高，预期效应的作用越来越重要，流动性效应在央行利率引导中的作用也因而有所减弱。在国际金融危机之前的稀缺准备金条件下，各国主要通过公开市场操作及与利率走廊相结合的两种模式开展利率调控。利率走廊机制为市场参与者提供了可靠预期，利率引导效果较单纯的公开市场操作模式更有效，对存款准备金进行利息补偿、采取滞后期的准备金考核方式、加强政策沟通和透明度、公开市场操作频率越高、利率走廊模式以及实行较窄的利率走廊区间等制度安排，更有利于央行利率引导，利率走廊下限低于目标利率更符合最优货币政策的要求。

国际金融危机以来，由于量化宽松等非常规货币政策，市场流动性过剩，打破了央行利率调控的稀缺准备金条件。同时，货币市场参与者风险偏好和监管要求发生了明显变化，主要经济体信用拆借在货币市场中的份额明显下降，银行更倾向于保持超过流动性管理需求的准备金，囤积了大量流动性，主要发达经济体央行利率操作框架也转向了充足准备金条件的地板体系，利率走廊下限在利率引导中发挥着更大的作用，银行针对存款便利利率的持续无风险套利机会是地板体系发挥作用最为重要的机制。为更好地引导市场利率，很多国家都缩小了利率走廊区间，实行非对称利率走廊安排；市场利率波动性明显下降，中央银行利率操作更为简单；地板体系还可以有效区分利率决策与为应对大规模流动性冲击的流动性操作，有利于增强货币政策自主性和有效性；充分考虑到了非银行金融机构的作用，更有利于市场化利率形成并提高利率政策传导效果。尽管利率调控的地板体系有着上述诸多优点，但利率调控的地板体系仍属于货币操作的范畴，本质上应服从于货币决策的需要，地板体系运行也将面临很多问题：地板体系意味着央行基础货币发行数量超出市场自发流动性管理的需要，这模糊了货币决策与货币操作的界限，加大货币政策正常化的难度；需要中央银行同时兼顾并平衡好货币的“量”与“价”，货币操作更加复杂；中央银行成为货币市场最大参与者，扭曲了货币市场资金供给，降低了资金配置效率和市场活跃度；地板体系在一定程度上降低了货币政策透明度，央行政策沟通面临更加严峻的挑战。2019 年 9 月美国货币市场波动充分表明，美国充足准备金体系的利率操作框架存在严重的缺陷，对超额准备金利率付息过高，缺乏有效的利率走廊上限，利率区间目标模式不利于市场利率稳定。尽管隔夜逆回购和常备回购便利在一定程度上弥补了利率走廊上下限的不足，但这两项工具并非是采用存贷款便利的方式，仍存在很强的相机抉择的特征。随着央行货币政策正常化和量化紧缩政策加速推进，地板体系有效运行的前提也将发生根本性转变，各国应审慎评估并考虑利率操作框架是否要回归危机前的传统模式。尽管货币操作框架不会随着经济金融的逐步改善而回归到 2007 年的原貌，但货币操作框架评估仍可遵循一定的标准。打造简洁、自动化、普适性、高效的货币操作框架，仍是危机后各国货币操作框架的共同努力方向。

与地板体系相比，公开市场操作与利率走廊相结合的传统利率调控模式，更符合货币政策操作的理想模式。当前，中国流动性过剩局面已得到根本改观，中国一直保持着较高经济增速并始终坚持正常货币政策。因此，中国没有必要采用地板体系的利率调控模式，健全公开市场操作与利率走廊相结合的利率操作框架，仍是货币价格调控模式转型的努力方向。除了深化金融衍生品市场发展、做好存贷款利率并轨、健全抵押品框架和交易对手方设置等技术性准备外，我国还需要做好货币政策与监管政策协调，逐步统一货币市场和债券市场，提高央行政策沟通水平，探索在二级市场买卖国债作为基础货币投放主要渠道，在操作层面顺利实现中国货币政策框架现代化转型。

二、中国货币价格调控模式转型改革路线图

2012 年，我国首次允许存款利率上浮之后，中国人民银行制定了推进利率市场化进程的整体改革方案，并于 2013 年 6 月 19 日经国务院常务会议审议通过[①]。该方案为利率市场化进程设定了近期、近中期和中期目标，时间、任务设定清晰，可执行性较强。中国人民银行在提出方案时充分认识到，如果各项基础性条件更为成熟，推进利率市场化会更为顺畅，但利率市场化不能等所有条件完全具备后再去推进。长远来看，问题金融机构退出机制、政府和国有企业主导的二元经济模式、金融监管体系的健全完善、其他要素价格改革等，都是中短期难以解决的问题，但这并不是存贷款利率放开的根本性制约因素。正是在这个方案的指导下，2013 年 7 月我国放开贷款利率浮动限制，逐步扩大存款利率上浮空间，最终于 2015 年 10 月取

① 参见：http：//www. gov. cn/guowuyuan/2013 - 06/19/content_2591124. htm。

消存款利率上限管制，基本实现了利率市场化改革目标。可以说，整体改革方案的制定，为加快推进利率市场化改革提供了必要的制度保障，这对当下以市场化利率形成和调控机制为核心的深化利率市场化改革，具有重要的启示性意义。

今后，应进一步明确近期、近中期和中长期改革路线图。近期，中国人民银行经过两三年的努力，做好完善利率操作框架的技术性准备，基本能够实现向货币价格调控模式转型的改革目标。近中期，为更好地畅通利率传导机制，中国人民银行还要与财政、监管等其他部门协调配合，争取用五年左右时间为货币价格调控模式转型营造良好经济金融运行环境。中长期，在推进货币价格调控模式新型的同时，中国人民银行还要为货币决策框架的现代化转型进行准备。各时期改革任务各有侧重、并行推进，积极用好各种有利条件，紧紧抓住宝贵时间窗口，更好地推动实现中国货币政策框架在操作层面的现代化转型，并为以规则为主开展货币决策的中国货币政策框架现代化转型，奠定良好基础。

（一）近期（两三年内）：完善利率操作框架和存贷款利率并轨的技术准备

当前，我国货币价格调控模式新型的必要条件已基本具备。中国人民银行可以通过两三年的努力，完成健全市场化利率形成、调控和传导机制等相关技术性准备工作。

1. 尽快明确货币价格调控模式下新的中央银行短端基准政策利率和操作目标利率，引导市场隔夜利率（操作目标利率）与基准政策利率水平相符

短端基准利率选择上，借鉴国际经验，既可以是现阶段最主要的公开市场业务利率（7 天逆回购利率），也可以是政策操作目标利率。为加强政策透明度，保持政策连续性，我国应明确具体的操作目标利率，而非隐含的操作利率目标。根据我国金融市场实际情况，宜将 R001 作为操作目标利

率，或以 DR001 作为操作目标利率，但在日常操作中要保持 DR001 与 R001 利差在合理水平上基本稳定。中央银行需通过公开市场操作、利率走廊等工具手段，确保操作目标利率与短端基准政策利率水平相符。

2. 以货币市场隔夜操作利率为目标，优化货币政策工具体系

一是公开市场操作要逐步转向数量招标方式，健全央行抵押品框架，扩大并丰富一级交易商数量和类型。以 7 天短期流动性投放为主开展公开市场业务，由当前的利率招标转向数量招标，更好反映央行价格目标政策意图。与货币政策操作相关的公开市场业务仍应以高等级债券作为合格抵押品，央行发挥最后贷款人功能的流动性救助业务或缺乏抵押品的小微银行 SLF 操作，可考虑引入优质信贷资产作为合格抵押品，但应合理设置折扣率并做好银行信贷资产评级工作。改进一级交易商考核管理方式，适当扩大一级交易商数量，由目前 50 家左右扩展至 100 家左右，增加中小银行和非银行金融机构等传统资金需求型机构数量占比。二是完善常备借贷便利（SLF）管理机制，改进准备金管理和付息方式，以新的短端基准政策利率为中枢，构建宽度适宜的利率走廊。SLF 业务可适用于大型银行，只要满足一定抵押品要求即可发挥自动常备借贷便利功能。在简化准备金管理方式的同时，按照新的短端基准政策利率对法定准备金付息，根据利率走廊区间宽度对超额存款准备金进行利息补偿。以新的短端基准政策利率为中枢，以 SLF 利率和超额准备金利率为上下限，构建宽度合理的对称利率走廊，初期宽度可适当较大（如欧央行初期的 ±100BP），待运行完善后适当缩减利率走廊宽度至 ±50BP。三是优化（简化）各类结构性工具，将 MLF、PSL 等类再贷款工具明确为信贷政策工具。理顺信贷政策工具数量和价格操作规则，避免“精准滴灌”功能财政化并干扰总量货币调控，择机搭配开展“降准 + 置换 MLF 等央行存量信贷 + 调整基准政策利率”，强化短端基准政策利率作用。四是提高公开市场业务透明度，提升流动性监测和政策沟通水平。在披露每日公开市场业务操作信息同时，披露更多业务变化原因及政策考量等信息，加强财政资金、季节性扰动等流动性影响因

素监测工作，尝试开展常规性流动性预测并在条件成熟时公布。适当增加重要信息披露频率、明确性、准确性和一致性，多种渠道表达央行对经济金融的判断和政策意图并逐步实现常规化、制度化，提高央行的政策权威性和市场信誉。

3. 夯实新的央行基准政策利率“锚”定作用，形成以短端基准政策利率为核心，利率走廊上下限以及中央银行其他政策利率分工明确、合理联动的政策利率体系

在一定规则下，利率走廊上下限及再贷款、再贴现等其他央行政策利率均与短端基准政策利率挂钩，并随其变化而调整。理顺中央银行政策利率体系，避免短端货币政策利率与中长期信贷政策利率期限倒挂等扭曲。

4. 以优化 Shibor 形成机制为抓手，健全市场化利率体系

一是改变报价方式和利率形成机制，通过加强市场代表性和交易真实性，取消 FR、FDR 等利率。对于具有足够实际交易支撑的短端 3 个月以下 Shibor，可考虑采用交易量最大的质押式回购利率，或对拆借、回购利率按一定数量和风险权重加权平均。对于实际交易较少的中长端 Shibor，可在大力发展同业存单市场、将 3 个月以上中长端 Shibor 基于同业存单利率计算的同时，考虑引入“瀑布法则”，参考多个层级的市场实际交易，运用插值技术和专家判断，提高中长端利率的基准性。新的 Shibor 包含了非银行金融机构，市场代表性更强且基于真实交易，因而可适时取消与其形成方式和市场功能类似的 FR、FDR 等利率。二是适当放开市场准入，提高 Shibor 应用范围。将定价能力和财务稳健性处于行业领先水平的自律机制基础成员直接纳入利率掉期市场，保证基准利率生成于流动性高、交易量大的原生市场，以保证基准利率具备良好的代表性、基准性与稳定性。同时，大力发展利率掉期等基础衍生品市场交易，从产品培育、理顺市场机制等多个方面扩大基准利率的应用范围，尤其是增加 Shibor 在资管、资产支持证券（ABS）等产品上的应用，通过与 Shibor 相关产品市场的深化发展，夯实 Shibor 基准利率地位。三是引导离岸人民币业务挂钩 Shibor。可考虑在香港

发行人民币央票、报价行开展境外人民币业务时，参考 Shibor 定价，在助推人民币国际化的同时，强化 Shibor 作为全球人民币资产定价“锚”的地位。四是利用大数据等手段，加强 Shibor 交易真实性监管。继续发挥人民银行和 Shibor 报价委员会对报价行职业操守和报价质量的监管优势。

5. 降低存款基准利率压舱石作用，真正实现存贷款利率市场化并轨

一是简并存款基准利率期限档次，将简并的存款基准利率和 LPR 均与新的短端基准政策利率挂钩。借鉴 Shibor 方式，改革 LPR 形成机制，加强 LPR 透明度，报价行和非报价行按一定规则开展贷款定价。二是允许银行结合自身情况开展差异化存贷款定价，适时宣布废止存贷款基准利率。金融市场经验丰富的银行，可对批发性质及特定类型存贷款参考金融市场基准收益率曲线进行定价；零售性质的存贷款定价主要与短端基准政策利率挂钩并合理联动，经过磨合后即可适时宣布取消存贷款基准利率。三是改进 MPA 考核和利率自律组织管理方式。综合考虑市场供求对银行存贷款定价的影响，更多关注银行利率与自身和同业的相对偏离，而非仅盯住具体利率水平及排名情况。

（二）近中期（3～5 年）：畅通利率传导的政策协调

中国人民银行经过两三年的努力，完全可以具备向货币价格调控模式转型的技术条件，基本能够实现向货币价格调控模式转型。不过，以价格型调控为主的货币政策传导要通过金融市场发挥作用，利率政策调控和传导效率还与财政政策、金融监管、市场机制等因素密切相关。因此，在做好利率调控框架技术性准备工作的同时，还要积极与其他部门协调配合，更好推进货币价格调控模式转型。

1. 理顺央行与微观审慎监管部门的关系，避免监管政策对货币政策的过度扰动，促进场内外货币和债券市场协调发展

加强中央银行金融稳定和金融监管的作用，在央行负责统筹监管系统重要性金融机构和金融控股公司、监管重要金融基础设施、负责金融业综

合统计的同时，进一步理顺央行与微观监管部门的关系，提高金融监管透明度和法治化水平，完善两个协调机制，强化存款保险公司在日常监管和问题机构市场化退出中的作用，建立清晰的风险处置损失分担机制。以金融基础设施互联互通和强化竞争为切入点，加快实现场内外货币市场和债券市场互联互通。

2. 适当取消不合理金融管制要求，更好促进金融市场深化发展

按照国际通行监管要求和中国实际，适当降低过严的监管指标要求，转变监管理念，提升监管水平。对于有助于市场价格发现和风险管理、杠杆效应较小的基本衍生品（如利率掉期）市场，应放宽市场准入，允许风险偏好不同、经营稳健的各类型金融机构进入市场。要认识到同业市场也是金融服务实体经济的重要一环。不同类型金融机构资金头寸和风险偏好不同，同业存单等方式可弥补中小银行资金缺口并更好服务实体经济，美国很多全国性大银行也主要依靠同业负债经营。对于假结构、资金空转等风险，应主要依靠加强监管规范发展。

3. 完善微观主体公司治理，强化企业预算约束，切实降低国有部门杠杆率和地方政府债务风险

内部人控制和大股东越位乱为并存，公司治理薄弱，这是当前部分金融企业风险高企的重要微观根源。应以“G20/OECD 公司治理原则”为指导，多方面完善金融机构公司治理机制。金融风险也与非金融企业（特别是国有企业）改革不到位有关。有效的公司治理是现代企业制度的核心，也是中国企业改革的重要内容。完善激励相容、制衡有效的公司治理机制，对降低国有部门杠杆率、化解地方债务风险、促进金融稳定，具有非常重要的意义。

4. 加强与财政部门协调，将国债业务纳入公开市场业务常备工具箱

中央银行在减少使用类再贷款工具的同时，逐步提高二级市场国债现券买卖、国债回购业务在基础货币投放和流动性管理中的作用。由央行主导国债承销团管理工作，将财政存款（国库现金管理）和国债发行纳入央

行流动性管理框架。深化债券市场发展，扩大短期国债发行规模。恢复征收国债利息税，提升国债的金融属性。建立现代中央银行会计财务制度，打造健康可持续的中央银行资产负债表。

（三）中长期（5年及以上）：货币决策框架现代化转型的准备工作

需要指出的是，与其他部门的政策协调是为了进一步畅通利率传导机制，为货币价格调控模式转型提供更可靠的政策保障，即使这些政策协调未能很好实现，也不会阻碍市场化利率形成和调控机制建设。只要完善利率操作框架的技术性准备完成，就表明中国成功实现了货币政策框架操作层面的现代化转型。当然，货币价格调控不仅要通过市场化方式“调得了”利率，还要“调得好”。美欧在20世纪70年代之前相机抉择的利率决策方式最终酿成“滞胀”恶果，80年代中期重新转向货币价格调控以来，各国都遵循一定规则（泰勒规则）进行利率决策，取得了巨大成功。因此，在货币价格调控模式转型过程中，也要为打造规则导向的现代化货币决策框架，进行相应准备。

1. 优化以物价稳定为首要目标的货币政策最终目标体系，更加关注就业和金融市场稳定等情况，根据经济现实需要动态调整其他目标权重

经济转型阶段中国货币政策的多目标制具有现实合理性，但各个目标难免重叠并相互干扰，追求多个目标很可能顾此失彼，降低政策有效性，损害央行信誉。货币政策不能包打天下，结构性信贷政策只能在边际上改进总量货币政策效果，过多依赖结构性政策容易固化原有体制机制问题，带来新的市场扭曲，无法代替财政政策和深层次结构性改革。作为经济学意义上的大国，中国的外部目标应服从内部目标，货币外部价值（汇率）应服从内部价值（通胀）。物价稳定意味着产出或就业均衡（缺口为零），而充分就业与经济增长相关性很强，因此货币政策应高度关注就业情况。不过，由于人口结构变化和基础数据欠缺，不宜设定具体政策目标。金融

市场稳定发展和夯实国民经济薄弱环节，也是为了更好服务实体经济，顺利实现物价稳定目标。要在物价稳定的前提下，根据实际情况灵活开展货币政策调控。

2. 明确中期通胀具体目标值，理顺新的基准政策利率调整模式，改革货币政策委员会人员构成并将其作为决策机构，提高政策可预期性

明确未来一段时期具体的通胀目标值（而非相机抉择式地每年确定通胀目标），作为转轨国家，中国的通胀目标值可略高于发达经济体通行的2%。央行具体通胀目标值作为首要最终目标，开展货币决策和操作，对一段时期内未能实现既定物价目标，应及时解释原因，考虑是否调整具体目标值。借鉴国际经验，可事先公布利率决策议程（如1年调整6次，单月月中开展利率决策），定期发布决策相关信息。可考虑主要由央行专业人士和专职专家担任货币政策委员会委员，适当延长专职专家任期，提高货币决策的透明度、科学性和前瞻性。

3. 探索符合中国实际的通胀衡量指标，遵循一定规则开展利率决策，更好实现物价、产出等最终目标

通胀衡量指标对央行货币决策、政策评估和社会福利至关重要。目前，我国CPI权重设置、指数编制方法等仍存在一定不足，可能存在系统性偏误。因此，应改进CPI统计工作，尝试编制符合中国实际的通胀衡量指标。同时，我国也要加强潜在产出、自然利率等潜在变量估算；结合当前宏观调控需要，在降低法定准备金要求至合理适当水平以减轻银行准备金税负担的同时，探索考虑中国经济金融情况的简单稳健最优利率政策规则，以此指导利率决策，逐步将操作目标和市场利率引导至与稳态增长路径相符的均衡水平，对冲当前经济下行阶段过度货币扩张预期，实现“稳增长、防风险、促改革”一石三鸟的效果。

4. 深化外汇市场发展，以清洁浮动为目标，加快汇率形成机制改革，在加强宏观审慎政策的同时，尽可能实现资本账户可兑换

适当放松外汇交易实需原则，放宽不同类型主体和产品的外汇市场准

入标准。在适当放开人民币对美元汇率中间价波动幅度的同时，探索将中间价作为汇率宏观审慎政策工具，明确其政策目标和操作规则。为确保汇率在均衡水平上的基本稳定，可考虑根据即期汇率偏离程度和持续时间，确定是否采用盯住一篮子货币或引入逆周期因子。目前，资本账户开放仍是“宽流入、严流出”“重机构、轻市场和产品”。在完善跨境资本流动宏观审慎和微观合规两位一体管理框架基础上，应保持微观审慎政策跨周期的稳定性、一致性及可预期性，尽可能实现资本跨境自由流动，在充分利用各国资本的同时，实现资金在全球范围的优化配置。

参考文献

1. 戴根有，2003，《中国央行公开市场业务操作实践和经验》，《金融研究》第1期。

2. 管涛，2021，《加强人民币升值情形下的汇率预期管理》，《清华金融评论》第9期。

3. 付英俊、李丽丽，2017，《国库现金管理对货币供给和利率影响的实证检验》，《统计与决策》第6期。

4. 纪敏、牛慕鸿、张犁娜，2015，《央行抵押品制度的国际借鉴》，《中国金融》第16期。

5. 纪洋、徐建炜、张斌，2015，《利率市场化的影响、风险与时机》，《经济研究》第1期。

6. 类承曜，2021，《国债税收问题研究及优化建议》，《债券》第10期。

7. 李海、王奇，2010，《加拿大国库现金管理经验介绍及启示》，《金融会计》第3期。

8. 李宏瑾，2013，《市场预期、利率期限结构与间接货币政策转型》，经济管理出版社。

9. 李宏瑾、苏乃芳，2016，《自然利率估算方法文献综述》，《国际金融研究》第8期。

10. 刘国强，2020，《创新直达实体经济的货币政策工具》，《中国金融》第24期。

11. 刘絜敖，2010，《国外货币金融学说》，中国金融出版社。

12. 蓝虹、穆争社，2014，《论主要经济体中央银行抵押品管理制度的创新与发展》，《中央财经大学学报》第12期。

13. 罗长林、邹恒甫，2014，《预算软约束问题再讨论》，《经济学动态》第5期。

14. 马亚明、常军、佟淼，2018，《新利率双轨制、企业部门杠杆率差异与我国货币政策传导》，《南开经济研究》第 6 期。

15. 阮健弘、黄健洋，2019，《流动性的客观评估与合理调节》，《债券》第 12 期。

16. 孙丹、李宏瑾，2016，《利率市场化改革与商业银行利率定价机制转型》，《南方金融》第 5 期。

17. 谢平，1996，《中国金融制度的选择》，上海远东出版社 12 月。

18. 王嘉鑫、汪芸倩、张龙平，2020，《利率管制松绑、企业会计信息披露质量与融资约束》，《经济管理》第 4 期。

19. 项卫星、李宏瑾，2014，《货币市场基准利率的性质及对 Shibor 的实证研究》，《经济评论》第 1 期。

20. 徐忠，2017，《中国稳健性货币政策的实践经验与货币政策理论的国际前沿》，《金融研究》第 1 期。

21. 徐忠，2018，《经济高质量发展阶段的中国货币调控方式转型》，《金融研究》第 4 期。

22. 易纲，2009，《中国改革开放三十年的利率市场化进程》，《金融研究》第 1 期。

23. 易纲，2021，《中国的利率体系与利率市场化改革》，《金融研究》第 9 期。

24. 张晓慧，2015，《货币政策的发展、挑战与前瞻》，《中国金融》第 19 期。

25. 张晓慧，2018，《三十而立 四十不惑：从存款准备金变迁看央行货币调控演进》，《中国金融》第 23 期。

26. 周小川，2006，《中国货币政策的特点和挑战》，《财经》第 26 期。

27. 周小川，2013，《新世纪以来中国货币政策的主要特点》，《中国金融》第 2 期。

28. 周小川，2016，《把握好多目标货币政策》，在 IMF 中央银行政策研讨会上的发言，www. pbc. gov. cn，6 月 24 日。

29. 周小川，2020，《关于货币政策传导机制的六个观点》，“代引言”，《多重约束下的货币政策传导机制》，北京：中国金融出版社。

30. Abbassi, P. and D. Nautz, 2012, “Monetary Transmission Right from the Start”, *North American Journal of Economics and Finance*, 23 (1): 54 – 69.

31. Acharya, V., M. Crosignani, T. Eisert and C. Eufinger, 2020, “Zombie Credit and (Dis –) Inflation”, *FRB of New York Staff Reports*, No. 955.

32. Afonso, G., R. Armenter and B. Lester, 2019, “A Model of the Federal Funds Mar-

ket", *Review of Economic Dynamics*, 33 (Jun.): 177 - 204.

33. Afonso, G., M. Cipriani, A. Copeland, A. Kovner, G. La Spada and A. Martin, 2021, "The Market Events of Mid - September 2019", *FRB of New York Economic Policy Review*, 27 (2): 1 - 26.

34. Afonso, G., K. Kim, A. Martin, E. Nosal, S. Potter and S. Schulhofer - Wohl, 2020, "Monetary Policy Implementation with An Ample Supply of Reserves", *FRB of New York Staff Reports*, No. 910.

35. Afonso, G., L. Logan, A. Martin, W. Riordan and P. Zobel, 2022, "How the Federal Reserve's Monetary Policy Implementation Framework Has Evolved", "The Fed's Latest Tool: A Standing Repo Facility", *Liberty Street Economics of FRB of New York*, Jan. 10th - 13th.

36. Akram, F. and C. Christophersen, 2011, "Norwegian Overnight Interbank Interest Rates", *Norges Bank Staff Memo*, No. 1.

37. Alensina A. and A. Stella, 2011, "The Politics of Monetary Policy", in *Handbook of Monetary Economics*, Vol. 3, 1002 - 1054. Amsterdam: Elsevier.

38. Allen, W., 2012, "Quantitative Monetary Policy and Government Debt Management in Britain since 1919", *Oxford Review of Economic Policy*, 28 (4): 804 - 836.

39. Allen, F., E. Carletti and D. Gale, 2009, "Interbank Market Liquidity and Central Bank Intervention", *Journal of Monetary Economics*, 56 (5): 639 - 652.

40. Altavilla, C., G. Carboni, M. Lenza, and H. Uhlig, 2019, "Interbank Rate Uncertainty and Bank Lending", *ECB Working Paper*, No. 2311.

41. Altig, D., M. Fleming, H. Genay, S. McLaughlin, A. Sbordone and L. Wall, 2016, "Lessons From the Crisis for a Future Monetary Policy Operating Framework", *FOMC Memo*, Jul., 8th; Released on Jan., 14th, 2022.

42. Anbil, S. and M. Calson, 2019, "The Re-emergence of the Federal Reserve Funds Market in the 1950s", *FEDS Notes*, Mar., 22nd.

43. Anderson, R. and R. Rasche, 2000, "The Domestic Adjusted Monetary Base", *FRB of St. Louis Working Paper*, No. 2000 - 002A.

44. Andros, J., M. Beall, F. Martinez, T. Rodrigues, M. Styczynski and A. Thorp, 2019, "Approaches to Estimating Aggregate Demand for Reserve Balances", *FEDS Notes*, Oct., 17th.

45. Arce, Q. , Nuno, G. , D. THaler and C. Thomas, 2018, "A Large Central Bank Balance Sheet?", *Bank of Spain Working Paper*, No. 1851.

46. Armenter, R. and B. Lester, 2017, "Excess Reserves and Monetary Policy Implementation", *Review of Economic Dynamics*, 23 (Jan.): 212 – 235.

47. Asso, F. , and R. Leeson, 2012, "Monetary Policy Rules: from Adam Smith to John Taylor", in *The Taylor Rule and the Transformation of Monetary Policy*, 21 – 69. Stanford: Hoover Press.

48. Atkeson, A. , Chari, C. and P. Kehoe, 2007, "On the Optimal Choice of A Monetary Policy Instrument", *NBER Working Paper*, No. 13398.

49. Avalos, F. , T. Ehlers and E. Eren, 2019, "September Stress in Dollar Repo Markets: Passing or Structural?", *BIS Quarterly Review*, (December): 12 – 14.

50. Ayuso, J. , A. Haldane and F. Restoy, 1997, "Volatility Transmission along the Money Market Yield Curve", *Weltwirtschaftliches Archiv*, 133 (1): 56 – 75.

51. Baker, N. and S. Rafter, 2022, "An International Perspective on Monetary Policy Implementation Systems", *Reserve Bank of Australia Bulletin*, June: 50 – 57.

52. Bartsch, E. , A. Benassy – Quere, G. Corsetti and X. Debrun, 2020, "It's all in the Mix", *Geneva Report*, No. 23.

53. Barro, R. , 1986, "Recent Development in the Theory of Rules Versus Discretion", Economic Journal, 96 (Supplement: Conference Papers): 23 – 37.

54. Bean, C. , 1983, "Targeting Nominal Income: An Appraisal", *Economic Journal*, 93 (372): 806 – 819.

55. Bean, C. , C. Broda, T. Ito and R. Kroszner, 2014, "Low for Long?", *18th Geneva Report*. London: CEPR Press.

56. Bech, M. and E. Klee, 2011, "The Mechanics of a Graceful Exit", *Journal of Monetary Economics*, 58 (5): 415 – 431.

57. Bech, M. and Malkhozov, A. , 2016, "How Have Central Banks Implemented Negative Policy Rates?", *BIS Quarterly Review*, (March): 31 – 44.

58. Bech, M. and C. Monnet, 2013, "The Impact of Unconventional Monetary Policy on the Overnight Interbank Market", in *Liquidity and Funding Markets*, Reserve Bank of Australia, *Conference Volume*, No. acv2013 – 09.

59. Berentsen, A. and C. Monnet, 2009, "Monetary Policy in a Channel System", *Journal of Monetary Economics*, 55 (6): 1067 - 1080.

60. Berentsen, A., A. Marchesiani and J. Waller, 2010, "Channel Systems: Why is there a Positive Spread?", *FRB of St. Louis Working Paper Series*, No. 2010 - 049.

61. Bernanke, B., 2016, "What Tools does the FED Have Left? Part1 - 3", http://www.brookings.edu/blogs/ben - bernanke, March 18th - April 11th.

62. Bernanke, B. and M. Gertler, 1995, "Inside the Black Box: The Credit Channel of Monetary Policy Transmission", *Journal of Economic Perspectives*, 9 (4): 27 - 48.

63. Bernanke, B., Gertler, M. and Gilchrist, S., 1999. "The Financial Accelerator in a Quantitative Business Cycle Framework." *Handbook of Macroeconomics*, 1341 - 1393. Amsterdam: Elsevier.

64. Bernanke, B., and I. Mihov, 1998. "Measuring Monetary Policy." *Quarterly Journal of Economics.* 113 (3): 869 - 902.

65. Bernanke, B., V. Reinhart and B. Sack, 2004, "Monetary Policy Alternatives at the Zero Bound", *FEDS*, No. 2004 - 48.

66. Bernhardsen, T. and A. Kloster, 2010, "Norges Liquidity Management System: Floor or Corridor", *Norges Bank Staff Memo*, No. 4.

67. Bernstein, E, 2014, "The Transparency Trap", *Harvard Business Review*, 92 (10): 58 - 66.

68. Beyer, A., V. Gaspar, C. Gerberding and O. Issing, 2013, "Opting out of the Great Inflation", in *The Great Inflation: The Rebirth of Modern Central Banking*, 301 - 346, *NBER Books*, No. 8.

69. Beyer, R. and V. Wieland, 2019, "Instability, Imprecision and Inconsistent Use of Equilibrium Real Interest Rate Estimates", *Journal of International Money and Finance*, 94 (C): 1 - 14.

70. Bindseil, U., 2004, *Monetary Policy Implementation: Theory, Past and Present.* New York: Oxford University Press.

71. Bindseil, U., 2014, *Monetary Policy Operations and the Financial System.* New York: Oxford University Press.

72. Bindseil, U., 2016, "Evaluating monetary Policy Operational Frameworks", Paper for

the Jackson Hole Symposium on *Designing Resilient Monetary Policy Frameworks for the Future*, FRB of Kansas City, August.

73. Bindseil, U., 2018, "What Monetary Policy Operational Framework after the Crisis?", *Revue Française D'économie (French Journal of Economy)*, 33 (3): 105 – 126.

74. Bindseil, U., G. Camba – Mendez, A. Hirsch and B. Weller, 2006, "Excess Reserves and the Implementation of Monetary Policy of the ECB", *Journal of Policy Modeling*, 28 (5): 491 – 510.

75. Bindseil, U. and J. Jablecki, 2011, "The Optimal Width of the Central Bank Standing Facilities Corridor and Bank's Day – to – day Liquidity Management", *ECB Working Paper*, No. 1350.

76. Bindseil, U., and P. Konig, 2013, "Basil J. Moore's Horizontalists and Verticalists", *Review of Keynesian Economics*, 1 (4): 383 – 390.

77. BIS, 2005, "Zero – Coupon Yield Curves: Technical Documentation", *BIS paper*, No. 25.

78. BIS, 2009, "Monetary Policy Frameworks and Central Bank Market Operations", Market Committee, May.

79. BIS, 2015, "Central Bank Operating Frameworks and Collateral Markets", *CGFS Papers*, No. 53.

80. BIS, 2016, *Annual Economic Report*, Jun.

81. BIS, 2017, "Macroprudential Frameworks, Implementation and Relationship with Other Policies", *BIS Papers*, No. 94.

82. BIS, 2018, "Moving forward with Macroprudential Frameworks", *Annual Economic Report*, June.

83. BIS, 2019, "Monetary Policy Frameworks and Central Bank Market Operations", *Market Committee*, Oct., 7th.

84. Blanchard, O. and E. Brancaccio, 2019, "Crisis and Revolution in Economic Theory and Policy: A Debate", *Review of Political Economy*, 31 (2): 271 – 287.

85. Blinder, A., 1998, *Central Banking in Theory and Practice*. Cambridge, MIT Press.

86. Blinder, A., M. Ehrmann, J. de Haan and D. Jansen, 2017, "Necessity as the Mother of Invention", *Economic Policy*, 32 (92): 707 – 755.

87. Blommestein, H. and P. Turner, 2012, "Interactions between Sovereign Debt Management and Monetary Policy under Fiscal Dominance and Financial Instability", in *Threat of Fiscal*

Dominance? . *BIS Papers*, No. 65, 213 – 238.

88. Bonis, B. , J. Ihrig and M. Wei, 2017, "The Effect of the Federal Reserve's Securities Holdings on Longer – term Interest Rates", *FEDS Notes*, April, 20th.

89. Bordo, M. , 2014, "Rules for A Lender of Last Resort", *Journal of Economic Dynamics and Control*, 49 (1): 126 – 134.

90. Bordo, M. and B. Eichengreen, 1998, "The Rise and Fall of A Barbarous Relic", *NBER Working Paper*, No. 6436.

91. Bordo, M. and F. Kydland, 1995, "The Gold Standard as a Rule", *Explorations in Economic History*, 32 (4): 423 – 465.

92. Borio, C. , 1997, "The Implementation of Monetary Policy in Industrial Countries: A Survey", *BIS Economic Papers*, No. 47.

93. Borio, C. , 2019, "On Money, Debt, Trust and Central Banking", *BIS Working Papers*, No. 763.

94. Borio, C. , M. Eredem, A. Filardo and B. Hofmann, 2015, "The Costs of Deflations", *BIS Quarterly Review*, (March): 31 – 54.

95. Borio, C. and W. Nelson, 2008, "Monetary Operations and the Financial Turmoil", *BIS Quarterly Review*, (March): 31 – 46.

96. Borio, C. and A. Zabai, 2018, "Unconventional Monetary Policies", in *Handbook on Central Banking*. 398 – 444. Cheltenham: Edward Elgar Publishing.

97. Borio, C. and H. Zhu, 2008, "Capital Regulation, Risk-taking and Monetary Policy", *BIS Working Paper*, No. 268.

98. Bowman, D. , C. Erceg and M. Leahy, 2010, "Strategies for Targeting Interest Rates Out the Yield Curve", *FOMC Memos*, Oct. , 3rd. Released on Jan. , 29th, 2016.

99. Bowman, D. , M. Kiley, A. Levin, S. Meyer, W. Nelson and D. Reifschneider, 2011, "Potential Monetary Policy Tools to Provide Additional Accommodation", *FOMC Memos*, August, 3rd. Public Released on March, 31th, 2017.

100. Breedon, F. and P. Turner, 2016, "On the Transactions Costs of Quantitative Easing", *BIS Working Paper*, No. 571.

101. Brzoza – Brzezina, M. and J. Kotłowski, 2014, "Measuring the Natural Yield Curve", *Applied Economics*, 46 (17): 2052 – 2065.

102. Burger, A. , L. Kalish and C. Babb, 1971, "Money Stock Control and Its Implications of Monetary Policy", *FRB of St. Louis Review*, 53 (10): 6 – 22.

103. Buzeneca, I. and R. Maino, 2007, "Monetary Policy Implementation: Results from a Survey", *IMF Working Paper*, No. WP/07/7.

104. Caballe J. and J. Hromcova, 2011, "The Role of Central Bank Operating Procedures in An Economy with Productive Government Spending", *Computational Economics*, 37 (1): 39 – 65.

105. Cagan, P. , 1982, "The Choice among Monetary Aggregates as Targets and Guides for Monetary Policy", *Journal of Money, Credit and Banking*, 14 (4): 661 – 686.

106. CGFS, 2015, "Regulatory Change and Monetary Policy", *CGFS Papers*, No. 54.

107. CGFS, 2019, "Unconventional Monetary Policy Tools", *CGFS Papers*, No. 63.

108. Calomiris, C. and L. Schweikart, 1991, "The Panic of 1857: Origins, Transmission, and Containment", *Journal of Economic History*, 51 (4): 807 – 834.

109. Calomiris, C. , J. Mason and D. Wheelock, 2011, "Did Doubling Reserve Requirements Cause the Recession of 1937 – 1938?", *NBER Working Papers*, No. 16688.

110. Calomiris, C. , M. Jaremski and D. Wheelock, 2019, "Interbank Connections, Contagion and Bank Distress in the Great Depression", *NBER Working Papers*, No. 25897.

111. Cap, A. , M. Drehmann and A. Schrimpf, 2020, "Changes in Monetary Policy Operating Procedures over the Last Decade", *BIS Quarterly Review*, Dec. , 27 – 40.

112. Carlson, K. , 1978, "Does the St. Louis Equation Now Believe in Fiscal Policy?", *FRB of St. Louis Review*, 60 (2): 13 – 19.

113. Carlson, M. , 2015, "Lessons from the Historical Use of Reserve Requirements in the United States to Promote Bank Liquidity", *International Journal of Central Banking*, 11 (1): 191 – 224.

114. Carlson, M. and B. Duygan – Bump, 2018, " 'Unconventional' Monetary Policy as Conventional Monetary Policy", *FEDS*, No. 2018 – 019.

115. Carlson, M. and J. Rose, 2017, "Stigma and Discount Window", *FEDS Notes*, Dec. , 19th.

116. Carlson, M. and D. Wheelock, 2018, "Did the Founding of the Federal Reserve Affect the Vulnerability of the Interbank System to Contagion Risk?", *Journal of Money, Credit and Banking*, 50 (8): 1711 – 1750.

117. Carlson, W. and C. Lackman, 2018, "Raising Interest Rates: IOER vs. OMO", *International Journal of Financial Research*, 9 (1): 142 – 146.

118. Carlstrom, C. and T. Fuerst, 1995, "Interest Rate Rules vs. Money Growth Rules", Journal of Monetary Economics, 36 (2): 247 – 267.

119. Carlstrom, C., T. Fuerst and M. Paustian, 2017, "Targeting Long Rates in A Model with Segmented Markets", *American Economic Journal: Macroeconoimcs*, 9 (1) : 205 – 242.

120. Carpenter, S. and S. Demiralp, 2006, "Anticipation of Monetary Policy and Open Market Operations", *International Journal of Central Banking*, 2 (2): 25 – 63.

121. Carpenter, S. and S. Demiralp, 2008, "The Liquidity Effect in the Federal Funds Market", *Journal of Money, Credit and Banking*, 40 (1): 1 – 24.

122. Carpenter, S. and S. Demiralp, 2011, "Volatility, Money Market Rates, and the Transmission of Monetary Policy", *FEDS*, No. 2011 – 22.

123. Carpenter, S., J. Ihrig, D. Leonard and P. McCabe, 2011, "Reducing the IOER Rate", *FOMC Memos*, Aug., 3rd. Released on Mar., 31th, 2017.

124. Cassola, N. and C. Morana, 2006, "Volatility of Interest Rates in the Euro Area", *European Journal of Finance*, 12 (6): 513 – 528.

125. Cassino, E. and A. Yao, 2011, "New Zealand's Emergency Liquidity Measures During the Global Financial Crisis", *Reserve Bank of New Zealand Bulletin*, 74 (2): 39 – 50.

126. Chabot, B. and K. Garbade, 2016, "The Federal Reserve's Evolving Monetary Implementation Framework", *FOMC Memo*, Jul., 16th; Released on Jan., 14th, 2022.

127. Chailloux, A., S. Gray and R. McCaughrin, 2008, "Central Bank Collateral Frameworks, Principles and Policies", *IMF Working Papers*, No. WP/08/222.

128. Chaurushiya, R. and K. Kuttner, 2003, "Targeting the Yield Curve: The Experience of the Federal Reserve, 1942 – 51", *FOMC Memos*, Jun., 18th. Released on Apr., 15th, 2016.

129. Cheun, S., I. Koppen – Mertes and B. Weller, 2009, "The Collateral Frameworks of the Eurosystem, the Federal Reserve and the bank of England, and the Financial Market Turmoil", *ECB Occasional Paper*, No. 107.

130. Christiano, L., M. Eichenbaum and C. Evans, 1999, "Monetary Shocks: What have We Learned, and to What End?", in *Handbook of Macroeconomics*, 65 – 148. North Holland: Elsevier.

131. Chrystal, A. and P. Mizen, 2001, "Goodhart's Law: Its Origins, Meaning and Implications for Monetary Policy", *Paper for the Festschrift in honor of Charles Goodhart*, Bank of England, Nov. 15 – 16th.

132. Clarida, R. 2020, "Models, Markets, and Monetary Policy", in *Strategies for Monetary Policy*, 1 – 26. Stanford: Hoover Institution Press.

133. Cochrane, J. and J. Taylor, 2016, *Central Bank Governance and Oversight Reform*. Stanford: Hoover Institution Press.

134. Collard, F. and H. Dellas, 2005, "Poole in the New Keynesian Model", *European Economic Review*, 49 (4): 887 – 907.

135. Collins, M., 1992, "Bank of England", in *The New Palgrave Dictionary of Money and Finance (A – E)*, 157 – 160, London and New York: Macmillan and Stockton.

136. Corradin, S., J. Eisenschmidt, M. Hoerova, T. Linzert, G. Schepens and J. Sigaux, 2021, "Money Markets, Central Bank Balance Sheet and Regulation", *ECB Working Paper*, No. 2483.

137. Cukierman, A., 2016, "Reflections on the Natural Rate of Interest, Its Measurement, Monetary Policy and the Zero Lower Bound", in *Central Banking and Monetary Policy*, 34 – 53. *SUERF Conference Proceedings*, No. 2016/4.

138. Curdia, V. and M. Woodford, 2011, "The Central Bank Balance Sheet as an Instrument of Monetary Policy", *Journal of Monetary Economics*, 58 (1): 54 – 79.

139. Davig, T. and L. Smith, 2017, "Forecasting the Stance of Monetary Policy under Balance Sheet Adjustments", *FRB of Kansas City Macro bulletin*, May, 10th.

140. Davis, R., 1990, "Intermediate Targets and Indicators for Monetary Policy", *FRB of New York Quarterly Review*, (Summer): 71 – 82.

141. De Fiore, F., M. Hoerova and H. Uhlig, 2022, "Money Markets, Collateral and Monetary Policy", *BIS Working Papers*, No. 997.

142. Demiralp, S., and O. Jorda, 2001, "The Announcement Effect: Evidence from Open Market Desk Data", *FRB of New York Bank Economic Policy Review*, 8 (May): 29 – 48.

143. Disyatat, P., 2008, "Monetary Policy Implementation: Misconceptions and Their Consequences", *BIS Working Paper*, No. 269.

144. Driscoll, J., 2008, "Summary of Central Bank Workshop on Monetary Policy Imple-

mentation", *FOMC Memo*, March, 31st.

145. Duffie, D. and J. Stein, 2015, "Reforming LIBOR and Other Financial Market Benchmarks", *Journal of Economic Perspectives*, 29 (2): 191 -212.

146. Duffie, D. and A. Krishnamurthy, 2017, "Passthrough Efficiency in the Fed's New Monetary Policy Setting", *Paper for the Conference of The Structural Foundations Of Monetary Policy*, Hoover Institution, May, 4th.

147. Duffy, J. and F. Heinemann, 2021, "Central Bank Reputation, Cheap Talk and Transparency as Substitutes for Commitment", *Journal of Monetary Economics*, 117 (C): 887 - 903.

148. Egelhof, J. , R. Feldman, J. Ihrig, A. Martin, P. Tkac and S. Prasanna, 2016, "Alternative Policy Rates", *FOMC Memo*, Oct. , 7th. , Released on Jan. , 14th, 2022.

149. Egelhof, J. , A. Martin and N. Zinsmeister, 2017, "Regulatory Incentives and Quarter - End Dynamics in the Repo Market", *Liberty Street Economics of FRB of New York*, August, 7th.

150. Eggertsson, G. and M. Woodford, 2003, "The Zero Bound on Interest Ratesand Optimal Monetary Policy", *Brookings Papers on Economic Activity*, 34 (1): 139 -233.

151. Ehlers, T. , 2012, The Effectiveness of the Federal Reserve's Maturity Extension Program - Operation Twist2", in *Threat of Fiscal Dominance*? . *BIS Papers*, No. 65, 245 -256.

152. Ehlers, T. , S. Kong and F. Zhu, 2018, "Mapping Shadow Banking in China" *BIS Working Papers*, No. 701.

153. Eichengreen, B. and P. Garber, 1991, "Before the Accord: U. S. Monetary Financial Policy 1945 -51", *NBER Working Paper*, No. 3380.

154. Engert, W. , T. Gravelle and D. Howard, 2008, "The Implementation of Monetary Policy in Canada", *Bank of Canada Discussion Papers*, No. 08 -9.

155. Englander, S. , 1990, "Optimal Monetary Policy Design", in *Intermediate Targets and Indicators for Monetary Policy*, 421 -451, FRB of New York.

156. Engle, R. and C. Granger, 1987, "Co-Integration and Error Correction", *Econometrica*. 55 (2): 251 -276.

157. Ennis, H. and E. Klee, 2021, "The Fed's Discount Window in 'Normal' Times", *FEDS*, No. 2021 -016.

158. Ericsson, N., E. Jansen, N. Kerbeshian and R. Nymoen, 1998, "Interpreting A Monetary Conditions Index in Economic Policy", *BIS Conference Papers*, No. 6, 237 – 254.

159. Estrella, A. and G. Hardouvelis, 1991, "The Term Structure as a Predictor of Real Economic Activity", *Journal of Finance*, 46 (2): 555 – 576.

160. FED, 1938, "The History of Reserve Requirements for Banks in the United States", *Federal Reserve Bulletin*, Nov., 953 – 972.

161. Federico, P., C. Vegh, and G. Vuletin (2014): "Reserve Requirement Policy over the Business Cycle", *NBER Working Papers*, No. 20612.

162. Feinman, J., 1993, "Reserve Requirements: History, Current Practice, and Potential Reform", *Federal Reserve Bulletin*, June.

163. Filardo, A., 2020, "Monetary Policy Operating Frameworks", *Cato Journal*, 40 (2): 385 – 407.

164. Foley – Fisher, N., R. Ramcharan, and E. Yu, 2016, "The Impact of Unconventional Monetary Policy on Firm Financing Constraints", *FEDS*, No. 2016 – 025.

165. Frankel J., 1999, "No Single Currency Regime is Right for All Countries or at All Time", *NBER Working Paper*, No. 7338.

166. Freixas, X., and J. Rochet, 2008, *Microeconomics of Banking*. MIT Press.

167. Fisher, I., 1911, *The Purchasing Power of Parity*. New York: Kelley.

168. Fisher, M., D. Nychka and D. Zervos, 1995, "Fitting the Term Structure of Interest Rates with Smoothing Splines", *FEDS*, No. 1995 – 1.

169. Fontaine, J. and R. Garcia, 2012, "Bond Liquidity Premia", *Review of Financial Studies*, 25 (4): 1207 – 1254.

170. Friedman, B., 1975, "Targets, Instruments, and Indicators of Monetary Policy", *Journal of Monetary Economics*, 1 (4): 443 – 473.

171. Friedman, B., 1984, "The Value of Intermediate Targets in Implementing Monetary Policy", *NBER Working Paper*, No. 1487.

172. Friedman, B., 1990, "Targets and Instruments of Monetary Policy", in *Handbook of Monetary Economics*, Vol. 2, 1183 – 1230, North Holland: Elsevier.

173. Friedman, B. and K. Kuttner, 2011, "Implementation of Monetary Policy: How Do Central Banks Set Interest Rates?", in *Handbook of Monetary Economics*, Vol. 3, 1345 – 1438.

Amsterdam: Elsevier.

174. Friedman, J. and Y. Shachmurove, 2015, "The Responses of the Prime Rate to Change in Policies of the Federal Reserve", *Economic Modelling*, 46 (C): 407 - 411.

175. Friedman, M., 1956, "The Quantity Theory of Money: A Restatement", in *Studies in the Quantity Theory of Money*, Chicago: University of Chicago Press.

176. Friedman, M., 1968, "The Role of Monetary Policy", *American Economic Review*, 58 (1): 1 - 17.

177. Friedman, M., 1982, "Monetary Policy: Theory and Practice", *Journal of Money, Credit, and Banking*, 14 (1): 98 - 118.

178. Friedman, M., 2010, "Trade - offs in Monetary Policy", in *David Laidler's Contributions to Economics*, 114 - 118. New York: Palgrave MacMillan.

179. Friedman, M. and A. Schwartz, 1963, *A Monetary History of the United States*, Princeton University Press.

180. Fudea - Samikawa, I. and T. Takano, 2017, "Pace of Increase in BOJ's Holding of JGBs Slowing", Japan Centre for Economic Research (JCER), *Financial Research Paper*, No. 34.

181. Furfine, C., 2000, "Interbank Payments and the Daily Federal Funds Rate", *Journal of Monetary Economics*, 46 (2): 535 - 553.

182. Furfine, C., 2003, "Standing Facilities and Interbank Borrowing: Evidence from the Fed's New Discount Window", *International Finance*, 6 (3): 329 - 347.

183. Fuhrer, L., M. Juttner, J. Wrampelmeyer and M. Zwicker, 2021, "Reserve Tiering and the Interbank Market", *Swiss National Bank Working Papers*, No. 2021 - 17.

184. Gali, J., 2015, *Monetary Policy, Inflation, and the Business Cycle.* Princeton: Princeton University Press.

185. Garbade, K., 2020, "Managing the Treasury Yield Curve in the 1940s", *FRB of New York Staff Reports*, No. 913.

186. Gaspar, V., G. Quiros and H. Mendizabal, 2004, "Interest Rate Determination in the Interbank Market", *ECB Working Paper Series*, No. 351.

187. Gavin, W., 2007, "Comment on 'Open Market Operations - Their Role and Specification Today' by Ulrich Bindseil and Flemming Wurtz", in *Open Market Operations and Finan-*

cial Markets, 80 – 85. Abingdon and New York: Routledge.

188. Gavin W. , B. Keen and M. Pakko, 2005, "The Monetary Instrument Matters", *FRB of St. Louis Review*, 87 (5): 633 – 658.

189. Goodhart, C. , 1984, *Monetary Theory and Practice.* Macmillan: Basingstoke.

190. Goodhart, C. , 1989, "The Conduct of Monetary Policy", *Economic Journal*, 99 (369): 293 – 346.

191. Goodhart, C. , 2009, "Liquidity Management", Paper for the Symposium on *Economic Policy for the Information Economy*, FRB of Kansas City, *Economic Symposium Conference Proceedings*, 157 – 168.

192. Goodfriend, M. , 1988, "Central Banking under the Gold Standard", *Carnegie – Rochester Conference Series on Public Policy*, 29 (1): 85 – 124.

193. Goodfriend, M. and M. Hargraves, 1983, "A Historical Assessment of the Rationales and Functions of Reserve Requirements", FRB of Richmond, *Economic Review*, Mar. , 3 – 21.

194. Gray, S. and N. Talbot, 2006, "Monetary Operations", *Handbooks in Central Banking*, Bank of England, No. 24.

195. Gregora, J. , Melecky, A. and M. Melecky, 2021, "Interest Rate Pass – Through: A Meta – Analysis of the Literature", *Journal of Economic Surveys*, 35 (1): 141 – 191.

196. Greenspan, A. , 2005, "Central Bank Panel Discussion", *Remarks to the International Monetary Conference*, The People's Bank of China (via Satellite), June, 6th.

197. Greenwood, R. , S. Hanson, J. Rudolph and L. Summers, 2014, "Government Debt Management at the Zero Lower Bound", Hutchins Center on Fiscal and Monetary Policy, *Working Paper*, No 5.

198. Greenwood, R. , S. Hanson and J. Stein, 2016, "The Federal Reserve's Balance Sheet as A Financial-Stability Tool", Paper for the Jackson Hole Symposium on *Designing Resilient Monetary Policy Frameworks for the Future*, FRB of Kansas City, August.

199. Grossmann – Wirth, V. , 2019, "What Monetary Policy Operational Frameworks in the New Financial Environment?", *International Journal of Political Economy*, 48 (4): 336 – 352.

200. Gurkaynk, R. and J. Wright, 2012, "Macroeconomics and the Term Structure", *Journal of Economic Literature*, 50 (2): 331 – 367.

201. Guthrie, G. and J. Wright, 2000, "Open Market Operations", *Journal of Monetary*

Economics, 46 (2): 489 – 516.

202. Guttmann, R., D. Lawson and P. Rickards, 2020, "The Economic Effects of Low Interest Rates and Unconventional Monetary Policy", *RBA Bulletin*, (Sep.): 22 – 30.

203. Hafer, R. and S. Hein, 1984, "Predicting the Money Multiplier", *Journal of Monetary Economics*, 14 (3): 375 – 384.

204. Haldane, A., M. Roberts-Sklar, T. Wieladek and C. Young, 2016, "QE: The Story So Far", Bank of England, *Staff Working Paper*, No. 624.

205. Hall, R., 2016, "Understanding the Decline in the Safe Real Interest Rate", *NBER Working Paper*, No. 22196.

206. Hall, A., H. Anderson and C. Granger, 1992, "Treasury Bill Yield Curves and Cointegration", *Review of Economics and Statistics*, 74 (1): 116 – 126.

207. Hall, R. and R. Reis, 2015, "Maintaining Central – Bank Financial Stability under New-Style Central Banking", *NBER Working Papers*, No. 21173.

208. Hamilton, J., 1996, "The Daily Market for Federal Funds", *Journal of Political Economy*, 104 (1): 26 – 56.

209. Hamilton, J., 2020, "Perspectives on US Monetary Policy Tools and Instruments", in *Strategies for Monetary Policy*, 173 – 193. Stanford: Hoover Institution Press.

210. Hamilton, J. and J. Wu, 2012, "The Effectiveness of Alternative Monetary Policy Tools in a Zero Lower Bound Environment", *Journal of Money, Credit and Banking*, 44 (1): 3 – 46.

211. Hardouvelis, G., 1994, "The Term Structure Spread and Future Changes in Long and Short Rates in the G7 Countries", *Journal of Monetary Economics*, 33 (2): 255 – 283.

212. Harimohan, R., M. McLeay and G. Young, 2016, "Pass-Through of Bank Funding Costs to Lending and Depositing Cost", Bank of England, *Staff Working Paper*, No. 590.

213. He, D. and H. Wang, 2012, "Dual – Track Interest Rate and the Conduct of Monetary Policy in China", *China Economic Review*, 23 (4): 928 – 947.

214. He, D., H. Wang and X. Yu, 2015, "Interest Rate Determination in China: Past, Present, and Future", *International Journal of Central Banking*, 11 (4): 255 – 277.

215. Henckel, T., A. Ize and A. Kovanen, 1999, "Central Banking without Central Bank Money", *IMF Working Paper*, No. 99/92.

216. Hetzel, R. and R. Leach, 2001, "The Treasury-Fed Accord: A New Narrative Ac-

count", FRB of Richmond, *Economic Quarterly*, 87 (1): 33 – 55.

217. Hilton, S. , 2005, "Trends in Federal Funds Rate Volatility", Federal Reserve Bank of New York, *Current issues in Economics and Finance*, 11 (July), No. 7.

218. Ho, C. , 2008, "Implementing Monetary Policy in the 2000s: Operating Procedures in Asia and Beyond", *BIS Working Paper*, No. 253.

219. Hoogduin, L. and P. Wierts, 2012, "Thoughts on Policies and the Policy Framework after A Financial Crisis", in *Threat of Fiscal Dominance*? . *BIS Papers*, No. 65, 83 – 90.

220. Hou, D. and D. R. Skeie, 2014, "LIBOR: Origins, Economics, Crisis, Scandal, and Reform", *FRB of New York Staff Report*, No. 667.

221. Humpage, O. , 2016, "The Fed's Yield – Curve – Control Policy", FRB of Cleveland, *Economic Commentary*, No. 2016 – 15.

222. Humphrey, T. , 1997, "Fisher and Wicksell on the Quantity Theory", *FRB of Richmond Economic Quarterly*, 83 (4): 71 – 90.

223. Ihrig, J. , E. Meade and G. Weinbach, 2015, "Rewriting Monetary Policy 101", *Journal of Economic Perspectives*, 29 (4): 177 – 198.

224. Ihrig, J. , Z. Senyuz and G. Weinbach, 2020, "The Fed's 'Ample – Reserves' Approach to Implementing Monetary Policy", *FEDS*, No. 2020 – 022.

225. Imakubo, K. , H. Kojima and J. Nakajima, 2015, "The Natural Yield Curve: Its Concept and Measurement", *Bank of Japan Working Paper Series*, No. 15 – E – 5.

226. IMF, 2008, "Chapter 1: Global Prospects and Policies", *World Economic Outlook: Financial Stress, Downturns, and Recoveries*. October.

227. Issing, O. , 1997, "Monetary Targeting in Germany", *Journal of Monetary Economics*, 39 (1): 67 – 79.

228. Ireland, P. , 2020, "Comment on 'Perspectives on US Monetary Policy Tools and Instruments'", in *Strategies for Monetary Policy*, 194 – 202. Stanford: Hoover Institution Press.

229. Issing, O. , 2014, "Forward Guidance", *SAFE White Paper Series*, No. 16.

230. Iwata, Kazumasa and I. Fudea – Samikawa, 2013, "Quantitative and Qualitative Monetary Easing Effects and Associated Risks", Japan Centre for Economic Research (JCER), *Financial Research Paper*, No. 25.

231. Jaremski, M. and D. Wheelock, 2020, "The Founding of the Federal Reserve, the

Great Depression and the Evolution of the US Interbank Network", *Journal of Economic History*, 80 (1): 69 - 99.

232. Jarrow, R. and S. Lamichhane, 2020. The Effects of Yield Control Monetary Policy. *Quarterly Journal of Finance*, 10 (1): 1 - 38.

233. John, J., A. Mitra, J. Raj and D. Rath, 2016, "Asset Quality and Monetary Policy Transmission", *RBI Occasional Papers*, 37 (1 - 2): 35 - 62.

234. Jordan, J., 1969, "Elements of Money Stock Determination", *FRB of St. Louis Review*, 51 (10): 10 - 19.

235. Jobst, C. and S. Ugolini, 2014, "The Coevolution of Money Markets and Monetary Policy, 1815 - 2008", in *Central Banks at a Crossroads: What Can We Learn from History?*, 145 - 194. Cambridge: Cambridge University Press.

236. Judson, R. and E. Klee, 2010, "Whither the Liquidity Effect", *Journal of Macroeconomics*, 32 (3): 713 - 731.

237. Kahn, G., 2010, "Monetary Policy under a Corridor Operation Framework", *FRB of Kansas City Economic Review*, the Fourth Quarter, 5 - 34.

238. Kahn, G., 2012, "The Taylor Rule and the Practice of Central Banking", in *The Taylor Rule and the Transformation of Monetary Policy*, 70 - 101. Stanford: Hoover Press.

239. Kahn, G. and A. Palmer, 2016, "Monetary Policy at the Zero Lower Bound", *FRB of Kansas City Economic Review*, (First Quarter): 5 - 37.

240. Kamber, G. and M. Mohanty, 2018, "Do Interest Rates Play A Major Role in Monetary Policy Transmission in China?", *BIS Working Paper*, No. 714.

241. Karaman, K., S. Pamuk and S. Yildirim - Karaman, 2020, "Money and Monetary Stability in Europe, 1300 - 1914", *Journal of Monetary Economics*, 115 (C): 279 - 300.

242. Kavediya, R. and S. Pattanaik, 2016, "Operating Target Volatility: Its Implications for Monetary Policy Transmission", *RBI Occasional Papers*, 37 (1 - 2): 63 - 85.

243. Kawamoto, T., T. Nakazawa, Y. Kishaba, K. Matsumura and J. Nakajima, 2021, "Estimating Effects of Expansionary Monetary Policy since the Introduction of Quantitative and Qualitative Monetary Easing (QQE) Using the Macroeconomic Model (Q - JEM)", *Supplementary Paper Series for the Assessment*, *Bank of Japan Working Paper*, No. 21 - E - 4.

244. Keating, J. and A. Smith, 2019, "The Optimal Monetary Instrument and the (Mis)

Use of Causality Tests", *Journal of Financial Stability*, 42 (C): 90 – 99.

245. Keister, T. and J. McAndrews, 2009, "Why are Banks Holding so Many Excess Reserves", *FRB of New York Current Issues in Economics and Finance*, 15 (8): 1 – 10.

246. Kelly, L., W. Barnett and J. Keating, 2011, "Rethinking the Liquidity Puzzle", *Journal of Banking and Finance*, 35 (4): 768 – 774.

247. Kerridge, E., 1992, "Price Revolution", in *The New Palgrave Dictionary of Money and Finance* (*N – Z*), 182 – 184. London and New York: Macmillan and Stockton.

248. Keynes, J. , 1923, *A Tract on Monetary Reform*, London: Macmillan.

249. Keynes, J., 1930, *Treatise on Money*. New York: Harcourt, Brace& Co.

250. Keynes, J., 1933, "An Open Letter to President Roosevelt", Written on Dec, 16th and Published on Dec., 31st.

251. Keynes, J., 1936, *The General Theory of Employment, Interest, and Money*. New York: Macmillan.

252. Kikuchi, K. and K. Shintani, 2012, "Comparative Analysis of Zero Coupon Yield Curve Estimation Methods Using JGB Price Data", Bank of Japan, *IMES Discussion Paper*, No. 2012 – E – 4.

253. Kilen, J., 1999, "Norges Banks' Liquidity Instruments", *Norges Bank Economic Bulletin*, Q4: 396 – 400.

254. Kilponen, J. and K. Leitemo, 2008, "Model Uncertainty and Delegation", *Journal of Money, Credit, and Banking*, 40 (2/3): 547 – 556.

255. Kim, S., and H. Chen, 2019. "From a Quantity to an Interest Rate – Based Framework", *Hong Kong Institute for Monetary Research Working Paper*. No. 01/2019.

256. Klee, B. and E. Nosal, 2016, "Money Markets", *FOMC Memos*, Jul., 13th. Released on Jan., 14th, 2022.

257. Kopchak, S., 2011, "The Liquidity Effect for Open Market Operations", *Journal of Banking and Finance*, 35 (12): 3292 – 3299.

258. Kool, C. and D. Thornton, 2015, "How Effective Is Central Bank Forward Guidance?", *FRB of St. Louis Review*, 97 (4): 303 – 322.

259. Kran, L., 2001, "Norges Bank's System for Managing Interest Rates", *Norges Bank Economic Bulletin*, Q2: 65 – 70.

260. Kreicher, L. , R. McCauley and P. Wooldridge, 2014, "Benchmark Tipping in the Global Bond Market", *BIS Working Paper*, No. 466.

261. Kroeger, A. , J. McGowan and A. Sarkar, 2018, "The Pre-Crisis Monetary Policy Implementation Framework", *FRB of New York Staff Reports*, No. 809.

262. Kumar, A. and P. Sachdeva, 2021, "Monetary Policy Transmission in India", *RBI Bulletin*, July, 35 - 47.

263. Kumar, A. , A. Prakash and S. Latey, 2022, "Monetary Transmission to Banks' Interest Rates", *RBI Bulletin*, April, 185 - 204.

264. Kuttner, K. , 2006, "Can Central Banks Target Bond Prices?", *NBER Working Paper*, No. 12454.

265. La Porta, R. , F. Lopez - de - Silanes, A. Shleifer, and R. Vishny, 2000, "Investor Protection and Corporate Governance", *Journal of Financial Economics*, 58 (1): 3 - 28.

266. Laurens, B. , K. Eckhold, D. King, N. Maehle, A. Naseer and A. Durre, 2015, "The Journey to Inflation Targeting", *IMF Working Paper*, No. 136.

267. Laubach T. and J. C. Williams, 2003, "Measuring the Natural Rate of Interest", *Review of Economics and Statistics*, 85 (4): 1063 - 1070.

268. Laubach T. and J. C. Williams, 2016, "Measuring the Natural Rate of Interest Redux", *FEDS*, No. 2016 - 11.

269. Lennard, J. , 2018, "Did Monetary Policy Matter?", *Explorations in Economic History*, 68 (C): 16 - 36.

270. Levin, F. and A. Meulendyke (1982): "Monetary Policy: Theory and Practice: Comment", *Journal of Money, Credit, and Banking*, 14 (3): 399 - 403.

271. Li, A. , M. Liber and W. O'Boyle, 2016, "Money Markets: Regulations", *FOMC Memos*, Jul. , 13th. Released on Jan. , 14th, 2022.

272. Li, H. and N. Su, 2020. "Financial Factors Openness and the Natural Interest Rate of China." *China & World Economy*, 28 (4): 76 - 100.

273. Lim, G. , V. Nguyen, T. Robinson, S. Tsiaplias and J. Wang, 2021, "The Australian Economy in 2020 - 21", *Australian Economic Review*, 54 (1): 5 - 18.

274. Linzert, T. and S. Schmidt, 2008, "What Explains the Spread between the Euro Overnight Rate and the ECB's Policy Rate?", *ECB Working Paper*, No. 983.

275. Lucas, R. , 1976, "Econometric Policy Evaluation: A critique", *Carnegie-Rochester Conference Series on Public Policy*, 1 (1): 19 - 46.

276. Lucas, R. , 1996, "Nobel Lecture: Monetary Neutrality", *Journal of Political Economy*, 104 (4): 661 - 682.

277. Maehle, N. , 2020, "Monetary Policy Implementation", *IMF Working Paper*, No. WP/20/26.

278. Malkiel, B. , 1987. "Term Structure of Interest Rates", *The New Palgrave: A Dictionary of Economics*, London and New York: Macmillan and Stockton, P. 629 - 631.

279. Malz, A. , 2020, "Money Market Turmoil", *Cato Journal*, 40 (1): 47 - 76.

280. Mankiw, N. , L. Summers and L. Weiss, 1984, "Do Long - Term InterestRates Overreact to Short - Term Interest Rates?", *Brookings Papers on Economic Activity*, 15 (1): 223 - 247.

281. Marquez, J. , A. Morse and B. Schlusche, 2012, "The Federal Reserve's Balance Sheet and Overnight Interest Rates", *FEDS*, No. 2012 - 066.

282. Martin, W. , 1954, "Speech at the Hearing before the Subcommittee on Economic Stabilization", in *Hearings on United States Monetary Policy*, 218 - 261.

283. Martin, A. and C. Monnet, 2011, "Monetary Policy Implementation Frameworks: A Comparative Analysis", *Macroeconomic Dynamics*, 15 (S1): 145 - 189.

284. McCallum, B. , 1986, "Some Issues Concerning Interest Rate Pegging, Price Level Determinacy, and the Real Bills Doctrine", *Journal of Monetary Economics*, 17 (1): 135 - 160.

285. McCallum, B. , and E. Nelson, 2005, "Targeting versus Instrument Rules for Monetary Policy", *FRB of St. Louis Review*, 87 (September/October): 597 - 612.

286. McCauley, R. and K. Ueda, 2009, "Government Debt Management at Low Interest Rates", *BIS Quarterly Review*, June, 35 - 51.

287. McCririck, R. and D. Rees, 2017, "The Neutral Interest Rate", RBA Bulletin, (Sep.): 9 - 18.

288. McGough, B. , G. Rudebusch and J. Williams, 2005, "Using A Long-Term Interest Rate as the Monetary Policy Instrument", *Journal of Monetary Economics*, 52 (5): 855 - 879.

289. McGowan, J. , 2016, "Current Conditions in US Money Markets as reported by Market Participants", *FOMC Memo*, Jul. , 1st; Released on Jan. , 14th, 2022.

290. McKinnon, R. , 1991, *The Order of Economic Liberalization*. Johns Hopkins University

Press.

291. McLeay, M. , A. Radia and R. Thomas, 2014, "Money Creation in the Modern Economy", Bank of England, *Quarterly Bulletin*, Q1, 14 – 27.

292. Meaning, J. and F. Zhu, 2012, "The Impact of Federal Reserve Asset Purchase Programmes", *BIS Quarterly Review*, March, 23 – 30.

293. Merton, R. , 1992, "Financial Innovation and Economic Performance", *Journal of Applied Corporate Finance*, 4 (1): 12 – 22.

294. Meulendyke, A. , 1998, *US Monetary Policy and Financial Markets*. New York: FRB of New York.

295. Meyer, S. , S. Carpenter, S. Edwards, B. Klee, C. Burke and S. Hilton, 2008, "Implementing Monetary Policy in the United States", *FOMC Memo*, Mar. , 8th; Released on May. , 6th, 2015.

296. Mishkin, F. , 1999, "International Experiences with Different Monetary Policy Regimes", *Journal of Monetary Economics*, 43 (3): 579 – 605.

297. Mishkin, F. , 2002, "From Monetary Targeting to Inflation Targeting: Lessons from the Industrialized Countries", in *Banko de Mexcio*, *Stabilization and Monetary Policy*: *The International Experience*, Bank of Mexico, 99 – 139.

298. Mishkin, F. , 2009, *The Economics of Money*, *Banking and Financial Markets*, Pearson Education and Addison – Wesley.

299. Mishkin, F. , 2014, "Central Banking after the Crisis", in *Macroeconomic and Financial Stability*, 23 – 59. Central Bank of Chile.

300. Mitra, A. and S. Chattopadhyay, 2020, "Monetary Policy Transmission in India", *RBI Bulletin*, March, 11 – 26.

301. Modigliani, F. and R. Sutch, 1966, "Innovations in Interest Rate Policy", *American Economic Review*, 56 (1/2): 178 – 197.

302. Modigliani, F. and R. Sutch, 1967, "Debt Management and the Term Structure of Interest Rates", *Journal of Political Economy*, 75 (4): 568 – 589.

303. Montoro, C. and R. Moreno, 2011, "The Use of Reserve Requirements as a Policy Instrument in Latin America", *BIS Quarterly Review*, (March): 53 – 65.

304. Moore, B. , 1988, *Horizontalists and Verticalists*: *The Macroeconomics of Credit Mon-*

ey, Cambridge University Press.

305. Nakamura, T. , 2021, "A Simple Model of Interbank Trading with Tiered Remuneration", *Applied Economics and Finance*, 8 (1): 74 – 77.

306. Nautz, D. and S. Schmidt, 2009, "Monetary Policy Implementation and the Federal Funds Rate", *Journal of Banking and Finance*, 33 (7): 1234 – 1284.

307. Nautz, D. and J. Scheithauer, 2011, "Monetary Policy Implementation and Overnight Rate Persistence", *Journal of International Money and Finance*, 30 (7): 1375 – 1386.

308. Nield, I. , 2006, "Changes to the Liquidity Management Regime", *Reserve Bank of New Zealand Bulletin*, 69 (4): 26 – 31.

309. Neiss, K. , and Nelson E. , 2003, "The Real-Interest-Rate Gap as An Inflation Indicator", *Macroeconomic Dynamics*, 7 (2): 239 – 262.

310. Nelson, E. , 2007, "Milton Friedman and U. S. Monetary History: 1961 – 2006", *FRB of St. Louis Review*, 89 (May/June): 153 – 182.

311. Nelson, E. , 2013, "Friedman's Monetary Economics in Practice", *Journal of International Money and Finance*, 38 (C): 59 – 83.

312. Nelson, C. and A. Siegel, 1987, "Parsimonious Modeling of Yield Curves", *Journal of Business*, 60 (4): 473 – 489.

313. Nield, I. , 2008, "Evolution of the Reserve Bank's Liquidity Facilities", *Reserve Bank of New Zealand Bulletin*, 71 (4): 5 – 17.

314. Nikolsko-Rzhevskyy, A. , D. Papell and R. Prodan, 2014, "Deviations from Rules-Based Policy and Their Effects", *Journal of Economic Dynamics and Control*, 49 (C): 4 – 17.

315. O'Brien, Y. 2007, "Reserve Requirement Systems in OCED Countries", *FEDS*, No. 2007 – 54.

316. Olivo, V. , 2016, "Friedman, Monetarism and Quantitative Easing", *Theoretical and Practical Research in the Economic Fields*, 7 (1): 11 – 29.

317. Osborne, M. , 2016, "Monetary Policy and Volatility in the Steling Money Market", Bank of England, *Staff Working Paper*, No. 588.

318. Orphanides, A. , 2003, "Historical Monetary Policy Analysis and the Taylor Rule", *Journal of Monetary Economics*, 50 (5): 983 – 1022.

319. Parekh, S. , 2016, "How the Reserve Bank of New Zealand Manages Liquidity for Mo-

netary Policy Implementation", *Reserve Bank of New Zealand Bulletin*, 79 (9): 3 – 20.

320. Phillips, C. , 1920, *Bank Credit.* New York: Macmillan.

321. Pigou, A. , 1917, "The Value of Money", *Quarterly Journal of Economics*, 32 (4): 38 – 65.

322. Perez-Quiros, G. and H. Rodriguez-Mendizábal, 2006, "The Market for Funds in Europe", *Journal of Money Credit and Banking*, 38 (1): 91 – 118.

323. Pescatori, A. and J. Turunen, 2016, "Lower for Longer", *IMF Economic Review*, 64 (4): 708 – 731.

324. Pol, E. , 2021, "The Economic Logic of the Yield-Curve Control Policy", *Economic Society of Australia*, *Economic Papers*, 40 (4): 1 – 11.

325. Poole, W. , 1968, "Commercial Bank Reserve Management in a Stochastic Model: Implications for Monetary Policy", *Journal of Finance*, 23 (5): 769 – 791.

326. Poole, W. , 1970, "Optimal Choice of Monetary Policy Instrument in A Simple Stochastic Macro Model", *Quarterly Journal of Economics*, 84 (2): 197 – 216.

327. Poole, W. , 2007, "Understanding the Fed", *FRB of St. Louis Review*, 89 (January/February): 3 – 14.

328. Quiros, G. and H. Mendizabal, 2012, "Asymmetric Standing Facilities: An Unexploited Monetary Policy Tool", *IMF Economic Review*, 60 (1), pp. 43 – 74.

329. Reddy, B. and S. Shaffer, 2007, "Effects of the Federal Reserve's Primary Credit Program", *International Journal of Applied Economics*, 4 (1): 14 – 27.

330. Rochon, L. and S. Rossi (2007), "Monetary Policy without Reserve Requirements: Central Bank Money as Means of Final Payment on the Interbank Market", in Chapter 6, *Credit, Money and Macroeconomic Policy.* Cheltenham: Edward Elgar Publishing.

331. Rose, J. , 2021, "Yield Curve Control in the United Sates, 1942 – 1951", *FRB of Chicago Economic Perspective*, 2021 (2): 1 – 16.

332. Ross, M. , 1966, " 'Operation Twist': A Mistaken Policy?", Journal of Political Economy, 74 (2): 195 – 199.

333. Sargent, T. and N. Wallace, 1975, " 'Rational' Expectations, the Optimal Monetary Instrument, and the Optimal Money Supply Rule", *Journal of Political Economy*, 83 (2): 241 – 254.

334. Salachas, E. , N. Laopodis and G. Kouretas, 2017, “The Bank-Lending Channel and Monetary Policy during Pre-and Post-2007 Crisis”, *Journal of International Financial Markets, Institutions and Money*, 47 (C): 176 – 187.

335. Schrimpf, A. and V. Sushko, 2019, “Beyond LIBOR: A Primer on the New Benchmark Rates”, BIS Quarterly Review, (March): 29 – 52.

336. Sellin, P. and P. Sommar, 2014, “The Riksbank's Operational Framework for the Implementation of Monetary Policy: A Review”, *Riksbank Studies*, March.

337. Selgin, G. , 2013, “The Rise and Fall of the Gold Standard in the United States”, Cato Institute, *Policy Analysis*, No. 729.

338. Selgin, 2018, “Floored! How a Misguided Fed Experiment Deepened and Prolonged the Great Recession”, *Cato Working Paper*, No. 50.

339. Selgin, 2019, “The FED's New Opreating Framework”, *Cato Journal*, 39 (2): 317 – 326.

340. Shirai, S. , 2017, *Mission incomplete: Relating Japan's Economy.* ADB Institute.

341. Shirai, S. , 2020, *Growing Central Bank Challenges in the World and Japan.* ADB Institute.

342. Siboulet F, Kumar R. , Douady, 2019, “LIBOR Inside Out: Transition and Challenges”, *Wilmott*, 2019 (100): 12 – 29.

343. Siklos, P. and M. Bohl, 2007, “Do Actions Speak Louder than Words? Evaluating Monetary Policy at the Bundesbank”, *Journal of Macroeconomics*, 29 (2): 368 – 386.

344. Sims, C. , 2016, “Fiscal Policy, Monetary Policy and Central Bank Independence”, Luncheon Address at the Jackson Hole Symposium on *Designing Resilient Monetary Policy Frameworks for the Future*, FRB of Kansas City, August.

345. Singh, B. , 2011, “How Asymmetric is Monetary Policy Transmission to Financial Markets in India?”, *RBI Occasional Papers*, 32 (2): 1 – 37.

346. Smith, J. and J. Taylor, 2007, “The Long and the Short End of the Term Structure of Policy Rules”, *NBER Working Paper*, No. 13635.

347. Smith, J. and J. Taylor, 2009, “The Term Structure of Policy Rules”, *Journal of Monetary Economics*, 56 (7): 907 – 917.

348. Snider, C. A. and T. Youle, “Does the LIBOR Reflect Bank's Borrowing Costs?”,

Social Science Research Network (*SSRN*), April, 2nd, 2010.

349. Sproul, A., 1964, "The 'Accord': A Landmark in the First Fifty Years of the Federal Reserve System", Federal Reserve Bank of New York, *Monthly Review*, 46 (11): 227 – 236.

350. Steeley, J., 1991, "Estimating the Gilt-edged Term Structure: Basis Splines and Confidence Intervals", *Journal of Business Finance and Accounting*, 18 (4): 513 – 529.

351. Steindl, F., 1982, "The Contemporary Money-supply Paradigm: Friedman and Patinkin", *Journal of Macroeconomics*, 4 (4): 477 – 482.

352. Summers, L., 2014, "US Economic Prospects", *Business Economics*, 49 (2): 65 – 73.

353. Swanson, E., 2011, "Let's Twist Again", *Brookings Papers on Economic Activity*, 42 (1): 151 – 207.

354. Swanson, T., 2017, "Measuring the Effects of Federal Reserve Forward Guidance and Asset Purchases on Financial Markets", *NBER Working Papers*, No. 23311.

355. Svensson, L., 1994, "Estimation and Interpreting Forward Interest Rates: Sweden 1992 – 1994", *NBER Working Paper*, No. 4871.

356. Svensson, L., 2005, "Targeting versus Instrument Rules for Monetary Policy", *Federal Reserve Bank of St. Louis Review*, 87 (September/October): 613 – 625.

357. Svensson, L., 2012, "Evaluating Monetary Policy", in *The Taylor Rule and the Transformation of Monetary Policy*, 219 – 245. Stanford: Hoover Press.

358. Syrstad, O., 2012, "The Daily Liquidity Effect in A Floor System", *Norges Bank Working Paper*, No. 14.

359. Taylor, J., 1993, "Discretion versus Policy Rules in Practice", *Carnegie – Rochester Conference Series on Public Policy*, 39 (1): 195 – 214.

360. Taylor, J., 1995, "The Monetary Transmissions Mechanism: An Empirical Framework", *Journal of Economic Perspectives*, 9 (4): 11 – 26.

361. Taylor, J., 1996, "Policy Rules as a Means to a More Effective Monetary Policy", Bank of Japan, *Monetary and Economic Studies*, 14 (1): 28 – 39.

362. Taylor, J., 1999, "A Historical Analysis of Monetary Policy Rules", in *Monetary Policy Rules*, 319 – 348. Chicago: Chicago University Press.

363. Taylor, J., 2001, "Expectations, Open Market Operations, and Changes in the Feder-

al Funds Rate", *FRB of St. Louis Review*, 83 (4), pp. 33 –58.

364. Taylor, J., 2007, " Housing and Monetary Policy ", *NBER Working Papers*, No. 13682.

365. Taylor, J., 2012, "The Dual Nature of the Forecast Targeting and Instrument Rules", in *The Taylor Rule and the Transformation of Monetary Policy*, 212 – 218. Stanford: Hoover Press.

366. Taylor, J., 2013, *Monetary Theory and Policy Lecture Slides and Syllabus for Stanford Ph. D. Course*, Spring.

367. Taylor, J., 2016a, "A Monetary Policy for the Future", in *Progress and Confusion: The State of Macroeconomic Policy*, 135 –141. Cambridge: MIT Press.

368. Taylor, J., 2016b, "Interest on Reserves and the Fed's Balance Sheet", *Cato Journal*, 36 (3): 711 –720.

369. Taylor, J., 2018, "Alternatives for Reserve Balances and the Fed's Balance Sheet in the Future", in *The Structural Foundations of Monetary Policy*, 16 –27. Stanford: Hoover Institution Press.

370. Taylor, J., 2019, "Inflation targeting in High Inflation Emerging Economies", *Journal of Applied Economics*, 22 (1): 103 –116.

371. Taylor, J. and J. Williams, 2011, "Simple and Robust Rules for Monetary Policy", in *Handbook of Monetary Economics*, 829 –859. Amsterdam: Elsevier.

372. Teryoshin, Y., 2017, "Historical Performance of Rule-Like Monetary Policy", *Stanford Institute for Economic Policy Research Working Paper*, No. 17005.

373. Thornton, D., 2004, "The Fed and Short-term Rates", *Journal of Banking and Finance*, 28 (3): 475 –498.

374. Tily, G., 2012, "Keynes's Monetary Theory of Interest", in *Threat of Fiscal Dominance?*. *BIS Papers*, No. 65, 51 –82.

375. Tobin, J., 1965, "The Monetary Interpretation of History", *American Economic Review*, 55 (3): 464 –485.

376. Trehan, B. and C. Walsh, 1991, "Testing Intertemporal Budget Constraints: Theory and Applications to US Federal Budget and Current Account Deficits", *Journal of Money, Credit, and Banking*, 23 (2): 206 –223.

377. Turner, P. , 2014, "The Exist form Non-Conventional Monetary Policy", *BIS Working Paper*, No. 448.

378. Turner, P. , 2016, "Macroprudential Policies, the Long – Term Interest Rate and the Exchange Rate", *BIS Working Paper*, No. 588.

379. Tzavalis, E. and M. Wickens, 1997, "Explaining the Failures of the Term Spread Models of the Rational Expectations Hypothesis of the Term Structure", *Journal of Money, Credit, and Banking*, 29 (3): 364 – 380.

380. Valimaki, T. , 2008, "Why the Effective Price for Money Exceeds the Policy Rate in the ECB Tenders", *ECB Working Papers*, No. 981.

381. Van't dack, J. , 1999, "Implementing Monetary Policy in Emerging Market Economies", in *BIS Policy Papers*, No. 5.

382. Walsh, C. , 2017, *Monetary Theory and Practice* (Fourth Edition) . Cambridge: MIT Press.

383. Wicksell, K. , 1898, *Interest and Prices.* London: MacMillan, 1936.

384. Wieland, V. , 2018, "R Star: Natural Rate of Interest", in *The Structural Foundations of Monetary Policy*, 45 – 61. Stanford: Hoover Institution Press.

385. Williamson, S. , 2019, "Interest on Reserves, Interbank Lending, and Monetary Policy", *Journal of Monetary Economics*, 101 (C): 14 – 30.

386. Wei, X. , J. Li and L. Han, 2020, "Optimal Targeted Reduction in Reserve Requirement Ratio in China", *Economic Modelling*, 85 (C): 1 – 15.

387. Whitesell, W. , 2006, "Interest Rate Corridors and Reserves", *Journal of Monetary Economics*, 53 (6): 1177 – 1195.

388. Woodford, M. , 2000, "Monetary Policy in a World without Money", *International Finance*, 3 (2): 229 – 260.

389. Woodford, M. , 2001a, "The Taylor Rule and Optimal Monetary Policy", *American Economic Review*, 91 (2): 232 – 237.

390. Woodford, M. , 2001b, "Monetary Policy in the Information Economy", Paper for the Jackson Hole Symposium on *Economic Policy for the Information Economy* , FRB of Kansas City, August.

391. Woodford, M. , 2003, *Interest and Prices: Foundations of A Theory of Monetary Poli-*

cy. Princeton: Princeton University Press.

392. Woodford, M. , 2005, "Comment on 'Using a Long-Term Interest Rate as the Monetary Policy Instrument'", *Journal of Monetary Economics*, 52 (5): 881 –887.

393. Woodford, M. , 2012, "Forecast Targeting as A Monetary Policy Strategy: Policy Rules in Practice", in *The Taylor Rule and the Transformation of Monetary Policy*, 171 –211. Stanford: Hoover Press.

394. Wooldridge, J. , 2012. *Introductory econometrics: A modern approach*, Cengage Learning.

395. Zobel, P. and B. Doyle, 2016, "The Foreign Experience with Monetary Policy Implementation", *FOMC Memo*, Jul. , 8th; Released on Jan. , 14th, 2022.

跋

格物致知！

二十年前，我正式结束了校园生活进入人民银行系统从事中央银行的研究工作。出于自己学术训练的不足和智力上的自卑与恐惧，我一度自觉不自觉地回避着对宏观经济和货币问题的研究。2008 年国际金融危机爆发期间，我正在商业银行金融市场部门工作锻炼，切身感受到了金融市场动荡和政策变化对微观市场主体的影响，这极大激发了我对货币政策的研究兴趣。从 2007 年次贷危机以来，美联储多次下调联邦基金目标利率，而我国为应对经济过热则进行货币紧缩，在发行央票对冲流动性过剩的同时，还频繁动用存款准备金率这剂“猛药”，甚至特殊时期还要对银行信贷进行“窗口指导”。当时，我确实对货币政策产生了很多困惑：为何美联储仅需要调整隔夜期限的市场利率目标，就能够影响与消费投资密切相关的市场中长期利率和存贷款利率？为什么美联储仅是调整了利率目标，市场实际交易的利率就会随之调整到目标水平？

当然，这些困惑也仅是我头脑中的一些疑问，甚至显得有些“幼稚”。很大程度是由于，我当时能够接触到的教科书都没有专门讨论这些问题，各方的讨论也未将这些问题作为重点而仅将其作为一个常识。可能，我的困惑与我对宏观经济和货币问题的“无知”有关吧！作为一门显学，人们更关心对经济和通胀走势进行研判。毕竟，这关系到宏观经济政策走向和金融机构的资金配置。不过，任何有关增长或物价的预测结果都会在不久之后被现实数据检验，这多少让人沮丧。据我观察，宏观经济预测准确率实在是低得可怜，即使是按照方向正确的宽泛标准，超过 50% 的正确率已经是很了不起的成绩。宏观经济分析师经常要经受这种非对即错的煎熬，这对任何一个研究者来说都是不小的挑战，人们不得不关注宏观分析背后的理论逻辑是否可靠，我也曾尝试参与这样的智力游戏。很大程度上是由于在银行金融市场部门的学习经历，我更关注对债券市场和利率期限结构的分析，通过收益率曲线的形状来预测经济增长、通货膨胀等宏观经济变量。尽管具体预测值准确度仍然不高，但我还是为找到了一个自洽的理论框架而沾沾自喜。而且，我突然发现，困惑我已久的疑问已然有了答案。根据利率期限结构预期理论，长期利率是未来短期利率的加权平均，收益率曲线形状与市场对未来通胀和增长的预期密切相关（期限溢价）。大量研究表明，经期限溢价修正后预期理论是成立的，而期限溢价影响因素复杂，往往是时变的。因此，中央银行应仅调控溢价最小的隔夜期限利率，调整对未来短期利率的预期，改变对产出通胀的预期和中长期债券的流动性溢价，进而影响微观经济主体行为并实现产出物价稳定等货币政策最终目标。作为金融市场最大参与者，中央银行完全有能力引导市场利率与目标水平相符，仅调节短端的隔夜市场利率完全可以有效开展货币政策调控，这也就是20世纪80年代以来各国央行普遍采用的以通胀为主并仅调节隔夜利率的“单一目标、单一工具”货币政策框架，也是中国货币政策框架现代化转型的努力方向！

由此，我心中的困惑似乎已经有了圆满的答案！这也成为我的博士后出站报告主要内容并获得第二批中国社会科学博士后文库的资助出版①。尽管中国金融市场起步较晚发育有限，但我自己对中国国债收益率的实证研究同样支持了利率期限结构的预期理论，中国完全有条件采取发达国家央行的利率调控模式。早在2004年我国放开存款利率下限和贷款利率上限实行银行利差管理模式之时，中国的货币决策者就多次提出货币政策要由以数量为主向以价格为主的货币调控模式转型。随着利率市场化改革的逐步推进，2012年发布的金融“十二五”规划也提出“放得开、形得成、调得

① 李宏瑾：《市场预期、利率期限结构与间接货币政策转型》，北京：经济管理出版社，2013。

了”的改革原则，十八届三中全会更是将利率市场化改革的要求由过去的稳步推进改为加快推进。看来，放开存贷款利率管制并向以利率为主的货币价格调控模式转型，一切都是顺理成章并很快就会完成的事情。然而，利率市场化改革基本实现并转向深化改革阶段以来，货币价格调控模式转型的改革进展仍相对缓慢，这很大程度上与国际金融危机后国内外经济环境和政策范式的变化密切相关，我的困惑也随之多了起来。

国际金融危机的爆发促使美联储提前为银行准备金支付利息，从而具备了利率走廊调控的基本模式，利率走廊成为各国央行利率调控的主流模式，构建利率走廊机制并完善公开市场操作，也成为健全中国货币政策操作框架的努力方向。不过，由于大规模的量化宽松非常规货币政策，主要发达经济体流动性过于充裕，准备金付息利率在主要央行利率调控中发挥了越来越重要的作用，这也就是后来被称作地板体系的利率调控模式。与美联储长期以来不对准备金付息不同，我国自建立存款准备金制度以来就一直就对准备金付息，以至于在有的人看来，美联储对准备金付息就是“借鉴”了中国的经验。更主要的是，危机后发达国家经济复苏并不理想，进入以低增长、低通胀、低利率为特征的“新常态”，美联储曾在2012年采用过旨在降低中长期利率的扭曲操作，日本银行更是在2016年9月采取了直接控制长期利率的收益率曲线控制政策。显然，作为长期学习榜样，发达经济体央行危机后货币政策范式的变化，对我国有着很强的示范效应。尚未健全利率操作框架且仍处于正常货币政策阶段的中国，是否可以“弯道”超车直接采用地板体系的利率调控模式，是否可以直接调控市场中长期利率以应对2012年以来经济的趋势性下行？这对于中国货币价格调控模式转型而言，显然是无法绕开的问题。

同时，尽管在基本放开存款利率上限管制之后，我国提高了公开市场操作频率，改进了准备金付息方式，在健全市场化利率调控机制方面进行了大量工作，但始终没有明确利率市场化条件下新的短端基准政策利率和隔夜期限的操作目标利率，银行利率浮动限制取消后存贷款基准利率长期保持不变，2013年放开贷款利率下限时建立的贷款基础利率机制效果并不理想，问题机构处置等事件又使通过同业存单促进银行负债端市场化定价的努力大打折扣，我国的利率调控和传导机制实际上是缺失的。2019 年的 LPR 改革反而加强了中期利率而非短端政策利率的基准性作用，银行的存贷款利率定价实际上受到了很多干预和约束。更主要的是，虽然早在 10 多年前我也曾撰写过论文分析了数量调控模式的弊端①，但当时主要还是针对 M_2 作为中间目标及相应的准备金调整和以市场流动性数量为目标的公开市场操作等政策工具的分析。不过，美国的公开市场操作主要是调控市场利率，欧央行利率走廊框架的准备金手段也主要是服务于利率目标。可见，中间目标和政策工具并不是划分货币调控模式的可靠标准。由此，如何真正放开存贷款利率后畅通短端到中长端和存贷款利率的传导经济责任，货币政策调控模式转型的具体含义如何，也是必须深入思考的问题。

正是为了解答上述这些困惑，我才对货币价格调控模式转型问题进行了持续研究。尽管人们在改革方向上早已取得共识，但在很多技术性问题的认识上，仍存在很多似是而非的观点，对一些问题究竟“是”什么仍未弄清楚，就大谈特谈要怎样去“做”。显然，对于仅差“最后一公里”的改革而言绝无益处，甚至可能使改革南辕北辙，功亏一篑。当然，这在很大程度上也与我们摸着石头过河的改革方式有关。然而，当下的改革已进入深水区，很难仅凭感觉就能够摸到改革的立足点和方向，需要全面深入的研究才能明确改革的具体路径。尽管我对这些问题的认识也仅是一家之言，但正是在探索解答心中困惑的过程中，我对“格物致知”这句话才有了更深的体会，更加感受到了理论的强大。

日本银行是实施量化宽松政策的先行者，更是第一个公开实行收益率曲线控制政策的中央银行。应当说，日本银行的这一举措非常大胆，但也是其在对之前实施的 QQE 和负利率政策进行评估之后作出的。不过，对美联储第二次世界大战之后未公开的收益率曲线控制政策以及 20 世纪 60 年代

① 项卫星、李宏瑾：《我国中央银行数量型货币调控面临的挑战与转型方向》，《国际金融研究》2002 年第 7 期。

和国际金融危机之后的两次扭曲操作历史进行梳理后，我发现调控收益率曲线政策效果并不理想，理论基础也不可靠。对我国而言，短端利率向中长期市场利率和存贷款利率的传导效率对以利率为主的货币价格调控模式转型成功与否至关重要，国内就有主张以10年期国债收益率作为央行政策中介目标①，2019年LPR形成机制改革后，MLF利率也是央行重要的政策利率，这都意味着中国人民银行要同时盯住不同期限的市场利率，这相当于收益率曲线控制，与各国仅盯住隔夜利率的常规利率调控模式不符，也可能超出了央行的能力。不过，让人感到惊奇的是，日本银行的收益率曲线控制政策一直持续了下去。而且，在2021年3月完成的新一轮货币政策评估中，日本银行还高度肯定了收益率曲线控制的QQE政策效果。甚至，继日本银行之后，澳大利亚储备银行在疫情暴发后的2020年3月也宣布采用收益率曲线控制政策，美联储也一度表达了对澳式收益率曲线控制政策的青睐。一时间，调控收益率曲线政策似乎成为一个潮流。不过，最终在严重通胀压力下，澳大利亚在2021年11月果断退出了收益率曲线控制政策。尽管澳大利亚储备银行事后的评估肯定了压低市场利率的效果，但也承认了在政策退出方面的混乱及对央行政策信誉造成的损失②。2022年以来，汇率大幅贬值和物价上升压力也使日本银行的收益率曲线控制政策陷入窘境。尽管日本不惜通过外汇市场干预坚持收益率曲线控制政策，但很难说这与央行行长换届等政治因素无关。如今，日本银行已完成了换届工作，新任的植田行长在国会也表示，如果价格目标以可持续、稳定的方式实现，日本银行将结束收益率曲线控制，然后缩减资产负债表。可见，发达国家的最新实践对中国而言并不是最优的，常规利率调控模式才是我国改革的方向。

类似地，国际金融危机和疫情之后，与危机应对的量化宽松非常规政策相对应，主要发达经济体央行都由利率走廊转向了地板体系的利率调控

① 刘凡：《建议扩大国债等收益率曲线的应用》，在“债券四十人论坛”上的发言，2020年8月。

② RBA, 2022, “Review of the Yield Target”, Jun.

模式。尽管目前大多数央行仍延续了这一模式，但随着货币政策正常化的推进，各国央行大多正在对操作框架进行评估。而且，2022 年各国央行都出现了严重亏损，地板体系弊端愈加明显，瑞士国民银行在 2022 年底正式退出了利率走廊模式。特别是，BIS 货币和经济部主任 Borio 最近发布的工作论文强烈主张各国回归稀缺准备金框架的利率走廊模式①。这些都表明，地板体系也并不适用于当下仍处于正常货币政策阶段的中国！

而且，最让我感受到理论的强大和兴奋的，是有关中国货币价格调控模式下政策操作目标利率期限的讨论。根据利率期限结构理论，央行应以溢价影响因素最小的隔夜期限利率作为操作目标，各国央行也都是以隔夜利率作为操作目标，这似乎是一个不需要讨论的问题。不过，长期以来，我国主要关注基础货币和市场流动性数量，对市场利率主要关注波动而非具体的利率期限。由于我国货币市场最初主要是 7 天及以上期限交易，引入隔夜交易相对较晚，作为重要交易基准的市场定盘利率最初也是 7 天期限，央行也主要从事 7 天公开市场业务而非隔夜交易，因而在对利率市场化之后新的短端基准政策利率和操作目标的讨论中，很多研究（包括我之前的研究）都没有考虑期限问题，而是出于习惯直接分析 7 天期限利率的作用，这显然与利率期限结构理论和各国的常规做法不一致。为此，2018 年我曾对此问题进行过专门的分析。根据利率期限结构预期理论，7 天利率理论上是隔夜利率的加权平均，其波动也应显著高于隔夜利率，如果以较长期限利率作为操作目标，隔夜利率波动将更大，这将不利于货币市场稳定和金融资源的有效配置。当时，针对中国各类型 7 天和隔夜利率关系的实证分析，都与理论所揭示的含义相符，7 天利率波动（标准差）确实明显大于隔夜利率。但是，在这一次我整理书稿重新更新样本之后发现，实证的结果与几年前的完全不同。整个样本期 7 天利率标准差都显著小于隔夜利率，这与理论揭示的情形完全不同，与几年前我做的结果也完全不一样！看到这个结果，我一度陷入了绝望和怀疑。为什么扩展几年的样本之

① Borio, C., 2023, "Getting up from the Floor", *BIS Working Paper*, No. 1100.

后，结果发生了这么大的变化。显然，扩充后样本期数据对结果有着非常重要的影响，这很可能说明最近几年的政策取向发生了变化。正是带着这样的判断，我系统回顾了这几年的政策取向，通过翻阅各期《中国货币政策执行报告》等公开资料，我发现确实自2018年下半年以来，我国强化了7天利率（主要是DR007）作为操作目标的政策倾向。尽管我没有通过计量方法更严格地区分变量关系的时间断点，但以2018年6月作为分界点，两段时间7天和隔夜利率标准差确实呈现出完全不同的关系，2018年下半年以来7天利率波动显著小于隔夜利率，这正是理论所揭示的情形。由此，我进一步坚定了以隔夜利率作为操作目标的主张，更是感受到了理论的力量！

当然，也许，我对于经典理论的坚持似乎多少有些刻舟求剑。中国经济金融一直处于发展变革之中，很多重要变量的关系往往与理论并不相符，因势灵活施策也非常流行。但我始终认为，经典理论之所以成为经典，就是在于其普适性。至少，以我个人的智力水平，只能是经典理论的追随者而无法自创一套特色的理论（更何况理论体系）。对于现实与理论的差异，很可能是我们对理论条件和现实约束认识上的问题，如果考虑更全面的因素，很难说经典理论并不适用于中国。就经济学而言，虽然我们接受了很多正规理论的训练，但对于理论应用条件和现实问题的认识，往往存在很大差距，这只能说明我们认知而非理论的问题，这也与诺贝尔奖只颁发给“老”的理论有着共通之处吧。

说老实话，10多年前我开始涉猎宏观和货币领域并对货币政策框架现代化转型问题进行研究之时，我没有想到这个题目能够专门结集成书。这部书稿，不仅是我最近10多年持续探索困惑答案的记录和总结，更是我作为央行研究工作者为中国货币政策现代化转型事业在技术准备上作出的微薄努力。其实，我与利率市场化这个题目结缘甚早，我的本科毕业论文就与此有关，在工作后不久还专门进行过理论上的讨论①，但当时的关注点仍

① 李宏瑾、项卫星：《“入世”与我国利率市场化》，《金融研究》2001年第2期；徐爽、李宏瑾：《一个利率市场化的理论模型》，《世界经济》2006年第6期。

是放开存贷款利率的宏观经济影响等学术主流话题，根本没有意识到作为深化改革的货币操作框架转型等现实的政策选择问题。毕竟，货币政策操作问题学术界很少有人专门讨论，主要是中央银行和金融市场人员更加关注，这部书稿也得益于此吧。我清晰地记得，在我刚刚跨出校门从事央行研究工作时，我的领导曾对我说一定要记住自己是在从事央行研究工作！我一直坚守在人民银行的研究工作岗位，工作内容与自己的兴趣几乎完美契合，心中困惑得以在持续探索中得到解答，知其然亦知其所以然，不再似是而非，人云亦云，这于我而言真是非常幸运的事情！

更让我感到幸运并要特别感谢是人民银行原行长助理张晓慧研究员。晓慧行助长期在货币政策部门工作，是中国货币政策变革的主要亲历者和实际操作者。我在2017年由营业管理部调入研究局工作之前，感觉行助可望而不可即。机缘巧合，2019年我有幸参与行助主持的一项课题研究，与她的接触逐渐多了起来。一开始，我还有所顾虑，只是试探性地表达了与社会流行的观点并不一致的看法，没想到行助肯定了我的观点，还给我详细讲解了中国货币政策改革的逻辑和背景，让我对问题的认识有了更深刻的理解。我深受鼓舞，每当我心存疑惑就会向行助请教，她也非常乐意且毫无保留地为我讲解。正是通过一次次的聊天式请教，我对中国货币政策框架现代化转型的认识日益深入，更深刻地体会到了中国货币政策往往是“螺蛳壳里做道场”，充满艰辛与不易。在晓慧行助身上，我能够深深感受到她对中国央行事业的热爱。她认真的工作态度和严谨的治学精神，特别是对很多现实问题的坦率表达，让我深感敬佩。更让我感动的是，行助对我这个央行后生的呵护。在整理这部书稿过程中，我与行助进行过多次交流。她每每都为我打气，相信通过我们这一代人的努力，一定能够使中国货币政策框架现代化转型取得更大的成绩。书稿完成后，行助认真阅读了全书内容，针对书的题目给我提出了宝贵建议，并为这本书做序。我想，行助做的这些事情不仅是对我的肯定和鼓励，更是为了中国央行事业的薪火相传吧！我要更加努力，不负前辈期望！

非常感谢中国社科院李扬老师、清华大学五道口金融研究院谢平老师、中国建设银行纪志宏研究员和北京大学国家发展研究院黄益平老师为本书做的推荐。尽管我刚到北京工作并攻读博士学位之时，经常出入北大和清华的校园旁听高级经济学的课程，还在中国社科院世经政所兼职开展博士后研究工作，但除了作为央行研究系统工作人员曾间接地在时任人民银行研究局局长纪志宏研究员的领导下进行过工作外，我并未直接听过他们的课或在他们的指导下开展过专门的研究，他们对我个人并没有特别深入的了解。不过，当我将这部书的初稿送给各位老师时，他们都欣然为本书写了推荐语。我想，这不仅是对我这项研究成果的肯定，更是这些前辈为了中国金融市场化改革和现代化事业而对我们后辈的殷切期望。

当然，能够成为中央银行研究工作者，我更要感谢我各学习阶段的授业老师，特别是将我引入研究之路我的硕士生导师吉林大学项卫星教授、夯实了我研究基础的博士生导师中国人民大学的张杰教授和一直不断鼓励我的博士后合作导师中国社科院世界经济与政治研究所的孙杰研究员，正是各位老师的精心培养和严格要求，我才为成为一名合格的央行研究工作者做好了准备。我更感到幸运的是，工作后各阶段遇到的各位领导和同事，他们实际上更是我的良师益友。正是他们对我工作上的悉心指导、帮助和包容，才让我在央行研究的岗位上不断成长进步。感谢苏乃芳博士、孙丹博士、任羽菲博士、张习宁博士、林瑾瑜博士、卢海峰博士，他们不仅是我的同事，更是我重要的合作者，正是有了他们的帮助，我的研究才更为深入和顺利。感谢李义奇师兄和李纪建师兄，义奇师兄总是能够用平实朴素的语言深入浅出地阐明深刻的道理，我一直心向往之而自叹弗如；纪建师兄是银行金融市场部门资深人士，我向他请教了很多市场参与者日常关心的问题，还一起讨论了书稿中可能存在争议的观点，这让我获益良多。感谢中国金融出版社的李融老师，正是在她的细心指导下，这本书才得以如此顺利出版。我还要感谢在我成长过程中给予我帮助的人们，虽然未能一一列出具体的名字，但在此一并表示真诚的谢意。

最后，我要感谢爱我和我深爱的家人。如今，我和我妻纪淼都已人到中年。作为“双独”一代，我们在奔波工作的同时，一同陪伴父母抚育儿女。确实，在这个过程中很劳累，但从中更体会到我们的父母为我们付出了太多太多，特别是我的岳父岳母在我们抚育孩子的过程中给了我们巨大的帮助。如今，我们的父母都日渐衰老，希望他们健康快乐，能够与我们更久相伴。当然，为了这个家庭，我妻纪淼付出了更多，再多语言也无法表达我的感谢。看到孩子们一天天地长大，我们内心无比欣喜。这本书就作为我给家人的礼物吧，特别是我们的孩子们，愿他们茁壮成长！

2023 年 5 月于北京金融街通泰大厦